DROEMER

Über die Autorin:
A. K. Turner, die viele Jahre als Produzentin für die BBC arbeitete, dreht Dokumentarfilme und True-Crime-Dokumentationen für das Fernsehen. Sie entwickelte die Figur der Cassie Raven, Assistentin der Rechtsmedizin, ursprünglich für eine BBC Radio-Sendung.
Val McDermid entdeckte die Autorin und lud sie zum Harrogate Crime Festival ein. Ihr erster Roman mit Cassie Raven »Tote schweigen nie« hat die Leser begeistert. A. K. Turner lebt in London.

A. K.
TURNER

TOTE SCHWEIGEN NIE

THRILLER

EIN FALL FÜR
DIE RECHTSMEDIZIN.
CASSIE RAVEN ERMITTELT.

Aus dem Englischen von
Marie-Luise Bezzenberger

DROEMER

Die englische Originalausgabe erschien 2020 unter dem Titel
»Body Language« bei Zaffre Bonnier UK.

Besuchen Sie uns im Internet:
www.droemer.de

Aus Verantwortung für die Umwelt hat sich die Verlagsgruppe Droemer Knaur zu einer nachhaltigen Buchproduktion verpflichtet. Der bewusste Umgang mit unseren Ressourcen, der Schutz unseres Klimas und der Natur gehören zu unseren obersten Unternehmenszielen. Gemeinsam mit unseren Partnern und Lieferanten setzen wir uns für eine klimaneutrale Buchproduktion ein, die den Erwerb von Klimazertifikaten zur Kompensation des CO_2-Ausstoßes einschließt. Weitere Informationen finden Sie unter: www.klimaneutralerverlag.de

MIX
Papier aus verantwortungsvollen Quellen
FSC® C014496

Eigenlizenz Februar 2023
Droemer Taschenbuch
Deutsche Erstausgabe September 2021
Droemer Verlag

Redaktion: Sigrun Zühlke
Covergestaltung: Carola Bambach
Satz: Adobe InDesign im Verlag
Druck und Bindung: GGP Media GmbH, Pößneck
ISBN 978-3-426-30800-4

2 4 5 3 1

Für Katy.

Und zum Andenken an Ann Edwards,
die richtige »Mrs E«

1. Kapitel

Der Reißverschluss des Leichensacks öffnete sich und gab den Blick auf Cassies ersten Fall dieses Tages frei. Die halb offenen Augen der Frau, von verblüffend leuchtendem Blau, starrten blicklos zu ihr empor.

»Hallo, Mrs Connery.« Ihre Stimme wurde sanfter, wenn sie mit den Toten sprach. »Ich bin Cassie Raven, und ich kümmere mich um Sie, solange Sie bei uns sind.« Cassie zweifelte nicht daran, dass die Tote sie hören konnte, und hoffte, dass ihre Worte ihr ein kleiner Trost waren.

Am Vorabend war Kate Connery in ihrem Badezimmer zusammengebrochen und gestorben, als sie sich hatte bettfertig machen wollen, eine Woche vor ihrem fünfzigsten Geburtstag. Lachfältchen durchzogen ihr offenherziges Gesicht unter einem Haarschopf, dessen Farbe zu einheitlich brünett war, um natürlich zu sein.

Cassie schaute kurz zur Uhr hinauf und fluchte. Heute kam ein neuer Pathologe, um die Autopsien durchzuführen, und da Carl, der weniger erfahrene Sektionsassistent, krank war und sie drei Leichen auf dem Tisch hatten, würde sie alle Hände voll zu tun bekommen.

Trotzdem ließ sie sich Zeit dabei, Mrs Connery das Nachthemd über den Kopf zu ziehen. Ein schwacher Ammoniakgeruch, Schweiß oder Urin, stieg ihr in die Nase, als sie es zusammenfaltete und sorgfältig in einer Plastiktüte verstaute. Die Sachen, die jemand angehabt hatte, als er gestorben war, bedeuteten ihren Lieben viel, manchmal mehr als der Leichnam selbst, zu dem die trauernden Hinterbliebenen nur schwer eine Verbindung fanden. Ein Leichnam konnte einem wie ein leerer Koffer erscheinen.

»Wir müssen rauskriegen, was mit Ihnen passiert ist, Mrs C«, erklärte Cassie ihr. »Damit wir Antworten für Declan und Ihre Jungs finden können.« Seit ihrem ersten Tag in der Leichenhalle des Instituts für Rechtsmedizin vor fünf Jahren fand sie es vollkommen normal, mit den Leichen in ihrer Obhut zu sprechen, sie zu behandeln, als seien sie noch am Leben – als seien sie immer noch Menschen. Manchmal antworteten sie sogar.

Es war nicht so, als spräche jemand Lebendiges – zum Beispiel bewegten sich die Lippen der Toten nicht –, und es ging immer so schnell, dass es fast Einbildung sein könnte. *Fast.* Normalerweise sagten sie so etwas wie »*Wo bin ich?*« oder »*Was ist passiert?*« – schlichte Verwirrung angesichts des unbekannten Ortes, an dem sie sich wiederfanden –, aber hin und wieder war Cassie überzeugt, dass ihre Worte einen Hinweis darauf enthielten, wie sie ums Leben gekommen waren.

Cassie hatte nie einer Menschenseele von diesen »Gesprächen« erzählt; die Leute fanden sie auch so schon merkwürdig genug. Aber die wussten eben nicht, wovon sie tief in ihrem Innern überzeugt war: Die Toten konnten sprechen – wenn man sich nur darauf verstand, ihnen zuzuhören.

Das einzige äußerliche Zeichen dafür, dass irgendetwas mit Mrs Connery nicht stimmte, waren ein paar rote Flecken auf ihren Wangen und ihrer Stirn sowie ein faustgroßer blauer Fleck auf ihrem Brustbein, wo entweder ihr Mann oder ein Rettungshelfer verzweifelt versucht hatte, sie zu reanimieren. Cassie sah ihre Akte durch. Nach einem Abend im Pub, wo er sich ein Fußballspiel angesehen hatte, war Declan Connery nach Hause gekommen und hatte seine Frau bewusstlos auf dem Boden ihres Badezimmers vorgefunden. Ein Notarztwagen hatte sie eilends ins Krankenhaus gebracht, doch als sie dort ankam, war sie bereits tot gewesen.

Da Kate Connery unerwartet verstorben war – anscheinend hatte sie sich bester Gesundheit erfreut und war seit Monaten nicht beim Arzt gewesen –, war nur eine einfache Autopsie angesetzt, auch »Routine-Autopsie« genannt, um die Todesursache zu ermitteln.

Cassie legte Mrs Connery die Hand auf den kühlschrankkalten Unterarm und wartete, bis ihre eigene Körperwärme die Kälte vertrieb. »Können Sie mir sagen, was passiert ist?«, fragte sie halblaut.

Ein paar Sekunden lang geschah nichts. Dann spürte sie jenes vertraute Schlingergefühl, gefolgt von zerstreuter Verträumtheit. Gleichzeitig waren alle ihre Sinne plötzlich extrem geschärft: Das Summen des Leichenkühlschranks wuchs zum Brüllen eines Düsenflugzeugs an, die Deckenbeleuchtung war auf einmal schmerzhaft grell.

In der Luft über Mrs Connerys Leichnam schien der letzte Funken jener Energie zu knistern, die sie fünf Jahrzehnte lang belebt hatte. Und aus diesem Rauschen hörte Cassie ein leises, heiseres Flüstern heraus.

»Ich kriege keine Luft!«

2. Kapitel

Wie immer war es sofort wieder vorbei. Das Ganze erinnerte Cassie an das Erwachen aus einem sehr lebhaften Traum, wenn der Verstand sich mühte, Details festzuhalten – nur um zu spüren, dass sie ihm entglitten, wie Wasser durch offene Finger rinnt.

Jedenfalls waren Mrs Connerys Worte nicht besonders hilfreich. In der Akte stand nichts von Asthma oder einem Emphysem. Sie überlegte noch, ob sie irgendetwas damit anfangen konnte – und wenn ja, was –, als sie hörte, wie die Tür aufging. Es war Doug, der Institutsleiter, gefolgt von einem hochgewachsenen jüngeren Mann mit weichen Ponyfransen, den er als Dr. Archie Cuff vorstellte, den neuen Pathologen.

Cassie streifte den Handschuh ab und streckte ihm die Hand hin.

»Cassie Raven ist unsere erfahrenste Sektionsassistentin«, verkündete Doug strahlend. »Sie sorgt dafür, dass hier alles glatt läuft.«

Obwohl er Manschettenknöpfe und Krawatte trug *(Manschettenknöpfe?!),* konnte Cuff höchstens dreißig sein, kaum fünf Jahre älter als Cassie. Ein einziger Blick verriet ihr, dass seine Wachsjacke wirklich von Barbour war und kein Imitat – auf dem Metallplättchen am Reißverschluss war der Firmenname eingraviert. Und nach seiner Krawatte zu urteilen – dunkelblaue Seide mit dicken weißen Schrägstreifen –, war er auf die Harrow School gegangen. Solche Dinge fielen Cassie auf, schon immer.

»Ich freue mich auf die Zusammenarbeit mit Ihnen, Cathy.« Er hatte diesen unechten, semi-umgangssprachlichen Akzent drauf, den die jungen Mitglieder der Königlichen Familie so gern benutzten, sein Lächeln war so oberflächlich wie das eines Ministers, und daran, wie sein Blick über sie hinwegglitt, erkannte Cassie, dass er sie bereits in einer Schublade mit dem Etikett »Lakai« abgelegt hatte.

Es passierte nicht oft, dass Cassie jemanden vom ersten Moment an nicht leiden konnte, aber bei Archie Cuff machte sie eine Ausnahme.

»Ich mich auch«, antwortete sie. »Vor allem, wenn Sie das mit meinem Namen noch richtig hinkriegen.«

Röte stieg aus Cuffs gestreiftem Hemdkragen bis zu den rötlich blonden Koteletten empor, aber wenigstens sah er sie diesmal richtig an. Und nach dem kurzen Aufflackern des Abscheus zu urteilen, das über seine Züge huschte, gefiel ihm nicht besonders, was er sah – auch wenn es schwer zu sagen war, ob es an den schwarz gefärbten Haaren mit dem hochrasierten Undercut oder ihren Gesichtspiercings lag oder einfach nur an der Art und Weise, wie sie seinem Blick standhielt. Sie musste gegen den pubertären Impuls ankämpfen, ihren Kasack anzuheben, um ihm ihre Tattoos zu zeigen.

Dougs Blick huschte zwischen ihnen hin und her wie der eines unerfahrenen Schiedsrichters bei einem Käfigkampf, sein Lächeln geriet ins Wanken. »Na schön, dann lass ich euch mal machen.« Cassie war klar, dass er sie wahrscheinlich später an seine goldene Regel erinnern würde: *»Denken Sie immer daran, der Pathologe kann Ihnen Ihren Job versüßen – oder zum Albtraum machen.«*

Nachdem Cuff Mrs Connery kurz untersucht hatte, wobei sie außer dem Notwendigsten kaum etwas miteinander sprachen, überließ Cuff es Cassie, den Leichnam auszuräumen.

Sie setzte das Messer direkt unterhalb von Mrs Connerys Hals an. Dies war der Moment, wo sie aufhören musste, Kate Connery als Menschen zu sehen, und anfangen musste, sie als ein Rätsel zu betrachten, das gelöst werden musste, als unkartierte Landschaft. Wie könnte man ohne diesen Perspektivwechsel einen seiner Mitmenschen aufschneiden?

Nach dem ersten Einschnitt ließ ein entschlossener Zug mit dem Messer am Brustbein entlang das Gewebe so leicht aufklaffen wie einen alten Seidenvorhang. Sie hielt nicht inne, als sie die Weichteile des Bauches erreichte, nahm jedoch den Druck weg, um die Organe darunter nicht zu beschädigen, und beendete den Einschnitt direkt oberhalb des Schambeins.

Binnen fünf Minuten hatte die Knochenschere Mrs Connerys Brustkorb eröffnet, sodass Herz und Lunge frei lagen, und Cassie löste die Organe geschickt aus. Nachdem das erledigt war, hob sie mit beiden Händen sämtliche Eingeweide, von der Zunge bis zur Harnröhre, auf einmal heraus – sie waren verblüffend schwer – und legte sie behutsam in eine bereitstehende Plastikwanne. Dies war ein feierlicher Moment, sie kam sich dabei immer vor wie eine Hebamme des Todes.

Nun zum Gehirn. Cassie trat hinter den Kopf der Toten, rückte den Block zurecht, der ihren Nacken stützte, und machte sich daran, die Kopfhaut zu durchtrennen. Der Schnitt wurde von Ohr zu Ohr geführt, quer über den Scheitel, damit die Naht später von Mrs Connerys Haar verdeckt werden konnte – das war besonders wichtig, weil die Connerys eine Trauerfeier mit offenem Sarg geplant hatten. Als sie das dicke dunkle Haar scheitelte und einen Teil über die Stirn nach vorn kämmte, entdeckte sie einen glänzenden roten Fleck auf der Kopfhaut. Ein Ekzem? Wenn ja, dann war das in der Krankenakte nicht erwähnt worden, aber Ekzeme brachten einen ja auch nicht um.

Nachdem sie die aufgeschnittene Kopfhaut nach vorne und hinten auseinandergeklappt hatte, griff Cassie zur oszillierenden Knochensäge. Kurz darauf hatte sie die Schädeldecke vorsichtig abgehoben und löste das Gehirn aus. Während sie es einen Moment lang in den beiden Händen hielt, stellte sie sich vor, wie Kate Connery als lebendiger Mensch gewesen sein mochte – eine bodenständige, fröhliche Matriarchin, umgeben von Freunden und Familie bei einer Kneipentour durch Camden Town.

Als Archie Cuff in OP-Kleidung zurückkehrte, blieb die Atmosphäre zwischen ihnen frostig: In den gut vierzig Minuten, die er brauchte, um Mrs Connerys Organe zu sezieren, richtete er nur ein einziges Mal das Wort an Cassie – um sich zu beschweren, dass sein Skalpell stumpf sei. Das bestätigte ihren ersten Eindruck von ihm: Nur ein weiterer in der langen Reihe vornehmer Jüngelchen, für die Sektionsassistenten knapp über Schlachthausgehilfen rangierten. Ein erfahrenerer Pathologe hätte sie nach ihrer Einschätzung hinsichtlich der Todesursache gefragt, und das nicht nur aus Höflichkeit: Sektionsassistenten verbrachten sehr viel mehr Zeit mit den Leichen und bemerkten manchmal Hinweise, die sonst leicht übersehen werden konnten.

Während Cuff zum Waschbecken ging, um sich die blutigen Handschuhe abzuspülen, machte Cassie sich daran, Mrs Connerys Organe in einen Plastikbeutel zu packen, bereit, wieder mit ihrem Körper vereint zu werden.

»Und, wie lautet die Diagnose?«, fragte sie.

»Da gibt's keine schlüssige Todesursache«, antwortete er achselzuckend. »Wir müssen abwarten, ob das Labor was Brauchbares findet.« Mrs Connerys Körperflüssigkeiten würden histopathologisch auf Drogen und Gewebeproben ihrer Organe auf Krankheitsanzeichen untersucht werden.

»Haben Sie in der Lunge Petechien gefunden?«, erkundigte sich Cassie beiläufig.

Cuff drehte sich zu ihr um. »Wieso?« *Also hatte er welche gefunden.*

Sie hob eine Schulter. »Ich fand nur, dass ihr Gesicht ziemlich verkrampft aussah.«

Ich kriege keine Luft.

Petechien – winzige geplatzte Blutgefäße – konnten ein Zeichen von Sauerstoffmangel sein.

Cuff wirkte plötzlich nervös. »Sie lag auf dem Bauch, als sie gefunden wurde. Nach dem neuesten Forschungsstand kann eine Bauchlage post mortem durchaus zu petechialen Einblutungen führen.« Er brachte ein herablassendes Lächeln zustande. »Falls Sie scharf auf einen saftigen Mord sind, haben Sie Pech, fürchte ich. Es gibt keinerlei Anzeichen für Strangulation oder gewaltsam herbeigeführtes Ersticken.«

Cassie wusste genau wie er, dass Ersticken durchaus auch eine medizinische Ursache haben konnte, doch sie verkniff sich eine Erwiderung. Als sie ein kleines Stück Niere für das Labor in ein Gefäß mit Formaldehyd fallen ließ, fiel ihr Blick auf Mrs Connerys Leichnam auf dem Autopsietisch: der Brustkorb lag aufgespreizt da wie ein offenes Buch, finstere Leere dort, wo ihre Organe hingehörten. Über dem geschändeten Körper wirkte ihr glänzendes, brünettes Haar fehl am Platze.

Das Licht der Deckenbeleuchtung flackerte grell und zwang Cassie, die Augen zu schließen. Der allgegenwärtige Formaldehydgestank war plötzlich stark genug, um hinten im Rachen zu brennen. Hinter ihren Augenlidern flackerten Bilder: Mrs Connerys rotfleckiges Gesicht, dieser schuppige Fleck auf ihrer Kopfhaut. Ihre Kehle wurde eng wie aus Mitgefühl – und jäh fiel jedes Puzzleteil an seinen Platz.

»Ich geh nur mal schnell aufs Klo«, sagte sie zu Cuff, ehe sie in den Flur hinausschlüpfte und dort ihr Handy zückte.

»Mr Connery? … Hier ist Cassie Raven, von der Pathologie.«

Zehn Minuten später war sie zurück. »Entschuldigung, dass es so lange gedauert hat«, sagte sie zu Cuff. »Aber ich hatte gerade ein sehr interessantes Gespräch mit Mrs Connerys Mann.«

»Ihrem Mann …?« Er klang verwirrt. Die Vorstellung, dass ein Leichnam einen Ehepartner haben könnte, schien ihm fremd zu sein.

»Ja. Bevor er gestern Abend aus dem Haus gegangen ist, hatte sie ihm gesagt, dass sie sich die Haare färben wollte.«

»Ich verstehe nicht, was …«

»Er sagt, sie hätte schon zwei Mal allergisch auf ihr Haarfärbemittel reagiert. Nichts allzu Ernstes. Aber es sieht aus, als hätte es diesmal einen tödlichen anaphylaktischen Schock ausgelöst.«

3. Kapitel

»Ich bin's nur, Babcia!« Cassie hatte auf die harte Tour gelernt, dass es besser war, ihre Ankunft laut zu verkünden, wenn sie die Wohnung ihrer Großmutter betrat, die nach dem frühen Tod ihrer Eltern das Zuhause ihrer Kindheit geworden war. Einmal, mit siebzehn, hätte sie beinahe ein Nudelholz über den Schädel gekriegt, als sie um drei Uhr morgens hereingepoltert war, zugedröhnt mit Ecstasy.

Als kleines Mädchen hatte sie diesen Moment immer toll gefunden, wenn sie von dem windgepeitschten Beton-Laufgang in die mollig warme, nach Zimt duftende Wohnung trat – als wäre die Wohnungstür eine Art Zaubertor in eine andere Welt.

»Cassandra, *tygrysek!*« Ihre Großmutter wandte sich vom Herd ab, um sie zu begrüßen. Sie reichte Cassie nur knapp bis zur Nase, doch ihre Umarmung war kräftig genug, um einem die Rippen zu brechen. »Du hast abgenommen«, bemerkte sie vorwurfsvoll.

»Na, an dir liegt das nicht.« Cassie schnupperte. »Pilze und Sauerrahm. Mit … Klößchen. Und Mohnkuchen zum Nachtisch?«

Mit zusammengekniffenen Augen schaute ihre Großmutter zu ihr auf. »Die Pilze, die kannst du natürlich riechen. Aber wie kommst du auf die Klößchen?«

Cassie strich mit dem Finger über den Rand der Arbeitsfläche und zeigte ihrer Großmutter die weißen Spuren auf ihrer Fingerspitze. »Du hast entweder Kopytka gemacht oder Brot gebacken – und ich rieche keine Hefe.«

»Und der Mohnkuchen?«

»Im Flur liegt eine neue Ausgabe von der Zeitschrift, die du so gern magst. Das heißt, du warst in dem polnischen Laden in

Islington – und da gehst du nie hin, ohne Makowiec zu kaufen.«

»Geh rein und setz dich hin, du Schlaumeier.« Unfähig, sich ein Lächeln zu verbeißen, scheuchte ihre Großmutter sie aus der Küche.

Im Wohnzimmer sank Cassie in einen Sessel und spürte, wie sich die Wärme wie eine Daunendecke über sie legte; das einzige Geräusch war das tröstliche *Pop-Pop* der Gasflamme im Kamin. Schwer zu glauben, dass die Wohnung für sie als Teenager wie eine überheizte Gefängniszelle gewesen war, mit ihrer Großmutter als scharfäugiger Oberwärterin. Im Alter von sechzehn Jahren hatte Cassie sich bereits die Zunge piercen lassen, sich eine türkisblaue Strähne ins Haar gefärbt und zum ersten Mal Skunk geraucht, hammerstarkes Marihuana. Was die Schule anging … *»Cassie zieht es vor, ihre Lehrer infrage zu stellen, anstatt von ihnen zu lernen«* lautete ein typischer Zeugniseintrag. Damals war es ihr vorgekommen, als hätte sich die gesamte Erwachsenenwelt gegen sie verbündet, mit einem einzigen Ziel: ihr Recht auf Selbstentfaltung zunichtezumachen.

Aus der Küche hörte sie »Ich hab was für dich«, gefolgt vom Geräusch der zufallenden Gefrierschranktür.

Babcia kam mit den Händen auf dem Rücken herein, bevor sie ihr ein langes, starres, in Plastik gewickeltes Päckchen hinhielt. »Dreimal darfst du raten.«

In dem Päckchen fand Cassie ein steif gefrorenes Eichhörnchen. Sie legte es mit dem Bauch nach oben auf ihren Schoß und untersuchte es ebenso behutsam, wie sie mit einem ihrer menschlichen Schützlinge umgehen würde. Dabei stellte sie sich vor, wie es ausgestopft wieder zu einer anderen Art Leben erwachen würde. Taxidermie war ihr neues Hobby.

Die meisten Leute würden ein totes Eichhörnchen für ein *sehr* abwegiges Geschenk halten, doch die wussten auch nicht, was Babcia wusste – dass Cassie sich von klein auf zu toten Lebewesen hingezogen gefühlt hatte. Sie erinnerte sich immer noch an das erste Mal, als sie einen totgefahrenen Fuchs am Straßenrand gesehen hatte. Sie hatte sich gebückt, um das borstige rote Fell des armen Viehs zu streicheln, und ihn dabei ganz kurz verwandelt vor sich gesehen, wieder als herumtollenden Welpen.

»Du bist aber schön.« Sie strich dem Eichhörnchen über den unversehrten Pelz – zu vollkommen, als dass es überfahren worden sein konnte. »Wo hast du's her?«

»Vom Müllmann. Der schuldet mir noch was.«

Cassie fragte lieber nicht, was *das* zu bedeuten hatte: Ihre Großmutter führte in ihrem Wohnblock einen Eine-Frau-Krieg gegen Graffiti, wildes Müllabladen und anderes asoziales Verhalten. Vor ein paar Wochen hatte sie sich sogar mit einem Drogendealer angelegt, der im Treppenhaus Schulkindern Gras verkauft hatte. Doch immer, wenn Cassie versuchte, ihr solche riskanten Unterfangen auszureden, hob die alte Dame nur das Kinn und antwortete, sie sei nicht in ein freies Land ausgewandert, um in Angst zu leben. Genau wie Cassie war auch Weronika Janek in ihrer Jugend eine Rebellin gewesen – mit dem Unterschied, dass ihre Beteiligung an den Protesten gegen das kommunistische Regime Polens in den Fünfzigerjahren ihr sechs Monate Gefängnis eingetragen hatte.

Als das Abendessen fertig war, klappte sie den alten, mit grünem Filz bezogenen Kartentisch aus, den ihre Großmutter als Esstisch benutzte. Beim Essen erwähnte sie den neuen Pathologen.

»Und du magst ihn nicht.« Weronikas Blick war durchdringend.

»Meine Meinung zählt nicht. Ich bin ja nur eine von den Untergebenen.«

Nur hatte die Untergebene heute einen kleinen Sieg eingefahren.

Sie erzählte die Geschichte, wobei sie den Teil ausließ, als Mrs Connery gesagt hatte, sie kriege keine Luft: Ihre Gespräche mit den Toten waren zu … *sakrosankt*, um sie mit irgendjemandem zu teilen, nicht einmal mit ihrer Großmutter. Und außerdem musste sie, wenn sie diese Momente ganz rational betrachtete, eingestehen, dass da möglicherweise einfach ihr Unterbewusstsein zwei und zwei zusammenzählte. Hatte sie zum Beispiel die Flecken auf Mrs Connerys Gesicht nicht bemerkt, *bevor* sie sie gehört hatte?

»Ihr Mann hat mir erzählt, dass sie nach dem Haarefärben schon öfter Ausschlag bekommen hatte.«

»Aber sie hat trotzdem weiter dieselbe Farbe benutzt?«

»Wahrscheinlich hat sie gedacht, das Ganze wäre schon ein paar Hautreizungen wert.« Die schuppige, rote Stelle auf Mrs Connerys Kopfhaut, die Cassie entdeckt hatte, war kein Ekzem gewesen, sondern eine letzte Spur von Urtikaria, einem allergiebedingten Hautausschlag. »Ihr Hausarzt hat sie nicht vor dem Risiko gewarnt, dass ihr Immunsystem jedes Mal mehr sensibilisiert wird, wenn sie sich die Haare färbt. Gestern ist es dann durchgedreht. Ihre Luftröhre ist so zugeschwollen, dass sie im wahrsten Sinne des Wortes keine Luft mehr bekommen hat.«

»Die Arme.« Weronika bekreuzigte sich. »Und warum ist dieser neunmalkluge Doktor nicht darauf gekommen?«

Wieder sah Cassie Archie Cuffs verdatterte Miene vor sich, als ihm klar geworden war, dass eine niedere Sektionsassistentin möglicherweise auf die Ursache von Mrs Connerys Tod gestoßen sein könnte. Ein paar Minuten später hatte er ihr ein unterschriebenes Formular in die Hand gedrückt, das die spezielle Blutuntersuchung anordnete, die nötig war, um ihre Theorie zu bestätigen – alles ohne auch nur ein Wort zu sagen.

Arsch.

»Fairerweise muss man sagen, dass die für eine Routineautopsie auch nur dreißig bis vierzig Minuten Zeit kriegen, und Anaphylaxie ist nach dem Tod auch echt schwer zu diagnostizieren.«

»Aber *du* hast doch was gemerkt. Dir fallen Kleinigkeiten auf, die andere Leute übersehen – das war schon immer so, schon als du noch klein warst.« Sie zeigte mit ihrer Gabel auf Cassie. »Du solltest einer von diesen Leichendoktoren sein, den Grips dafür hast du jedenfalls!«

Cassie zuckte skeptisch die Achseln – dies war ein ziemlich abgedroschenes Streitthema zwischen ihnen. Sie wusste, dass sie eine gute Sektionsassistentin war, doch die Vorstellung, Pathologin zu werden? Das war doch lächerlich – als würde man fünf gegen fünf im Park herumkicken und dann für Arsenal auflaufen. Ein Medizinstudium, das war nichts für junge Frauen wie sie – halb gebildet und in einer Sozialsiedlung aufgewachsen. Das war etwas für Leute wie Archie Cuff – männlich und wohlhabend, die eingehüllt in eine Blase aus unerschütterlichem Selbstvertrauen durchs Leben zu schweben schienen.

»Und was ist mit dem Abitur, das du in der Abendschule gemacht hast?« Ihre Großmutter zählte die Fächer an den Fingern auf. »Eine Eins in Biologie und Chemie, eine Zwei in Physik. Und eine Eins plus in Englisch.«

»... die ungefähr so nützlich ist wie Makramee, Gran.«

Nachdem sie nach der zehnten Klasse von der Schule abgegangen war, hatte Cassie einfach nur weggewollt. Sie liebte ihre Großmutter, doch der Altersunterschied von fast fünfundfünfzig Jahren zwischen ihnen war ihr wie eine unüberbrückbare Kluft erschienen. Sie hatte davon geträumt, ins Ausland zu gehen, in irgendeiner coolen Stadt zu leben, wie Berlin. Doch als Mazz, ihr damaliger Freund, ihr von einem Zimmer erzählt hatte, das in einem von Hausbesetzern bewohnten, ungenutzten Bürogebäude in Chalk Farm leer stand, hatte sie das besser gefunden als gar nichts.

Am Tag nach ihrem siebzehnten Geburtstag, gebeugt unter der Last eines randvoll gestopften Rucksacks, hatte Cassie ihre Großmutter auf der Türschwelle zum Abschied umarmt, beide den Tränen nahe. Doch auf der Straße angekommen, waren Cassies Tränen bereits einem wachsenden Gefühl freudiger Erregung gewichen: Endlich war sie frei und begann ein richtiges Erwachsenenleben, niemandem mehr Rechenschaft schuldig.

Nachdem die Beziehung mit Mazz sich schon drei Monate später aufgelöst hatte, blieb Cassie bei den Hausbesetzern und zog mit ihnen nach jeder unvermeidlichen Räumung immer wieder in das nächste Gebäude. Ein bequemes Leben konnte man das nicht nennen – sie waren ständig pleite und oft ohne Strom und Wasser, doch ihre wechselnden Mitbewohner waren eine tolle Mischung aus Verrückten und Kreativen. Loyal bis zum Äußersten, teilten sie alles miteinander, was sie hatten, von Lebensmitteln bis zu Drogen, und sie genoss diese Freiheit am Rande der Gesellschaft – zumindest eine Zeit lang.

Nach ungefähr anderthalb Jahren dieses Vagabundenlebens stand Cassie eines Tages auf der Straße und verkaufte die Obdachlosenzeitung, als sie eine Begegnung hatte, die alles verändern sollte. Eine modisch gekleidete Frau Mitte vierzig blieb stehen, um eine Zeitung zu kaufen, und kam mit ihr ins Gespräch. Sie war Lehrerin für Naturwissenschaften an der Einrichtung für Erwachsenenbildung im Viertel. Schon bald kam sie regelmäßig vorbei und brachte immer ein Sandwich oder einen Becher Kaffee mit.

Sie unterhielten sich über wahnsinnig viele verschiedene Themen, von der Frage, wie das Auge Farben wahrnimmt, über die Entdeckung von Wasser auf dem Mars bis hin zu der Erkenntnis, dass Europäer fünf Prozent Neandertaler-DNA aufweisen. Diese Begegnungen ließen Cassies Gehirn in alle Richtungen sprühen wie ein Feuerrad. Ein paar Wochen später schrieb sie sich an der Abendschule für Naturwissenschaften bei Mrs Edwards ein – oder vielmehr Mrs E, wie ihre Schüler sie nannten. Nach einem schwierigen Start hatte Cassie Wissen inhaliert wie ein Apnoe-Taucher Luft nach einem Tauchgang.

»Also, eins weiß ich«, sagte Weronika jetzt, »deine Mama, Gott gebe ihrer Seele Frieden, wäre ja so stolz auf dich.«

Cassie folgte ihrem Blick mit den Augen zu einem Foto auf

dem Kaminsims, auf dem ein hübsches Mädchen Ende zwanzig in einer Rüschenbluse zu sehen war, mit einem schüchternen Lächeln unter braunem Haar. Ihre Mum war gerade fünfundzwanzig gewesen, ihr Dad ein paar Jahre älter, als sie bei einem Autounfall ums Leben gekommen waren, Opfer eines minderjährigen Fahrers in einem gestohlenen Porsche. Cassie war damals erst vier Jahre alt gewesen und konnte sich kaum an ihre Mutter erinnern, abgesehen von einer Handvoll flüchtiger Eindrücke: eine weiche Wange zur Schlafenszeit, der süße Wassermelonenduft ihres Parfums, ein Kleid mit riesigen orangeroten Mohnblüten drauf. Aus irgendeinem Grund waren die Erinnerungen an ihren Dad deutlicher. Auf seinen Schultern durch einen Wald getragen zu werden, die Hände fest in seine dunklen Locken geklammert. Die lustigen Grimassen, die er schnitt, wenn er mit einer Gabel voll Essen, das sie nicht mochte, Flugzeug spielte – dasselbe Gesicht, das sich plötzlich und sehr überzeugend zur Fratze eines Monsters verzerren konnte.

»Babcia … Wie alt war ich, als ich angefangen habe, tote Tiere mit nach Hause zu bringen?«

Weronika blickte verblüfft auf: Ihre Enkelin war eigentlich nicht der Typ für Selbstbetrachtungen. »Oh, ungefähr vier, vielleicht auch fünf. Unser erster Hausgast war eine tote Elster, die hast du draußen auf dem Laufgang gefunden.«

»Das weiß ich noch. Sie hatte so ein schönes Gefieder. Ich konnte gar nicht fassen, dass etwas so Schönes nie wieder fliegen würde.«

»Es war verflixt schwer, dich von ihr zu trennen«, schmunzelte Weronika. »Ich hab dir gesagt, der Körper wäre nur eine Verpackung – wie eine leere Bonbontüte –, und ihre Seele wäre schon davongeflogen. *Pfouff!*« Sie warf die geöffneten Hände in die Luft, als ließe sie einen Vogel fliegen. »Am Schluss habe ich dich davon überzeugen können, dass Seele und Körper im Himmel wieder vereint würden, wenn wir das arme Ding anständig begraben. Ich habe einen Schuhkarton hervorgesucht, als Sarg, und ein bisschen was von meinem Potpourri um die Leiche gestreut.« Sie lachte laut auf. »Wir haben sie im Kanal davonschwimmen lassen wie einen toten Wikinger. Das hat dich zwar nicht davon abgehalten, weiter tote Viecher anzuschleppen, aber wenigstens sind die nicht auf Dauer bei uns eingezogen.«

»Hast du je daran gedacht, mit mir zum Psychiater zu gehen?« Cassie trank einen Schluck Wasser und wich dem durchdringenden Blick ihrer Großmutter aus.

»Wieso?« Babcias Stimme klang plötzlich reserviert.

»Na, ich weiß nicht, ein kleines Kind, das tote Tiere nach Hause bringt ... Die meisten Vierjährigen stehen doch nicht auf so was, oder?«

Nicht zum ersten Mal in ihrem Leben spürte Cassie eine deutliche Veränderung in der Atmosphäre. Irgendetwas Unausgesprochenes hing in der Luft – als verschweige ihre Großmutter ihr etwas.

»Du brauchtest keinen Kopfdoktor.« Ihre Großmutter streckte die Hand aus und umschloss die ihre mit ihrem warmen, ledrigen Griff. »Ich hab das doch verstanden. Du warst ein kleines Mädchen, das seine Mama verloren hatte.«

Cassie schloss die Tür zu ihrer eigenen Wohnung im neunten Stock eines verfallenen Wohnblocks nördlich des Kanals auf. Ein Drittel der Wohnungen in dem Gebäude waren inzwischen mit Brettern vernagelt, doch sie hatte Glück gehabt, ihre zu bekommen – auf der Warteliste nach oben zu rutschen, war einer der Vorteile daran, für den Gesundheitsdienst zu arbeiten.

In der Wohnung ließ eine geschmeidige Bewegung in der Finsternis sie zusammenfahren.

»Macavity! Lass das!« Als der Kater sich zwischen ihren Beinen hindurchwand, stellte sie sich vor, wie er lautlos in sich hineinlachte.

Sie strich ihm über den seidigen Kopf und verspürte einen

schmerzhaften Stich: In letzter Zeit war er der Einzige, der sie begrüßte. Es war vier Monate her, dass sie sich von Rachel getrennt hatte – ungefähr genauso lange, wie sie zusammengewohnt hatten –, doch jetzt, wo der Winter allmählich anfing, Ernst zu machen, fiel es ihr schwerer, in eine kalte, leere Wohnung heimzukehren.

Sie drehte die Heizung auf und dachte daran, was ihre Großmutter angedeutet hatte: dass ihre kindliche Begeisterung für tote Tiere eine Möglichkeit gewesen war, mit dem Verlust ihrer Eltern in so jungen Jahren fertigzuwerden. Rachel – die mit ihrer Ausbildung zur Psychotherapeutin gerade zur Hälfte fertig war – hätte dem zugestimmt; sie hatte mehr als einmal versucht, Cassie davon zu überzeugen, dass sie möglicherweise an etwas litt, das man »unbewältigte Trauer« nannte. Rachel zufolge tat Cassie sich schwer mit Beziehungen, weil sie den Tod ihrer Eltern nie richtig verarbeitet hatte.

Psycho-Gelaber.

Für Cassie war ihre Verbindung zu den Toten eine Berufung, eine Gabe, die sie zu ihrem Glück schon früh im Leben entdeckt hatte. Und wenn sie Schwierigkeiten hatte, jemanden zu finden, der sie verstand, nun, das war ja wohl nicht gerade ungewöhnlich, oder?

Aus einem Impuls heraus tat sie etwas, was sie sich seit Monaten verwehrt hatte, und ging auf Rachels Facebookseite. Ärgerlicherweise zog sich beim Anblick des lachenden, sommersprossigen Gesichts in ihrem Bauch noch immer alles zusammen. Dann sah sie die drei Worte.

In einer Beziehung.

Sofort schloss sie das Fenster. Na ja, irgendwann hatte das ja passieren müssen. Sie bereute die Trennung nicht, sagte sie sich: Es war der richtige Zeitpunkt gewesen, um sich zu lösen. Ein verräterischer Gedanke brodelte in ihr hoch: *Du löst dich andauernd aus irgendwas.* Cassie ging auf, dass sie in ein paar Wochen sechsundzwanzig sein würde und dass ihre längste Beziehung bisher nicht einmal die Sechs-Monate-Marke geknackt hatte.

Manchmal zogen mitten in der Nacht ihre ehemaligen Partner, männliche wie weibliche, durch ihre Gedanken und wiederholten ihre Klagen. *Ich komm nicht an dich ran, Cassie … Ich weiß nie, was du denkst … Es ist, als wärst du hinter Plexiglas.* Alles Variationen eines einzigen Themas. Seit Kurzem hatte sich noch die Erinnerung an das dazugesellt, was Rachel an dem Tag gesagt hatte, bevor sie ausgezogen war. *Mir ist jetzt klar, dass du mich nie reinlassen wirst.* Ihre Worte klangen endgültig, aber ihre Miene hatte Cassie verraten, dass sie auf Widerspruch wartete, darauf, dass Cassie um sie kämpfte, dass sie Änderung versprach.

Vielleicht haben sie ja recht, dachte sie. Vielleicht bin ich einfach nicht für Beziehungen mit Lebenden gemacht.

Sie hob den Kater hoch und vergrub das Gesicht in seinem Fell. Als er sich wehrte, die Beine steif gegen ihre Brust stemmte, setzte sie ihn wieder ab. Einen Moment lang starrte er zu ihr herauf, ehe er wegschaute. Seine Rückenmuskeln zogen sich in einem einzigen, sparsamen Protestzucken zusammen, woraufhin sie lächeln musste.

»Du und ich, wir sind uns ganz schön ähnlich, was, Macavity? Wir sind allein besser dran.«

4. Kapitel

Es gab doch keine bessere Methode, die eigenen miesen kleinen Probleme richtig einzuordnen, als trauernde Angehörige zu betreuen. Dieser Gedanke schoss Cassie am nächsten Morgen durch den Kopf, als sie Mr und Mrs Middleton zum Leichnam ihres neunzehnjährigen Sohns Jake führte.

Jake Middleton war gestern Nachmittag beim Rugbytraining kollabiert. Er war mit dem Hubschrauber ins Krankenhaus geflogen worden, eine Stunde später jedoch trotz aller Reanimationsversuche an Herzversagen gestorben. Seine Mum und sein Dad waren im Urlaub in Barcelona gewesen und heute früh direkt vom Flughafen gekommen, um ihren Sohn zu sehen.

Mrs Middletons geschwollene Augen und ihr völlig zerstörtes Gesicht zeugten von einer Nacht unvorstellbaren Kummers, während ihr Mann in seinem teuren Anzug so starr vor unterdrückten Emotionen war, dass er aussah, als könne er bei der kleinsten Berührung in tausend Stücke zerspringen.

So hat mein Vater mich auch mal geliebt, dachte Cassie aus heiterem Himmel und sah sein anfeuerndes Lächeln vor sich, als er sie auf einem Tretroller schob. Sie war hin- und hergerissen, wollte diese neue Erinnerung festhalten und war zugleich verstört, weil sie in einem so unpassenden Moment auftauchte.

Sie geleitete die Middletons in das Besichtigungszimmer, schloss die Tür und nutzte den Augenblick, um sich zu sammeln. »Also, wenn ich den Vorhang aufziehe, werden Sie Jake in einem Bett liegen sehen. Er ist mit einer Bettdecke zugedeckt und hat ein Kissen unter dem Kopf.« Die Leute darauf vorzubereiten, was sie gleich erblicken würden, half, den Schock zu mildern – ein bisschen. Und sie hatte sich Zeit genommen, um Jake zurechtzumachen, hatte ihm das Haar gekämmt und den Schlamm aus dem Gesicht gewaschen und auch daran gedacht, ihm ein zusammengerolltes Handtuch unter den Nacken zu legen – das kippte den Kopf nach hinten und verhinderte, dass der Unterkiefer herunterklappte.

»Sagen Sie einfach Bescheid, wenn Sie so weit sind«, sagte sie.

Mr Middleton nickte ungeduldig. Die Schwester aus der Notaufnahme hatte gesagt, er sei irgendetwas Hochgestochenes, in der City, doch als sie den angetrockneten Rasierschaum unter dem einen Ohr bemerkte, wallte Mitleid in Cassie auf: Für jemanden, der so daran gewöhnt war, alles unter Kontrolle zu haben, musste es schlimm sein, sich einem Problem gegenüberzusehen, das nicht gelöst werden konnte.

Sie zog an der Schnur, die den Vorhang öffnete.

Als sie das scharf geschnittene Profil ihres Sohnes erblickte, sackte Jakes Mum in sich zusammen und wäre ohne Cassies stützende Hand unter ihrem Ellenbogen gestürzt. Die Augen des Vaters blieben trocken, sein Gesicht so regungslos wie eine aus Holz geschnitzte Maske. Er war derjenige, den sie im Auge behalten musste, er konnte jederzeit ohne Vorwarnung in die Luft gehen.

»Darf ich … ihn anfassen?« Es war schwer, in Mrs Middletons von Tränen verheertes Gesicht zu blicken, doch Cassie wich ihrem Blick nicht aus.

»Selbstverständlich.« Sie öffnete ihr die Glastür.

Nach nur wenigen Minuten allein mit seinem Sohn kam Jakes Dad allein heraus, ein merkwürdiges Beinahe-Lächeln im Gesicht.

Jetzt kommt's, dachte Cassie.

»Der Arzt hat etwas von einer … Autopsie gesagt.«

»Ja, Mr Middleton. Der Rechtsmediziner hat darum gebeten – um herauszufinden, was Jakes Tod verursacht hat.«

Er beugte sich zu ihr vor. »Jetzt hören Sie mir mal zu.« Seine Stimme war ein leises Grollen. »Sagen Sie dem Rechtsmediziner, wenn irgendwer diesen Jungen da drin – *meinen Sohn* – auch nur anrührt, dann finde ich den Kerl und bringe ihn um.«

Cassie hielt seinem Blick stand. »Mir würde es genauso gehen, wenn er mein Sohn wäre. So ein wunderschöner Junge, nicht wahr?«

Einen Moment lang machte Mr Middleton ein verwirrtes Gesicht, ehe er wortlos nickte und die lange zurückgehaltenen Tränen über seine Wangen strömten.

Als Cassie die beiden zur Tür brachte, über eine Stunde später, stieß Mr Middleton keine Morddrohungen mehr gegen jeden aus, der seinen Sohn anrührte – er hatte sogar eingesehen, dass es vielleicht helfen würde zu erfahren, was ihnen Jake genommen hatte.

In der Toilette brachte Cassie ihren Nasenring und den Augenbrauenstecker wieder an ihren Platz und schlang den oberen Teil ihres Haares von Neuem zu dem üblichen Knoten oben auf dem Kopf, sodass die rasierte Fläche über ihrem rechten Ohr zu sehen war. Wenn Angehörige kamen, um einen Toten zu sehen, fuhr sie ihren Look immer ein wenig herunter, weil sie wusste, dass manche Leute Anstoß daran nahmen, vor allem die ältere Generation. Das machte schon ein bisschen Mühe, doch es störte sie nicht: dass sich die Hinterbliebenen so wohl wie möglich fühlten, war wichtiger als alles andere.

Vielleicht war über die Jahre sogar noch mehr daraus geworden, dachte sie, ein Ritual, das die Grenze zwischen ihrer Arbeit mit den Lebenden und den Toten markierte.

Es war eine Erleichterung, in den Sektionssaal zurückzukehren, wo eine Gestalt in einem Leichensack auf ihrem Tisch auf sie wartete. Netterweise hatte Carl, der jüngere Sektionsassistent, der gestern krankgeschrieben gewesen war, ihren Anwärter für die Mittags-Autopsien schon aus der Kühlung geholt.

»War's schlimm?« Carl, der gerade saubere Probengefäße bereitstellte, schaute sie an.

»Ist es doch immer.«

Carl nickte. Obwohl er erst zweiundzwanzig und noch relativ neu in diesem Beruf war, wusste er, was Sache war: Das Schwerste an ihrem Job war nicht der Umgang mit den Toten, sondern sich um die trauernden Angehörigen zu kümmern.

Dickes Plastik knisterte, als Cassie den Reißverschluss aufzog. Doch sie kam nur bis zum Schlüsselbein, ehe sie zurückfuhr und es ihr den Atem verschlug.

Bestimmt hatte sie irgendein Geräusch von sich gegeben, denn Carl war plötzlich neben ihr und fasste sie am Ellenbogen, so wie sie vorhin Mrs Middleton.

»Cassie? Was ist denn los?«

»Es … die Frau da.« Sie zeigte auf den Zettel an dem Leichensack, erstaunt, wie ruhig ihre Stimme klang. »Geraldine Edwards. Ich kenne sie.«

5. Kapitel

Mit zurückgelegtem Kopf lehnte sich Cassie an die hintere Wand der Leichenhalle. Sie bemerkte den kalten Regen kaum, der auf ihre Wangen prasselte, und lechzte nach einer Zigarette.

Mrs Edwards, tot. Wieder hörte sie das Knistern des aufklaffenden Leichensacks, sah abermals das vertraute Gesicht vor sich und konnte es trotzdem immer noch nicht fassen. Zum ersten Mal verstand sie die Verwirrtheit, die sie in den Augen der Hinterbliebenen sah: die Unmöglichkeit, den Menschen, den man liebte – lebendig, warm, *am Leben* –, mit der leblosen Schaufensterpuppe in Verbindung zu bringen, die da in der Leichenhalle lag.

Cassies Zufallsbegegnung mit Geraldine Edwards, damals, als sie die Obdachlosenzeitung verkauft hatte, hatte ihr Leben verändert. Mrs E hatte sie nicht nur dazu inspiriert, wieder zur Schule zu gehen, sie war auch die erste Lehrerin gewesen, die die Unsicherheit und den Wissensdurst hinter Cassies trotziger Fassade erkannt hatte. Sie hatte Cassie durch zwei Jahre Abendschule gelotst, ihr Nachhilfe gegeben und sie dazu gebracht, daran zu glauben, dass sie ihre Prüfungen bestehen konnte – sogar in der gefürchteten Physik.

Nachdem sie ihr Fachabitur mit lauter Einsen abgeschlossen und angefangen hatte, in der Pathologie zu arbeiten, waren sie Freundinnen geblieben, sodass Cassie an den meisten Sonntagen auf einen Kaffee bei ihrer ehemaligen Lehrerin vorbeischaute. Eine behagliche Tradition, die sie fünf Jahre lang beibehalten hatten, bis Cassie vor ein paar Monaten auf etwas, das Mrs E gesagt hatte, überreagiert hatte. Seitdem hatten sie sich nicht mehr gesehen – bis letzte Woche, als Cassie ihre frühere Lehrerin zufällig in der Obst-und-Gemüse-Abteilung des Supermarkts gesehen hatte. Mit jäher Scham dachte sie daran, wie sie sich in den Gang mit den Backwaren verdrückt und dort herumgelungert hatte, bis die Luft rein war.

Jetzt traf sie ein Gedanke mit brutaler Wucht: Dieser Augenblick war ihre letzte Chance gewesen, alles wieder geradezubiegen, wieder Verbindung mit jemandem aufzunehmen, der eine so gewaltige Rolle in ihrem Leben gespielt hatte. Und sie hatte es vergeigt.

Nun, *etwas* konnte sie noch für ihre ehemalige Freundin und Lehrerin tun.

»Das ist echt keine gute Idee, Cassie«, meinte Doug besorgt, nachdem sie ihm erzählt hatte, wer da im Sektionssaal darauf wartete, für die Autopsie vorbereitet zu werden. »Sie kennen doch die Regeln – wir arbeiten nicht an Menschen, die wir kennen. Das ist einfach … zu persönlich.«

»Aber diese Regeln sind doch nicht in Stein gemeißelt, oder?«

»Na ja, es ist ein guter Leitfaden für die Praxis, wie immer Sie's nennen wollen. Man kann einfach nicht dieselbe professionelle Distanz wahren, wenn man an jemandem arbeitet, den man kennt.«

»Ich krieg das hin, Doug, ehrlich.« Sie schlug einen forschen Ton an, legte eine Gewissheit an den Tag, die sie nicht empfand.

Sein Blick huschte über ihr Gesicht. »Sie sagen, sie war Ihre Lehrerin?«

»Sie hat mich in Naturwissenschaften unterrichtet, als ich auf der Abendschule das Abi gemacht habe.« Als wäre das überhaupt nichts Besonderes.

Ein plötzliches Aufblitzen der Erinnerung an Mrs Es hochintelligenten, grau-grünen Blick, während sie sich über ein seziertes Schweinehirn beugte und in ihrem walisischen Singsang fragte: *Nun, Cassandra, wissen Sie noch, wie man das hier nennt?* Und Cassie sagte: *Das Corpus callosum?* Das Aufwallen der Befriedigung, als ihr ein beifälliges Lächeln zuteilwurde.

Jetzt würde sie nie wieder in der Wärme von Mrs Es Anerkennung schwelgen können.

»Hören Sie, Doug, ich fände es einfach nicht richtig, wenn Carl sie übernimmt.«

»Ich könnte einen von den Springern anrufen.«

»Oder überhaupt jemand Fremdes. Ich sollte mich um sie kümmern.«

Ein winziges Entspannen der Muskeln um Dougs Augen herum verriet ihr, dass er im Begriff war, nachzugeben.

»Also … na gut. Wenn Sie es sich irgendwann anders überlegen, schreien Sie einfach.«

Zurück im Sektionssaal, bemerkte Cassie, dass Carl das Radio ausgemacht hatte – zweifellos aus Respekt vor ihren Gefühlen. »Mach mal Musik an, Carl«, sagte sie. »Lassen wir alles so normal wie möglich.«

Sie holte tief Luft und nahm Mrs Edwards Totenschein zur Hand. Allem Anschein nach war sie zu Hause gestorben, ganz plötzlich, in der Badewanne, und da sie allein lebte, war ihr Leichnam erst am nächsten Tag gefunden worden – von ihrer Putzfrau. Die Polizei hatte verdächtige Todesumstände ausgeschlossen, was zu einer vollständigen, umfassenden Leichenschau geführt hätte, doch wie bei allen ungeklärten Todesfällen verlangte das Gesetz trotzdem eine Routineautopsie.

Eine Notiz in der Akte besagte, dass Mrs E Witwe war, woran sich Cassie vage erinnerte, und dass ihre Angehörigen, ihr einziger Sohn Owen, in den nächsten ein, zwei Tagen aus Rhyl in North Wales herunterkommen würden, um den Leichnam zu sehen. In all den Jahren hatte Mrs E ihren Sohn nur ein einziges Mal erwähnt – ein seltener Einblick in ihre persönlichen Verhältnisse, der jedoch auf eine Art und Weise erfolgt war, die sich jegliche weiteren Fragen verbeten hatte.

Sie machte sich daran, Mrs E behutsam aus ihrem Leichensack zu holen. »Ich hatte ganz vergessen, dass Sie mit Vornamen Geraldine heißen«, sagte sie halblaut. »Ein wunderschöner Name, aber Sie waren ja schon immer ein stilles Wasser.«

Sie ließ im Geist den Moment Revue passieren, als sie Mrs E zufällig im Supermarkt gesehen hatte, suchte in ihrer Erinnerung nach Zeichen dafür, dass irgendetwas nicht gestimmt hatte – ein hängendes Augenlid zum Beispiel, oder ein unsicherer Gang –, fand jedoch nichts. Vielleicht hatte sie ein bisschen gedankenverloren gewirkt, aber andererseits hätte sie auch einfach nur überlegt haben können, was sie zum Abendessen kochen wollte.

Wie es manchmal geschah, hatte der Tod Mrs E die ultimative Botox-Behandlung verpasst, hatte Krähenfüße und Lachfältchen wegmassiert. Ihr Gesicht sah ruhig aus und jünger als ihre einundfünfzig Lebensjahre.

Cassie begann, Mrs Es Leichnam ganz genau nach blauen Flecken abzusuchen, die sie sich durch einen Sturz beim Ein- oder Austeigen in der Badewanne geholt haben könnte. Sie war froh festzustellen, dass sie sie drehen konnte, ohne Carl zu Hilfe zu rufen. »Gut, dass Sie so schlank sind«, sagte sie leise dicht am Ohr der Toten, »sonst würde ich mir bei dieser Nummer vielleicht den Rücken kaputt machen.« Eher apart als konventionell hübsch, war Mrs Edwards immer irgendwie aufgefallen, hatte Kleider getragen, die ihre Figur attraktiv zur Geltung brachten, auch wenn sie die meiste Zeit unter einem weißen Kittel verborgen waren, und ihr dunkles Haar war stets gut geschnitten und gestylt gewesen.

Plötzlich kam ihr eine weitere Erinnerung: die Mega-Krise, die sie nach ein paar Wochen auf der Abendschule gekriegt hatte. Während sie sich abmühte, im Physikunterricht mitzukommen – der ebenso gut auf Mandarin hätte stattfinden können, so wenig verstand sie –, hatte sie heimlich zu ihren Klassenkameraden hinübergeschielt. Und als sie deren sorglose Mienen gesehen hatte, hatte ihr mit erschreckender Klarheit gedämmert: *Ich gehöre nicht hierher.* Wem wollte sie etwas vormachen, als sie dachte, sie wäre klug genug? Sie hätte sich in der Schule reinhängen sollen, statt ihren Lehrern dumm zu kommen – aber jetzt war es zu spät. Ihre beste Hoffnung war, einen Job in einer Bar zu kriegen oder auf dem Markt wie ihr Dad, und zu versuchen, genug zu sparen, um auf Reisen zu gehen.

Mrs E musste ihre Panikattacke bemerkt haben, denn nach dem Unterricht hatte sie Cassie abgefangen und zum nächsten Starbucks geschleift, um ihr zu verkünden, dass sie nicht bereit sei, *»die verdammt noch mal beste Schülerin, die ich je unterrichtet habe«* zu verlieren. Cassie konnte noch immer hören, wie sie das sagte. Eine Übertreibung, *sicher,* aber Mrs Es felsenfester Glaube an sie hatte genügt, um sie zum Weitermachen zu bewegen.

Jetzt beugte sich Cassie zu ihr herab, während sie vorgab, den Rücken der Frau nach Hämatomen abzutasten, und flüsterte: »Wir finden raus, was mit Ihnen passiert ist, Mrs E.«

So verharrte sie, nahe genug, um die einzelnen Haare der dunklen Brauen zählen zu können, wartete auf den traumartigen Zustand, der dem Augenblick der Kontaktaufnahme voranging. Doch alles, was sie hörte, war ein Echo ihrer eigenen Stimme, als würde sie von der fernen Wand einer Schlucht zurückgeworfen.

»Morgen allerseits!« Ein großer Mann mit silberweißem Haar rauschte zur Tür herein; eine verschnürte Lunchbox baumelte von seiner einen Hand herab, in der anderen hielt er eine ziemlich mitgenommene Aktentasche. »Ah, die bezaubernde Ms Raven.«

Unwillkürlich musste Cassie lächeln. Jeder andere, der versuchte, sie so zu begrüßen, würde eine ordentliche Packung kriegen, aber Professor Arculus war ihr Lieblingspathologe. Und da er außerdem einer der Besten im ganzen Land war, war sie froh zu wissen, dass Mrs E in guten Händen sein würde.

»Was für ein Füllhorn an erbaulichen Untersuchungen erwartet uns denn heute, Cassandra?«, erkundigte er sich und betrachtete die Liste durch den unteren Teil seiner Gleitsichtbrille, deren einer Bügel jüngst mit einem Stück Gewebeklebeband repariert worden war, wie sie bemerkte.

»Drei Ladys und ein Gentleman, Professor. Die Erste ist Mrs Geraldine Edwards.«

»Irgendwas, das ich über sie wissen sollte?« Der Professor warf ihr einen fragenden Blick zu. Vielleicht hatte er etwas in ihrer Stimme gehört.

»Mrs Edwards ist … war meine Lehrerin, Professor – und, na ja, eine gute Freundin. Sie hat mich durchs Abitur gebracht. Ich wollte nicht, dass irgendjemand anderes sie betreut.«

Der Professor nickte nachdrücklich. »Eine sehr löbliche Einstellung. Sollen wir anfangen?«

Nachdem er Mrs Edwards' Identität in aller Form überprüft hatte, blätterte Professor Arculus ihre Krankenakte durch. »Unsere junge Dame hatte also keine chronischen Erkrankungen … keine früheren Krankenhausaufenthalte …«

Cassie lächelte über die harmlose »Junge Dame«-Galanterie alter Schule und zog ebenfalls die Unterlagen zurate. »Ihr Cholesterin war ein bisschen hoch, aber ihr Blutdruck war normal für ihr Alter, und sie hat keinerlei Langzeit-Medikamente genommen. Ihr Sohn hat gesagt, als er das letzte Mal mit ihr gesprochen hat, hätte sie geklungen, als sei alles in Ordnung, das war vor ungefähr einem Monat« – ein Intervall, das Cassies Ansicht nach auf eine nicht eben enge Beziehung zwischen Mutter und Sohn schließen ließ.

Der Professor nahm sich den Bericht des Rechtsmediziners vor. »Verstorbene wurde von ihrer Putzfrau unter Wasser in der Badewanne gefunden«, las er laut vor. »Die Polizei hat keinerlei Spuren eines Kampfes oder erkennbare Verletzungen festgestellt. Kein Hinweis auf illegale Drogen, allerdings wurde ein Glas, das Whisky enthielt, ganz in der Nähe gefunden.«

Er drehte Mrs E halb auf die Seite und fuhr mit geübten Fingern über ihren Hinterkopf. Dankbar stellte Cassie fest, dass er besonders behutsam mit dem Leichnam umging, fast wie mit einer lebendigen Patientin.

»Hm. Keine erkennbaren Prellungen, die auf einen Sturz hindeuten könnten.« Er sah Cassie über seine Brille hinweg an. »Es sei denn, Ihre Adleraugen hätten etwas ausgemacht, was für unsere Untersuchungen relevant ist?«

Sie spürte, wie sie rot wurde: Anders als dieser kinnlose Idiot Cuff war sich der Professor nicht zu schade, sie nach ihrer Meinung zu fragen – oder ihr zu gratulieren, wenn sie etwas entdeckte, das er vielleicht in der kurzen Zeit, die ihm für eine Routineautopsie zur Verfügung stand, übersehen hätte.

»Nichts, Professor.«

»Also dann.« Sein Blick hielt kurz, aber eindringlich den ihren fest, zweifellos prüfend, ob sie wirklich damit klarkam, jemanden auszuräumen, den sie gekannt hatte. Dann verschwand er, um nach seinen E-Mails zu sehen.

Cassie nahm ihr Lieblingsmesser, doch als dessen blanke Spitze über der Kuhle unten an Mrs Edwards Hals schwebte, erstarrte sie, sah sich plötzlich wieder zu ihrer allerersten Eviszeration zurückversetzt. Jetzt, wo es ernst wurde, konnte sie das wirklich schaffen?

Ja. Es war das Mindeste, was sie für Mrs E tun konnte.

Der erste Schnitt war schwer, doch nachdem der geschafft war, stellte sie erleichtert fest, dass sie auf Autopilot schaltete; das in Tausenden von Eviszerationen geschulte Muskelgedächtnis übernahm die Führung.

Zwanzig Minuten später trat Professor Arculus an den Seziertisch, griff in den Haufen aus Mrs Edwards Eingeweiden und machte sich daran, die größeren Organe herauszusortieren.

Er zog die noch immer mit der Luftröhre verbundene Lunge zu sich heran und setzte einen gekonnten Schnitt in den rechten Bronchus, dort, wo er in den Lungenflügel überging. Ein kleiner Wasserschwall quoll heraus. Mit hochgezogener Braue sah er Cassie an. »Das dürfte das Badewasser sein. Aber unsere erste Frage ist, ist es post oder ante mortem in die Atemwege gelangt?«

Cassie nickte: Sie mussten feststellen, ob die unmittelbare Todesursache Ertrinken gewesen war, während sie gleichzeitig nach den zugrunde liegenden Ursachen suchten, wie zum Beispiel ein Herzinfarkt, durch den sie das Bewusstsein verloren haben und unter Wasser gerutscht sein könnte. Es war ein weitverbreiteter Irrglaube, dass das Vorhandensein von Wasser in der Lunge allein bewies, dass jemand ertrunken war. Ja, selbst wenn Mrs E aufgehört hätte zu atmen, bevor sie untergetaucht war, hätte trotzdem Wasser den Weg in ihre Lunge gefunden haben können.

Der Professor machte eine Reihe rascher Einschnitte in das Lungengewebe des rechten Flügels, ehe er ihn herumdrehte und jeden Schnitt studierte wie eine Seite in einem Buch – Cassie bezeichnete das im Stillen immer als das »Lesen der Organe«. Er trat zurück und bot ihr an, ebenfalls einen Blick auf die Lunge zu werfen.

»Also, was sehen Sie an den Schnittflächen?«

»Schaum. Blutiger Schaum.«

»Verursacht durch …?«

»Ein Lungenödem?«

»Korrekt.«

»Dann hat sie also noch geatmet, als sie unter Wasser getaucht ist?«

Professor Arculus zog eine Grimasse. »Wie Sie ja wissen, ist unser alter Freund Ertrinken ein schwieriger Kunde, schwer eindeutig zu diagnostizieren. Ganz egal, was die Fernsehkrimis uns glauben machen wollen …«, seine Augen wurden schmal, das war eins seiner Lieblingsthemen, »ein schlüssiger Beweis ist da ein flüchtig Ding.«

Er hielt inne und sah Cassie fragend an.

»Ertrinken ist eine Ausschlussdiagnose«, sagte sie und rang sich ein Lächeln ab. »Sie basiert darauf, dass man alle anderen Todesursachen ausschließt.«

Ein Nicken. »Ganz recht. Nichtsdestotrotz würden uns die gegebenen Umstände allem Anschein nach mit einigem Recht in diese Richtung weisen. Jetzt müssen wir die *zugrunde liegende* Todesursache ermitteln: Warum verliert eine allem Anschein nach gesunde Frau in frühen mittleren Jahren überhaupt lange genug das Bewusstsein, um zu ertrinken?«

Mit einem weiteren entschiedenen Schnitt öffnete er den Magen.

»Der Magen ist leer, sie hatte also vor ihrem Tod gut vier, fünf Stunden nichts gegessen.« Er beugte sich herab und schnupperte. »Allerdings würde ich sagen, sie hat sich einen ordentlichen Schluck von diesem Whisky genehmigt. Keine sichtbaren Tablettenrückstände im Magen, aber da müssen wir den toxikologischen Bericht abwarten.«

Als Nächstes wandte er sich Mrs Edwards' Herz zu. Cassie war klar, dass er nach Kalkablagerungen in den Arterien suchte oder anderen Hinweisen auf einen Herzinfarkt – doch sie konnte nicht bleiben und zusehen: Sie musste Proben von den großen Organen und den Körperflüssigkeiten nehmen und sie für das Labor verpacken.

Später, als er zum Spülbecken ging, um sich das Blut von den Händen zu spülen, fragte sie: »Was meinen Sie, Professor? Haben Sie eine Ahnung, wieso sie das Bewusstsein verloren hat?«

Er schüttelte den Kopf. »Nichts Eindeutiges, fürchte ich. In Herz und Herzkranzgefäßen sind keinerlei Thromben zu finden, keine Atheroma und kein Infarkt, und das Gehirn zeigt keine Anzeichen für einen Apoplex.«

Mit anderen Worten keine Arterienverengungen, keine Blutgerinnsel und kein Schlaganfall – die üblichen Verdächtigen beim plötzlichen Zusammenbruch eines scheinbar gesunden Menschen.

»Ich fürchte, ich werde ›ungeklärte Todesursache, vorbehaltlich des toxikologischen und histopathologischen Befundes‹ schreiben müssen«, fuhr er fort und sah sie über seine Brille hinweg mitfühlend an.

Ihr Blick wanderte zu Mrs Es ausgeweidetem Leichnam zurück. »Unter uns, was sagt Ihr Bauchgefühl?«

Die Augen des Professors verengten sich zwischen vielen Fältchen zu zwei leuchtenden Punkten, wie immer, wenn er scharf nachdachte. »Mich persönlich würde es wundern, wenn sich in den Proben Anzeichen für irgendwelche Erkrankungen fänden – die junge Dame scheint bei bester Gesundheit gewesen zu sein. Und in Anbetracht ihres Berufs und ihres guten Leumunds wäre ich erstaunt, wenn die Toxikologie illegale Substanzen im Blut oder im Urin findet.« Er sah Cassie an und sagte freundlich: »Wissen Sie, es ist möglich, dass sie einfach nur ein bisschen zu viel Scotch auf leeren Magen getrunken hat. In Kombination mit einem heißen Bad kann das zu einer recht dramatischen Vasodilatation geführt haben.«

Konnte es etwas so schrecklich Banales sein? Eine Kombination aus Alkohol und einem zu heißen Bad, die dazu geführt hatte, dass sich die Blutgefäße plötzlich erweitert hatten, sodass Mrs Es Blutdruck schlagartig abgesackt und sie ohnmächtig geworden war?

»Also glauben Sie, sie ist einfach ohnmächtig geworden und ins Wasser gerutscht?« Dann wäre der Tod unvermeidlich gewesen.

»Vielleicht stellt sich noch heraus, dass ich unrecht habe, aber ich würde sagen, das ist das Wahrscheinlichste.« Er klopfte ihr resolut auf die Schulter. »Sie haben sich heute gut geschlagen, Cassandra. Das war bestimmt nicht leicht für Sie. Ich bitte das Labor, uns die Befunde möglichst schnell zu schicken.«

Cassie war an diesem Abend die Letzte. Als sie durch den dunklen Kühlraum ging, huschten die Scheinwerfer vom Parkplatz fahrender Autos über die riesigen Edelstahlflächen, beleuchteten die gekritzelten Initialen der Insassen der Kühlfächer – wie Hieroglyphen an der Wand einer uralten Grabkammer. Sie stellte sich vor, wie ihre Gäste hinter den Türen des gewaltigen Kühlschranks schlummerten, und wünschte jedem von ihnen im Vorbeigehen halblaut eine gute Nacht.

Als sie das Fach erreichte, in dem Mrs E ruhte, berührte Cassie den Stahl mit den Fingern. Jäh überfiel sie eine Erinnerung.

Mrs E stand an der Tafel, elegant und langgliedrig. Sie war gut in Fahrt, zeichnete mit großen Gesten ein Diagramm der Atemwege des Menschen, ihre Miene war so konzentriert, dass sie fast schon streng wirkte. Doch als sie zurücktrat, um ihr Werk zu begutachten, johlte sie vor Lachen. »Ein Glück, dass ich keine verdammte Kunstlehrerin bin!«

Plötzlich schwindlig, musste Cassie sich mit einer Hand an der Wand abstützen – zum ersten Mal war ihr eines richtig klar geworden: Hätte Mrs E nicht den Wissensdurst hinter ihrem aufmüpfigen Teenagergehabe erkannt, wäre ihr Leben ganz anders verlaufen. Wahrscheinlich würde sie immer noch in irgendeinem besetzten Haus wohnen, die Obdachlosenzeitung verkaufen und sich mit Alkohol oder Heroin zudröhnen. Mit anderen Worten, ihr Leben im Klo runterspülen.

Cassie öffnete die Kühlschranktür, zog die Schublade heraus und zog den Reißverschluss des Leichensacks auf, um Geraldine Edwards ins Gesicht sehen zu können.

»Es tut mir leid, dass ich mich nicht wieder bei Ihnen gemeldet habe, Mrs E. Ich hab wohl gedacht, Sie würden immer da sein. Ich hab mich nicht mal bei Ihnen bedankt, nicht richtig, für all die Nachhilfe, für all die Male, wo Sie mir geholfen haben, wenn ich kurz davor war aufzugeben. Ohne Sie würde ich nicht in einem Beruf arbeiten, den ich toll finde … vielleicht wäre ich gar nicht mehr hier.«

Sie ließ die Hand auf Mrs Es Schulter ruhen, hielt lange die Luft an und wartete angespannt auf irgendeine Veränderung in der Atmosphäre, auf irgendein Kommunikationszeichen.

Nichts. Die Tote blieb vollkommen stumm, so kalt und unerreichbar wie der steinerne Ritter, den Cassie mal auf einem mittelalterlichen Grabmal hatte liegen sehen.

6. Kapitel

Auf dem Heimweg ging sie noch schnell in den Supermarkt an der Camden Road, um Katzenfutter zu kaufen. Es war derselbe, in dem sie letzte Woche Mrs E gesehen hatte. Als sie wieder draußen war, blieb sie kurz auf dem Gehsteig stehen, ehe sie mit großen Schritten in die Gegenrichtung marschierte, weg von ihrer Wohnung.

Geraldine Edwards' Haus – Patna Road Nr. 12 – unterschied sich von den anderen in der langen, stattlichen Häuserzeile aus der Zeit Königin Victorias. Seine traditionell hellgraue Fassade bildete einen nüchternen Kontrast zu den Bonbonfarben, für die sich ihre Nachbarn entschieden hatten. Cassie erinnerte sich noch, wie ihre ehemalige Lehrerin einmal einen Neuanstrich in Knallpink betrachtet und »So ein Quatsch« gebrummt hatte. Das für sie so typische Augenzwinkern hatte ihren missbilligenden Tonfall Lügen gestraft.

Cassie musste an all die Sonntagmorgen denken, an denen sie die Stufen zu der dunkelblauen Haustür hinaufgestiegen war, eine Tüte mit frischem Gebäck in der Hand. Mrs E war einer der wenigen Menschen gewesen, mit denen sie richtig über ihre Arbeit reden konnte, und die Einzige, die wirklich verstand, was sie daran so faszinierte – den Reiz daran, die Hinweise zu entschlüsseln, die dem Leichnam eingeschrieben waren.

Nur ein Thema hatte es gegeben, bei dem sie sich nicht einig gewesen waren.

Nachdem sie ihre Abschlussprüfung bestanden und in der Leichenhalle angefangen hatte, hatte Cassie einmal bemerkt, wie froh sie sei, mit der ganzen Lernerei durch zu sein, woraufhin Mrs E ihre Kaffeetasse hingestellt und sie ernst angesehen hatte. »Mit dem Lernen ist man nie ›durch‹, Cassandra«, hatte sie in ihrem nordwalisischen Tonfall gesagt, der ihre Worte noch eindringlicher hatte klingen lassen. »Ihr Abitur war eine fantastische Leistung, aber es ist erst der Anfang der Reise, nicht das Ziel. Als Nächstes könnten Sie Medizin studieren, wenn Sie sich richtig reinhängen.«

Das Thema kam häufiger zur Sprache, und immer wich Cassie aus – bis zu *jenem* Sonntag in diesem Frühling. Mrs E hatte ihr zusammen mit ihrem Kaffeebecher eine Broschüre einer Universität in die Hand gedrückt. Sie war an der Stelle aufgeschlagen, an der sich detaillierte Informationen über die finanzielle Unterstützung für Studenten aus schwierigen sozialen Verhältnissen befanden, die ein Medizinstudium anstrebten.

Während Mrs E sich über die Eins in Mathe auf Abiturniveau ausließ, die sie brauchen würde, und darüber, welche Stipendien sie beantragen könnte, musste Cassie gegen eine Woge der Panik ankämpfen.

»Ich weiß, das widerstrebt Ihnen, Cassandra«, meinte Mrs E und fixierte sie mit Adlerblick, »aber ich denke wirklich, Sie sollten es in Erwägung ziehen.«

Cassie hatte beteuert, wie toll sie ihren Job fand, doch Mrs E wollte es nicht gut sein lassen. »Wissen Sie, nicht Medizin studiert zu haben, ist vielleicht das, was ich am allermeisten bereue. Ich fände es furchtbar, wenn es Ihnen eines Tages genauso ginge.«

Cassie fühlte sich in die Enge getrieben, sie war wütend – als wäre sie wieder sechzehn und ihre Großmutter würde versuchen, ihr den Entschluss auszureden, die Schule abzubrechen. Das Gespräch mit Mrs E hatte damit geendet, dass Cassie hinausgestürmt war, allerdings nicht, bevor sie etwas gesagt hatte, das ihr noch immer die Schamesröte in die Wangen treiben konnte.

»Wissen Sie, Sie sind nicht meine Mutter.«

Als Mrs E ihr am nächsten Tag eine versöhnliche Sprachnachricht auf der Mailbox hinterlassen hatte, hatte Cassie sich vorgenommen, sie zurückzurufen, um die Dinge wieder ins Lot zu bringen, aber irgendetwas – Verlegenheit oder dämlicher Stolz vielleicht – hatte sie davon abgehalten. Das war schon die Zeit, wo sie mit Rachel zusammenwohnte, und nach und nach war diese lästige Aufgabe auf ihrer Agenda immer weiter nach unten gerutscht.

Als sie jetzt eine Bewegung in Mrs Es Wohnzimmer bemerkte, rannte sie die Treppe zur Haustür hinauf. Wahrscheinlich war das Imelda, die Putzfrau, die sie bestimmt einlassen würde, damit sie einen letzten Blick ins Haus werfen könnte, bevor Mrs Es Sohn Owen es verkaufte. Sie hatte bereits geklingelt, als ihr einfiel, dass es ja genauso gut Owen selbst sein könnte, der gerade aus Rhyl gekommen war. Was dann? Sie konnte keinen überzeugenden Grund vorbringen, warum sie hier war – und da sie sich unweigerlich treffen würden, wenn er den Leichnam ansehen kam, konnte sie sich jetzt auch keine dumme Ausrede ausdenken.

Cassie machte auf dem Absatz kehrt und eilte davon. Sie war gerade dreißig Meter weit gekommen, als sie die Tür hinter sich aufgehen hörte und eine Männerstimme mit walisischem Akzent ihr nachrief: »Hallo, kann ich Ihnen helfen?«

»Sorry!«, rief sie über die Schulter hinweg, ohne sich umzudrehen. »Falsche Hausnummer!«, und betete nur, dass sie schon weit genug weg war, damit er sie nicht erkannte. Ärgerlich knallte er die Tür wieder zu.

Den Rest des Heimwegs verbrachte sie damit, darüber nachzugrübeln, was sie davon abgehalten hatte, wieder mit Mrs E Kontakt aufzunehmen: Warum hatte sie jemanden, der ihr so wichtig gewesen war, so leichtfertig aus ihrem Leben gehen lassen? Jemand, der, wie ihr jetzt erst klar wurde, tatsächlich so etwas wie eine Ersatzmutter für sie gewesen war? Was steckte dahinter, dass sie immer wieder Menschen von sich stieß, die sie liebte?

Sie erinnerte sich plötzlich daran, wie sie vor dem knackenden Gasfeuer auf dem Sofa gesessen hatte, an dem Tag, als Babcia ihr gesagt hatte, dass die Engel ihre Mama und ihren Papa in den Himmel geholt hatten. Und da dachte sie: *Sieh dir doch nur mal an, was passiert, wenn du dir erlaubst, jemanden zu lieben.*

Zu Hause fütterte Cassie Macavity, bevor sie sich auf Facebook einloggte. Sie war verblüfft, als sie feststellte, dass Geraldine Edwards, stets eine bekennende Technikfeindin, sich im Sommer einen Account mit einer Profilseite eingerichtet hatte; allerdings hatte sie ihn nur ein paar Wochen lang benutzt. Ihr Profilfoto zeigte einen Gartentisch mit einer Weinflasche und zwei Gläsern darauf, an irgendeinem sonnigen Ort aufgenommen. Als Cassie durch die Handvoll Posts scrollte, fand sie ein Bild von einer Torte mit der Zuckerguss-Aufschrift *Viel Glück!* sowie Schnappschüsse von Mrs Es Abschiedsparty – offensichtlich hatte sie ihren oft geäußerten Plan, früher in Rente zu gehen, in die Tat umgesetzt. Und so hatte es ihr blöder Stolz dann auch geschafft, dass sie Mrs Es Abschied in den Ruhestand verpasst hatte.

Ein Bild zeigte Mrs E auf dem London Eye, elegant gekleidet und mit todschicker neuer Frisur. In der Hand hielt sie ein Glas Champagner, und die Lichter der Stadt im nächtlichen Hintergrund betonten das Funkeln in ihren Augen. Ihr Gesichtsausdruck traf Cassie ins Herz. Es war ein Blick, der die Welt wissen ließ: *Ich bin noch lange nicht fertig.*

Bevor sie zum Telefon griff, ging sie zum Kühlschrank, um sich eine Flasche Bier zu holen. Ohne sich Zeit zum Nachdenken zu lassen, drückte sie die Kurzwahltaste.

»Rachel? Hi, ich bin's.«

»Cassie? Wow, das ist ja schon eine Ewigkeit …«

»Nächste Woche vier Monate. Nicht dass ich sie zähle.« *Herrgott noch mal.* Sie schnitt dem Hörer ihre »Verrückte auf dem Dachboden«-Grimasse, um ihren Gefühlen Luft zu machen.

»Und … was liegt an? Wie läuft's in der Leichenhalle?« Hörte

Cassie da einen Hauch von Abscheu? Als sie zusammen gewesen waren, hatte sie ihren Job manchmal wie einen Toten empfunden, den sie mit nach Hause brachte: eine Leiche, die beim Fernsehen zwischen ihnen auf dem Sofa saß, stets präsent, doch niemals erwähnt. Mit Toten zu arbeiten, würde vielleicht immer eine unüberbrückbare Kluft sein, die Beziehungen mit »Zivilisten« unmöglich machte.

Nach noch etwas mehr belanglosem Gerede nahm sie einen ordentlichen Mutschluck Bier. »Hör mal, Rachel, kann ich dich mal was fragen?«

»Klar. Frag ruhig.« Sie klang etwas misstrauisch.

»War ich eine beschissene Freundin?«

»Nein! Natürlich nicht. Du warst witzig und superklug und ... du konntest echt liebevoll sein.«

»Konnte?« Sie gab sich Mühe, nicht gekränkt zu klingen.

»Na ja, ja, wenn du in Stimmung warst.«

Cassie versuchte, sich eine schlagfertige Erwiderung einfallen zu lassen, doch sie konnte nicht wirklich widersprechen: Zuneigung zu zeigen, war ihr nie leichtgefallen.

»Jetzt bin ich dran mit fragen«, sagte Rachel. »Damals, wenn du manchmal nicht nach Hause gekommen bist, wenn du gesagt hast, du wärst zu betrunken gewesen und hättest mich nicht wecken wollen.«

O Gott.

»Bist du da wirklich auf Carls Sofa eingepennt?«

»Nein, in Wirklichkeit habe ich mit Carl und seinem Mitbewohner einen flotten Dreier abgezogen ... *Ja,* ich habe auf dem Sofa gepennt.« Cassie hörte selbst, wie wenig überzeugend sie klang, doch was sollte sie sonst sagen? »Hör zu, Rachel, ich bin dir nie untreu gewesen, wenn es das ist, worauf du rauswillst.«

Dann hielt sie jäh inne und dachte plötzlich daran, wie sie dieses breite, sommersprossige Gesicht zum ersten Mal gesehen hatte, als Rachel das Tattoo-Studio betreten hatte, wo Cassie gerade darauf wartete, sich ein Sleeve-Tattoo stechen zu lassen. An das absolute Hochgefühl, das sie empfunden hatte, als Rachel einverstanden gewesen war, hinterher noch was trinken zu gehen. Danach war alles sehr schnell gegangen, und schon einen Monat später war Rachel bei Cassie eingezogen. Zu früh, wie sie im Nachhinein wusste, aber damals hatte es sich genau richtig angefühlt.

Rachel seufzte ins Telefon. »Weißt du, ich hab viel darüber nachgedacht, was zwischen uns schiefgelaufen ist. Willst du wissen, was ich wirklich denke?«

»War's meine Tofu-Bolognese?« Schweigen. »Entschuldigung.«

»Wenn du von deiner Arbeit geredet hast, dann hat mich das immer … eifersüchtig gemacht.«

»*Eifersüchtig?*«

»Ja. Du hast den Toten so viel von dir gegeben, es war, als wäre für die Lebenden nicht mehr viel übrig.«

Cassie hörte eine halblaute Frage, eine gedämpfte Frauenstimme im Hintergrund. »Hör zu, ich muss jetzt Schluss machen«, sagte Rachel. »Es war schön, so zu quatschen. Wir sollten irgendwann mal wieder einen Kaffee trinken gehen.«

Cassie saß auf dem Sofa, während die Dunkelheit in den Zimmerecken immer dichter wurde, und fragte sich, warum sie Rachel überhaupt angerufen, diesem flüchtigen Impuls nachgegeben hatte, um ihre Stimme zu hören. Was zur Hölle hatte sie sich dabei gedacht, sich eine solche Blöße zu geben?

Vielleicht hatte Mrs Es Tod irgendwelche Gefühle aus der Vergangenheit aufgerührt, an die man besser nicht rührte. Sie musste endlich aufhören, sich darin zu suhlen, mal rausgehen und ein bisschen Spaß haben.

7. Kapitel

Als Cassie die Tür der Vibe Bar aufzog, kam ein Pärchen in mittleren Jahren herausgestolpert, als würde es von einer Woge aus Musik und grölendem Jubel aus dem Innern der Bar herausgeschwemmt. Ihre Mienen ließen erahnen, dass sie sich den falschen Pub ausgesucht hatten. Drinnen drängte die Luft heiß und feucht gegen ihr Gesicht, und auf der Bühne meuchelte eine rothaarige Transe in einem engen weißen Kleid zur Begeisterung der zappelnden Menge einen Donna-Summer-Song.

Eigentlich hatte sie sich vorgenommen, abends unter der Woche weniger zu trinken, aber nach dem Gespräch mit Rachel war das hier genau das, was sie brauchte.

Nach dem ersten Bier beschloss sie, dass es ihr gut ging. Besser als gut. Sie und Rachel hatten nicht sein sollen. Sie musste das Ganze abhaken und weitermachen. Und was Mrs Edwards' Tod betraf: Natürlich war es ein Wahnsinnsschock gewesen, aber wenn die Todesursache erst einmal feststand, würde sie einfach nur ein bisschen Zeit brauchen, um darüber hinwegzukommen.

Drei oder vier Stunden später hockte Cassie in einer dunklen Ecke der Bar und ging mit einer zwanzigjährigen Schauspielschülerin namens Tish auf Tuchfühlung. *Oder Tash?* Sie war nicht gerade die hellste Kerze auf der Torte, doch das machte sie mit dichten dunklen Wimpern und kurz geschorenem weißblondem Haar wett, das einen Schädel zur Geltung brachte, so lang und elegant wie der von Nofretete.

»Und was machst du beruflich?«, erkundigte sich Tish-Tash.

Cassie trank einen Schluck aus ihrer Flasche und überlegte, ob sie schwindeln sollte.

»Ich arbeite in einer Leichenhalle, ich helfe mit, herauszufinden, warum Menschen gestorben sind.«

»Echt jetzt? Ist ja voll abgefahren!«

Das Interesse des Mädchens schien aufrichtig zu sein, ohne auch nur eine Andeutung des Zurückzuckens, das Cassie für gewöhnlich erlebte, wenn sie anderen Leuten von ihrem Job erzählte. Wenn überhaupt, dann lehnte sie sich jetzt noch ein bisschen weiter zu ihr hinüber. Ihr nackter Arm schmiegte sich warm an Cassies, ihre vollen Lippen waren zu einem bewundernden »O« gerundet.

»Wolltest du, na ja, irgendwie immer schon mit Toten arbeiten?«

»Vielleicht.« Cassie zuckte die Schultern. »Als Kind hab ich immer tote Tiere angeschleppt.« Ein Bild tauchte vor ihrem geistigen Auge auf, eine Taube, die sie in einer Mülltonne gefunden hatte. Die einst scharfen Augen waren trüb geworden, der flaumige, weiche Bauch sah unglaublich verletzlich aus. »Und als ich elf war, habe ich mir Gray's Anatomy zu Weihnachten gewünscht.«

Tish-Tash nickte wissend. »Meine Mum hat alle DVDs, sämtliche Staffeln.«

»Nein, du Knallkopf, das Lehrbuch!« Sie knuffte den warmen Arm des Mädchens, genoss den vertrauten Reiz all der Möglichkeiten, die der Abend bot.

Das Mädchen lachte mit bewunderndem Blick. »Glaubst du, die Seele überlebt den Tod?«

Cassie schüttelte den Kopf. »Aber ich hab schon Tote sprechen gehört.« Die Worte waren unwillkürlich herausgerutscht und erschreckten sie.

»O Mann, krass! Bist du dann irgendwie so 'ne Art Medium?«

»Nein, der Tod ist das Ende.« Cassie zupfte am Etikett ihrer Bierflasche herum und bereute ihren Ausrutscher bereits. Sie hatte nicht vor, einer Wildfremden diese Momente der Zwiesprache zu erklären: das intensive Gefühl der Verbundenheit mit Menschen, von denen sie wusste, dass sie logisch gesehen tot waren. »Wenn jeder Gedanke, den wir haben, ein Haufen elektronischer Impulse ist, dann ist es wahrscheinlich nicht unmöglich, dass die letzten Gedanken eines Menschen vor dem Tod noch 'ne Weile bei ihm abhängen.« Pseudowissenschaftlicher Blödsinn, aber das Beste, womit sie gerade aufwarten konnte.

»Ja, das verstehe ich.« Tish-Tash sog an ihrem Strohhalm, sodass ihre Wangenknochen hervortraten.

»Vielleicht ist das einfach meine Art, den Leichen ihre Menschlichkeit zurückzugeben.« Cassie wackelte mit ihrer Bierflasche. »Oder vielleicht hab ich mir einfach nur ein paar zu viel von den Dingern hier reingezogen.«

»Ich hör dich unheimlich gern reden.« Tish-Tashs Gesicht war jetzt so nahe, dass Cassie die Minze in dem Mojito riechen konnte, den sie getrunken hatte. Ihre Stimme senkte sich zu einem Raunen. »Also, erzähl mal, was war das Krasseste, das du in der Leichenhalle je gesehen hast?« Ihre hübschen Lippen öffneten sich.

Eine Spannerin, dachte Cassie mit einem kleinen Stich der Enttäuschung.

»Tut mir leid, über so was rede ich nie.«

»Okay.« Tish-Tash gab ein Mikro-Achselzucken zum Besten, ehe sie Cassie ihren Strohhalm anbot. »Probier mal. Schmeckt voll super.«

Spannerin oder nicht, sie sah wirklich unglaublich toll aus. Cassie streckte die Hand aus und strich über den Hinterkopf des Mädchens, das Stoppelhaar kratzig und zugleich weich an ihrer Handfläche.

»Hat dir schon mal jemand gesagt, dass du einen unheimlich schönen Schädel hast?«

8. Kapitel

Am nächsten Tag erwachte Cassie mit hämmernden Kopfschmerzen und trockenem Mund und konnte sich nicht mehr erinnern, wie der Abend geendet hatte. Dann rollte sie sich herum und roch Minze auf dem Kissen.

Die Stille in der Wohnung verriet ihr, dass Tish-Tash bereits weg war. Ein winziger Stich des Bedauerns, ehe sie an den qualvollen Frühstücks-Small-Talk mit jemandem dachte, den sie nie wiederzusehen beabsichtigte.

Als sie sich in die Senkrechte gehebelt hatte, fühlte sie sich noch mieser – ein dröhnender Kopf und nagender Hunger im Bauch, den sie nicht mehr verspürt hatte, seit ... *O Scheiße!* Ein Bild blitzte auf: ihr Spiegelbild in der Toilette der Bar, wie sie sich über eine Linie aus weißem Pulver beugte und Tish-Tash ihr über der Schulter hing. *Aber woher ...?* Dann erinnerte sie sich daran, wie sie das Zeug von einem der somalischen Jugendlichen gekauft hatte, die immer draußen vor dem Club herumhingen.

Das Höchste, was Cassie sich dieser Tage gönnte, war ein gelegentlicher Joint. Koks, früher ihre Droge der Wahl, hatte sie seit Jahren nicht mehr angerührt. Sie hatte es geschafft, sich von harten Drogen fernzuhalten, seit sie aus der Hausbesetzerszene ausgestiegen war. Ein paar von der alten Gang sah sie hin und wieder in Camden, aber sie hing nie länger mit ihnen ab – es war besser, der Versuchung aus dem Weg zu gehen.

Jetzt hatte sie das Gefühl, alles vermasselt zu haben – und wofür? Um sich für einen One-Night-Stand ein bisschen Mut anzukoksen.

Der Treidelpfad entlang des Kanals, auf dem sie zur Arbeit ging, war um diese Zeit fast völlig verwaist. Die Luft klebte wie nasse

Watte an ihrem Gesicht, und ein trüber Himmel ließ das Wasser beinahe schwarz aussehen, passend zu ihrer Stimmung.

Im Kühlraum, den Kater mit Ibuprofen und einem dreifachen Espresso besänftigt, gab sie sich alle Mühe, nicht daran zu denken, dass Mrs E hinter dem Edelstahl lag. Ihre erste Aufgabe war, einen Herrn namens Harry Hardwick aus der Kühlzelle zu holen, den die Bestatter nachher abholen wollten.

Ein paar Minuten später ging sie in den Aufenthaltsraum, wo Carl gerade eine Tasse Tee trank. Er trug noch immer seine lederne Motorradkluft und roch nach sauberer, kalter Draußenluft.

»Du warst es doch, der Mr Hardwick wieder in Luke 16 gelegt hat, oder?« Wieder zog sie die Unterlagen zurate.

»Ja?«

»Na ja, da liegt er jetzt aber nicht.«

»Vielleicht ist er abgehauen.«

Cassie klatschte ihm die Papiere auf den Kopf. »Vielleicht hast du das falsch aufgeschrieben, Einstein.« Doch unter dem Geplänkel spürte sie ein winziges Flattern der Furcht.

Carl kam mit ihr in den Kühlraum, nachdem er sich hastig umgezogen hatte. Er öffnete eine der Klappen und zog die Mulde aus Luke 16 heraus, was einen Schwall kalter Luft freisetzte. Sie standen da und schauten in den leeren Schacht.

»Wann hast du ihn zum letzten Mal gesehen?«

»Freitag, als ich ihn wieder hier reingelegt habe.« Ein Stirnrunzeln wucherte auf Carls Gesicht. »Er war der Letzte, den ich zu Bett gebracht habe, bevor ich gegangen bin.«

Er machte die Klappe wieder zu und deutete auf die Initialen HAH und das Geburtsdatum, die mit schwarzem Filzstift auf die polierte Stahlfläche gekrakelt waren: ihr »Auf einen Blick«-Erinnerungsverfahren, wer wo lag. »Siehst du?«

Cassie erinnerte sich, wie sie Mr Hardwick eingecheckt hatte, als er Freitag vor einer Woche vom Krankenhaus herübergebracht worden war: ein dürrer alter Herr mit zottigen silbernen

Augenbrauen und einem schiefen kleinen Lächeln, das den Tod überdauert hatte. Er hatte sie an ihren Großvater erinnert, der nur wenige Monate nach ihren Eltern gestorben war.

Sie machte sich daran, den ganzen Kühlraum durchzugehen, zog jede Mulde heraus und glich die Namen auf dem Leichensack mit ihrer Liste ab. Jedes Mal, wenn sie sich bückte, um das Namensschild zu lesen, sagte sie ein paar Worte zu dem Bewohner der Luke. »*Entschuldigen Sie die Störung, Mrs S …*« »*Hallo, Mr J, ich hoffe, Sie fühlen sich heute ein bisschen ruhiger …*« – wie immer ganz leise, sodass Carl es nicht hören konnte.

Während sie jeden ihrer Schützlinge begrüßte und ihre Namen abhakte, wuchs ihre Unruhe. Mit einem dumpfen Schlag, der schicksalsschwer von der niedrigen Decke widerhallte, schloss sie die letzte Klappe.

»Carl.« Ihre Stimme war ein heiseres Flüstern. »Er ist nicht da.«

Sie starrten einander an, ehe sie den ganzen Prozess wiederholten, diesmal mit wachsender Panik: Sie wussten beide, dass Cassie keine dummen Fehler machte. Am Ende blieb das Ergebnis der Zählung stur unverändert: Auf der Liste standen zwölf Namen, und nur elf Gäste lagen im Leichenkühlschrank.

Harold Albert Hardwick, verstorben, war verschwunden.

Cassie klammerte sich an eine unsinnige Hoffnung und sah im Kühlraum der Forensik nach, der am hinteren Ende der Leichenhalle lag, doch dessen einziger Insasse war ein neunzehnjähriger Asiate namens Hanif, Opfer einer Messerstecherei wegen Drogen. Während die Panik in ihrem Kopf lärmte wie ein Feueralarm, begann sie, herumzutelefonieren. Die Anrufe bestätigten nur, was sie bereits wusste. Niemand hatte einen Fuß in die Leichenhalle gesetzt, seit Carl am Freitagabend seine Schicht beendet hatte. Aus dem Krankenhaus waren keine Leichen gebracht worden, und die Bestatter hatten niemanden abgeholt.

Zurück im Kühlraum, starrte Cassie die Wand aus Edelstahl

an, als könne die ihr die Antwort liefern. Novemberregen hatte eingesetzt, zischelte an den Oberlichtern und prasselte auf das Flachdach über ihren Köpfen.

Erst da traf sie das gewaltige Ausmaß der Sache mit voller Wucht. Sie war dafür verantwortlich, sich um die Toten zu kümmern und ihnen auf ihrer Reise aus dieser Welt hinaus beizustehen, so gut sie konnte. Einen alten Herrn zu verlieren, der ihr anvertraut worden war, fühlte sich an wie ein Verstoß gegen eine heilige Pflicht.

Ihre nächste Aufgabe bestand darin, die Nachricht Doug zu überbringen.

»Wann war die Autopsie?« Seit er hier angefangen hatte, hatte Doug quasi eine Furche in den Linoleumfußboden seines Büros getigert. Cassie betrachtete sein Gesicht, blass und schweißnass – mit einem Mal sah er sehr viel älter aus als dreiundvierzig.

»Am Freitag so gegen drei«, antwortete sie. »Mr Hardwick war einer von vieren auf der Routine-Liste.«

»Todesursache?«

Cassie sah in ihren Unterlagen nach. »Lungenembolie nach einer Routine-Hüftimplantation. Er war einundachtzig und laut Autopsiebericht in ziemlich schlechter Verfassung. Diabetes und Angina pectoris.«

»Wann sollten wir neue Ware bekommen?«

Cassie zögerte, bevor Carl sie davor bewahrte, ihn in die Scheiße zu reiten.

»Montag und Dienstag«, gestand er. »Aber es ist niemand reingekommen oder abgeholt worden …«

Doug blies langsam Luft aus.

»Darrell schwört Stein und Bein, dass Harry der Letzte war, den sie rübergebracht haben. Außerdem sagt er, normalerweise holen sie Leichen nicht wieder ins Krankenhaus *zurück.*« Sie und Doug wechselten einen Blick: Der Leiter des Überführungsteams Darrell Fairweather war bekannt und berüchtigt für seine dünnhäutige Aggressivität.

»Und Sie« – Doug zielte mit dem Zeigefinger auf Carl, der sichtlich unruhig auf einem der Drehstühle saß –, »Sie sind *hundertprozentig* sicher, dass er nach der Autopsie wieder in der Kühlzelle gelandet ist?«

»Ja.« Carl war ein junger Mann weniger Worte – doch Cassie glaubte ihm jedes Einzelne.

»Das verstehe ich nicht.« Doug warf Cassie einen verzweifelten Blick zu, wie ein Ertrinkender, der nach einem vorbeitreibenden Ast greift. »Ich nehme an … er taucht vielleicht wieder auf?«

»Er wird nicht wieder auftauchen, Doug«, sagte Cassie, so sanft sie konnte.

Sein Gesicht stürzte in sich zusammen. »Ich fasse es nicht! In einer Leichenhalle kommen Leichen doch nicht einfach so *weg*. Das ist noch nie passiert.« Cassie bemerkte, dass er öfter schluckte als sonst – ein sicheres Anzeichen dafür, dass die Nachricht eine seiner Magensäure-Attacken ausgelöst hatte. Bevor sie irgendetwas anderes anfing, würde sie ein Antiazidum für ihn auftreiben.

Der Rest des Vormittags verging in einem Wirbel aus Telefonaten. Die Rechtsmedizin verständigte die Polizei, die Doug wissen ließ, dass sie unverzüglich die Spurensicherung herschicken würden und dass später ein Detective dazukäme.

Cassie gelang es, die leitende Schwester der Station zu fassen zu bekommen, auf der Harry Hardwick gelegen hatte. Sie nahm die Nachricht recht ungerührt zur Kenntnis – ihr zerstreuter Tonfall und der Tumult im Hintergrund deuteten darauf hin, dass sie gerade dringendere Probleme mit den Lebenden hatte.

»Ich weiß nicht, was ich Ihnen Hilfreiches sagen könnte.« Ihr Achselzucken war förmlich zu hören.

»Den Unterlagen zufolge hatte er keine nahen Angehörigen«, sagte Cassie.

»Stimmt. Er war alleinstehend, seine Frau ist letztes Jahr gestorben, und sie hatten keine Kinder.«

»Na, ich nehme an, das ist wenigstens etwas. Gab's irgendwelche Anzeichen dafür, dass er die Hüft-OP nicht überstehen würde?«

»Nein. Aber ganz ehrlich? Ein großer Schock war's nicht, als er nicht zurückgekommen ist – er hatte Bluthochdruck und Diabetes. Wir hatten die OP schon einmal verschieben müssen, weil er total unterzuckert war.«

Eine hypoglykämische Episode – Absacken des Blutzuckerspiegels, verursacht durch jähes Ansteigen des Insulinspiegels.

»Er war so ein netter, freundlicher alter Herr, hat keinen Ärger gemacht und nichts, aber da hat er auf einmal angefangen, rumzubrüllen, und uns beschuldigt, wir würden ihn verhungern lassen. War aber gut, dass er so ausgerastet ist – als wir ihn getestet haben, war sein Blutzucker so was von im Keller.« Cassie hörte halblaute drängende Worte durch die Hintergrundgeräusche. »Tut mir leid, aber ich muss jetzt wirklich Schluss machen.«

Als das Team von der Spurensicherung kam, um im Kühlraum Fingerabdrücke zu nehmen, gingen Cassie und Carl zu dem Kaffeewagen, der auf dem Parkplatz des Krankenhauses stand.

»Also, was, glaubst du, ist mit Mr Hardwick passiert?«, fragte Carl, während die Espressomaschine zischte.

Cassie wandte sich vom Tresen ab und senkte die Stimme. »Jemand muss ihn geklaut haben. Eine andere Erklärung sehe ich nicht. Niemand außer uns und Fairweathers Leuten hat überhaupt Zutritt.«

»Wie sind sie dann reingekommen, was meinst du?«

»Keine Ahnung. Es gibt keine Anzeichen für einen Einbruch.«

Sie trugen ihre Kaffeebecher zu dem Klapptisch neben dem Wagen. Über Carls Schulter hinweg konnte Cassie die Leichenhalle sehen, hundert Meter entfernt, geduckt hinter ihrem Schutzwall aus mickrigen Nadelbäumen. Auf der Sonnenseite blätterte die braune PVC-Verkleidung aus den Siebzigern ab.

Nichts an dem einstöckigen Gebäude deutete auf seine Funktion hin. Alles der Scheu der Lebenden vor dem Tod geschuldet, der Art und Weise, wie sie sich vor jeder Erinnerung an ihre eigene Sterblichkeit schützten.

»Was kann jemand mit einem alten Herrn wie Harry anfangen wollen?«, fragte sie.

»Könnte ihn jemand geklaut haben, um die Organe zu entnehmen?«

Sie machte ein skeptisches Gesicht. »Organe halten sich nicht lange – und Harry war seit mindestens vierundzwanzig Stunden tot.«

»Halten manche Körperteile nicht länger? Weißt du noch, dieser Skandal damals in Amerika, wo Bestatter Leichenteile vertickt haben?«

Carl hatte recht. Vor ein paar Jahren irgendwo in den USA hatte die Polizei einen lukrativen Handel mit Leichenteilen aufgedeckt. Kriminelle hatten Bestattungsunternehmen dafür bezahlt, den ihnen anvertrauten Toten Knochen, Bänder und Sehnen – und sogar Herzklappen – zu entnehmen, und sie dann zur Verwendung bei Operationen weiterverkauft. Um nicht entdeckt zu werden, hatten sie sogar Beinknochen durch Plastikrohre ersetzen lassen, eine Entweihung der Toten, bei der Cassie eine Gänsehaut bekam.

Doch sie erinnerte sich auch noch, dass die Leichenteile umso mehr Geld eingebracht hatten, je jünger das Opfer gewesen war. »In der Kühlung waren doch ein halbes Dutzend Leute, die jünger waren als Harry. Wieso soll ein Leichendieb sich ausgerechnet einen Einundachtzigjährigen mit Herzgeräuschen und Diabetes krallen?«

Carl ließ die Schultern hängen und starrte düster in seinen Pappbecher. Das Ganze schien ihn sehr mitzunehmen.

Cassie stellte sich Mrs E in ihrer Schublade im Kühlraum vor und schauderte bei dem Gedanken, dass die Diebe stattdessen sie hätten stehlen können.

Sie trank ihren Kaffee aus. »Das Ganze ist eine Riesenschweinerei – vor allem, wenn die von der HTA das rauskriegen.«

Die Human Tissue Authority, die den Umgang mit sterblichen Überresten von Menschen regelte, hatte einen furchterregenden Ruf – und die Macht, eine Leichenhalle zu schließen, wenn dort auch nur eine einzige Gewebeprobe abhandenkam, von einer ganzen Leiche ganz zu schweigen.

Sie bemerkte, dass Carls Finger am Rand des Bechers herumknibbelten und den Plastikfilm von der Pappe schälten.

»Was ist los, Carl?«

»Sollte ich anfangen, mich im Internet nach einem neuen Job umzusehen?«, fragte er. »Ich war doch der Letzte, der mit ihm zu tun hatte, oder?«

Carl war Sektionsassistent geworden, nachdem ihm die Werkstatt gekündigt hatte, in der er als Automechaniker gearbeitet hatte. Wenn sich herausstellte, dass er irgendwie schuld an dem Ganzen war, konnte ihn das abermals den Job kosten.

»Du hast doch nichts falsch gemacht, Carl.« Sie suchte Blickkontakt. »Keiner von uns hat was falsch gemacht. Und Doug hält zu seinen Leuten.«

»Stimmt.« Er bedachte sie mit einem schelmischen Blick. »Aber vielleicht fülle ich diese Woche mal ein paar Lottoscheine mehr aus, nur so für alle Fälle.«

»Gute Idee. Schmeiß deine Kohle ruhig ins Klo. Du kannst es dir ja leisten.« Obwohl sie nur ein paar Jahre älter war als Carl, kam Cassie sich manchmal vor wie seine Tante.

9. Kapitel

Als sie zurückkamen, trafen sie an der Tür einen Polizisten in Uniform, der gerade klingeln wollte. Anfang zwanzig, Rötungen vom Rasieren auf den Wangen. »Ich komme wegen des Vermissten«, verkündete er mit einem Grinsen, das Cassie verriet, wie ernst er diese Krise nahm.

Ein Detective Sergeant sei unterwegs, meinte er und nahm die Tasse Tee an, die sie ihm anbot, während er wartete.

»Ich wette, da hat irgendwer beim Papierkrieg Mist gebaut«, erklärte er ihr, während er sich breitbeinig an die Arbeitsplatte der Personalküche lehnte, als gehöre der ganze Laden ihm. »Ich meine, die Steifen machen sich doch nicht einfach so vom Acker, oder? Gehen mal eben einen heben.« Er grinste sie über den Rand seines Bechers hinweg an.

Cassie musste den Impuls unterdrücken, ihm ihren Tee in den Schritt zu kippen. »Das halte ich für unmöglich. Und wir bezeichnen sie lieber als Leichname.«

Sein Blick huschte über ihren Körper unter der OP-Kluft. »Ist ja irgendwie schon 'n komischer Job – vor allem für 'n Mädchen.«

»Mm-hm.«

Er mimte ein heftiges Schaudern. »Gruseln Sie sich da nicht?«

Immer die alte Leier. Nie stellte ihr mal jemand auch nur eine halbwegs interessante Frage über ihren Job.

»Man gewöhnt sich dran«, sagte sie – die Antwort, die sie dummen Menschen gab.

»Ja? Soll ja Leute geben, die Tod und Schädel und all so was richtig heißmacht, stimmt's?« Sein anzüglicher Blick wanderte von ihrem Augenbrauenstecker zu ihren Lippenpiercings. »Sie sind so 'n bisschen goth drauf, oder? Ich wette, Sie haben schon auf dem ein oder anderen Grabstein gepennt.«

Manche Leute schienen zu denken, ihr Aussehen gäbe ihnen das Recht, persönlich zu werden. Cassie konnte nicht anders, sie trat näher an ihn heran. »Gepennt habe ich noch nie auf einem, nein«, hauchte sie ihm ins Ohr. »Aber Sex hatte ich schon auf einigen von den Dingern – mit Jungs *und* Mädchen. Sollten Sie auch mal probieren.«

»Haha!« Mit vor Schreck weit aufgerissenen Augen knallte er den Becher auf die Arbeitsplatte. »Ja. Alles klar. Ich ruf nur mal schnell aufm Revier an.« Und er war zur Tür hinaus.

Sein abrupter Abgang erheiterte Cassie, doch das Lächeln verging ihr, als sie an ihre erste Erfahrung mit der Polizei dachte, bei der Räumung der besetzten Wohnung in der Hawley Road. Ein rotgesichtiger Bulle Mitte vierzig hatte sie grob in einen Mannschaftswagen gedrängt und sie dann während der ganzen Fahrt zum Revier mit seinem Körper zu Boden gedrückt, trotz ihrer wiederholten Proteste, dass sie sich doch überhaupt nicht wehren würde.

Sie hatte nie vergessen, was er ihr zugeraunt hatte, sein Atem heiß an ihrem Ohr. »Weißt du, ich könnt's dir ja besorgen, wenn du dir all das Altmetall aus der Visage pulst.« Schlimmer noch war die grauenhafte Erkenntnis gewesen, dass das, was da gegen ihren Schenkel drückte, nicht sein Funkgerät war. Sie hatte den Kopf gedreht, um ihm in die Augen zu sehen, und leise gesagt: »Wenn Sie nicht sofort Ihren winzigen Scheißpimmel da wegnehmen, schreie ich so laut, dass der gesamte Straßenverkehr zusammenbricht.« Das hatte funktioniert, doch das Erlebnis hatte blaue Flecken auf ihren Oberarmen hinterlassen, die Wochen gebraucht hatten, um zu verschwinden. Ihr Misstrauen der Polizei gegenüber war nie wieder verschwunden.

Als sie aus der Küche kam, sah sie, wie Deborah, die Assistentin der Verwaltung, eine Besucherin durch den Korridor führte: eine hochgewachsene Frau mit sehr aufrechter Haltung, so eindeutig eine Polizistin, dass sie genauso gut ein Blaulicht auf dem Kopf hätte tragen können.

Nachdem sie sich als DS Flyte vorgestellt hatte – kein Vorname, kein Lächeln –, sagte sie zu Cassie: »Ich würde gern die Räumlichkeiten sehen, und man hat mir gesagt, Sie könnten am besten erklären, wie die verschiedenen Abläufe hier funktionieren.«

Flyte hatte ihr weizenblondes Haar zu einem strammen Dutt nach hinten gezerrt. Als sie auf einem Bein stand, um die Überschuhe anzuziehen, rutschte der Saum ihres Hosenbeins hoch und enthüllte einen hübschen Knöchel. Cassie hätte sie sogar attraktiv finden können, wenn sie kein Bulle gewesen wäre.

Als sie über die Schwelle des Sektionssaals traten, spürte Cassie, wie Flyte unwillkürlich zurückwich, und dachte daran, wie sie das selbst zum ersten Mal gerochen hatte: diese unselige Mischung aus Reinigungsmitteln, Blut und Körperflüssigkeiten. Wie eine Kreuzung aus einem Metzgerladen und einem Pissoir, mit einer Prise durchgeschwitzter Joggingklamotten.

»Lassen Sie sich ein paar Minuten Zeit«, sagte sie zu der Polizistin. »Ob Sie's glauben oder nicht, man gewöhnt sich dran.«

Trotz Flytes verkniffenem Lächeln war deutlich zu sehen, dass sie sich hier sehr unwohl fühlte – eine Reaktion, die Cassie vielleicht von einem Zivilisten erwartet hätte, aber von einem Cop?

Zehn Minuten später schaute Flyte stirnrunzelnd auf ihr Notizbuch hinunter. »Sie und Ihr Kollege Carl sagen, alle Fenster seien geschlossen und abgeschlossen gewesen, als Sie heute gekommen sind. Das Büropersonal sagt dasselbe von der anderen Seite des Gebäudes. Damit bleiben nur noch der Haupteingang und die Tür zum Krankenhaus, und beide sind mit Zahlentastaturen für den Zugangscode versehen, ist das richtig?«

Flytes Augen waren von einem ungewöhnlich hellen Blau – die Farbe des Winterhimmels. Wie alt sie wohl sein mochte? Wegen des makellosen Make-ups war es schwer zu erkennen, aber unter dem ganzen Zeug war sie wahrscheinlich erst Mitte dreißig.

»Das stimmt. Wir haben jeder unseren eigenen Code – und der wird alle paar Wochen oder so geändert.«

»Und seit Freitagabend hat niemand den fraglichen Leichnam gesehen? Ist das normal?« Flytes Stimme hatte einen anklagenden Unterton.

»Die Kühlschränke werden nicht unnötig aufgemacht, das erhöht nur unnötig die Temperatur«, teilte Cassie ihr mit. Was für ein Quatsch! Aber sie würden Mr Hardwick nicht schneller finden, nur weil sie dieser Polizistin Carls Ausrutscher gestand.

Flyte machte sich eine Notiz in einer Handschrift, die ordentlich, aber auf Cassie auch schulmädchenhaft wirkte. Möglicherweise kam das daher, dass sie den Stift so steif in so komischem Winkel hielt.

»Wie viele Personen haben Zugang zu diesen Codes?«

Ihre Aussprache war so präzise wie alles an ihr – ein bisschen überpräzise sogar, als hätte man ihr beigebracht, »schön zu sprechen«. Also nicht von Geburt an vornehm wie Archie Cuff.

»Ich glaube, insgesamt fünf – aber es könnten auch weniger sein.«

»Weniger«, sagte Flyte halb zu sich selbst, während sie es niederschrieb.

Cassie starrte sie an.

»Das hier ist nicht nur eine Leichenhalle für das Krankenhaus, oder?«, fragte die Polizistin. »Was ist mit den Leichen von Personen, die anderswo für tot erklärt worden sind?«

»Außerhalb der Öffnungszeiten nimmt derjenige sie auf, der Rufbereitschaft hat.«

»Und soweit Sie wissen, hat seit Freitag nach Dienstschluss niemand die Räumlichkeiten betreten?«

»So ist es.«

DS Flyte sah sich prüfend im Raum um, und Cassie war sich plötzlich der Rostschlieren an den gestrichenen Betonschalsteinen bewusst, der gesprungenen Bodenfliesen und der flackernden Leuchtröhre an der Decke, die immer noch nicht ausgetauscht worden war. »Wissen Sie, Sie sollten wirklich Überwachungskameras hier drin installieren«, bemerkte sie, als wäre dieses Versäumnis Cassies Schuld.

»Meinen Sie?«, schoss sie zurück, bevor ihr Dougs Anweisung, *nett* zu sein, wieder einfiel. »Wir beantragen immer wieder ein Security-Upgrade, aber die lassen uns jedes Mal abblitzen. Sparmaßnahmen, heißt es.«

Im Kühlraum trugen die Stahloberflächen noch immer die schwarzen Staubspuren von der Fingerabdrucksuche vorhin.

»Hier drin hat Mr Hardwick gelegen.« Cassie deutete auf Harrys Initialen, die an der Tür von Luke 16 standen.

»Und stimmen Ihre Unterlagen immer damit überein, wer wo abgelegt wird?«

Cassie gab sich alle Mühe, das *abgelegt* zu überhören, und antwortete: »Na ja, nicht *immer*. Aber ich gehe davon aus, dass wir Irrtümer ziemlich schnell mitkriegen.«

Flyte hörte nicht zu, sie musterte mit gefurchter Stirn den hohen weißen Kühlschrank, der besser in eine ganz normale Küche gepasst hätte.

»Das ist der Föten-Kühlschrank«, erklärte Cassie. »Für Babys, die nicht bis zu Ende ausgetragen worden sind.«

Sie bemerkte den Ausdruck des Abscheus, der ganz kurz über Flytes Züge huschte, ehe die Frau den Kopf senkte, um ihr Notizbuch in ihre Handtasche zu stopfen. Wieder diese Zimperlichkeit, die sie von einer Polizistin nicht erwartet hätte, schon gar nicht von einer Detective.

Flyte zog sich den Riemen ihrer Tasche über die Schulter und schickte sich zum Gehen an.

»Und was, glauben Sie, ist mit Mr Hardwick passiert?«, fragte Cassie.

Ein durchdringender Blick. »Eine oder mehrere unbekannte Personen haben sich – wahrscheinlich im Verlauf des Wochenendes – Zutritt zur Anlage verschafft und den Leichnam entfernt.«

Großer Gott, die Frau redete wie ein Roboter. Aber wenigstens vermutete sie nicht, dass die Verwaltung irgendwie Mist gebaut hatte, wie der ignorante Uniformierte von eben. Cassie musste an Carls Theorie denken – dass Mr H von Verbrechern geklaut worden war, die mit Leichenteilen handelten. Doch das erschien ihr immer noch nicht logisch: Warum sich den Ältesten aussuchen, wenn elf Jüngere in der Kühlung lagen?

Dann kam ihr ein Gedanke. Und wenn das Schlüsselwort nun *aussuchen* war?

Ihr war klar, dass sie sich ziemlich weit aus dem Fenster lehnte, als sie sagte: »Mr Hardwick war zu alt, als dass seine Organe oder so noch viel wert gewesen wären. Also haben die, die ihn gestohlen haben, vielleicht nicht einfach nur nach irgendeinem Leichnam gesucht.«

Flytes Blick kehrte mit einem Ruck wieder zu Cassie zurück. »Wieso?«

Cassie ging zur Tür. »Das hier ist der einzige Eingang, und hinter der ersten Tür, zu der man kommt, sind Luke eins bis vier.« Sie ging die Reihe der Türen an der linken Wand des Raumes ab. »Aber die Diebe interessieren sich nicht für die … und auch nicht für die nächste … *und* nicht für die übernächste …« Vier oder fünf Meter von der Eingangstür entfernt zeigte sie auf die Initialen an der letzten Lukentür. »Sie habe sich die Tür *ausgesucht,* auf der HAH stand.«

»Weiter.« Flyte hatte jede ihrer Bewegungen mit den Augen verfolgt, ihre Miene verriet nichts.

»Vielleicht hatten sie es ganz spezifisch auf Harold Albert Hardwick abgesehen.«

»Tatsächlich. Und was glauben Sie, warum jemand es auf die Leiche eines harmlosen alten Mannes abgesehen haben sollte?«

»Ich weiß nicht.« Cassie zuckte die Achseln. »Vielleicht irgendeine Art … Rache?«

»Rache?« Flytes makellose Augenbrauen signalisierten Unglauben.

»Warum denn nicht? Haben nicht mal irgendwelche Tierschutztypen aus Rache den Leichnam einer alten Frau ausgebuddelt, weil ihre Familie Meerschweinchen für Tierversuche gezüchtet hat?«

Noch während sie es aussprach, hörte Cassie selbst, wie bescheuert das klang. Ein alter, kranker Witwer, der sein ganzes Leben lang für die technische Abteilung der Londoner U-Bahn gearbeitet hatte, schien ein unwahrscheinlicher Kandidat für eine mörderische Vendetta zu sein.

»Ich behalte das im Kopf«, meinte Flyte trocken. »Aber im Augenblick ziehe ich noch keine übereilten Schlüsse in Sachen Motiv – mit oder ohne Meerschweinchenbezug.«

Als sie das überlegene kleine Lächeln sah, das ihre rosigen Lippen kräuselte, wusste Cassie nicht mehr, warum sie die Frau auch nur einen Moment lang attraktiv gefunden hatte.

Sie verschränkte die Arme. »Dann sagen Sie *mir* doch mal, warum jemand den Leichnam eines einundachtzigjährigen Diabetikers mit Angina pectoris stehlen sollte.«

Flytes Oberkörper zuckte und erinnerte Cassie an Macavity, wenn er irritiert war. »Es ist noch zu früh, um das zu sagen«, antwortete sie schroff. »Aber es gibt Menschen, die Leichen und den Tod auf ungesunde Art und Weise fetischisieren.« *Leute wie Sie,* schien ihr Blick zu sagen, *mit Ihren Piercings und Ihrem komischen Haarschnitt.*

»Na, freut mich, zu hören, dass Sie nicht *voreingenommen* sind.« Cassies Betonung war unmissverständlich.

Zwei rosa Flecken erschienen auf Flytes blassen Wangen. Sie wandte sich zum Gehen, doch als sie den Kühlraum verließ, sah Cassie den Blick, den sie über die Schulter warf. Ein Blick, der die Entfernung zwischen der Tür und der Luke abzuschätzen schien.

FLYTE

DS Phyllida Flyte beschloss, auf dem Rückweg zum Revier die Abkürzung am Kanal entlang zu nehmen.

Aus dem angespannten Stirnrunzeln, mit dem sie auf den Treidelweg starrte, hätte ein Passant vielleicht geschlossen, dass sie wütend war. In Wahrheit jedoch war sie lediglich bemüht, die Fassung zu wahren, sich auf ihre Aufgabe zu konzentrieren: das Verschwinden von Harold Hardwicks Leichnam. So ungern sie es auch gegenüber diesem Goth-Mädchen in der Leichenhalle zugegeben hätte, Organhandel schien angesichts seines fortgeschrittenen Alters tatsächlich unwahrscheinlich zu sein, doch sie hatte keine Ahnung, welches Motiv sonst hinter dem Diebstahl stecken könnte. Die rituelle Verwendung irgendwelcher Körperteile wäre vielleicht ein fruchtbarer Ansatz – es war noch nicht viele Jahre her, dass der Leichnam eines Kindes ohne Kopf und ohne Gliedmaßen aus der Themse gefischt worden war, ein Opfer afrikanischer Hexerei-Praktiken.

Doch sosehr sie sich auch bemühte, sich zu konzentrieren, ihre Gedanken kehrten immer wieder zu dem zurück, was sie in der Leichenhalle gesehen und gerochen hatte. All das drängte auf sie ein und drohte sie zu überwältigen. Es war über zwei Jahre her, seit sie das letzte Mal einen Fuß in eine Leichenhalle gesetzt hatte, doch als ihr neuer Vorgesetzter DI Bellwether ihr den Fall Hardwick zugeteilt hatte, hatte sie nichts gesagt. Camden sollte ein Neuanfang sein, und sie hatte ehrlich geglaubt, sie hätte sich inzwischen wieder im Griff. Hatte sich darauf verlassen, dass ihre Professionalität ihr da durchhelfen würde. Doch das Ganze hatte unweigerlich alte Emotionen wiedererweckt: das Gefühl, sich am Rand eines Abgrunds entlangzutasten, während ihre Füße abzurutschen drohten. Immer die Versuchung, loszulassen und sich in die bodenlose Schwärze fallen zu lassen. Damit es einfach nur vorbei war.

Das reicht, wies sie sich zurecht.

Die Kleine in der Leichenhalle war ganz scharf darauf gewesen, ihr ihre Theorie zu verkaufen, dass die Diebe es im Rahmen irgendeines gewagten Rache-Szenarios gezielt auf Harry Hardwick abgesehen hatten – ein bisschen zu scharf? Sektionsassistenten waren bekanntlich häufig Außenseiter und verschrobene Typen – das gehörte zum Job –, und sie hatte rund um die Uhr Zugang zur Leichenhalle. Wenn Cassie Raven nichts mit dem Ganzen zu tun hatte, wieso machte sie dann so viel Aufhebens um den verschwundenen Leichnam eines hochbetagten Wildfremden?

Bevor sie die Treppe vom Treidelpfad zur Straße hinaufstieg, wühlte Flyte in ihrer Handtasche nach einem Spiegel und frischte ihr Make-up auf, zog die Lippen sorgfältig mit einem Stift nach, ehe sie die Konturen mit ihrem blassrosa Lieblingslippenstift ausfüllte. Sie hatte sich drei Stück in derselben Farbe gekauft, denn die ärgerliche Angewohnheit der Kosmetikhersteller, ständig ihre Produktpalette zu erneuern, hatte sie schon öfter kalt erwischt. Diese Neuheits-Manie, dieser zwanghafte Drang zu Veränderungen, der jeden Teil des modernen Lebens infizierte, war ihr verhasst.

Der Lippenstift war perfekt, abgesehen von seinem bescheuerten Namen: Giggle.

Ihr Blick fiel auf die grobe Darstellung einer dürftig bekleideten Amy Winehouse, die finster unter ihrem hochtoupierten Haar hervorblickte. Irgendein »Künstler« hier aus der Gegend hatte es an die Kanalmauer geschmiert, eine der vielen Ehrungen für die tote Sängerin in diesem Viertel. Typisch, dass Camden sich ein Opfer von Drogen- und Alkoholmissbrauch zur Schutzheiligen erkoren hatte, der in Graffiti gedacht wurde. Das Bild erinnerte sie an Ravens Look: das Gesicht mit Steckern und Ringen gespickt, diese bizarre, halb kahl rasierte Frisur, die die

Kopfhaut sehen ließ, der Rand eines Tattoos, das aus dem Ausschnitt hervorlugte, krass und grell auf ihrer weißen Haut. Warum in aller Welt verunstaltete eine ansonsten attraktive junge Frau sich dermaßen? Das war doch ein Style, der dazu gedacht war, netten, normalen Leuten den Stinkefinger zu zeigen – und einer, der auf den Straßen von Camden anscheinend geradezu *de rigeur* war.

Zwei Monate, eine Woche und drei Tage war es her, dass Flyte nach Camden gezogen war, um ihre Stelle beim CID anzutreten, der Kriminalpolizei, und noch hatte nichts sie dazu veranlasst, ihre anfängliche Abscheu diesem Viertel gegenüber zu revidieren. Camden hatte einen Ausweg geboten, war ein unbeschriebenes Blatt gewesen, weit weg von Winchester mit seinen Erinnerungen an Glück. Doch sie vermisste die grün belaubte Beschaulichkeit der Stadt, die langsamere Gangart dort und die guten Manieren, mit denen die Menschen einander begegneten – nicht aber die Erinnerungen, die an jeder Ecke lauerten, stets bereit, sie hinterrücks zu überfallen. Ein kurzer Blick auf eine wohlbekannte Parkbank oder auf einen Tisch vor einem Pub hatte ausgereicht, um ein Bild von ihr und Matt heraufzubeschwören, wie sie bei einer Flasche Wein die Köpfe zusammensteckten und ihre Zukunft planten. Diese Augenblicke hatten ein abruptes Ende gefunden, nachdem die Tragödie in ihrer beider Leben gekracht war, brutal und ungebeten.

Danach hatte die Polizei von Hampshire ihr eine lange Auszeit von ihrem Job in der Abteilung für Schwerverbrechen gewährt – ein Job, den sie heiß geliebt hatte –, doch als sie achtzehn Monate später endlich wieder zurückgekommen war, hatte sie sich den Tatsachen stellen müssen. Es ging schlicht und einfach nicht mehr. Der Anblick der Mordopfer und, schlimmer noch, die trauernden Angehörigen zu befragen, war mehr gewesen, als sie ertragen konnte. Heute hatte sie zum ersten Mal seit über zwei Jahren eine Leichenhalle betreten, und selbst ohne einen Toten gesehen zu haben, hatte sie das völlig aus dem Gleichgewicht gebracht.

Flyte nahm eine weitere Abkürzung über den Markt, der nördlich der Schleuse lag. Der Camden Market war ein Touristenmagnet, doch das Einzige, was sie darin sehen konnte, war ein schäbiger Basar, auf dem sich der Ramsch stapelte: billiger Importschmuck, orangefarbene Ledersandalen, T-Shirts mit aufgedrucktem F-Wort, und all die Wasserpfeifen, Waagen und alles Mögliche noch, was das Herz des engagierten Cannabis-Konsumenten begeistern konnte. Es war ordentlich was los: Sie konnte den frenetischen Beat hören, den irgendein Hippie auf seinen Bongos trommelte, ein hirnloser Soundtrack, der ihr absolut passend zu dieser hirnlosen Szene erschien.

Resolut drängte sie sich durch die Horden schlafwandelnder Touristen und wäre dabei fast auf einen rastalockigen Bettler getreten, der im Schneidersitz auf dem Boden saß, einen mit einem roten Halstuch ausstaffierten Hund neben sich. Gleich darauf kam sie an einer Frau mit tätowiertem Gesicht und dem verräterischen mechanischen Gang der Cracksüchtigen vorbei. Als sie auf die High Street hinaustrat, musste sie einem Paar Penner ausweichen, die sich unter einer Eisenbahnbrücke aneinanderlehnten, Dosen mit Starkbier in den Händen.

Widerlich. Aber es erinnerte sie auch an das Einzige, was für Camden sprach: Man konnte es auf keinen Fall mit Winchester verwechseln.

Als sie die Menschenmengen auf der Hauptstraße hinter sich ließ und in eine Nebenstraße einbog, fiel ihr etwas auf: zwei Männer in der Tür einer aufgegebenen Buchhandlung, die Köpfe gesenkt, zu dicht beieinander. Der Jüngere – IC3, also schwarz – warf einen allzu beiläufigen Blick über die Schulter des anderen Mannes, der Flyte den Rücken zukehrte – IC1, weiß, Nordeuropäer, beginnende Glatze, und begriff sofort, dass die Polizei im Anmarsch war, machte kehrt und gab Fersengeld. Als sie die Buchhandlung erreichte, war der Dealer längst weg, und nur sein unglücklicher Kunde stand noch da und bemühte sich nach besten Kräften, harmlos auszusehen.

Flyte deutete auf seinen Schritt. »Her damit, Sir.«

Einen Moment lang schien es, als würde er nicht spuren, doch sie hielt seinen Blick fest, ohne zu blinzeln, und nach einer oder zwei Sekunden wühlte er seufzend in der Vordertasche seiner Jeans und legte eine kleine Plastiktüte mit Marihuana in ihre Hand, noch warm.

»Ich hoffe doch, ich komme jetzt wegen Ihnen nicht zu spät zur Arbeit«, bemerkte er und schlug jenen Ton an, den sie allmählich als die beleidigte Empörung der Londoner Mittelschicht erkannte.

»Wenn Sie im Büro anrufen möchten, kann ich's Ihrem Vorgesetzten gern erklären«, erwiderte sie mit ausdrucksloser Miene.

Fünf Minuten später übergab sie ihn Dave, dem wachhabenden Kollegen am Empfang des Reviers.

Nachdem die Formalitäten erledigt waren, bat Dave einen der Jungs, den Mann in ein Vernehmungszimmer zu bringen. Sie wollte ihm gerade folgen, als er beide Ellenbogen auf den Tresen legte und sie zu sich heranwinkte.

»Das war Ihre zweite Festnahme wegen Drogenbesitz in einer Woche, stimmt's?« Freundlich, vertraulich.

»In neun Tagen. Die letzte war vor neun Tagen.«

»Okay, in neun Tagen. Ich will hier nicht auf komisch machen, Phyllida, aber der Typ, den Sie da eben hopsgenommen haben? Der kauft doch ganz offensichtlich nur für den privaten Gebrauch.« Mit Daumen und Zeigefinger hielt er das Plastiktütchen hoch und zog eine Braue hoch. »So ein winziges bisschen Gras? Da konfiszieren und verwarnen wir beim ersten Mal normalerweise nur.«

Sie merkte, wie sich ihr Rückgrat versteifte. »Wollen Sie damit sagen, wenn ich jemanden ganz offen mit Drogen dealen sehe, dann soll ich … das einfach ignorieren?«

»Schnappen Sie sich gern den Dealer. Aber die Arrestzellen mit Wochenendkiffern vollzustopfen wie Jeremy da?« Mit einem Kopfnicken deutete er in Richtung des Vernehmungszimmers. »Ich hätte ja gedacht, Sie könnten da oben im dritten Stock was Besseres mit Ihrer Zeit anfangen und richtige Verbrechen aufklären.«

Flyte spürte, wie ihr die Röte ins Gesicht stieg. »Ich bin zuallererst Polizistin und dann erst Detective. Wenn ich Beweise für kriminelle Aktivitäten sehe, dann werde ich dem Gesetz auch weiterhin Geltung verschaffen.« Ihr war klar, dass sie sich anhörte wie eine Klassensprecherin in der sechsten Klasse.

»Wie Sie wollen«, meinte er mit einem freundlichen Achselzucken, ehe er sich wieder aufrichtete.

Als sie auf das Vernehmungszimmer zuschritt, bereute sie ihre Antwort bereits. Wenn sie ehrlich war, war das Ganze zum Teil eine instinktive Reaktion auf Daves Aussehen gewesen. In ihrem früheren Revier hatten in Sachen Erscheinungsbild und Kleidung strikte Regeln gegolten, und obwohl sie ihm im Laufe der letzten zwei Monate regelmäßig begegnet war, konnte sie sich immer noch nicht an den Anblick eines Polizisten mit Bart gewöhnen.

10. Kapitel

Am nächsten Tag kam Cassie schon um sieben Uhr morgens zur Arbeit – eine Stunde früher, als ihre Schicht offiziell begann. Owen Edwards hatte am Vortag noch angerufen. Sie wollte genug Zeit haben, um Mrs Edwards für den Besuch ihres Sohnes zurechtzumachen. Doug war nicht scharf darauf gewesen, ihr den Termin zu überlassen, aber sie hatte ihn dazu überreden können.

Als er eine Stunde nach ihr zu Schichtbeginn erschien, erinnerte er sie an seine einzige Bedingung: »Denken Sie dran: kein Wort davon, dass seine Mum früher Ihre Lehrerin war, verstanden?«

Sie nickte. »Gibt's was Neues von der Polizei? Wegen Harry Hardwick?«

»Nichts.« Doug schüttelte den Kopf. »Ich habe gerade mit DS Flyte telefoniert. Sie haben sich die Aufnahmen der städtischen Überwachungskameras in der Umgebung angeschaut, aber anscheinend ist keine davon nahe genug, um aufzunehmen, wer die Leichenhalle betritt.«

»Aber auf der Hauptstraße gibt's doch bestimmt noch andere Kameras?«

»Ich kann denen doch nicht sagen, wie sie ihre Ermittlungen zu führen haben, Cassie.« Müde zuckte er die Achseln. »Das liegt jetzt nicht mehr in unserer Hand.«

Nachdem sie Mrs Es Leichnam aus der Kühlzelle geholt hatte, sah Cassie, dass ihre Augen sich während der Nacht geöffnet hatten. Das kam vor, wenn die Muskulatur, die das Augenlid schloss, nach dem Abklingen der Totenstarre erschlaffte.

»Wenn ich Ihnen die Augen schließe, gehen sie wahrscheinlich bloß wieder auf«, sagte sie leise zu der Toten. »Und das wäre nicht besonders schön für Owen. Aber keine Angst, das kriegen wir hin.«

Mit der Pinzette legte sie etwas Watte auf die Oberfläche des Auges und hob dann das Oberlid sanft darüber, ehe sie dasselbe mit dem anderen Auge machte: ein alter Bestatter-Trick, mit dem man gerade genug Reibung erzeugte, damit die Augen geschlossen blieben.

Mrs Es Haar würde sich nicht so schnell in Ordnung bringen lassen. Es war nass geworden, als Cassie sie nach der Autopsie gewaschen hatte, und klebte ihr jetzt platt am Kopf. Cassie bearbeitete die dichten Locken mit dem Föhn, immer eine Handvoll nach der anderen, legte sie locker um Mrs Es Gesicht und fixierte sie dann mit Haarspray.

Als das Büro eine halbe Stunde später meldete, dass Mr Edwards am Empfang sei, überkam Cassie das flaue Gefühl, das sie immer hatte, wenn Angehörige einen Leichnam sehen wollten. Eine Eviszeration war ein Kinderspiel, verglichen damit, mit dem Schmerz eines trauernden Hinterbliebenen zurechtzukommen, besonders wenn der Tod sich früh und unerwartet eingestellt hatte, so wie bei Mrs E. Das Wort *kondolieren* mochte spießig und bedeutungslos klingen, doch Cassie musste sehr oft daran denken, dass es von dem schönen lateinischen Verb »condolere« abstammte – *miteinander leiden.*

In Anbetracht von Mrs Es Alter konnte Owen Edwards – ein großer, schwitzender und übergewichtiger Mann in einem billigen Anzug – höchstens Anfang dreißig sein, doch er sah zehn Jahre älter aus. Er schien sie nicht von ihrem fatalen Besuch bei Mrs Es Haus wiederzuerkennen, wofür sie dankbar war. Zum Glück hatte er sie nur von hinten gesehen, und die OP-Kleidung, die sie trug, half ihr zusätzlich.

Im Besichtigungszimmer bereitete Cassie ihn darauf vor, wie seine Mutter aussehen würde, bevor sie sich erkundigte: »Haben Sie schon einmal einen Toten gesehen?«

»Nein.« Er sah sie scharf an – zum ersten Mal schaute er ihr in die Augen –, als hätte sie ihm irgendetwas unterstellt. Sie bemerkte den Azetongeruch von nicht verstoffwechseltem Alkohol – er hatte es gestern Abend offensichtlich übertrieben. Verständlich, wenn man bedachte, dass er gerade seine Mum verloren hatte. »Ich meine, na ja, bloß im Fernsehen, wissen Sie, bei Kriegsberichten und so.« Er hatte die Adlernase seiner Mutter geerbt, jedoch nichts von ihrer natürlichen Anmut, und der walisische Akzent, der bei ihr so eloquent und leidenschaftlich geklungen hatte, klang bei ihm aggressiv.

»Seien Sie einfach darauf gefasst, dass Sie einen Moment brauchen könnten, um sie wiederzuerkennen.« Die Leute hatten oft Schwierigkeiten, das leblose Gesicht mit dem lebendigen Menschen in Verbindung zu bringen, den sie gekannt und geliebt hatten.

Er nickte, wirkte ungeduldig, wie jemand, der noch anderswo einen weitaus wichtigeren Termin hatte. Aber Cassie wusste, dass Trauer Menschen manchmal dazu brachte, sich unerwartet zu verhalten.

Sie zog den Vorhang auf und behielt ihn dabei diskret im Auge, für den Fall, dass er umkippte – was nicht ungewöhnlich war, auch bei Männern. *Gerade* bei Männern. Ihrer Erfahrung nach konnte männliche Breitbeinigkeit oft nicht mit dem Anblick eines Leichnams mithalten.

Mrs E lag im Profil. Die dunkelrote Decke war hochgezogen, um die dunkle Naht zu verbergen, mit der Cassie den Schnitt entlang der Körpermitte zugenäht hatte. Owen zeigte keine erkennbare Reaktion. Kurz darauf wurde die Stille durch ein melodisches Geräusch gestört. Einen Moment lang war sie perplex, bis ihr klar wurde, dass er mit dem Kleingeld in seiner Tasche klimperte.

»Haben Sie irgendwelche Fragen?« Leise und tröstend.

»Wissen Sie schon, woran sie gestorben ist?«

Cassie erklärte, dass auf dem Totenschein als Todesursache Ertrinken stehen würde, dass allerdings der Grund für ihren

Zusammenbruch erst abschließend geklärt werden konnte, wenn eine ganze Reihe Blut-, Urin- und Gewebeproben untersucht worden wären.

»Ich hoffe doch, Sie wollen nicht andeuten, dass meine Mutter auf *Drogen* war?« Er sah sie mit hervorquellenden Augen an. »Weil, ich kann Ihnen gleich sagen, sie hat nicht mal Para-cetamol genommen.« Sein Akzent zerhackte die Silben.

Der tiefrote Fleck im Weiß von Owens rechtem Auge ließ sie vermuten, dass er an heftigem Bluthochdruck litt.

»Nein, natürlich nicht. Es ist nur, wenn keine offenkundigen Gründe vorliegen, müssen wir toxikologische Routinetests durchführen, um alle anderen Faktoren auszuschließen. Der Pathologe hält es für möglich, dass Ihre Mum ganz einfach in der Badewanne ohnmächtig geworden ist.«

»Sie hat wirklich ab und zu mal von Schwindelanfällen erzählt«, sagte er langsam und schaute zur Decke hinauf.

»Wirklich? Ich kann mich nicht erinnern, dass in ihrer Krankenakte etwas von Schwindelanfällen stand.«

»Na ja, sie hatte es nicht so mit Ärzten.« Wieder dieser merkwürdig abweisende Tonfall in seiner Stimme. Cassie griff nach der Klinke der Glastür. »Möchten Sie reingehen und ein bisschen allein mit Ihrer Mum sein?«

»Nein, nein.« Sein Blick zuckte zum Ausgang hinüber. »Ich hab die Leiche gesehen, das genügt mir.« Wieder das Geklimper mit dem Kleingeld in der Hosentasche. »Ich hab noch einen Termin beim Anwalt. Ich bin ihr Testamentsvollstrecker, verstehen Sie?«

Sie ließ die Hand sinken. »Selbstverständlich. Das ist eine schwierige Zeit – so viel zu tun. Kann ich sonst noch irgendetwas für Sie tun?«

»Für wann kann ich die Einäscherung planen?«

»Sobald der Rechtsmediziner den Leichnam freigibt; das wird ein paar Tage dauern. Danach ist es ganz allein Ihre Sache.«

Owen warf einen Blick zur Tür, als würde er einen Fluchtweg suchen.

»Was ich fragen wollte«, setzte sie hinzu, als er sich zum Gehen wandte, »wissen Sie, ob noch jemand anderes kommt, um sie zu sehen?«

»Jemand anderes?« Owen starrte sie an.

Bildete sie sich das nur ein, oder wirkte er plötzlich verschlagen?

»Andere Angehörige zum Beispiel, oder enge Freunde.«

Sein Blick huschte davon. »Nein. Ich bin der Einzige.«

Und ohne einen weiteren Blick auf die Frau, die ihm das Leben geschenkt hatte, war Owen Edwards durch die Tür hinaus und auf und davon, wie jemand, der sich spät am Abend noch ganz schnell ein Curry holen will.

Cassie sah auf die Uhr. In den vier oder fünf Minuten, die die Besichtigung allerhöchstens gedauert hatte, hatte der Kerl seine Mutter kaum eines Blickes gewürdigt und keines der Gefühle gezeigt, die sie sonst bei Trauernden sah – Kummer, Schuldgefühle oder sogar manchmal Zorn. Und sie konnte sich nicht erinnern, dass schon einmal jemand seine Mutter als »die Leiche« bezeichnet hätte. Die Leute sagten immer »Mum« oder »sie«.

»Ich weiß nicht recht, was ich von Ihrem Owen halten soll, Mrs E. Vielleicht ist er einfach nur einer von denen, die den Tod und die Toten wahnsinnig gruselig finden.« Sie zog die Seiten des Leichensacks hervor, die sie unter Mrs Es Leichnam geschoben hatte, damit sie den Reißverschluss wieder schließen konnte. »Ich wünschte nur, ich hätte ihm sagen können, woran Sie gestorben sind.«

Sie hatte den Sack gerade geschlossen, als sie es spürte. Ein Knistern in der Luft, wie die statische Aufladung vor einem Gewitter. Rasch zog sie den Reißverschluss wieder herunter und starrte in Geraldine Edwards' lebloses Gesicht. Die Lippen waren still, eine blasse, feste Linie. Doch das Echo der Worte, die sie ganz deutlich gehört hatte, hallte dort noch immer nach.

Cassandra. Meine Zeit ist noch nicht gekommen.

11. Kapitel

Nachdem sie so früh angefangen hatte, war Cassie schon am frühen Nachmittag zu Hause und nahm sich das Eichhörnchen vor, das ihre Großmutter ihr geschenkt hatte und das im Kühlschrank aufgetaut war. Ihre Gedanken drehten sich noch immer um alles, was heute geschehen war, und sie hoffte, die simple Handarbeit würde ihr zu ein wenig Klarheit verhelfen.

Sie legte den Kadaver mit dem Bauch nach oben auf ein Schneidebrett und setzte genau nach den Anweisungen des Online-Tutoriums die Schnitte, ehe sie sich daranmachte, die Haut behutsam abzulösen. Den Kurs im Ausstopfen hatte sie vor ein paar Monaten aus einer Laune heraus heruntergeladen, als sie und Rachel noch zusammengewohnt hatten. Doch Rachel hatte sich furchtbar aufgeregt, nachdem sie im Kühlschrank eine tote Maus neben dem Joghurt gefunden hatte, und so hatte sie das Thema nicht weiter verfolgt. Jetzt freute sie sich darauf zu sehen, wie das Innere des Eichhörnchens im Vergleich zu dem des Menschen beschaffen war.

Immer wieder kehrten Cassies Gedanken zu dem Moment zurück, als sie Mrs E hatte »sprechen« hören. Es war ein ebenso flüchtiges Erlebnis gewesen wie sonst – wenn auch diesmal ohne Vorwarnung und ohne die übliche Verträumtheit davor –, und Mrs E war sofort wieder in einen Zustand unerreichbaren, geheimnisvollen Schweigens verfallen.

Normalerweise dachte sie nicht allzu viel über diese Augenblicke nach, weil sie fürchtete, wenn sie zu gründlich darüber nachdachte und ihre Erlebnisse analysierte, könnte das die kostbare Verbindung mit den Toten zerstören. Rational gesehen – wissenschaftlich gesehen – wusste sie, dass Leichen nicht sprechen konnten. Waren diese »Botschaften« also nichts als Einbildung, ihre eigenen unbewussten Schlussfolgerungen, die sie auf die Toten projizierte?

Meine Zeit ist noch nicht gekommen.

So etwas würde Cassie von einer Frau erwarten, die mit einundfünfzig gestorben war. Doch sosehr sie sich auch bemühte, sie konnte den Gedanken nicht völlig beiseiteschieben, dass Mrs Es Worte eine Botschaft enthielten – eine Erklärung, dass sie keines natürlichen Todes gestorben war.

Owens merkwürdig defensives Verhalten fiel ihr wieder ein, sein ausweichender Blick und seine fast schon unanständige Eile, die Leichenhalle zu verlassen. Die Erinnerung verwandelte sich auf sehr unangenehme Art und Weise in ein Bild von seinem fleischigen, schwitzenden Gesicht, während er den Kopf seiner Mutter unter Wasser drückte.

Vorsichtig zog sie dem Eichhörnchen das Fell über den Kopf, ohne auch nur ein einziges unnötiges Loch hineingemacht zu haben. Dann hielt sie den Kadaver mit einer Hand fest, während sie ihn mit einem Skalpell von der Kehle bis zum After öffnete, eine Imitation des Schnitts, den sie jede Woche ein halbes Dutzend Mal durchführte. Im Innern des Tieres, stellte sie fest, waren die großen Organe mehr oder weniger genauso angeordnet wie bei einem Menschen, aber im Miniaturformat: Das Herz war nicht größer als eine Kidneybohne, die Lungenflügel sahen aus wie zwei ganz junge Mandeln. Beim Gehirn des Eichhörnchens war es anders: Es war rosiger und glatter als das eines Menschen, ohne all die Furchen und Falten. Sie zermarterte sich ihr eigenes Hirn nach den lateinischen Namen dieser Furchen und Falten, als es an der Tür klingelte.

Als sie die Tür öffnete, fiel ihr die Antwort ein: *sulci* und *gyri*. In Gedanken meilenweit weg, brauchte sie einen Moment, um die Frau mit den Gletscheraugen einzuordnen, die vor ihrer Tür stand.

»Die von der Leichenhalle haben gesagt, Sie wären zu Hause – ich habe versucht, Sie anzurufen, aber bei Ihrem Handy springt immer gleich die Mailbox an.« DS Flytes starrer Blick fiel auf die blutigen Handschuhe an Cassies Händen. »Ich hoffe, ich störe nicht?«

Anscheinend erwartete sie, dass Cassie sie und den Polizisten, der neben ihr stand, hereinbat.

»Ist in der Leichenhalle etwas passiert?«

»Nein. Wir setzen lediglich unsere Ermittlungen zu dem verschwundenen Leichnam von Harold Hardwick fort. Es hieß, Sie hätten schon Feierabend. Dürfen wir reinkommen?«

Cassie lotste sie mit einem Wink zum Küchentisch, ehe sie die blutigen Latexhandschuhe abstreifte.

Sie sah, wie Flytes Blick durchs Zimmer wanderte, über ein lebensgroßes Poster eines jungen, nackten Iggy Pop und die Schar gebleichter Tierschädel auf dem Fensterbrett. Plötzlich fiel ihr der kleine Grasvorrat ganz hinten in der Küchenschublade ein.

Ganz ruhig, ermahnte sie sich, *wenn die Bullenzicke einen Durchsuchungsbeschluss hätte, hätte sie dir den inzwischen schon unter die Nase gehalten.*

Flytes Suchscheinwerfer-Blick fiel auf den ausgeweideten Eichhörnchenkadaver, der neben einem kleinen Haufen Organe lang ausgestreckt auf dem Schneidebrett auf der Arbeitsplatte lag. »Ist das ein Kaninchen?«, fragte sie angeekelt.

»Ein Eichhörnchen.« Cassie fühlte sich ertappt und stand auf, um das Brett in den Kühlschrank zu verfrachten.

»Sie essen *Eichhörnchen?*«

Cassie dachte an ihre Überempfindlichkeit heute in der Leichenhalle und beschloss, dass Flyte den falschen Beruf ergriffen hatte: Sie hätte eine exzellente Verkehrspolizistin abgegeben.

»Nein, ich bin Vegetarierin«, antwortete sie, unfähig, sich ein Grinsen zu verkneifen, »aber ich lerne gerade Ausstopfen.«

Flyte erwiderte das Lächeln nicht. »Haben Sie in Ihrem Beruf nicht schon genug mit Leichen zu tun?«

Cassie entschied sich, den beiden keinen Tee anzubieten. »Wie kann ich Ihnen helfen?«

»Unser Ermittlungsansatz zum Verschwinden von Mr Hardwick geht davon aus, dass seine sterblichen Überreste von jemandem entwendet worden sind, der ... ein krankhaftes Interesse an Leichen hat.« Diesmal sah sie Cassie in die Augen, und was sie andeuten wollte, war unmissverständlich – *von jemandem wie Ihnen.*

Cassie ging nicht darauf ein: »Wenn Sie damit ein sexuelles Interesse meinen, dann sind Sie auf dem Holzweg. Bei jedem Fall von Nekrophilie, von dem ich bisher gehört habe, ging es um die Leichen junger Menschen, für gewöhnlich Frauenleichen. Nichts gegen Mr Hardwick, aber alte Männer Mitte achtzig bringen das Blut der meisten Leute nicht besonders in Wallung.«

Flyte verzog die Lippen zu einem Lächeln, während ihr Blick weiter unverwandt auf Cassies Gesicht gerichtet blieb. »Ganz gleich, welche Form dieses Interesse angenommen haben könnte, ich halte dies für den vielversprechendsten Ansatz. Es muss ja nicht unbedingt sexuell sein ...« Rasch schaute sie zu der kleinen Schädelsammlung auf dem Fensterbrett hinüber. »Wie Ihnen ja sicher bekannt ist, werden Körperteile auch für Hexerei benutzt, für satanistische Rituale und dergleichen.«

»Und wie kann ich jetzt helfen? Mir ist es genauso wichtig wie Ihnen, den armen alten Mr H wiederzufinden.«

Flyte zog ein Dokument aus ihrer Handtasche, den Blick fest auf Cassies Gesicht geheftet. »Der Wachdienst hat uns die Eingabedaten der Zahlentastaturen an den beiden Türen zur Leichenhalle zur Verfügung gestellt. Wie Sie wissen, hat jeder zutrittsberechtigte Mitarbeiter seinen eigenen Code.«

»Stimmt.« Cassie fiel auf, dass Flytes eisblaue Iriden von einem ungewöhnlich dunklen Limbus-Ring umgeben waren – wie die Augen eines Polarwolfs.

»Das System hat abgespeichert, dass Sie das Gebäude am Freitag um 06 Uhr 50 betreten haben«, las sie mit gerunzelter Stirn von dem Ausdruck ab. »Und gegen 15 Uhr haben Sie das

Gebäude wieder verlassen. Können Sie bestätigen, dass Sie am Wochenende Rufbereitschaft hatten?«

»Ja.«

Flytes Umstieg auf Bullen-Jargon trieb Cassies Blutdruck in die Höhe.

»Werden Sie oft nach Feierabend noch in die Leichenhalle gerufen?«

Cassie wandte den Blick ab. »Manchmal. Manchmal muss die Polizei jemanden bringen, um einen Toten zu identifizieren. Oder ein Angehöriger möchte unbedingt einen toten Verwandten sehen – wir versuchen immer, das irgendwie hinzukriegen, egal, wie spät es ist.«

»Aber Sie haben mir gesagt, Sie seien am Freitag nicht noch einmal gerufen worden, nachdem Sie gegangen sind.«

»Stimmt.« *Worauf zum Teufel wollte sie hinaus?*

DS Flyte reichte ihr ein Blatt Papier, das ebenfalls wie ein Computerausdruck aussah.

»Das sind die Daten vom Vordereingang in der fraglichen Nacht.« Flyte zeigte mit einem ovalen, rosa lackierten Fingernagel auf eine der Zahlenreihen. »Wie Sie sehen, ist dort dokumentiert, dass Sie am späten Samstagabend noch einmal zurückgekommen sind.«

»Was? Das stimmt nicht.« Doch da stand es: *Zutritt 23:58, Zugangscode 4774.* War sie an dem Abend noch einmal in die Leichenhalle zurückgegangen? Nein, versicherte sie sich selbst. Das letzte Mal, dass sie »inoffiziell« außerhalb der Öffnungszeiten dort gewesen war, lag Monate zurück. »Es ist mir egal, was da steht. Ich war letztes Wochenende nicht in der Leichenhalle.« Sie versuchte, sich zu erinnern, wo sie am Samstagabend gewesen war. »Ich war im Kaos, einer Musikkneipe im Schleusenviertel.«

»Kann irgendjemand Ihre Anwesenheit dort kurz vor Mitternacht bestätigen?«

Cassie furchte die Stirn. Sie hatte ein paar Leute gesehen, die sie kannten, aber die waren alle so gegen elf gegangen, um in einen Club weiterzuziehen. »Der Barkeeper Tito kennt mich, er wird sich an mich erinnern.« Doch als sie an Tito am Samstagabend dachte, wie er mit glasigen Augen hinter der Bar getanzt hatte, war sie sich da nicht mehr so sicher. »Sollte er jedenfalls.«

Flyte machte sich eine Notiz, bevor sie den Blick abermals auf Cassie richtete. »Ich habe gehört, Sie hätten die Angewohnheit, mit den Toten zu sprechen.«

Ach du Scheiße! Jemand kannte ihr Geheimnis. Wer hatte sie verpfiffen? Bestimmt nicht Carl oder Doug, und auch keiner der Pathologen – als ob denen das überhaupt auffallen würde.

Sie zuckte die Achseln. »Mir war nicht klar, dass das ein Verbrechen ist.«

»Und was soll das? Plaudern viele Leichenbestatter mit den Toten?« Der spöttische Ton sollte sie eindeutig auf die Palme bringen.

»Leichenbestatter stimmt nicht«, sagte Cassie. »Ich bin Sektionsassistentin oder präparationstechnische Assistentin.«

»Sie haben meine Frage nicht beantwortet. Warum sollte man mit einem Leichnam reden? Ist das nicht eine etwas einseitige Konversation?«

Der Polizist hatte noch kein Wort gesagt, jetzt jedoch verkniff er sich mühsam das Grinsen. Cassie merkte, wie bei ihr die Zündschnur zu glimmen begann. »Ich rede nicht mit dem Leichnam. Ich rede mit dem Menschen, der er gewesen ist.«

»Bitte? Ich verstehe immer noch nicht.«

»Ich versuche mal, so zu tun, als würde ich mich wundern.«

DS Flyte presste die Lippen zusammen – der hellrosa Lippenstift, den sie trug, passte überhaupt nicht zu ihrer blassen Haut, dachte Cassie im Stillen.

»Ist Ihnen bewusst, dass manche Ihrer Kollegen Sie für … ein bisschen *besessen* von Leichen halten?«

Es musste dieser Arsch von Darrell Fairweather gewesen sein, entschied sie. Er hatte ihr von Anfang an klar zu verstehen gegeben, dass er sie nicht leiden konnte – einfach nur ihres Aussehens wegen. Vielleicht hatte einer seiner Jungs sie mal gehört, als er jemanden im Kühlraum abgeliefert hatte. Sie konnte sich sehr gut vorstellen, wie er sie bei Flyte angeschwärzt hatte: *An Ihrer Stelle würde ich mal diese Goth-Tussi drüben in der Leichenhalle verhören – die ist echt schräg drauf.*

»Die stehen auf Klatsch und Tratsch.« Sie sah DS Flyte direkt in die Augen, die den Blickkontakt abbrach und ihre Vermutung bestätigte.

Sollte sie versuchen, ihre Gefühle für die Leichname in ihrer Obhut zu erklären? Dass sie sich manchmal als Priesterin sah oder als moderner Charon, als Fährmann, der sie über den Styx in die Unterwelt brachte? Dann stellte sie sich Flytes Reaktion vor.

»Was ist denn so witzig?«, wollte Flyte wissen.

»Hören Sie, sind wir jetzt fertig? Ich muss noch ein Eichhörnchen ausstopfen.«

»Nein, wir sind noch nicht ›fertig‹!« Röte flammte auf Flytes Alabasterwangen auf. »Ich habe Sie in der Datenbank der Polizei gefunden. Sie sind vorbestraft, wegen Drogenbesitzes.«

Bleib cool.

»Das war nur ein bisschen Gras und eine Line Speed – mit *siebzehn*. Außerdem, was hat das mit dem verschwundenen Leichnam zu tun?«

»Leichen zu verkaufen, wäre eine Möglichkeit, eine Abhängigkeit zu finanzieren. Nehmen Sie immer noch Drogen?«

»Nur Mainstream. Wie Wodka zum Beispiel.« Doch unter ihrem ungerührten Äußeren brachte die Erinnerung an den Abend mit Tish-Tash Cassies Puls zum Rasen, nicht auf angenehme Weise. *Vergiss das Gras in der Küchenschublade!* Hatte sie das leere Koks-Papier im Club ins Klo geworfen, oder steckte es noch in der Tasche ihrer Jeans und wartete im Schmutzwäschekorb darauf, von einem Drogenspürhund erschnüffelt zu werden?

»Und haben Sie diese Vorstrafe angegeben, als Sie sich für Ihren Job beworben haben?«

»Ja. Sie haben das Ganze als jugendlichen Fehltritt abgetan. Und genau das war es ja auch.« Ein finsterer, trotziger Blick.

Flyte starrte einen Augenblick lang zurück, ehe sie ihr Notizbuch zuklappte. Offenbar hatte sie ihr Pulver verschossen.

Vorsichtig atmete Cassie durch: So wie es aussah, genügte die Verwendung ihres Zugangscodes allein nicht, um sie zu verhaften. Trotzdem, wenn Flyte die Zugangsdaten noch näher unter die Lupe nahm und herausfand, wie oft sie ohne offiziellen Grund die Nacht in der Leichenhalle verbracht hatte … nicht auszudenken.

Der uniformierte Begleiter meldete sich zu Wort. »Kann ich mal Ihr Klo benutzen?«

»Den Flur runter und dann rechts.«

DS Flyte steckte ihr Notizbuch wieder in die Handtasche und ließ deren Verschluss zuschnappen. »Das wäre fürs Erste alles, aber wir werden uns noch einmal mit Ihnen unterhalten wollen.«

Sie war schon an der Wohnungstür, als der Polizist vom Klo zurückkam. »Sarge«, sagte er, »ich glaube, das sollten Sie sich mal anschauen.«

Cassie folgte ihnen ins Bad, wo er auf Ziggy zeigte, der wie gewöhnlich auf dem Schränkchen über dem Waschbecken stand.

»Ist das ein Menschenschädel?« Flyte fragte ganz beiläufig, doch Cassie spürte die Unterströmung der Erregung in ihrer Stimme.

Ihre Antwort war halb Nicken, halb Achselzucken.

»Ich nehme doch an, Sie haben die nötigen Papiere dafür?«

Die leeren Augenhöhlen über den grinsenden Zähnen schienen sardonisch auf Cassie herabzublicken.

»Papiere? Aber der ist doch uralt …«

»Schön. Ich brauche nur eine Antiquitätenbescheinigung, die

sein Alter bestätigt.« Zum ersten Mal, seit sie sich begegnet waren, machte Flyte tatsächlich ein fröhliches Gesicht.

Cassies Herz begann von Neuem zu pochen. »Ich habe keine Bescheinigung. Ich hab das Ding in Hackney auf dem Flohmarkt gekauft, Herrgott noch mal!«

»Dann muss ich Sie leider davon in Kenntnis setzen, dass es ein strafbares Vergehen ist, im Besitz sterblicher Überreste eines Menschen zu sein, es sei denn, sie sind nachweislich mindestens hundert Jahre alt.«

Flytes Stimme blieb völlig emotionslos, doch der triumphierende Ausdruck auf ihrem blassen Gesicht war nicht zu übersehen.

12. Kapitel

Am nächsten Morgen ging Cassie, ohne auch nur ihre Jacke auszuziehen, direkt in Dougs Büro, um ihm zu berichten, dass ihr Zugangscode benutzt worden war und Flyte ihren Schädel konfisziert hatte, »bis weitere Ermittlungsergebnisse vorliegen«.

»Den habe ich schon vor Jahren gekauft, noch bevor ich hier angefangen habe«, erklärte sie ihm. »Der Typ auf dem Flohmarkt hat gesagt, er wäre aus dem 19. Jahrhundert, aus einer alten Medizin-Uni. Ich wäre nie auf die Idee gekommen, dass ich dafür 'ne *Bescheinigung* brauche.«

»Wollen die Anklage erheben?« Wenngleich nach außen hin ganz ruhig, hatte Doug doch nicht einen Moment lang aufgehört, in seinem winzigen Büro umherzutigern.

»Noch nicht. DS Flyte meinte, es könnte *Wochen* dauern, das Alter des Schädels nachzuweisen.« Sie drehte ihren Lippenstecker. »Wenn die mich anklagen, dann müssen sie wohl die HTA informieren?« Eine Sektionsassistentin, die dafür verurteilt worden war, menschliche Überreste zweifelhafter Herkunft zu besitzen, würde mit Sicherheit unverzüglich gefeuert werden.

»Darum kümmern wir uns, wenn es so weit ist.« Doug fuhr sich mit der Hand durch das schüttere Haar.

»Das Schlimmste ist, während diese verklemmte Polizistin Zeit damit verschwendet, gegen mich zu ermitteln, sucht sie nicht nach den Mistkerlen, die den armen Mr Hardwick wirklich geklaut haben.«

»Was ich nicht verstehe, ist, wie in aller Welt jemand an Ihren Zugangscode gekommen ist? Glauben Sie, jemand hat Sie dabei beobachtet, wie Sie ihn eingegeben haben?«

Sie kniff die Augen fest zu und stellte sich ihre tägliche Ankunft in der Leichenhalle vor. »Dafür müsste der ganz schön dicht neben mir gestanden haben – ich bin mir ziemlich sicher, es wäre mir aufgefallen, wenn da einer auf Tuchfühlung gegangen wäre.«

Doug richtete sich zu seiner vollen Größe von eins fünfundsiebzig auf. »Passen Sie auf, ich rufe DI Bellwether an und sage ihm, dass sein Sergeant hier aber richtig danebenliegt. Ich bin nicht bereit, meine Mitarbeiter derart schikanieren zu lassen.«

Im Kühlraum führte Cassie das durch, was seit Mr Hardwicks Verschwinden jetzt immer ihr erstes Ritual des Tages war – sie sah nach, ob Mrs E und die anderen Ladys und Gentlemen vollzählig anwesend waren. Dann kam ein Anruf von Penney Söhne, dem Bestattungsinstitut.

»Morgen, du Bekloppte«, ließ sich Lucas entspannte Stimme vernehmen.

»Morgen, du Sacknase. Züchtest du immer noch Insekten in deinem grässlichen Bart?«

Lucas dröhnendes Lachen bereitete ihr immer gute Laune. Vor ein paar Jahren hatte sie einmal kurz etwas mit ihm gehabt, und hin und wieder ertappte sie sich dabei, wie sie sich wünschte, die Geschichte wäre damals nicht im Sande verlaufen – *genau wie all deine anderen Beziehungen,* fügte eine hinterlistige Stimme in ihrem Kopf hinzu. Als jemand, der mit Toten arbeitete, verstand Luca, wie sehr es einen emotional schlauchen konnte, jeden Tag mit trauernden Angehörigen umzugehen. Anders als Rachel hatte er verstanden, dass man nach der Arbeit manchmal einfach abschalten musste von dem ganzen Gefühlskram.

»Hör mal, Cass, mir sitzt hier ein Owen Edwards im Nacken und will wissen, wann wir rüberkommen und seine Mum abholen können.«

Cassies Blick zuckte zu Mrs Es Luke hinüber. »Jetzt schon? Wann hat er denn angerufen?«

»Gestern, später Vormittag. Und eben vor zehn Minuten noch mal.«

Rasch rechnete Cassie im Kopf nach: Owen musste die Bestattungsunternehmer gestern direkt angerufen haben, nachdem er die Leichenhalle verlassen hatte.

»Also … was soll ich ihm sagen?«, wollte Luca wissen.

»Der Rechtsmediziner hat sie noch nicht freigegeben. Wieso hat der's denn so eilig?«

»Er hat was davon gesagt, dass er wegen der Arbeit ins Ausland geht. Muss die Beerdigung über die Bühne bringen, bevor er seine Flüge buchen kann.«

Cassie drehte sich um, betrachtete Mrs Es Initialen an der stählernen Kühlzelle und hörte abermals, was sie gesagt hatte, gleich nachdem Owen gegangen war.

Meine Zeit ist noch nicht gekommen.

»Wie bitte?«, fragte Luca.

»Nichts. Hab nur mit mir selbst geredet. Hör mal, Luca.«

»Ja-a?« Als sie zusammen gewesen waren, hatte er es immer gemerkt, wenn sie auf einen Gefallen hingearbeitet hatte.

»Könntest du ihn … noch ein bisschen hinhalten? Es ist nur … wir sind hier in Sachen Papierkrieg ein bisschen hintendran.«

»Passt gar nicht zu dir, den Papierkram nicht rechtzeitig fertig zu haben. Lässt du etwa nach?«

»Ja, na ja, war 'ne ziemlich irre Woche.«

»Kein Problem. Weiß eh nicht, warum der's so eilig hat – normalerweise brauchen die Leute 'ne halbe Ewigkeit, bis sie ein Datum haben, das für die ganze Familie hinhaut.«

Luca erklärte sich bereit, Owen Edwards zu sagen, dass das Krematorium ausgebucht sei und er sich bei ihm melden würde, sobald der erste Termin frei wäre.

Es war eine Erleichterung, sich etwas Zeit erkauft zu haben. Das miese Gefühl, das Cassie bei Mrs Es Tod und ihrem zwielichtigen Sohn hatte, war nicht weggegangen, und all ihre Instinkte rieten ihr, den Leichnam so lange wie möglich hierzubehalten. Vielleicht fand die Polizei ja noch etwas, das dazu führte, dass sie den Fall neu aufrollten, etwas, das eine richtige, forensische Autopsie erfordern würde, solange noch Zeit dafür war.

Wunschdenken.

Cassie wusste, dass es nur eine Möglichkeit gab, herauszufinden, ob ihre Fantasie mit ihr durchging oder ob Mrs Es Tod tatsächlich verdächtig war: Sie musste selbst nach den Beweisen suchen.

FLYTE

Nach ihrem Besuch in Cassie Ravens Wohnung hatte DS Flyte den nächsten Vormittag damit verbracht, sich vergeblich um eine Audienz bei ihrem Vorgesetzten Detective Inspector Bellwether zu bemühen. Daher nutzte sie die Gelegenheit, als sie ihn beim Lunch in der Kantine in der Schlange stehen sah.

Während sie ihre Tabletts auf den Metallschienen am Tresen entlangschoben, berichtete sie ihm von ihrer Entdeckung, dass in der Nacht, in der Harold Hardwicks Leichnam abhandengekommen war, Ravens Zugangscode verwendet worden war.

»Pommes oder Püree zur Pastete?«, erkundigte sich die Frau hinter dem Tresen.

»Pommes«, seufzte Bellwether. »Das wird mal wieder einer von diesen ganz besonderen Tagen.«

Selbst im Profil konnte sie sehen, dass Bellwethers Miene, selbst in den allerbesten Zeiten schwermütig, sich während ihres Updates weiter verdüstert hatte.

»Das sind doch gute Nachrichten, nicht wahr, Boss?«

»Was, dass es heute Pommes gibt?«

»Äh, nein – ich meine, dass wir für den Diebstahl von Harold Hardwicks Leiche eine Verdächtige haben.«

Sein Seitenblick verriet ihr – zu spät –, dass er sie hatte aufziehen wollen. »Wir sprechen hier doch von der Allgemeinpathologie neben dem Krankenhaus, stimmt's?« Er schob sein Tablett auf die Kasse zu. »Als der Laden gebaut wurde, war Barry White noch in den Charts. Ich nehme mal an, deren Sicherheitssystem ist nicht gerade topaktuell.«

Flyte nahm ihren Teller mit Ratatouille und ihren Salat ohne Dressing entgegen.

»Ich sage ja nur, dass ich mich nicht allzu sehr auf die Daten verlassen würde, wer da wann rein und raus ist«, fuhr Bellwether fort. »Diese alten Systeme kann man mit 'ner Büroklammer überbrücken.«

»Und was ist mit den menschlichen Gebeinen, die Raven in ihrem Badezimmer verwahrt? Ich meine, wer möchte denn, dass ihm ein Totenschädel beim Duschen zuschaut?«

Bellwethers Blick verriet ihr, dass sie sich vielleicht ein bisschen zu … vehement geäußert hatte. »Sie haben's ja selbst gesagt, Phyllida, Sektionsassistenten können ein bisschen … unorthodox sein. Aber diese wird von ihrem Chef in höchsten Tönen gelobt. Wenn Sie überzeugt sind, dass sie da mit drinsteckt, müssen Sie schon was Konkreteres finden, ehe Sie sie beschuldigen können.«

Flyte tadelte sich innerlich selbst: Ihre Kritik an Raven persönlich formuliert zu haben, war unprofessionell gewesen. Aber irgendetwas an der jungen Frau aus der Leichenhalle ging ihr gegen den Strich.

Nachdem er das Wechselgeld von der Kassiererin entgegengenommen hatte, trug Bellwether sein Tablett zum Besteck hinüber, wo sie sich gleich darauf zu ihm gesellte. »Boss, wenn ich bloß ein paar Leute hätte, dann könnten wir die Anwohner systematisch befragen. Wer immer den Leichnam gestohlen hat, hätte einen Lieferwagen auf den Parkplatz der Pathologie fahren müssen, und der ist ganz nahe an der Hauptstraße. Selbst um Mitternacht könnte da noch jemand etwas gesehen haben.«

Er hielt inne und sah sie zum ersten Mal richtig an. »Wir hatten vier Messerstechereien in zehn Tagen, Phyllida, und wir kriegen jede Menge Druck von ganz oben und von der Presse. Da müssen wir unsere Ressourcen einsetzen – und nicht für die Untersuchung eines Verbrechens an jemandem, der schon tot ist.« Über ihre Schulter hinweg blickte er zu den Tischen hinüber und nickte irgendjemandem zu. »Bringen Sie diese Geschichte zügig zu Ende, Phyllida«, sagte er etwas scharf, bevor er sich abwandte. »Ich brauche Sie wieder für die Arbeit mit den Lebenden.«

Verdammter Mist. Sie stand da, während andere Leute um sie herum nach Messern, Gabeln und Löffeln griffen, und begriff, was für eine Idiotin sie gewesen war. Bellwether hatte sie nur routinemäßig in die Leichenhalle geschickt, um den Rechtsmediziner zu beschwichtigen. Er hatte erwartet, dass sie ein paar Aussagen zu Protokoll nahm, die notwendigen Papiere ausfüllte und den Fall dann still und leise zu den Akten legte.

Einem Teil von ihr war klar, dass er recht hatte: Überall in Camden gab es sehr viel schlimmere Verbrechen, die dringend ihrer Aufmerksamkeit bedurften. Doch sie konnte sich einfach nicht damit abfinden, einen hilflosen alten Mann einfach so aufzugeben, der ein so unwürdiges Ende gefunden hatte.

Harry Hardwick mochte vielleicht keine nahen Verwandten haben, die sich für ihn einsetzten – aber er hatte immer noch Phyllida Flyte.

13. KAPITEL

Das gewaltige Skelett des Blauwals hing über Cassies Kopf und verwandelte sie von Neuem in die verschüchterte Vierzehnjährige, die sie bei ihrem letzten Ausflug ins Natural History Museum gewesen war, einem Schulausflug. Damals war es Dippy der Diplodocus gewesen, der sie in seinen Bann gezogen hatte. Allerdings hatte das ehrlich gesagt nicht lange vorgehalten, bis sie sich mit ihren Kumpels abgesetzt hatte, um heimlich draußen auf dem Gelände eine zu rauchen.

Cassie hatte sich eine seltene Mittagspause genommen und war nach South Kensington gedüst, um sich mit Eleni Petrides zu treffen, einer alten Freundin aus Mrs Es Biologieunterricht. Nach dem College hatten sie sich aus den Augen verloren, weil Eleni nach Nordengland gezogen war, um Zoologie zu studieren, doch eine Online-Suche hatte ergeben, dass sie jetzt in der Rechercheabteilung des Museums arbeitete.

Damals war Eleni ein dürres kleines Ding gewesen, das durch den Vorhang eines überlangen Ponys in die Welt hinausgespäht hatte, jetzt jedoch hatte sie sich einen schicken Kurzhaarschnitt und ein selbstbewussteres Auftreten zugelegt.

»Wie ich sehe, bist du dem Goth-Look immer noch treu«, stellte Eleni bewundernd fest. »Hast du das Tattoo noch – das selbst gemachte?«

Cassie zog den Ausschnitt ihres Tops zur Seite, um ihre allererste Tätowierung vorzuzeigen: eine Spinne, die an einem Netz ihre Schulter hinaufkrabbelte. Ein Mädchen aus ihrer ersten Hausbesetzer-WG hatte es gestochen, nicht mal schlecht gelungen für einen Amateurjob.

»Weißt du noch, wie du ständig versucht hast, mich zu überreden, dass ich mir auch eins zulegen soll?«

»Und, hast du's dir schon überlegt? Heutzutage haben ja auch anständige Mädchen geschmackvolle Tats.« Das stimmte: Als sie sich ihr erstes hatte stechen lassen, waren Tattoos noch grenzwertig gewesen. Jetzt waren sie ungefähr so anstößig wie Luxus-Campen auf dem Glastonbury-Festival.

»Mein Dad würde ausrasten!« Eleni lachte und hielt sich dabei wie früher die Hand vor den Mund. Unwillkürlich musste Cassie darüber lächeln, wie sie sofort wieder in ihre alten Rollen geschlüpft waren: sie die ältere Rebellin, Len die halb entsetzte, halb faszinierte Jüngere.

Im Café des Museums brachten sie sich gegenseitig auf den neuesten Stand, was die letzten fünf Jahre anging. Eleni wohnte noch immer zu Hause, wo ihre Mum, die aus Zypern stammte, sich schwer damit tat, dass sie seit Kurzem Veganerin war – genau wie Cassies Großmutter, als sie aufgehört hatte, Fleisch zu essen.

Sie tauschten Geschichten über fürchterliche Familienessen aus, doch Cassie verging das Lächeln, als sie sich anschickte, ihr von Mrs E zu erzählen. Drei Tage war es jetzt her, dass sie den Leichensack geöffnet und das so sehr geliebte Gesicht erblickt hatte, doch bei der Erinnerung an diesen Moment stockte ihr immer noch der Atem.

»Mrs E?« Eleni machte ein Gesicht wie ein geknickter Teenager. »Aber … sie war doch noch gar nicht alt! Ich meine, nicht *alt.* War's Krebs?«

Als sie hörte, wie Cassie von Mrs Es Tod erfahren hatte, legte Eleni wie zum Gebet die Hände ans Gesicht. »O mein …! Wie schrecklich für dich!«

Cassie hatte ganz vergessen, wie liebenswert Len sich stets bemühte, den Namen des Herrn nicht unnötig zu führen, ein Vermächtnis ihrer griechisch-orthodoxen Erziehung.

»Ich habe sie noch vor ein paar Monaten gesehen!«

»Echt?«

Wie sich herausstellte, war Mrs E im Sommer mit einer Schülergruppe hier gewesen und hatte vorher per E-Mail angefragt, ob Eleni sie durch das Museum führen könnte.

»Aber da hatte sie doch schon aufgehört, als Lehrerin zu arbeiten«, wandte Cassie ein.

»Ich weiß! Sie meinte, es sei ihr letzter Auftritt.«

Sie lächelten einander betrübt an.

»Wie kommt ihr Verlobter damit zurecht?«, fragte Eleni.

Cassie starrte sie an. »Ihr was?«

»Wusstest du das nicht? Mrs E war verlobt. Wir haben hinterher hier noch einen Kaffee getrunken, und mir ist ihr Verlobungsring aufgefallen.«

Als sie daran dachte, wie sie Mrs E im Supermarkt gesehen hatte, war Cassie erstaunt, dass sie keinen Ring am Finger ihrer früheren Lehrerin bemerkt hatte – normalerweise übersah sie so etwas nicht.

»Was hat sie denn von ihrem Freund erzählt?«

»Nicht viel. Nur dass er … Christian hieß? Ich bin mir ziemlich sicher, das war der Name.«

»Kein Nachname?«

Ein Kopfschütteln. Eleni kniff die Augen zu. »Sie hat gesagt, sie überlegen, ins Ausland zu gehen. Aber dann hat sie echt schnell wieder dichtgemacht und das Thema gewechselt – du weißt ja, wie zugeknöpft sie sein konnte.«

»Ja, ein bisschen war sie immer ein stilles Wasser.« Selbst außerhalb der Schule hatte Mrs E nie dazu geneigt, viel über ihre Familie oder ihr Privatleben durchblicken zu lassen.

Eleni sah Cassie mit seelenvollen braunen Augen an. »Sie hat wirklich … *glücklich* gewirkt. Hat richtig geleuchtet, verstehst du? Es kommt mir einfach unmöglich vor, dass sie tot ist.«

Cassie schwieg. Es war doch merkwürdig, dass sich der Verlobte nicht mit der Pathologie in Verbindung gesetzt hatte, um den Leichnam zu sehen. Ihrer Erfahrung nach wollten Hinterbliebene, die dem oder der Toten nahegestanden hatten, den Leichnam so gut wie immer sehen, vor allem, wenn der Tod plötzlich und unerwartet eingetreten war. Was hatte Owen Edwards noch gesagt, als sie ihn gefragt hatte, ob noch jemand seine Mum würde sehen wollen? *»Ich bin der Einzige.«*

»Len, erinnerst du dich, ob Mrs E je etwas von einem Sohn namens Owen gesagt hat?«

»Von einem Sohn? Nein. Ich habe immer gedacht, sie hätte keine Kinder.«

Cassie nickte. Rückblickend erschien es ihr seltsam, dass Mrs E in all ihren Küchentischgesprächen in der Patna Road ihren einzigen Sohn nur ein einziges Mal erwähnt hatte, und das auch fast aus Versehen.

»Sie war die einzige Lehrerin, die wir Mrs E genannt haben, und nicht bei ihrem Vornamen, nicht wahr?«, meinte Len. »Jetzt weißt du doch bestimmt, wie sie heißt … wie sie *hieß?*«

»Geraldine. Geraldine Olwyn Edwards.«

»Oh!« Eleni war etwas eingefallen. »Sie hat gesagt, sie wäre auf Facebook – der Freund muss doch da irgendwo in ihrer Chronik auftauchen?«

Cassie schüttelte den Kopf. »Da war sie nur ein paar Monate.«

»Ich kann mir Mrs E nicht in irgendwelchen sozialen Medien vorstellen. Weißt du noch, dieses uralte Nokia, das sie hatte – das mit dem vorsintflutlichen Klingelton? Und wie sie immer geredet hat – immer *Telefon* und nicht Handy, und *Taschenbuch* anstatt Paperback?«

»Ja.« Cassie grinste. »Und sie hat auch nie *Auf Wiedersehen* gesagt …«

»Sondern immer *Cheerio!*«

Sie lachten – aber in Moll.

»Ich kann's immer noch nicht fassen«, sagte Eleni. »Und du hast ihr doch viel nähergestanden als ich. Wie geht es dir?«

Als Len den Arm ausstreckte, um ihren Handrücken zu berühren, merkte Cassie, wie sie sich unwillkürlich versteifte.

»Mir? Mir geht's gut.«

Spontaner Körperkontakt irritierte sie. Das war auch ein häufiger Streitpunkt zwischen ihr und Rachel gewesen, die sich oft über das beklagt hatte, was sie als Cassies »emotionale Firewall« bezeichnet hatte.

Langsam gingen sie zurück in die Eingangshalle und blieben unter dem kolossalen Schädel des Blauwals stehen.

Als sie eine Unregelmäßigkeit in Elenis Gang bemerkte, fragte Cassie: »Hast du was am Bein?«

»Ach, ist nichts weiter.« Eleni zog eine Grimasse. »Ich hatte eine Erkältung nach der anderen und bin jetzt noch ein bisschen schlapp, und mir tut alles weh.« Cassie fiel wieder ein, wie Eleni sich beim Aufstehen mit einer Hand auf den Cafétisch gestützt hatte, wie es ein deutlich älterer Mensch tun würde.

»Du weißt schon, dass du ihre absolute Lieblingsschülerin warst, oder?«, fuhr Eleni fort, wobei ihre warmen braunen Augen Cassies Blick suchten.

»Echt?«

»Großer …, ja! Ich glaube, ein paar von den anderen waren sogar neidisch darauf, wie viel Aufmerksamkeit sie dir geschenkt hat.«

Die Freude, die Cassie daraufhin verspürte, währte nur kurz. »Na ja, verdient hatte ich das nicht. Ich habe vor einiger Zeit … den Kontakt zu ihr verloren – ganz allein meine Schuld. Die ganze Zeit wollte ich sie anrufen. Wahrscheinlich habe ich gedacht, sie würde immer da sein – wie Dippy.«

»Du warst schon immer mies im Kontakthalten«, bemerkte Eleni und milderte die Wirkung ihrer Worte mit einem Lächeln. »Als ich auf der Uni war, hast du nie auf meine Mails geantwortet.«

»*Mea maxima culpa.*« Mit Unbehagen dachte Cassie, was für ein hoffnungsloser Fall sie war, wenn es darum ging, mit alten Freunden in Verbindung zu bleiben. Um die Wahrheit zu sagen, war es ihr manchmal einfacher erschienen, sich neue zuzulegen.

»Na, jetzt hast du ja meine Handynummer wieder, also gibt's

keine Ausreden mehr.« Eleni bedachte sie mit einem gespielt strengen Blick.

Ein Sonnenstrahl fiel durch das Glasdach auf Elenis Gesicht und machte die tiefen Schatten unter ihren Augen sichtbar.

Cassie schloss die Augen vor dem hellen Licht. *Eine Erkältung nach der anderen,* und noch immer war ihre Freundin *»schlapp«*, und alles tat ihr weh. *Diese Andeutung eines Hinkens.*

Muskelschwäche, Müdigkeit und ein wackeliges Immunsystem … mit einem Mal wusste Cassie, was ihrer Freundin fehlte.

»Len, seit wann bist du Veganerin?«

»Seit fünf oder sechs Monaten ungefähr.«

»Nimmst du Vitamine oder Nahrungsergänzungsmittel?«

Eleni schüttelte den Kopf.

»Ich glaube, du leidest unter Vitamin D-Mangel, weil du keine Milchprodukte mehr zu dir nimmst«, erklärte Cassie ihr. »Dagegen musst du was tun, wenn du später keine Osteoporose riskieren willst.«

Bevor sie ging, nahm Cassie Eleni das Versprechen ab, dass sie zum Arzt gehen und sich untersuchen lassen würde.

14. Kapitel

Zurück in der Leichenhalle, hatte Cassie keine Zeit, sich näher mit dem Schock zu befassen, den die Information über Mrs Es Heiratspläne ihr versetzt hatte.

Im Kühlraum öffnete sie die mit JMH gekennzeichnete Luke. Der neunzehnjährige Jordan Hewett war in den frühen Morgenstunden bei einem Frontalzusammenstoß ums Leben gekommen, während er sich mit seinem Kumpel auf einer Vorstadtstraße ein Rennen geliefert hatte. Beim Überholen in einer Kurve war sein Wagen in einen Volvo gekracht, mit dem ein glückloses Paar mittleren Alters in die Gegenrichtung unterwegs gewesen war. Der Mann, der am Steuer gesessen hatte, war auf der Stelle tot gewesen, während seine Frau auf der Intensivstation lag, mit Verletzungen, die ihr ganzes Leben verändern würden – bestenfalls.

»Hallo, Jordan«, sagte Cassie sanft und betrachtete die Karnevalsmaske aus angetrocknetem Blut, die seine Augen und seine Stirn bedeckte. »Ich mache dich jetzt mal sauber, für den Arzt. Und du sollst ja auch ordentlich aussehen, wenn deine Mum dich besuchen kommt.«

Doch sie hatte gerade erst damit begonnen, sein Gesicht zu waschen, als sie plötzlich innehielt, die Hand über seiner Stirn in der Luft, von einem unerwarteten Gefühl aus dem Gleichgewicht gebracht. *Zorn.* Unerwartet, weil es eine Frage der Berufsehre für sie war, alle gleich zu behandeln. Nie hatte sie den Stab über diejenigen gebrochen, die anderen Schaden zugefügt hatten – nicht einmal über den Mann, der seinen Auspuff manipuliert hatte, um aus Rache an seiner Ex-Frau sich und seine zwei kleinen Töchter mit Autoabgasen zu töten.

Bis jetzt. In Jordan sah sie den leichtsinnigen Halbwüchsigen, der ihr mit seinem Auto ihre Mum und ihren Dad weggenommen hatte, als sie vier gewesen war. Der ihr einundzwanzig Jahre mit ihren Eltern gestohlen und ihr die Liebe und Fürsorge vorenthalten hatte, die alle anderen für selbstverständlich hielten. Zum ersten Mal in ihrem Leben verzehrte sie die Wut über die himmelschreiende Ungerechtigkeit, die darin lag. Aber warum jetzt? Jordan war doch keineswegs der erste Todesfahrer, den sie betreuen musste. Sie zwang sich zur Ruhe und fuhr fort, an ihm herumzuwischen, obgleich ihr Herz noch immer unnatürlich schnell schlug.

»Wir müssen rausfinden, woran genau du gestorben bist, Jordan«, sagte sie halblaut und gab sich große Mühe, ganz normal zu sprechen. »Es mag ja aussehen, als wäre das offensichtlich, aber der Rechtsmediziner wird die genaue Todesursache wissen wollen.«

Unter dem angetrockneten Blut hatte Jordans Gesicht kaum einen Kratzer abbekommen. Noch immer lag der Ausdruck jener dumpfen Verblüffung darauf, die sich dort abgezeichnet haben musste, als er um die Kurve kam und plötzlich sah, wie der Tod seine Windschutzscheibe ausfüllte. Vom Hals abwärts sah das Ganze schon anders aus: Die Lenksäule hatte seinen Brustkorb mit solcher Wucht zertrümmert, dass beide Schultern ausgekugelt worden waren.

»Du warst nicht angeschnallt, was, Jordan?« Sie beugte sich vor, doch von seinen blassen Lippen war nichts zu hören. Die Leichen junger Menschen »sprachen« nur selten mit ihr. Vielleicht gehörte er aber auch einfach nur zu den eher schweigsamen Typen. Oder ihr Zorn hatte jegliche Kommunikation unmöglich gemacht.

Cassie schickte sich an, ihn behutsam auf den Bauch zu drehen, Hüften und Beine zuerst. Doch dann hielt sie mitten in der Bewegung inne und spürte das Aufwallen freudiger Erregung, das sich einstellte, wenn sie die Todesursache eindeutig erkannte. »Du brauchst mir gar nichts zu sagen, Jordan«, sagte sie leise und tätschelte ihm die Schulter. »Dein Körper hat gerade für dich gesprochen.«

Archie Cuff mochte vielleicht gerade mal eine Autopsie auf dem Buckel haben, aber so, wie er hereingerauscht kam, hätte man ihn glatt für einen alten Hasen halten können. »Hallo, Leute. Was habt ihr denn heute für mich?«

Cassie wechselte einen Blick mit Carl, der gerade am anderen Ende des Obduktionssaales einen anderen Kandidaten vorbereitete. Eigentlich hatte sie ja vorgehabt, Cuff noch eine Chance zu geben, aber diese gottgegebene Überlegenheit, mit der er hier auftrat, machte diesen Vorsatz schnell zunichte.

»Unser erster Kunde ist ein Unfallopfer – Frontalzusammenstoß bei hoher Geschwindigkeit gegen drei Uhr heute Morgen«, antwortete sie. »Männlich, neunzehn Jahre alt, Gesundheitszustand ansonsten gut. Am Unfallort für tot erklärt.«

»Jugendlicher Möchtegern-Rennfahrer?«

Der Blick, mit dem Cassie ihn bedachte, sagte: *Echt jetzt, Sherlock.*

Sie wartete, ob Cuff etwas zu Kate Connerys Laborergebnissen sagen würde, die ihm, einem Kumpel zufolge, der im Labor arbeitete, gestern zugemailt worden waren. Anscheinend lagen ihre Blutwerte für Mastzellen-Tryptase – eine Substanz, die das Immunsystem eines Menschen bei einem anaphylaktischen Schock produzierte – weit über dem Normbereich. Doch er sagte nur: »Na schön, dann schauen wir uns den jungen Mann mal an.« Würde er sie diesmal wenigstens nach ihrer Meinung fragen?

Von wegen. Nachdem er Jordan ganze zwei oder drei Minuten lang untersucht hatte, meinte Cuff: »Also, bei einem so massiven Thoraxtrauma würde ich auf eine Herzruptur wetten.«

Als er davonschlenderte, verkniff Cassie sich ein grimmiges

Lächeln. Nun, wenn er kein Interesse an ihrer Meinung hatte, dann würde sie sie auch nicht äußern.

Eine halbe Stunde später war Cuffs Aura der Gewissheit wie weggeblasen. Er stand am Sektionstisch und starrte mit gefurchter Stirn auf Jordans herausgelöstes Herz. Mit einem leichten Kopfschütteln zog er noch einmal die Leber zu sich heran und murmelte dabei etwas vor sich hin. Von der anderen Seite des Obduktionssaals fing Carl Cassies Blick auf.

Sie nahm einen Mopp und fing an, das Blut auf dem Boden rund um den Tisch herum aufzuwischen. »Brauchen Sie noch lange, Dr. Cuff? Ich würde Jordan gern wieder zumachen – seine Mum kommt bald, um ihn zu sehen.«

Er gab durch nichts zu erkennen, dass er sie gehört hatte, sondern wischte sich mit dem Handrücken die Stirn ab. Über einer Augenbraue blieb ein Blutstreifen zurück.

»Also doch kein so klarer Fall?«, erkundigte sie sich in aller Unschuld. Aus dem Augenwinkel sah sie, wie Carl sich wegdrehte, weil er kaum noch an sich halten konnte.

»Herz und Lunge sind intakt.« Cuff sprach mehr mit sich selbst als mit ihr. »Und alle großen Blutgefäße auch.«

Als sie sein angespanntes, blasses Gesicht sah – wie ein Zwölfjähriger bei einer Albtraum-Mathearbeit –, bekam Cassie plötzlich Mitleid mit ihm.

»Wenn Professor Arculus an den Organen keine offenkundige Todesursache finden kann, nimmt er sich für gewöhnlich den Körper noch mal vor«, sagte sie zu ihm. Auf der anderen Seite des Raums sah sie Carls Schultern lautlos beben.

»Okay. Ja, natürlich.« Rasch trat er zu Jasons ausgeweidetem Leichnam hinüber … Doch dann stand er einfach nur da und starrte den Toten unschlüssig an.

Cassie verdrehte die Augen. *Du lieber Himmel.*

Sie stellte sich hinter Jordans Kopf, legte die Hände auf seine Schultern und schaukelte diese ganz leicht hin und her – woraufhin sein Kopf schlaff von einer Seite zur anderen kippte wie der einer kaputten Puppe, genauso wie vorhin, als sie ihn umgedreht hatte. »Ich bin zwar kein Pathologe, aber ich würde sagen, das ist eine Halswirbelfraktur.«

Cuffs Gesichtsausdruck, als es ihm allmählich dämmerte, war beinahe lustig.

Auf Jordan Hewetts Totenschein würde als unmittelbare Todesursache »Atemstillstand aufgrund einer Fraktur des ersten Halswirbels« stehen, die zu einer kompletten traumatischen Durchtrennung des Rückenmarks geführt hatte. Einfach ausgedrückt, die brutale Bremswirkung der Hochgeschwindigkeitskollision hatte ihm das Genick gebrochen. Wenigstens würde Cassie seiner Mum sagen können, dass er sofort tot gewesen war.

Nachdem Cuff gegangen war, flickten Cassie und Carl die Leichname zusammen und verfrachteten sie wieder an ihre eisigen Schlafplätze. Als sie Carl leise lachen hörte, blickte sie auf.

»Das Gesicht, das der gemacht hat, war echt unbezahlbar. Hat er sich eigentlich bei dir dafür bedankt, dass du ihm die Fraktur gezeigt hast?«, wollte Carl auf seinen Wischmopp gestützt wissen.

»Was glaubst du wohl?«

»Ja, blöde Frage.«

»Er ist ja nicht der Erste, der eine Halswirbelfraktur übersieht, aber mich nervt's echt, wenn die zu arrogant sind, zu fragen.«

Als Cassie Jordans Blut- und Gewebeproben in den Kühlschrank stellte, damit die Leute vom Labor sie abholen konnten, verspürte sie ein schwaches Echo der Wut von vorhin. Es mochte sonderbar erscheinen, aber bisher hatte sie eigentlich nie viel über den Tod ihrer Eltern nachgedacht, geschweige denn über den betrunkenen Autofahrer, der sie auf dem Gewissen hatte. Sie in so jungen Jahren zu verlieren, bevor sie viele Erinnerungen an sie gespeichert hatte, war ihr immer als eine Art Segen erschienen, der ihr das volle Trauma des Verlusts erspart hatte.

Mrs Es Tod hatte diese tröstliche Gewissheit erschüttert. Vielleicht hatte Rachel doch recht gehabt und sie war tatsächlich noch zu klein gewesen, um den Verlust richtig zu verarbeiten, und verborgen unter der ruhigen Oberfläche ihres Lebens lag ein Eisberg aus unbewältigter Trauer.

FLYTE

Am Samstagmorgen stand Phyllida Flyte am Fenster ihrer Wohnung im ersten Stock. Mit kleinen Schlucken trank sie Darjeeling aus einem Becher aus feinem Porzellan, sah zu, wie sich der Verkehr durch das Netzwerk aus Einbahnstraßen wand, und fragte sich wieder einmal, ob es ein Fehler gewesen war, nach Camden zu ziehen.

Die abgezogenen Dielen und der Marmorkamin in ihrer neuen Wohnung waren ihr beim Einzug stilvoll erschienen, doch jedes Mal, wenn ein Lastwagen vorbeifuhr, klapperten die Schiebefenster, und die Miete für die zwei Zimmer plus Küche und Bad verschlang fast vierzig Prozent ihres Monatsgehalts.

Nachdem sie ihre Tasse abgewaschen und abgetrocknet hatte, stellte sie sie wieder zurück in den Schrank und erblickte dabei mit einem schmerzhaften Stich das halbe Dutzend unbenutzter Weingläser – die IKEA-Preisschilder klebten noch daran –, die sie nach dem Einzug gekauft hatte. Damals hatte sie sich vorgestellt, wie sie den neuen und gebildeten Freundeskreis, den sie sich nach ihrem Umzug nach London zulegen würde, abends hier bewirten würde. In Wirklichkeit waren ihre Kollegen größtenteils Männer, deren Vorstellung von abendlicher Unterhaltung in einer Marathontour durch die schmuddeligen Pubs von Camden bestand, wobei sie einander im Erzählen zunehmend widerlicherer Witze zu überbieten suchten und sich als Höhepunkt in einer der griechischen Tavernen des Viertels ein fettiges Kebab gönnten. Nachdem sie zwei solcher Ausflüge ertragen hatte, hatte sie weitere Einladungen so diplomatisch wie möglich ausgeschlagen.

Trotz aller Enttäuschungen, die Camden bot, wusste Flyte, dass sie keine Alternative gehabt hatte. Sosehr sie Winchester auch liebte, die Stadt würde immer die Vergangenheit repräsentieren, würde immer für die schmerzlichen Gedanken daran stehen, wie alles anders hätte ausgehen können.

Nachdem das Schicksal – oder ein bösartiger Gott – alle ihre Pläne für die Zukunft zunichtegemacht hatte, hatten Matt und sie weitere vierzehn Monate lang versucht, ihre Ehe zu retten. Sie waren sogar zu einer »Traumferienreise« nach Bali geflogen, doch wahrscheinlich hatten sie zu dem Zeitpunkt beide schon gewusst, dass es aus war. Sogar nachdem sie sich getrennt hatten, hatte sie sich noch eine ganze Weile an Winchester geklammert, bevor es ihr schließlich klar geworden war: Wenn sie nicht fortging, würde sie dort für alle Zeit festsitzen, ihre Trauer würde sie gefangen halten, wie Bernstein ein Insekt umschließt.

Zumindest war es in Camden – wenn sie ihre Gedanken sorgfältig überwachte – leichter, die Tür zur Vergangenheit geschlossen zu halten.

Sie sah auf die Uhr: Um eins begann ihr Dienst, sie sollte im U-Bahnhof Camden stichprobenartig Personen nach Messern durchsuchen. Sie sollten die Waffen konfiszieren und die Träger verwarnen, anstatt jemanden zu verhaften. Das Ziel war, die Anzahl der Messer im Umlauf zu reduzieren. Obgleich es sich bei der letzten tödlichen Messerstecherei um eine Auseinandersetzung zwischen Drogendealern gehandelt hatte, waren die meisten Messerangriffe doch abhängig von der Postleitzahl: Jugendliche, die ein Messer abbekamen, weil sie sich einfach nur in die »falsche« Gegend verirrt hatten. Dort, wo das Gesetz machtlos oder irrelevant war – wie in Teilen der Londoner Innenstadt –, schienen junge Männer sich schnell in territoriale Tiere zu verwandeln, die ihre Reviere verteidigten.

Nachdem sie einen Stadtplan des Viertels zurate gezogen hatte, kam sie zu dem Schluss, dass sie noch genug Zeit hatte, um ein wenig am Fall Harry Hardwick zu arbeiten. Natürlich hatte DI Bellwether sagen wollen, dass sie den Fall still und leise einmotten sollte, als er sie angewiesen hatte, die Sache »zügig zu Ende« zu bringen. Was genau hinderte sie also daran?

Die Antwort fiel ihr nicht schwer: Es war ihr wichtig, Harry Hardwicks Leiche zu finden und dafür zu sorgen, dass er wenigstens eine ordentliche Beerdigung bekam.

Flytes erste Station war die Tankstelle an der verkehrsreichen Highfield Road, direkt gegenüber der Einfahrt zum Parkplatz der Leichenhalle. Der Tankstellenpächter war ein Mann, IC4, wahrscheinlich Pakistani.

»DS Flyte, Camden CID.« Sie zeigte ihren Dienstausweis vor. »Wie ich sehe, haben Sie eine Überwachungskamera an der Ausfahrt.«

»Ja. Zu viele, die einfach abhauen, ohne zu bezahlen, Lady. Die Polizei interessiert das nicht, also muss ich die Arschlöcher eben selbst vor Gericht bringen.« Trotz des Kraftausdrucks lag keine Anklage in seinem Tonfall.

»Haben Sie die Aufnahmen von letzter Woche noch?« Sie fixierte ihn mit einem Blick, der ihm dringend davon abriet, ihr Scherereien zu machen.

Doch der Mann schien wirklich erpicht darauf zu sein, zu helfen; er bat sie in sein Büro, während er die ganze Zeit seinen Dauerkrieg mit Kunden schilderte, die einfach abhauten, ohne zu bezahlen. »Hat mich letzten Monat siebenhundert Pfund gekostet, Lady, und dann muss ich auch noch die Scheißanwälte bezahlen.«

Er schien in seliger Unkenntnis der Tatsache zu leben, dass seine Ausdrucksweise andere stören könnte. Flyte fragte sich, ob sie sich wohl jemals an die Neigung der Londoner gewöhnen würde, Schimpfwörter als eine Art Konversationsgewürz zu verwenden.

Der Mann schaltete einen antik wirkenden Computer an, dessen Lüfter so laut war wie ein kleines Flugzeugtriebwerk.

»Letzten Samstagabend, sagen Sie, Lady?« Er ging mehrere .mov-Dateien durch.

Dieses »Lady« ging ihr allmählich auf die Nerven. Doch als er die Datei von Samstagnacht öffnete, machte ihr Herz einen Satz: Das Blickfeld der Kamera erfasste nicht nur die Tankstellenausfahrt, sondern auch die Einfahrt zur Leichenhalle auf der anderen Straßenseite, genau wie sie gehofft hatte.

»Können wir uns die Bilder zwischen etwa halb zwölf und halb eins ansehen?« Cassie Ravens Zugangscode war zwei Minuten vor Mitternacht benutzt worden.

Als er vorspulte, achtete Flyte nicht auf die Flut der Autos, die die Tankstelle verließen, sondern ihr Blick war fest auf die Einfahrt zum Parkplatz der Leichenhalle gerichtet. Halb rechnete sie damit, dass Ravens schlanke Gestalt und ihre unverwechselbare Frisur im Bild auftauchten.

»Halt!« Sie ließ ihn zurückspulen und dann einen Teil der Aufnahmen Bild für Bild abspielen.

Um 23 Uhr 54 verlangsamte ein anscheinend ziemlich lädierter blauer Lieferwagen seine Fahrt, ehe er sich in der Straßenmitte einordnete, um dann nach rechts auf den Parkplatz der Leichenhalle abzubiegen. Sie hatte sich bereits vergewissert, dass diese Einfahrt nirgendwo anders hinführte, es musste also der Wagen der Leichendiebe sein. Ein paar Sekunden verharrte er dort, die Seite der Kamera zugewandt, das Beifahrerfenster ein verdunkeltes Rechteck, und wartete auf eine Lücke im Gegenverkehr, bevor er abbog.

»Okay. Da.« Flyte beugte sich so weit vor, dass ihre Nase fast den Bildschirm berührte. »Ein paar Bilder zurück. Und stopp.«

Dem Umriss nach war es ein Ford Transit. Das weiße Rechteck des Kennzeichens war sichtbar, doch die Zahlen darauf waren nur verschwommene Schemen.

»Bitte vorspulen«, wies sie den Mann an. Es würde eine zweite Chance geben, wenn der Van wieder abfuhr.

»Lady …«

»Und nennen Sie mich bitte Sergeant Flyte.«

Achselzuckend klickte der Mann auf den Vorspul-Button.

Nach wenigen Sekunden wurde der Bildschirm schwarz, während der Lieferwagen noch immer auf dem Parkplatz der Leichenhalle stand.

»Was zum …«

Er zeigte auf die Zeitangabe, die um eine Minute vor Mitternacht stehen geblieben war, und wiegte betreten den Kopf. »Tut mir leid, Lady Sergeant, die Tankstelle macht um zwölf zu.«

»Scheibenkleister!«, sagte sie, was ihr einen verständnislosen Blick des Mannes eintrug.

Auf halbem Weg hinaus blieb sie stehen. Sie hatte ein schlechtes Gewissen, nicht nur, weil sie den Mann angeblafft hatte, sondern auch, weil die Polizei andauernd dabei versagte, ihn vor etwas zu schützen, was glatter Diebstahl war. Sollte sie zu DI Bellwether gehen, eine Razzia im ganzen Viertel vorschlagen, um zu versuchen, Fahrer zu erwischen und zu belangen, die nach dem Tanken, ohne zu bezahlen, davonfuhren? Zu zeigen, dass die Polizei kriminelles Verhalten ernst nahm, könnte andere davon abhalten. Sie erinnerte sich an eine derartige Initiative in Winchester, die durchaus wirksam gewesen war.

Doch sie konnte Bellwethers Standard-Antwort fast schon hören: »Wir sind hier nicht in Winchester, Phyllida.«

»Hören Sie«, sagte sie zu dem Tankstellenpächter. »Ideal ist es nicht, das weiß ich, aber ich könnte Ihnen wahrscheinlich so einen Pappkameraden besorgen? Zur Abschreckung? Manche Leute schwören auf so was im Außenbereich.«

Das Dauerlächeln des Mannes verblasste. »So einen hatten wir schon mal, Lady Sergeant.«

»Und, hat es funktioniert?«

»Am zweiten Tag hat einer von diesen Bengels ihn angezündet.«

Ihr nächstes Ziel war diese Bar namens Kaos, um Cassie Ravens Alibi für den vergangenen Samstagabend zu überprüfen. Das Lokal war eine üble Spelunke: kahle Wände, verziert mit den

Graffiti, die in Camden als Kunst durchgingen, der säuerliche Mief nach abgestandenem Bier. Die einzigen Gäste waren ein deutsches Touristenpaar und eine Punkerin mit blauem Irokesen, die sich an der Bar an einem Bier festhielt und sie mit einem finsteren Blick begrüßte.

Das Mädchen hinter der Bar klang osteuropäisch und meinte, der Barkeeper, den Raven genannt hatte, wäre gerade zum Dienst gekommen.

Titos Augen wurden riesengroß, als Flyte fragte, ob er Cassie kenne. »Ist sie okay?«

Sein Akzent war spanisch. Natürlich. Da sie den größten Teil ihres Erwachsenenlebens in Winchester verbracht hatte, wo die überwältigende Mehrheit der Bevölkerung weiß war, fühlte sich Flyte in Camdens Multi-Kulti-Gemenge manchmal immer noch als Außenseiterin. Sie fühlte sich wieder wie das Kind, das wieder einmal an einer neuen Schule ganz von vorn anfangen musste, wie jedes Mal, wenn ihr Dad versetzt worden war. Sie hatte das geschafft, indem sie darauf bestanden hatte, so viel wie möglich unverändert zu lassen: Ihre Mutter versuchte gar nicht erst, ihren Verdruss darüber zu verbergen, ständig die Säume der beiden einzigen Kleider auslassen zu müssen, die die zehnjährige Phyllida zu tragen bereit war. Oder darüber, dass ihre Tochter darauf beharrte, jeden Tag dasselbe Essen in ihrer Lunchbox zu haben: Weißbrot mit Käse und Gurke darauf, einen Schokokeks und einen Apfel – und Letzterer musste ein Granny Smith sein. Wurde er durch einen Golden Delicious ersetzt, kam der nach der Schule unverzehrt in der Lunchbox wieder nach Hause zurück.

»Es geht ihr gut«, versicherte sie. »Ist nur eine Routinefrage. Sie sagt, sie war letzten Samstag hier, spät am Abend?«

Einen Moment lang furchte Tito die Stirn, ehe er auf den Betontresen hinabblickte. »Ja, sie war hier.«

»Wann ist sie gegangen?«

»So gegen halb zwölf, zwölf.«

»Sind Sie sicher?«

»Hundertprozentig nicht, aber ich glaube, sie wollte noch in einen Club?« Vielleicht sah er irgendetwas in Flytes Augen, denn er fügte hinzu: »Ich war ein bisschen blau, also könnte ich's nicht beschwören. Wann sie gegangen ist, meine ich.«

Flyte lächelte: Er legte es eindeutig darauf an, Raven mit dieser Ungenauigkeit zu helfen, doch alles, was er erreichte, war, ihr Alibi fragwürdig aussehen zu lassen.

Sie bat, die Toilette benutzen zu dürfen, und als sie zurückkam, fing Tito ihren Blick auf. Er zeigte auf die Punkerin mit dem blauen Irokesenschnitt, die auf ihrem Handy herumtippte, und meinte: »Lexy hat da was, das sollten Sie sich mal ansehen.«

Mit einem bösen Lächeln reichte Lexy Flyte ihr Handy. Darauf war ein Foto zu sehen, das am Samstagabend in der Bar aufgenommen worden war. Die mit Graffiti verzierten Wände waren schwach beleuchtet. Cassie Raven saß in einem Ramones-T-Shirt an einem Tisch und prostete der Kamera mit einem Margarita zu.

Der Zeitstempel lautete 00:06 – sechs Minuten nach Mitternacht am Morgen des vergangenen Sonntags.

Flyte musterte die Punkerin kritisch. Könnte sie die Metadaten ihrer Kamera-App gehackt haben, um die Zeitangabe zu ändern? Möglich war es, doch sie musste zugeben, dass es nicht plausibel war.

Zu der Zeit, als irgendjemand Harry Hardwicks Leichnam aus der Pathologie entwendet hatte, war Cassie Raven kilometerweit entfernt gewesen und hatte sich in einer von Camdens unzähligen Kaschemmen die Kante gegeben.

15. Kapitel

Da es Samstag war und sie freihatte, blieb Cassie lange im Bett, doch trotz der beruhigenden, weichen Last des schnurrenden Macavity auf ihrer Brust kamen ihre Gedanken nicht zur Ruhe. Je länger sie darüber nachdachte, desto bizarrer erschien es ihr: In den fünf Tagen seit Mrs Es Tod hatte weder die Pathologie noch das Bestattungsinstitut auch nur ein Wort von dem mysteriösen Christian gehört, ihrem künftigen Ehemann.

Eleni hatte gesagt, das Paar habe ins Ausland gehen wollen. War er vielleicht schon dort? Vielleicht war es ja so eine Long-Distance-Beziehung … woraufhin ihr ein schrecklicher Gedanke kam. Könnte es sein, dass er noch gar nichts von Mrs Es Tod wusste und sich immer mehr sorgte, weil sie nicht ans Telefon ging?

Cassie verfrachtete Macavity auf die Bettdecke, was mit einem protestierenden Miauen quittiert wurde, griff nach ihrem Laptop und ging abermals auf die Facebook-Seite von Geraldine Edwards in der Hoffnung, irgendeinen Hinweis auf die Identität ihres geheimnisvollen Freundes zu finden, doch eine halbe Stunde später war sie auch nicht klüger als vorher. Mrs Es kurzer Flirt mit den sozialen Medien hatte den Sommer nicht überdauert, und unter ihren paar Dutzend »Freunden« befand sich kein Christian.

Als sie eine Kollegin von Mrs E vom College namens Maddy O'Hare auf der Liste entdeckte, schickte Cassie ihr eine kurze Nachricht: Sie sei eine ehemalige Schülerin von Geraldine und wüsste gern, ob sie sich kurz treffen könnten. Sie blieb absichtlich vage, für den Fall, dass die Frau noch nicht von Mrs Es Tod wusste.

Dann, neugierig, was ein Haus wie das von Mrs E wohl auf

dem geradezu lachhaft teuren Immobilienmarkt von Camden einbringen würde, suchte sie auf den entsprechenden Internetseiten und war schockiert zu sehen, dass das Haus in der Patna Road bereits zum Kauf angeboten wurde. Unter einem Bild stand: *»Demnächst verfügbar! Einmalige Gelegenheit! Umwerfendes viktorianisches Einfamilienhaus (5 Zimmer, Küche und Bad) in bester Lage im Herzen Camdens.«* Nach den Preisen ähnlicher Häuser zu urteilen, könnte das von Mrs E bis zu drei Millionen einbringen: Genug, damit Owen Edwards morgen seinen Job aufgeben und sich dazu einen ganzen Straßenzug in Rhyl in North Wales kaufen könnte.

Owens Eile, aus dem Tod seiner Mutter Kapital zu schlagen, erinnerte Cassie unwillkürlich daran, wie gleichgültig er vor ihrem Leichnam gewirkt hatte. Warum hatte Mrs E in all den Jahren, die sie befreundet gewesen waren, immer nur so ungern über ihr einziges Kind gesprochen? Hatte es zwischen den beiden ein Zerwürfnis gegeben? Schlimm genug, dass er sie deswegen umbringen würde?

Ihr Blick fiel auf Mrs Es Facebook-Profilbild – eine Rotweinflasche und zwei Gläser auf einem Tisch im Freien. Dem goldenen Licht nach zu schließen, war es weit südlich von Camden aufgenommen worden, das zweite Glas war vermutlich das des Freundes. Im Hintergrund war dunkelblaues Wasser zu sehen – zu glatt und still, als dass es das Meer sein könnte –, und am Horizont ein ferner, klotziger Schemen von merkwürdiger Form, wie eine Hochzeitstorte.

Sie vergrößerte das Foto und studierte das Etikett der Weinflasche im Vordergrund. *Bardolino.* Italienisch. Einer der italienischen Seen? Ganz am Rand des Bildes waren teilweise Kopf und Schultern einer Männerstatue zu sehen, etwas unscharf, aber eindeutig im antik-römischen Stil mit üppig gelocktem Haar.

Eine Bildersuche nach »Inseln in italienischen Seen« lieferte einen Treffer. Die Insel in der Ferne war die Isola Bella im Lago

Maggiore, eine Insel, die irgendein Oligarch in der Renaissance-Ära mit zahlreichen kunstvoll verzierten Terrassen, immer eine über der anderen, vollständig umgebaut hatte.

Nachdem sie ein paar Dutzend Hotel-Webseiten überprüft hatte, fand Cassie drei, die den richtigen Blickwinkel zu bieten schienen. Ihr Blick blieb an dem Namen »Hotel Bacchus« hängen, und ein Grinsen stahl sich auf ihr Gesicht. *Bacchus.* Wieder betrachtete sie die römische Statue am Rand des Profilbildes. Das Haar des Mannes? Das waren keine Locken, das waren *Trauben* – der traditionelle Kopfschmuck für den Gott des Weines. Cassie schickte den Göttern ein Dankgebet für ihren Kurs in klassischer Literatur des Altertums.

Ein paar Minuten später tischte sie der Rezeptionistin des Hotel Bacchus Gardens ihre Geschichte auf.

»Also, ich saß da auf Ihrer wunderbaren Terrasse, als ich gehört habe, wie Geraldine davon gesprochen hat, zur Isola Bella zu fahren, und habe sie gefragt, ob sie weiß, wann die Boote fahren.« Cassie stellte sich und ihren imaginären Ehemann als junges Paar auf ihrer ersten Italienreise dar und behauptete, sie hätten »Christian und Geraldine« eines Mittags auf der Hotelterrasse kennengelernt. »So ein reizendes Paar. Sie wissen ja, manchmal versteht man sich einfach auf Anhieb mit jemandem. Wir haben dann jeden Abend mit ihnen gegessen.«

Domenica, die Rezeptionistin, ohne Zweifel zu Tode gelangweilt in einem Hotel, in dem gerade keine Saison war, hörte sich an, als freute sie sich über die Abwechslung.

»Jedenfalls, wir sind gerade ein paar Tage in London und würden uns gern mit den beiden treffen.« Cassie konnte hören, wie ihre Stimme immer vornehmer und vornehmer klang – wenn sie sich nicht ein bisschen zurücknahm, würde sie sich am Ende noch anhören wie die Queen. »Unglücklicherweise hat mein Mann es geschafft, Christians Telefonnummer zu *verschusseln* … und von Geraldine kennen wir nur den Vornamen. Sie sehen also, Sie sind unsere einzige Hoffnung!«

Domenica schwieg kurz, ehe sie sagte: »*Si,* ich erinnere mich an die beiden, weil Geraldine ein bisschen Italienisch konnte. So eine nette *Signora.* Aber … ich fürchte, wir dürfen keine Auskünfte über unsere Gäste geben.«

»Oh …« Cassie legte unendliche Enttäuschung in diese eine Silbe.

Nach kurzem Zögern senkte Domenica die Stimme. »*Aspetta.* Vielleicht könnte ich ja dem Herrn Ihre Kontaktdaten mailen?«

Volltreffer! Gerade hatte Cassie ihre Handynummer durchgegeben, als sie eine tiefe, fragende Männerstimme in der Leitung hörte. »Kann ich Ihnen helfen, *Signora?* Hier spricht der Hotelmanager.« Eine Stimme, so weich und schwer wie Tiramisu, aber mit stählernem Unterton. Cassie gab eine Kurzfassung ihrer Geschichte zum Besten, doch es war klar, dass Signor Hotelmanager sie ihr nicht abkaufte. Als er das gefürchtete Schlagwort »Datenschutz« angebracht und erklärt hatte, dass er »eine Gefährdung der Privatsphäre unserer Gäste« nicht gutheißen könne, war ihr klar, dass sie ihre Zeit verschwendete.

Nachdem sie aufgelegt hatte, legte sie den Kopf in den Nacken und schleuderte der Zimmerdecke jeden Fluch entgegen, den sie kannte, auch ein paar richtig dreckige auf Polnisch. Auf seinem sicheren Platz auf der Armlehne des Sessels öffnete Macavity ein Auge, um die Lage zu peilen, und schloss es dann wieder.

Dann tauchte mit einem *Ping* eine Nachricht auf ihrer Facebook-Seite auf: Maddy O'Hare hatte geantwortet.

16. Kapitel

Bis zum Palmerston College, der Abendschule, an der Cassie ihren Abschluss gemacht hatte, brauchte man mit dem Bus zehn Minuten. Maddy hatte gesagt, sie würde den größten Teil des Tages dort sein, um eine Prüfung vorzubereiten, und sich sehr gern mit Cassie treffen, um mit ihr über »die arme Geraldine« zu sprechen. Also wusste sie wenigstens schon Bescheid.

Seit ihrer letzten Prüfung war Cassie nicht mehr im College gewesen, vor vier Jahren, in klassischer Literatur. Das war ihr einziges nicht naturwissenschaftliches Fach gewesen; sie hatte sich erst dafür eingeschrieben, nachdem sie bereits in der Leichenhalle zu arbeiten angefangen hatte. Zum Teil, weil die menschliche Anatomie eine Geschichte war, die auf Griechisch und Latein erzählt wurde, vor allem jedoch, weil die Mythologie sie faszinierte, die die alten Griechen und Römer um den Tod woben.

Als sie die Eichentür des viktorianischen Backsteingebäudes aufdrückte, roch sie den vertrauten Geruch: Staub und veraltete elektrische Leitungen, übertüncht von demselben Gemenge aus Pilzsuppe und heißer Schokolade aus dem Getränkeautomaten wie damals. Er löste eine Kaskade weiterer Erinnerungen aus: ihre schlotternde Angst, als sie zum ersten Mal durch diese Tür gegangen war, und die Willenskraft, die sie hatte aufbringen müssen, um sich in jenen ersten Tagen hierherzuschleppen, als sie sicher gewesen war, dass sie versagen würde – Gefühle, die allmählich der Vorfreude gewichen waren.

Sie trat ans Fenster des Empfangs, schaute auf und blickte in die wachen braunen Augen von Mrs Edwards.

Cassie merkte, dass sie zu schwanken begann, und musste sich am Rand des Tresens festhalten. »Ich …«

»Alles in Ordnung, Liebes?« Cassie blinzelte mehrmals rasch hintereinander und sah, dass die Augen nicht Mrs E, sondern einer älteren Asiatin gehörten.

»Oh … Entschuldigung. Ich suche …« Doch noch ehe sie den Satz beenden konnte, hörte sie eine Stimme hinter sich.

Maddy O'Hare war Ende vierzig und wirkte mit dem langen, grau melierten Haar und der schweren, folkloristischen Halskette ein bisschen hippiemäßig. »Sie sind bestimmt Cassie«, sagte sie, ergriff Cassies Hand und sah ihr in die Augen. »Wissen Sie, Geri war sehr stolz auf Sie.«

Cassie nickte nur, noch immer ein wenig außer Atem nach ihrem … wie sollte sie es beschreiben? – Tagtraum?

»Es war ja so ein Schock«, meinte Maddy, nachdem sie mit ihr in ein leeres Büro gegangen war. »Ich hatte sie seit ein paar Wochen nicht mehr gesehen, aber seit sie aufgehört hat zu arbeiten, hat sie immer so gesund ausgesehen – lange Spaziergänge im Park, jeden Tag zum Schwimmen. Der Gedanke, dass sie in ihrem Alter plötzlich, einfach so …« Sie legte die Hand vor den Mund.

»Ich weiß. Hören Sie, ich mache mir Gedanken über Mrs Es Verlobten, Christian.«

Maddy wischte sich mit einem zusammengeknüllten Papiertaschentuch die Tränen ab. »Ja, das muss schrecklich für ihn sein, dass ihr neues, gemeinsames Leben ihm so … entrissen wurde.«

»Halten Sie es für möglich, dass er noch gar nichts davon weiß? Dass sie tot ist?«

»Oh, aber das kann doch nicht sein!« Maddy machte ein bestürztes Gesicht. »Es sei denn, er wäre geschäftlich irgendwo ganz weit weg.« Er sei Architekt, erklärte sie, sein Büro sei irgendwo in Europa – Deutschland, glaubte sie –, und er sei geschäftlich viel unterwegs.

»Wissen Sie, wie man ihn erreichen könnte? Nur, um sicherzugehen.«

Darauf folgte ein kleines Auflachen. »Ich weiß nicht einmal, wie er mit Nachnamen heißt. Geri hat ihre Freunde immer hübsch getrennt voneinander gehalten, wenn Sie verstehen, was ich meine.«

»Und was ist mit ihrem Sohn Owen? Der hätte sich doch bestimmt bei Christian gemeldet – um es ihm zu sagen.«

»Owen?« Maddy machte große Augen. »Das bezweifle ich sehr. Geri und er hatten nur ganz sporadisch Kontakt. Der hat sich nur gemeldet oder ist vorbeigekommen, wenn er irgendwas wollte.«

Cassie sah, wie Maddy nach diesem Satz die Lippen zusammenpresste, als müsse sie sich weitere Bemerkungen verkneifen. »Wissen Sie, wie sie und Christian sich kennengelernt haben?«

»Auf einer Dating-Website.«

»Wow, das muss für Mrs E ja ein ziemlicher Hammer gewesen sein.«

»War es auch! Vor allem, wo er fünf oder sechs Jahre jünger ist als sie.«

Maddy erzählte ihr, sie hätten sich im Frühling zusammen dort angemeldet, nicht lange bevor Geraldine gekündigt hatte. Cassie dachte an die Fotos von Mrs Es Abschied, als sie ihre Freiheit gefeiert hatte: eine Frau, die einen neuen Lebensabschnitt begann – und sich auf die Suche nach Liebe machte. *Gut gemacht, Mrs E,* dachte sie.

»Die Geschichte mit Christian war ein bisschen eine Wirbelwind-Romanze, nach allem, was ich so mitbekommen habe«, erklärte Maddy. »Sein Job hat das Ganze nicht einfach gemacht – aber einen gemeinsamen Urlaub haben sie hingekriegt, irgendwo in Italien. Sie waren beide ganz verrückt aufs Reisen. Sie hat darüber nachgedacht, ihr Haus zu verkaufen und ihre Wunschliste abzuarbeiten.«

Cassie fragte sich, ob Owen von den Plänen seiner Mutter gewusst hatte, sein Erbe auf den Kopf zu hauen.

»Das Haus muss jetzt ein Vermögen wert sein«, fuhr Maddy fort. »Aber als sie es gekauft hat, damals in den Neunzigern, war es eine totale Bruchbude, hat sie gesagt.«

Cassie versuchte, sich eine Welt vorzustellen, in der eine einfache Lehrerin es sich leisten konnte, sich ein Haus in Camden zu kaufen. Oder auch nur eine Zweizimmerwohnung.

»Und was ist mit Ihnen?«, fragte sie Maddy. »Hatten Sie Glück bei dieser Online-Dating-Nummer?«

»Ich hatte nur ein einziges Date. Eine geschlagene Stunde lang hat er mir seinen Golfurlaub in Marbella geschildert, jeden einzelnen Tag.« Sie wechselten einen vielsagenden Blick. »Das hat mir gereicht.«

Cassie schwieg kurz und überlegte, wie sie ihre Zweifel hinsichtlich Mrs Es Sohn am besten ansprechen sollte.

»Und was hat Owen davon gehalten, dass sich seine Mum einen neuen Freund zugelegt hat?«

Als Maddy daraufhin die Stirn runzelte und ziellos ins Zimmer starrte, wartete Cassie ab. Jahrelanger Umgang mit trauernden Angehörigen hatte sie die Macht mitfühlenden Schweigens gelehrt.

Schließlich brach die Ältere das Schweigen. »Hören Sie, wenn Geri noch am Leben wäre, würde ich ja nichts sagen – ihre Privatsphäre war ihr immer so wichtig. Aber ein paar Sachen hat sie mir doch erzählt. Owen ist Alkoholiker, das bedeutet, dass er keinen Job lange halten kann. Und jedes Mal, wenn er gefeuert worden war – und so wie ich das sehe, ist er irgendwann *immer* gefeuert worden –, ist er bei Geri aufgetaucht und hat sie angeschnorrt.«

»Und hat sie ihm dann Geld gegeben?«

Maddy nickte. »Bis vor Kurzem ja. Nachdem sie in Rente gegangen ist, hat sie zu mir gesagt: ›Jetzt ist Schluss, Maddy. Wenn ich jetzt nicht Nein sage, bekommt er sein Leben nie in den Griff.‹ Sie meinte, irgendwo müsse sie ja eine Grenze ziehen.«

»Das war bestimmt schwer für sie.«

»War's auch. Und prompt ist er ein paar Monate später aufgekreuzt und hat erwartet, dass sie ihm wieder aushilft. Aber wenn Geraldine sich mal etwas vorgenommen hat, dann lässt sie sich nicht davon abbringen.« Maddy schüttelte halb wehmütig, halb bewundernd den Kopf. »Anscheinend hat er Christian beschuldigt, er hätte sie ›gegen ihn aufgebracht‹. Ist ziemlich unangenehm geworden.«

»Gewalttätig?«

»Nicht direkt, aber sie hat gesagt, er hätte sich ihr gegenüber sehr aggressiv verhalten. Zum Glück war Christian da, der ist dazwischengegangen und hat ihn rausgeworfen.«

Cassie sah, dass Maddy trotz ihrer äußerlichen Ruhe ihr Papiertaschentuch zerpflückt hatte, seit sie angefangen hatte, über Owens Feindseligkeit zu reden. »Da ist noch mehr, oder?«, fragte sie.

Ein Nicken. »Vor zwei oder drei Wochen war ich bei ihr in der Nähe, also habe ich geklopft, weil ich dachte, vielleicht erwische ich sie ja. Sie hat gesagt, sie wollte gerade weg, also bin ich nicht geblieben. Aber sie war gar nicht sie selbst.«

»Wie meinen Sie das? War sie krank?«

»Nein, aber sie hat … zerstreut gewirkt. Als ich die Straße hinuntergegangen bin, habe ich mich noch mal umgedreht und sie oben an einem Fenster stehen sehen.« Maddy hob die Hand, als zöge sie einen Vorhang zurück. »Sie hat irgendetwas angeschaut, weiter unten an der Straße. Irgendetwas hat sich da einfach nicht richtig angefühlt, aber ich wusste nicht, was es war.«

»Aber jetzt glauben Sie, es zu wissen?«

Maddy stockte und sah Cassie an. »Ich glaube, sie hatte … Angst.«

»Vor Owen?«

»Er war der Erste, an den ich gedacht habe.« Maddy biss sich auf die Unterlippe. »Aber es ist nur so ein Gefühl. Das Furchtbare ist, das war das letzte Mal, dass ich sie gesehen habe.« Ihre

Stimme wurde zu einem Flüstern. »Ich hätte sie anrufen sollen. Vielleicht hat sie sich ja wirklich nicht wohlgefühlt. Ich hätte sie überreden sollen, zum Arzt zu gehen. Dann wäre sie heute vielleicht noch am Leben.«

Cassie sagte all die richtigen Worte, um sie beruhigen. Aber wenn ihr Beruf sie eins gelehrt hatte, dann war es dies: Es gab keine Worte, die die Reue der Lebenden den Toten gegenüber zu lindern vermochten.

17. Kapitel

Am Montagmorgen traf Cassie vor dem Eingang zur Leichenhalle einen Arbeiter, der eine neue Schließanlage mit Kartenleser einbaute. Anscheinend hatte der Diebstahl von Harry Hardwick den Behörden Beine gemacht, nachdem Jahre des Drängens nichts gefruchtet hatten.

Doug schnappte sich Cassie, bevor sie Zeit hatte, sich umzuziehen.

Jetzt stand sie in seinem Büro, die Hände an die Wangen gepresst. »Der arme Mr Hardwick!«

Am Morgen hatte die Polizei ein in schwarze Müllsäcke gewickeltes Bündel aus dem Kanal geborgen, das jemand, der seinen Hund ausführte, um sechs Uhr früh vor dem Schleusentor hatte treiben sehen. Darin war der Leichnam eines alten Mannes gefunden worden, der noch immer ein Krankenhausarmband am Handgelenk trug. Die Aufschrift war verschmiert, aber noch leserlich, und der Name darauf lautete Harold Albert Hardwick.

Mr Hardwick sei in die Leichenhalle von Kings Cross gebracht worden, berichtete Doug, wo der zuständige Pathologe ihn untersucht hatte.

»Er ist doch nicht … verstümmelt worden oder so?«

»Nein, glücklicherweise war der Leichnam unversehrt, abgesehen von der Verwesung, die man nach mehr als einer Woche im Wasser erwarten kann. Die Polizei vermutet, die Diebe hätten den Leichnam gleich, nachdem sie ihn geklaut hatten, in den Kanal geschmissen. Und die können sich nicht mal die Mühe gemacht haben, ihn richtig zu beschweren, sonst hätten die Verwesungsgase ihn ja nicht wieder auftreiben lassen.«

»Gott sei Dank ist er gefunden worden!« Sie hatte ein schlechtes Gewissen, weil Mrs E Harry Hardwick während der letzten paar Tage fast verdrängt hatte. Jetzt, wo sie wusste, dass er gefunden worden war, fühlte sie sich geradezu körperlich leichter – erleichtert darüber, dass er nicht wegen irgendwelcher Körperteile gestohlen worden oder den Satanisten aus DS Flytes blühender Fantasie zum Opfer gefallen war.

»Und haben die eine Ahnung, wer ihn geklaut hat – oder warum?«

»Keinen Schimmer. DI Bellwether hält es für möglich, dass es nur ein dummer Streich von irgendwelchen Kids war, so eine Art Mutprobe – oder ein Halloweenstreich.«

»Halloween war schon mehr als eine Woche her, als er verschwunden ist.« Cassie furchte die Stirn. »Und überhaupt, woher sollen irgendwelche Kids meinen Zugangscode haben?«

»Das Wichtigste ist doch, er ist gefunden worden.« Doug stieß heftig die Luft aus, es hörte sich an wie der Dampfkochtopf ihrer Großmutter. Dann lächelte er zum ersten Mal seit Harrys Verschwinden, soweit sie sich erinnern konnte. »Und ich habe gerade mit der HTA telefoniert. Die haben entschieden, dass es nicht unsere Schuld war, weil wir ja mehrmals um ein Security-Upgrade gebeten haben. Jetzt, wo Mr Hardwick wieder da ist, liegt der Schwarze Peter nicht mehr bei uns.«

»Das ist gut.« Cassie drehte ihren Lippenstecker. »Aber Doug, wollen Sie denn nicht trotzdem wissen, wer ihn gestohlen hat? Und warum sie ihn dann einfach … entsorgt haben?«

»Ich weiß, das ist 'ne schlimme Geschichte.« Doug schaute weg. »Die Vorstellung, dass jemand hier reinkommt und einen von unseren Schützlingen mitgehen lässt … Und, glauben Sie mir, ich will genauso wie Sie, dass die bestraft werden. Aber DI Bellwether hat mir gesagt, ganz im Vertrauen natürlich, dass wir wahrscheinlich nie rausfinden werden, wer's war.« Sein Tonfall wurde vertraulich. »Wenn da einfach Gras drüber wächst – wenigstens sitzt Ihnen dann diese Polizistin nicht mehr im Nacken.«

Cassie zuckte unglücklich die Achseln. Natürlich hatte er recht.

Doug erhob sich von seinem Schreibtisch und legte ihr väterlich die Hand auf die Schulter. »Ich finde, wir sollten versuchen, das Ganze abzuhaken und nach vorn zu schauen.«

Sie nickte.

»Ich sage Ihnen was: Ich zweige ein bisschen was vom Ausbildungsbudget ab und lade alle zu einem Teambildungs-Lunch ein.«

Später, als beim Griechen um die Ecke der kalte Retsina rasch durch die Kehlen floss und sich Platten mit Vorspeisen auf dem Tisch drängten, herrschte unter Cassies Kollegen spürbare Erleichterung. Trotz ihrer Bemühungen, sich der Feierstimmung und dem Gelächter anzuschließen, wurde sie das Gefühl nicht los, dass ein Gespenst an der Festtafel saß.

Doug klopfte mit dem Messer an sein Weinglas. »Ich möchte mich bei allen dafür bedanken, dass Sie sich während dieses Dramas so professionell verhalten haben. Ihr seid alle fantastisch – genau wie ich es erwarten würde.« Er erhob das Glas. »Auf uns – noch immer die beste Leichenhalle in London.« Nach kurzem Zögern hob auch Cassie ihr Glas, ehe sie hinzufügte: »Und auf Harold Albert Hardwick.« Alle stimmten ein, murmelten respektvoll seinen Namen, doch das betretene Schweigen, das darauf folgte, machte deutlich, dass sie die Stimmung gekillt hatte.

Nach dem Essen machten sich die Leute aus der Verwaltung als Erste auf den Rückweg. Cassie und Carl blieben am Tisch zurück, während Doug zahlen ging. Carl, der sich bereits ausgiebig an den Freigetränken gütlich getan hatte, griff gerade nach der Retsinaflasche, als Cassie seinen Blick auffing. »Ich spiele ja echt ungern die Spaßbremse, aber ich möchte nicht, dass du halb abgefüllt mit irgendwelchen Instrumenten rumhantierst.«

»Wahrscheinlich hast du recht.« Er lächelte sein gemächliches Lächeln und schenkte sich Wasser ein.

Sie zögerte einen Moment, ehe sie sagte: »Doug scheint ja echt erleichtert zu sein, dass die von der HTA die Geschichte nicht weiter verfolgen.«

»Na ja, er hätte seinen Job verlieren können, nicht wahr, wenn die 'n Sündenbock gebraucht hätten.«

»Stimmt.« Ein beunruhigender Gedanke war in Cassies Kopf aufgetaucht: Wenn jemand an die Zugangscodes der Sektionsassistenten herankam, dann doch wohl der Direktor der Leichenhalle.

Genau in diesem Moment kehrte Doug an den Tisch zurück. »Sind wir so weit, Jungs und Mädels?« Als sie sein strahlendes, vom Wein gerötetes Gesicht sah, schämte Cassie sich dafür, dass sie Doug, wenn auch nur kurz, verdächtigt hatte.

An diesem Abend aß Cassie bei ihrer Großmutter, doch so richtig schmeckte es ihr nicht. Und es waren nicht die Mezze zum Mittagessen, die ihr den Appetit geraubt hatten.

Fragend legte Weronika den Kopf schief. »Du bist heute Abend ja so still, *tygrysek*. Was ist denn los?«

Cassie erzählte ihr von dem Diebstahl und von Mr Hardwicks dramatischem Wiederauftauchen.

Weronika betrachtete das Gesicht ihrer Enkelin. Bei dem Mädchen musste man hinter die Worte schauen. »Aber dir macht noch was anderes zu schaffen, ja?«

Stirnrunzelnd starrte Cassie das Gewirr aus roter Paprika auf ihrer Gabel an. »Weißt du noch, wie ich dir manchmal von Mrs Edwards erzählt habe?«

»Natürlich, sie war deine Lehrerin im College. Eine Schottin.«

»Waliserin.«

Gran wischte diesen banalen Unterschied mit einem Messerwedeln beiseite.

»Sie ist tot.«

»Nein!« Weronika ließ ihr Besteck fallen und bekreuzigte sich. »Gott sei ihrer Seele gnädig. Aber sie war doch noch jung! Was ist passiert?«

Cassie stellte sich die E-Mail vor, die Professor Arculus geschickt hatte, mit den Testergebnissen von Mrs E. Es waren keinerlei Hinweise auf eine zugrunde liegende Erkrankung gefunden worden, und die toxikologische Untersuchung hatte so gut wie keinen Befund ergeben, bis auf einen Alkoholspiegel, der doppelt so hoch war, wie er fürs Autofahren zulässig gewesen wäre. All das schien die erste Einschätzung des Professors zu bestätigen.

»Wie sich herausstellt, ist es gar nicht so schwer, in der Badewanne ohnmächtig zu werden und zu ertrinken, vor allem, wenn man was getrunken hat.«

»Wie schrecklich.« Gran streckte die Hand aus und berührte Cassies Arm. »Ich weiß doch, wie gut ihr befreundet wart.«

»Ich weiß. Irgendwie dachte ich, sie würde immer da sein.«

Cassie schlug die Augen nieder. Von ihrem Zerwürfnis mit Mrs E hatte sie nichts erzählt. Tatsächlich vertraute sie ihrer Großmutter nur selten persönliche Dinge an. Das mit den Drogen und den Hausbesetzungen hatte sie ihr vorenthalten müssen – logischerweise. Und was ihr kompliziertes Liebesleben anging, so konnte sie von einer betagten Katholikin ja wohl kaum erwarten, dass sie das verstand. Also hatte sie ihre Freundinnen stets als »gute Bekannte« umdeklariert, und Rachel als »Mitbewohnerin«. Sollte jemals eine ihrer Beziehungen mit einer anderen Frau wirklich halten … nun, dann würde sie sich natürlich outen müssen, aber das war etwas, worauf sie nicht gerade scharf war.

Sie schob ihren Teller weg. »Babcia, da ist noch was. Ich habe so meine Zweifel, was ihren Tod angeht.«

»Zweifel? Was denn für Zweifel?«

»Ich habe einfach … ein ganz mieses Gefühl bei ihrem Sohn. Es kommt mir vor, als hätte der etwas zu verbergen.«

»Aber der Doktor hat doch gesagt, sie wäre eines natürlichen Todes gestorben?«

»So was ist nicht immer vollkommen eindeutig.« Die Leute wollten glauben, dass die Gerichtsmedizin immer sämtliche Antworten hatte, so wie im Fernsehen. Doch Cassie wusste, dass die Faktoren, die zum Tod eines Menschen führten, manchmal zweideutig blieben, ganz unabhängig davon, was auf dem Totenschein stand.

»Sie war verwitwet, nicht wahr? Wie schade, dass sie nicht wieder geheiratet hat.«

Cassie brachte es nicht über sich, ihr zu sagen, dass Mrs E sich vor Kurzem verlobt hatte.

Sachte tätschelte Weronika das leinene Tischtuch, in eine Erinnerung vertieft. »Manchmal wünsche ich mir, ich hätte noch mal geheiratet, nach dem dein Großvater gestorben war.«

Es gelang Cassie nicht ganz, ihr Entsetzen über diese Vorstellung zu verbergen. »Hast du je darüber nachgedacht? Richtig im Ernst?«

»Wieso denn nicht? Ich war doch erst Mitte fünfzig, genau wie deine Mrs Edwards.« Ihr Mund bog sich zu einem wehmütigen Lächeln. »Ich hatte eine Romanze, so könnte man's wohl nennen. Mit einem Witwer aus der Kirche.«

»Aber … mehr ist nie daraus geworden?«

Weronika lächelte in sich hinein. »Wir hatten Sex, falls du das meinst.«

Grundgütiger. Cassie stürzte einen großen Schluck Wasser hinunter. »Und was hat dich davon abgehalten, den Typen … zu heiraten?«

»Ich war nicht gerade eine gute Partie.«

»Wieso das denn nicht?«

»Weil ich mich damals um eine herrschsüchtige Siebenjährige kümmern musste, die auf tote Tiere fixiert war.« Sie sah ihrer Enkelin in die Augen. »Ich glaube, er fand es schwierig, dass du immer an erster Stelle stehen würdest.«

Cassie verschlug es die Sprache. Sie hatte noch nie darüber nachgedacht, welche Opfer ihre Großmutter gebracht haben musste, als sie sie bei sich aufgenommen hatte. Schandbarerweise hatte sie sich wahrscheinlich sogar als eine Art Trostpreis für eine Frau betrachtet, die ihre Tochter verloren hatte.

Als sie sich ans Abräumen machte, warf Cassie einen raschen Blick zu dem gerahmten Foto ihrer Mutter hinüber, eine Kaminsims-Ikone, für alle Zeit in ihrer Jugend erstarrt. Als Kind hatte sie ihre Eltern mehr als Märchenprinz und -prinzessin gesehen denn als richtige Menschen. In ihrer Teenagerzeit hatte sich das zu einem unlogischen Groll gewandelt: Sie erinnerte sich noch, wie ihre Großmutter einmal gesagt hatte, ihre »Mama im Himmel« würde wollen, dass sie sich in der Schule mehr anstrengte. Cassie hatte zurückgefaucht: »Na, dann hätte sie eben nicht sterben und in den Himmel gehen sollen!«

Cassie hatte schon lange genug mit Hinterbliebenen zu tun, um zu wissen, dass Zorn der siamesische Zwilling der Trauer war, doch sie hatte immer gedacht, ihr wäre das erspart worden, weil sie ihre Eltern in so jungen Jahren verloren hatte, bevor sie emotional überhaupt fähig gewesen war zu trauern. Vielleicht musste sie sich damit abfinden, dass Mrs Es Tod vergrabene Gefühle an die Oberfläche geholt hatte, die die ganze Zeit unsichtbar unter der Oberfläche gelauert hatten wie subkutane Verletzungen, die nur durch eine forensische Autopsie entdeckt werden konnten.

Als sie die Geschirrspülmaschine einräumte, fragte Cassie: »Konnte Mum eigentlich gut kochen, Babcia? Ich weiß das nicht mehr.«

Das trug ihr einen neugierigen Blick ihrer Großmutter ein – Cassie zeigte nur selten Interesse an ihren Eltern. »Oh, sie war in der Küche viel abenteuerlustiger als ich. Indisches Curry hat sie zum Beispiel immer selbst gekocht, so richtig aus den rohen Zutaten, mit den ganzen speziellen Gewürzen. Nicht dass du das gegessen hättest – du warst ein richtiges Mäkelkind.«

»Echt? Und Dad – hat der oft gekocht?« Das war riskanteres Gelände: Weronika hatte aus ihrer Abneigung gegen ihren Schwiegersohn Callum nie ein Hehl gemacht und zog es vor, so zu tun, als hätte er nie existiert. Entsprechend wusste Cassie nur, dass er, um die abfällige Bezeichnung ihrer Großmutter zu gebrauchen, »ein Hansdampf in allen Gassen« gewesen war. Zwischen Jobs auf Baustellen und als Händler auf Märkten fuhr er Minicab. In Irland geboren, hatte er sich mit seiner Familie daheim überworfen. Er hatte gut ausgesehen und Cassie das fast schwarze Haar und die dunkelblauen Augen vererbt – Fakten, die sie auf Treu und Glauben hinnehmen musste, da ihre Großmutter behauptete, nicht ein einziges Foto von ihm zu besitzen.

»Der? Gekocht? Das bezweifle ich«, erwiderte Weronika knapp. »Also, hast du noch Zeit für einen Kaffee?«

Auf dem Nachhauseweg überlegte Cassie, was ihr Dad getan haben könnte, um es sich so nachhaltig mit seiner Schwiegermutter zu verderben. War er fremdgegangen? Alkoholiker gewesen? Oder einfach nur ein bisschen ein Nichtsnutz? Vielleicht lag es auch einfach nur daran, dass ein Mann, der Obst und Gemüse verkaufte, für Weronikas angebetete Tochter Katherine niemals gut genug hätte sein können.

Cassie bog von der hell erleuchteten Straße zum Kanal ab. Normalerweise würde sie nicht am Kanal entlang nach Hause gehen, heute Abend jedoch hatte sie hier noch etwas zu tun. Im Sommer wäre der Treidelpfad mit den Leuten, die aus den Pubs und Bars in Camden Lock quollen, völlig überlaufen gewesen. Jetzt jedoch waren ein Fahrradfahrer ohne Licht, der an ihr vorbeischoss, sowie zwei Mädchen, die sich betrunken darüber stritten, in welchen Club sie gehen sollten, die einzigen Menschen, denen sie begegnete.

Am Rand des Kanals blieb sie stehen, ein paar Meter von der Schleuse entfernt, wo Harry Hardwick gefunden worden war. Sie wartete, bis die Stimmen der Mädchen verklangen und nur noch das Hintergrundrauschen der Stadt und das gemächliche

Plätschern des Wassers am Mauerwerk zu hören waren. Eine dichte Nebelbank hing eine Handbreit über der Wasseroberfläche. Cassie hockte sich hin, holte die weißen Nelken, die sie vorhin gekauft hatte, aus ihrer Zellophanhülle und zog das Gummiband ab. Dann legte sie sie nacheinander aufs Wasser, immer zwei oder drei auf einmal.

»Es tut mir leid, dass wir Sie im Stich gelassen haben, Harry«, sagte sie leise. »Und wir sind alle so froh, dass Sie jetzt in Sicherheit sind.« Cassie hatte akzeptiert, dass derjenige, der Harry Hardwicks Leichnam gestohlen hatte, wahrscheinlich nie gefasst werden würde. Doch sie wollte gern glauben, dass diese kleine Geste den Ort weihte, an dem er gefunden worden war.

Die Blumen trieben stromabwärts, ihre weißen Blüten stachen Löcher in die Düsternis wie angezündete Kerzen. Eine unsichtbare Strömung trug sie auf das Schleusentor zu, genau wie vor einigen Tagen den armen Harry.

Träge kreiselten sie in einem Strudel, ehe sie schließlich verschwanden, von der Dunkelheit ausgelöscht.

»*Requiescat in pace,* Mr H. Ruhen Sie in Frieden.«

Sie machte sich den Treidelpfad entlang auf den Rückweg und hatte schon fast die Brücke erreicht, die zur High Street zurückführte, sie konnte bereits House-Musik aus dem Pub oberhalb der Schleuse dröhnen hören, als sie noch etwas anderes hörte. Das Surren von Fahrradpedalen, die mit Höchstgeschwindigkeit getreten wurden. Gerade als ihr klar wurde, dass der Radfahrer zu dicht an ihr vorbeikommen würde, traf sie ein Schlag an der Schulter. Dann schrammte der Riemen ihrer Tasche blitzschnell ihren Arm entlang. Den Bruchteil einer Sekunde lang hätte sie ihn über ihre Hand rutschen lassen können, hätte genau das tun sollen, doch sie riss instinktiv den Unterarm hoch und vor die Brust. Der Riemen spannte sich mit einem schmerzhaften Ruck und zerrte sie nach vorn. Sie taumelte, doch es gelang ihr, auf den Beinen zu bleiben, indem sie ihre Doc Martens einen vor dem anderen einstemmte. Schlitternd kam das Rad zum Stehen, und der Fahrer stellte einen Fuß auf den Weg.

Fluchend zog er die Tasche mit einem Ruck nach unten und riss Cassie damit von den Füßen, doch sie gab nicht nach. Sie krümmte sich zusammen, als Fußtritte gegen ihre Rippen krachten, und schlug wild mit dem freien Arm um sich. Ihre Faust traf etwas Weiches, woraufhin der Angreifer aufbrüllte. Dann hörte sie Rufe und erhaschte einen kurzen Blick auf zwei junge Männer, die von der Brücke her auf sie zugerannt kamen. Der Handtaschenräuber riss sein Fahrrad hoch, setzte einen Fuß auf ein Pedal und zerrte dabei immer noch an ihrer Tasche. Cassie streckte die Hand aus, packte in die Speichen des Hinterrades und brachte das Rad aus dem Gleichgewicht.

Das Geschrei kam näher. Fluchend ließ der Angreifer die Tasche los, doch sie hielt noch immer die Speichen umklammert. Dann spürte sie, wie ihre Kiefer gegeneinanderkrachten. Er hatte nach hinten ausgetreten und sie unter dem Kinn getroffen. Ihr Blickfeld trübte sich ein und dann … nichts mehr.

18. Kapitel

»Ich bin Ihnen sehr dankbar dafür, dass Sie sich um mich gekümmert haben, aber ehrlich, ich bin jetzt okay.« Cassie rutschte an den Rand der Krankenhausliege und griff nach ihrer Lederjacke, wobei sie verärgert die Schrammen an den Ellenbogen bemerkte, vom Schleifen über den Treidelweg.

»Wenn jemand das Bewusstsein verloren hat, so wie Sie, dann beobachten wir ihn gern eine Zeit lang, falls eine Gehirnerschütterung vorliegt oder sich irgendwelche anderen Probleme zeigen.« Der Pfleger war derselbe ernste junge Mann, der sie untersucht hatte, nachdem einer ihrer Retter sie in die Notaufnahme gebracht hatte und dann verschwunden war, noch ehe sie sich richtig bei ihm bedanken konnte.

Sie schickte sich an, die Jacke anzuziehen, und fuhr zusammen, als Schmerz ihr rechtes Schultergelenk durchzuckte. »Ich war doch nur ganz kurz weg, haben die gesagt. Wenn mir irgendwie komisch wird, komme ich sofort zurück, ich versprech's.« Ihr Hauptanliegen war, hier rauszukommen, bevor sie jemandem über den Weg lief, den sie kannte.

»Es muss aber heute Nacht wirklich jemand bei Ihnen sein, für den Fall, dass es Ihnen plötzlich schlechter geht.«

»Alles klar.« Sie bedachte ihn mit ihrem gewinnendsten Lächeln und ließ das gleich wieder bleiben, als ihr das bohrende Schmerzen im Unterkiefer bereitete.

»Der wird noch 'ne Weile wehtun«, meinte der Pfleger. »Sie haben Glück gehabt, dass er nicht gebrochen ist.«

»Tja, ich bin bekannt für mein dickes Fell – und meinen Dickschädel.«

Vorsichtig bewegte sie den Unterkiefer hin und her und lokalisierte den Schmerz am rechten Kiefergelenk, wo der Tritt des

Handtaschenräubers ihren Unterkiefer gegen die Schädelbasis geknallt hatte. Ein Glück, dass der Kerl nur Turnschuhe angehabt hatte.

Fast hatte sie es aus der Kabine geschafft, als sie zwei Polizisten in Uniform auf sich zukommen sah, einen Mann und eine Frau. *Na super.*

Eine halbe Stunde später hatte sie ihre – *total nutzlose* – Aussage zu Protokoll gegeben. Das Einzige, was sie den Polizisten sagen konnte, war, dass der Angreifer braune Augen hatte und von der Hautfarbe her aus dem Nahen Osten oder Südeuropa stammen könnte, und dass er Fahrrad fahren konnte. Die untere Hälfte seines Gesichts war hinter einem dunkelroten Halstuch verborgen gewesen, und wie ungefähr neunzig Prozent aller Jugendlichen in Camden hatte er einen schwarzen Kapuzenpullover getragen. Nein, sie glaubte nicht, dass sie ihn wiedererkennen würde.

Die Polizisten gaben sich mitfühlend, doch ihre Körpersprache verriet, dass sie das hier ebenso wie sie lediglich der Form halber taten: Ein Verbrechen war zur Anzeige gebracht und eine Aussage aufgenommen worden, und Camdens Verbrechensstatistik würde eine Zahl höher klicken.

»Wir hätten eher eine Chance, ihn zu schnappen, wenn er Ihre Tasche gekriegt hätte«, meinte die Polizistin. Sie klang ziemlich enttäuscht, dass Cassie sich zur Wehr gesetzt hatte.

»Wenn er mit Ihren Karten shoppen gegangen wäre, hätte man uns vielleicht verständigt.«

Cassie musste ein skeptisches Gesicht gemacht haben, denn der Kollege der Frau meldete sich zu Wort: »Letzte Woche haben wir einen Typen einkassiert, der in einem Schnellrestaurant ein Hühnchen-Menü mit ’ner geklauten Karte bezahlt hat. Der Filialleiter hat Lunte gerochen, und wir sind da aufgeschlagen, als der Kerl gerade noch mal Frozen Yoghurt nachbestellen wollte.«

Als sie am nächsten Morgen langsam durch dicke Schlafschichten auftauchte, überkam Cassie die merkwürdige Überzeugung, über Nacht von der Hüfte aufwärts in Zement eingegossen worden zu sein. Sie öffnete die Augen und versuchte, sich zu bewegen. *Keine Reaktion.* Panik rumorte in ihrer Kehle. Schließlich meldeten sich ihre Glieder zum Dienst, doch ihre Schultern waren so steif, dass sie die Arme nicht ganz heben konnte.

Sie zog sich am Bettpfosten hoch und tappte langsam ins Badezimmer zum Spiegel. Ein violetter Streifen, wie die Totenflecke eines einen Tag alten Leichnams, zog sich von unter dem Kinn bis fast zum Ohr hinauf. Während sie ihn mit Make-up und Puder abdeckte, machte sie sich in erster Linie selbst Vorwürfe. Was hatte sie sich dabei gedacht, spätabends noch am Kanal herumzurennen? *So eine Idiotin.* Und was den Angreifer betraf, die Wut, die sie auf ihn hatte, war zu groß, um auch nur darüber nachzudenken.

Ganz kurz dachte sie daran, jemanden anzurufen, doch dann verwarf sie die Idee. Wen denn? Das, was bei ihr einem echten Freund am nächsten kam, begriff sie, war wahrscheinlich Carl.

Wenigstens hatte sie heute keinen Dienst, was bedeutete, dass sie den ganzen Tag einfach herumliegen und Filme glotzen konnte, wenn sie wollte. Doch nach einer halben Stunde verspürte sie das dringende Bedürfnis, die Wohnung zu verlassen.

Auf dem Treidelpfad war kaum jemand – zu früh für Touristen, und die immer zahlreicheren Obdachlosen, die in der Nähe des Kanals schliefen, waren längst auf den Beinen. Ihre leeren Schlafsäcke lagen herum wie die abgestreiften Kokons geschlüpfter Larven.

Dann hörte sie eine Stimme. »Cassie Raven? Bist du das?« Eine Wollmütze über einem verquollenen Augenpaar tauchte aus einem fleckigen blauen Schafsack auf.

»Kieran! Mann, wie geht's dir?«

»Mir geht's prima!«

Als er sich mühsam aufsetzte, traf sie die Geruchswolke: ein hefiges Gemenge aus schmutzigen Klamotten, billigem Cider und Patschuli.

Sie und Kieran hatten als Hausbesetzer mal zusammengewohnt und mit einer sich ständig verändernden Schar Künstler, Musiker, Goth- und New-Age-Typen erst in einem ungenutzten Bürohaus und dann in einem verlassenen Pub gehaust. Schockiert stellte sie fest, dass er um gute zehn Jahre gealtert war, seit sie ihn das letzte Mal gesehen hatte. Sein Gesicht war grau und schmutzig und voller offener Geschwüre – doch er wirkte genauso fröhlich wie früher. Selbst wenn er sich mit seinen beiden Dämonen herumgeschlagen hatte, Alkohol und Ketamin, war Kieran immer einer von diesen ewigen Sonnenschein-Typen gewesen, die jeder gern um sich hatte.

»Und du, Cass? Zerschnippelst du immer noch Leichen?«

»Jep.« Sie fühlte sich unwohl dabei, so von oben nach unten mit ihm zu sprechen, also hockte sie sich vorsichtig hin und verspürte einen schmerzhaften Stich in den Rippen, wo die Tritte des Handtaschenräubers sie getroffen hatten.

Kieran verzog mitfühlend das Gesicht. »Du hast dir wehgetan.«

»Ja, gestern Abend bin ich überfallen worden, unten bei der Brücke.«

»Du verarschst mich!« Kieran machte ein empörtes Gesicht. »Wo sind die Bullen, wenn man sie mal braucht, stimmt's?« Er deutete auf ein leeres Nest aus Pappkartons ein paar Schritte weiter. »Mein Kumpel ist letzte Nacht von so ein paar besoffenen Arschlöchern zusammengetreten worden. Nachts ist es hier echt nicht sicher.«

»Ganz anders als in der Hawley Road«, bemerkte Cassie.

Der besetzte Pub in der Hawley Road, ein verfallenes, ehemals prächtiges georgianisches Gebäude, war legendär. Nachdem sie sich mit dem Vermieter geeinigt hatten, dass sie bleiben durften, bis der Planfeststellungsbeschluss vorlag, war er fast ein

Jahr lang ihr Zuhause gewesen. Innen hatten sie Kunstwerke an die Wände gemalt und hinten im Garten Tomaten und Salat gezogen. Der Sommer war backofenheiß gewesen – und der glücklichste, an den Cassie sich erinnern konnte.

»Ja. Das war toll.« Ein wehmütiger Ausdruck machte sich auf Kierans Gesicht breit. »All die alten Häuser da sind abgerissen worden, weißt du das? Die bauen da so schicke neue Wohnungen hin. Camden ist nicht mehr wie früher.«

Cassie fragte nicht, wie es kam, dass Kieran auf der Straße lebte. Die aberwitzigen Immobilienpreise hier im Viertel bedeuteten, dass Gewerbeimmobilien nur selten lange genug leer standen, um von illegalen Bewohnern besetzt zu werden. Und während die Zahl der Obdachlosen sprunghaft anstieg, ging die Zahl der Übernachtungsplätze zurück.

Außerdem waren in den meisten Obdachlosenheimen Drogen oder Alkohol verboten, und so wie Kieran aussah, nahm er immer noch irgendetwas.

»Hast du in letzter Zeit mal jemanden aus der alten Gang gesehen?«, erkundigte er sich.

»Schon seit 'ner Ewigkeit nicht mehr«, gab sie zu und verspürte eine leichte Wehmut, als sie an die enorme Zusammengehörigkeit dachte, die in ihrem Clan aus Außenseitern geherrscht hatte.

Kieran nickte philosophisch. Sie wussten beide, dass Cassie von dem Moment an, als sie nicht mehr in besetzten Häusern gewohnt und einen richtigen Job angenommen hatte, in ein Paralleluniversum eingetreten war. Einen Ort, wo Menschen von neun bis siebzehn Uhr arbeiteten, essen gingen, Dinnerpartys veranstalteten … Cassie verspürte plötzlich den Drang, ihm zu erzählen, dass sie sich in der regulären Welt immer noch vorkam wie eine Hochstaplerin – als gehörte sie nicht wirklich dorthin – und dass das wahrscheinlich auch immer so bleiben würde.

Kieran stand auf und ließ den Schlafsack zu Boden fallen, zusammen mit den Isolierschichten aus Zeitungspapier, in die er sich gewickelt hatte. »Ich sag dir was, ich komm mit bis zur High Street, dann können wir mal richtig quatschen.«

»Okay.« Cassie betrachtete Kierans Pusteln und seine schmutzigen Klamotten und ertappte sich dabei, wie sie hoffte, dass sie niemandem begegnen würden, den sie kannte. Dann riss sie sich zusammen. *Sei nicht so ein Arsch, Cassie Raven, früher war er mal ein guter Kumpel von dir.*

Sie gingen den Treidelpfad entlang und redeten über die alten Zeiten. Ab und zu huschte Kieran davon, um weggeworfene Zigarettenkippen aufzuheben, die vielleicht eine Prise Tabak verhießen. Genauso hatte Cassie es in den alten Zeiten auch gemacht, erinnerte sie sich.

Als sie die Stelle bei der Brücke erreichten, wo sie überfallen worden war, wurde sie langsamer.

»War's hier?«, fragte Kieran. Er war schon immer ein heller Kopf gewesen, zumindest, wenn er nüchtern war.

Sie nickte.

»Warum bist du wieder hergekommen? Hast du gehofft, die hätten vielleicht was fallen gelassen?«

»Nein.« Einen Moment lang blickte sie über das ölige Wasser hinweg. »Ich bin wiedergekommen, weil ich mir nicht sagen lasse, wo ich langgehen darf und wo nicht.«

»Immer noch dieselbe alte Cassie.« Kieran grinste. »Weißt du noch, wie wir dich immer genannt haben?«

»Nein …?«

»Teflon. Nichts hat bei dir Kratzer hinterlassen.«

Teflon. Das hatten die Leute von ihr gedacht? Dass sie hart sei? Zu wenig Gefühle habe? Am liebsten hätte sie gesagt, *Du solltest mich mal mit den Toten sehen.*

Nachdem sie die Brücke überquert hatten, kamen sie an ein Café.

»Komm doch mit rein.« Cassie gab sich Mühe, nicht auf die Flecken vorn auf seiner Jeansjacke zu starren. Getrockneter Ketchup – oder Blut. »Ich spendier dir einen Kaffee, und vielleicht ein Sandwich?«

Kierans Lachen zeigte viel Zahnfleisch und ein paar ruinierte Zähne, wie die Balken eines zerschellten Schiffs, die bei Ebbe aus dem Sand ragten. »Nö, lass mal, ich erschreck bloß die Gäste.« Mit einer Hand rollte er seine Zigarette aus Kippentabak fertig, ehe er mit der Zungenspitze über den Rand des Papiers fuhr. »Ich mach mich mal lieber auf die Socken – hab da noch was mit jemandem zu besprechen.« Er kniff das eine Auge halb zu.

Mit anderen Worten, er wollte sich Stoff kaufen – und wer war sie, den Stab über ihn zu brechen?

»Hier.« Sie stopfte ihm einen Zwanzig-Pfund-Schein in die Brusttasche. »War echt schön, dich zu sehen, Kieran.«

»Gott segne dich, Cassie Raven.« Er grinste breit. »Pass auf dich auf.«

Cassie sah ihm nach. Sein fröhlich federnder Gang konnte ein Hinken nicht verbergen, das ihn aussehen ließ wie Long John Silver, der über ein schiefes Schiffsdeck stelzte. Kieran konnte doch nur … wie alt konnte er sein, achtundzwanzig? Neunundzwanzig? Aber er würde von Glück sagen können, wenn er seinen vierzigsten Geburtstag erlebte.

Während sie auf ihren Kaffee wartete, versuchte Cassie, den Vagabunden-Glamour heraufzubeschwören, den ein Leben wie das von Kieran mit siebzehn für sie bedeutet hatte. Sicher, manchmal vermisste sie die Kameradschaft, doch jetzt, acht Jahre später, war sie ein völlig anderer Mensch – die genervte große Schwester jenes naiven Mädchens von damals vielleicht.

Die Begegnung mit Kieran hatte ihr noch etwas anderes sonnenklar gemacht. Wäre Mrs E nicht immer wiedergekommen, um sich mit dem Mädchen zu unterhalten, das die Obdachlosenzeitung verkauft hatte, hätte sie sie nicht ermutigt, wieder zur Schule zu gehen, und sich auch nicht die zusätzliche Mühe gemacht, sie durch die Abendschule zu lotsen, wäre es durchaus möglich, dass Cassie heute Nacht am Kanal schlief und sich die Kälte mit Fusel und Ketamin vom Leibe halten würde.

Cassandra, meine Zeit ist noch nicht gekommen.

Sie war Mrs E was schuldig. Und sie musste alles tun, was in ihrer Macht stand, um herauszufinden, ob ihr Tod wirklich nur ein schreckliches Unglück gewesen war oder etwas Schlimmeres.

19. Kapitel

Am nächsten Morgen beschloss Cassie, bei der Arbeit kein Wort über den Überfall zu verlieren. Das Make-up deckte gut, und sie konnte den Gedanken nicht ertragen, ihren Kollegen die Geschichte ein halbes Dutzend Mal erzählen zu müssen und dabei jener Mischung aus Mitgefühl und lüsterner Faszination ausgesetzt zu sein, die das Trauma eines anderen Menschen weckte.

Sie legte gerade ein Gehirn in einen Eimer mit Formalin, damit das weiche Gewebe fest wurde beziehungsweise »sich setzte«, um seziert werden zu können, als ihr Handy klingelte. Als sie »Unbekannte Nummer« auf dem Display sah, hätte sie den Anruf beinahe ignoriert, doch irgendetwas veranlasste sie, den Handschuh abzustreifen und auf Grün zu tippen.

»Spreche ich mit Miss Raven?« Eine unbekannte Männerstimme, sehr höflich.

»Wer will das wissen?«

»Mein Name ist Christian Maclaren.«

Sie brauchte eine geschlagene Sekunde, um diese Information zu verarbeiten. »Oh, hallo«, brachte sie schließlich heraus. »Woher haben Sie denn meine Nummer?«

Ein leises Lachen ertönte aus dem Telefon. »Eine sehr hilfsbereite junge Frau aus dem Hotel Bacchus Gardens hat mich angerufen. Sie hat gesagt, Sie wollten unbedingt ›wieder Verbindung aufnehmen‹.«

Bravo, Domenica! Offenbar hatte sie sich ihrem Chef widersetzt und Cassies Nummer weitergegeben. Und nach Christians trockenem, erheitertem Tonfall zu urteilen, hatte er Cassies Cover-Story nicht auffliegen lassen.

»Entschuldigen Sie die Geheimnistuerei«, sagte sie mit einem verlegenen Auflachen. »Ich wusste nicht, wie ich sonst an Ihre Nummer kommen sollte. Die Sache ist die … Ich muss Sie sprechen, wegen Geraldine Edwards.« Ängstlich wartete sie auf seine Reaktion.

»Geraldine? Was ist denn mit ihr?« Christian klang perplex – definitiv nicht wie ein Mann, dessen Verlobte kürzlich überraschend verstorben war.

»Ich … kann am Telefon nicht darüber reden«, antwortete sie. »Sind Sie gerade in London?«

»Werde ich demnächst sein – ich lande heute in Heathrow, am frühen Abend.«

Sie kamen überein, dass Christian ihr später eine SMS schicken und einen Treffpunkt vorschlagen würde.

Irgendetwas kam ihr hier nicht richtig vor. Es war jetzt eine Woche her, dass Mrs Es Leichnam gefunden worden war. Wenn Christian die ganze Zeit nichts von ihr gehört hätte, dann hätte er doch bestimmt gesagt: »Allmähllich mache ich mir echt Sorgen um sie, ich kann sie nicht erreichen.«

Vielleicht war ihr ständiges Grübeln der Grund dafür, dass sie später an diesem Vormittag Carl gegenüber ausrastete. Joseph Chivers, ein Pathologe, den sie Sloppy Joe nannten, hatte wie üblich auf jeder verfügbaren Oberfläche im Sektionssaal mit Blut und Organfragmenten Jackson Pollock Tribut gezollt, und Cassie half Carl gerade beim Saubermachen, als sie ganz hinten auf der Arbeitsfläche ein nicht etikettiertes Probengefäß fand, in dem etwas steckte, das nach einem Stückchen Niere aussah.

»Herrgott noch mal, Carl! Wenn ich das jetzt nicht gefunden hätte? Dann wär's im Kühlschrank gelandet und mit allen anderen zusammengeschmissen worden.«

»Ich wollte mich da gerade drum kümmern.«

Der Trotz in seiner Stimme ließ sie hochgehen.

»Quatsch! Du weißt doch, man lässt *nie* ein Probengefäß unbeschriftet, nicht mal zwei Sekunden lang. Stell dir mal vor, das

Ding hier wäre zusammen mit den anderen in der Histopathologie gelandet. Dann könnten wir die Todesursache von Mr Lyttleton nie bestätigen.«

»Okay, okay, es tut mir leid.« Carl hob als Zeichen der Kapitulation die Hände, sein Missmut war verschwunden.

Normalerweise machte Carl keine Fehler, aber Cassie erinnerte sich an die vergessene Bestandsaufnahme, bei der Harry Hardwicks Verschwinden viel früher aufgefallen wäre.

»Hör mal, Carl.« Sie senkte die Stimme. »Nach dieser Nummer mit Harry Hardwick stehen wir alle unter Beobachtung, wir müssen unheimlich aufpassen, dass alles korrekt ist, okay? Lass uns von jetzt an immer alles noch mal überprüfen, und dann noch mal.«

Sie betrachtete sein Gesicht, sah die rot geränderten Augen und roch einen Hauch Alkohol, der ihm aus den Poren drang. »Lass mich raten, du hast es gestern Abend krachen lassen.«

Verlegenes Achselzucken. »Vielleicht hab ich's tatsächlich ein bisschen übertrieben.«

»Bist du jetzt fit genug für die Arbeit? Ich will dich nicht in der Nähe eines Skalpells haben, wenn du dich irgendwie zittrig fühlst.« Sich bei der Eviszeration eines Menschen zu schneiden, der möglicherweise eine nicht diagnostizierte Krankheit wie Aids oder Creuzfeldt-Jakob hatte, konnte katastrophale Folgen haben.

»Ich bin total okay. Ich wollte sogar fragen, ob ich diese Woche Extraschichten schieben kann.«

»Mal wieder deine Kreditkarte bis zum Anschlag ausgereizt?«

Er grinste sie verlegen an.

Verkatert zum Frühdienst anzutreten, war eigentlich nicht okay, aber Carl war kein Wiederholungstäter – und außerdem konnte Cassie ihm nach ihren drogeninduzierten nächtlichen Ausschweifungen mit Tish-Tash ja wohl kaum Vorträge halten. Glashaus, Steine und so.

Am Nachmittag richtete die Verwaltung Cassie eine bedrohlich kurze Nachricht von DS Flyte aus: Sie solle doch nach dem Dienst noch kurz auf dem Revier vorbeischauen.

Versuchte Flyte ihr immer noch den Diebstahl von Mr Hardwick anzuhängen? Oder sollte sie wegen des illegalen Besitzes von Ziggy belangt werden? Da Doug auf einer Konferenz und daher nicht erreichbar war, konnte Cassie nichts darüber in Erfahrung bringen, was die eisgesichtige Polizistin für sie in petto hatte. So oder so, es könnte das Ende ihres Jobs bedeuten.

Als sie die Empfangshalle des Reviers betrat, fühlte sie sich wieder wie damals bei ihrem letzten Besuch, als der frauenfeindliche Bulle sie nach der brutalen Räumung begrapscht hatte. Daher war sie ziemlich von den Socken, dass der Sergeant hinter dem Tresen einen Hipster-Vollbart trug und sie freundlich anlächelte.

Als sie in ein Vernehmungszimmer geführt wurde, saß dort eine wohlbekannte Gestalt am Tisch.

»Professor Arculus! Was zum …?«

Er lachte leise, ein Geräusch wie Wind in einem Haufen aus trockenem Laub. »Mich hat da eine Dame angerufen, ein Police Detective, um mir mitzuteilen, sie hätte von einer sehr eifrigen Studentin der Anatomie einen menschlichen Schädel konfisziert. Die Rechtsmedizin habe sie davon in Kenntnis gesetzt, dass ich stolzer Besitzer eines Magisters in Paleo-Anthropologie bin – unter uns gesagt, man studiert da alte Knochen.«

DS Flyte kam herein und brachte Ziggy mit. Er steckte in einer Beweismitteltüte aus durchsichtigem Plastik, die sie mit verkniffenem, wenig überzeugendem Lächeln auf den Tisch legte. »Dies ist eine informelle Befragung, nur zum Zweck der Information. Cassandra Raven ist nicht über ihre Rechte belehrt worden, daher zeichne ich dieses Gespräch nicht auf.«

Sie fixierte Cassie mit einem Gletscherblick. »Wie ich bereits erläutert habe, ist der Besitz menschlicher Körperteile, die weniger als hundert Jahre alt sind, strafbar. Professor Arculus hat sich freundlicherweise bereit erklärt, uns seine Expertise zur Verfügung zu stellen, um das Alter des fraglichen Gegenstandes zu bestimmen.«

Als Flyte die Tüte mit dem Schädel zu dem Professor hinüberschob, fiel Cassie auf, dass ganz unten am Nagel ihres rechten Daumens ein Streifen wunde Haut zu sehen war, obgleich ihre Nägel makellos gepflegt und lackiert waren. Also hatte sie an der Nagelhaut herumgeknibbelt. Ein winziger Riss in ihrer roboterhaften Erscheinung.

»Darf ich?« Professor Arculus holte den Schädel aus der Tüte und drehte ihn hin und her, während DS Flyte ihn aufmerksam beobachtete. Äußerlich wirkte sie so beherrscht wie immer, doch Cassie bemerkte die erhöhte Blinzelfrequenz und ihre unnatürliche Reglosigkeit. Flyte stand unter Stress.

»Interessant«, stellte der Professor nach kurzem Schweigen fest.

Flytes Stift schwebte startbereit über ihrem Notizbuch, Cassie sah an ihrem Brustkorb, dass sie den Atem anhielt.

Mein Gott, sie muss mich wirklich hassen, dachte sie entsetzt.

»Ich fürchte, unser Freund hier ist definitiv deutlich jünger als hundert Jahre«, verkündete Professor Arculus.

Cassies Magen sackte weg.

Er drehte den Schädel so, dass er ihm ins Gesicht sah. »Er ist jung. Sehr jung.«

»Sind Sie sicher?«, fragte Flyte. Ihre linke Hand umklammerte den Stift so fest, dass ihre Fingerknöchel hell durch die Haut schimmerten.

Cassie verlor sich in dem Anblick von Flytes langen, schlanken Fingern und musste unwillkürlich an eine Eselsbrücke für die Handwurzelknochen denken, die sie mal online gefunden hatte: *Fährt ein Kahn bei Mondenschein im Dreieck um das Erbsenbein, Vieleck groß und Vieleck klein, am Kopf, da muss der Haken sein …* Sie stellte sich die unverwechselbare Gestalt jedes einzelnen Knochens vor und zählte sie im Geiste auf: *Os scaphoideum, Os lunatum, Os triquetrum, Os trapezium, Os trapezoideum, Os capitatum,* ... aber wie hieß noch mal der Letzte ...?

Der Professor hatte ein Taschenmesser hervorgeholt und ganz unten an der Schädelbasis ein kleines Stück von dem Schädel abgeschabt. Dann begutachtete er es durch den unteren Teil seiner Brille. Cassie sah den gesuchten Knochen vor sich, mit dem hakenförmigen Vorsprung daran. *Os hamatum,* das Hakenbein, das war's! Von Lateinisch *hamulus* für Haken.

»Ziemlich sicher«, antwortete der Professor gerade. »Die nötige Technologie, um derart lebensechte Schädel zu produzieren, ist erst in den Achtzigerjahren entwickelt worden.«

Es dauerte einen Moment, bis sie begriff.

»Wollen Sie damit sagen, das Ding ist ... *eine Fälschung?*« Ungläubig hob sich Flytes Stimme bei dem letzten Wort.

»Genau.« Der Professor strahlte. Er legte den Schädel wieder auf den Tisch und steckte sein Taschenmesser ein. »Wahrscheinlich chinesische Importware – aber von beeindruckender Qualität. Ich wäre nicht überrascht, wenn der ursprünglich fürs Medizinstudium hergestellt worden wäre.«

»Sind Sie absolut sicher?«

Cassie sah, dass Flyte noch blasser geworden war als sonst, wodurch ein paar Sommersprossen über ihrer Nase sichtbar wurden.

Der Professor sah sie über seine Brille hinweg an. »Nun ja ... ein *bisschen* kenne ich mich mit der menschlichen Anatomie schon aus, so nach fünfunddreißig Jahren als vom Innenministerium bestellter Pathologe.« Sein Tonfall blieb liebenswürdig, doch Cassie erkannte eine Fünf-Sterne-Abfuhr, wenn sie eine hörte.

Als der Professor den Raum verließ, wollte Cassie ihm folgen, wurde jedoch an der Tür von Flyte zurückgehalten. Ihr Blick war so warm und freundlich wie ein Trockeneisgebläse.

»Jemand hat Ihr Alibi für Samstagnacht in der Musikkneipe bestätigt.«

Cassie spürte, wie sich jeder einzelne Muskel ihres Körpers entspannte.

»Natürlich ändert das nichts an der Tatsache, dass *irgendjemand* Ihren Zugangscode verwendet hat, um sich rechtswidrig Zutritt zum Gebäude zu verschaffen und den Leichnam von Harry Hardwick zu entwenden.«

»Ich hab Ihnen doch gesagt, ich habe keine Ahnung, woher die den Code haben.«

»Die Ermittlungen laufen noch.« Flyte lächelte verkniffen. »Und die Suche nach einem möglichen Motiv auch.«

Doch Cassie ahnte einen Haarriss in ihrer glasharten Aura der Gewissheit. »Ich bin ja froh, dass Sie den Fall noch weiterverfolgen«, stocherte sie versuchsweise an dem Riss herum. »Ich hätte gedacht, dass da vielleicht Druck gemacht wird, ihn abzuschließen, nachdem Mr Hardwicks Leichnam gefunden worden ist. Sparmaßnahmen und so?«

Das krampfhafte Zucken, das über Flytes Züge huschte, verriet Cassie, dass sie ins Schwarze getroffen hatte – die Polizei hatte Wichtigeres auf dem Zettel als den verloren gegangenen und wieder aufgefundenen Leichnam eines alten Mannes ohne direkte Angehörige. Als sie kurz auf die Uhr an der Wand sah, wurde ihr mit einem schmerzhaften Stich bewusst, dass Harry Hardwick gerade auf dem Clingford Cemetery zur letzten Ruhe gebettet wurde.

Gute Reise, Mr H.

Beim Anblick ihrer Widersacherin, die stählernen Rückgrats den Flur hinunter den Rückzug antrat, regten sich widersprüchliche Gefühle in Cassie: Flyte war ihre Feindin, doch sie empfand auch Respekt dafür, wie sich die verklemmte Polizistin dagegen sträubte, einen Fall aufzugeben, den alle anderen einfach nur vom Tisch haben wollten.

Sie fand den Professor auf der Straße; er wartete auf sie. »Alles gut, nehme ich doch an?«, erkundigte er sich.

»Sieht aus, als wäre ich dank Ihnen eine freie Frau.«

Er wehrte ihre Dankbarkeit mit einer Geste ab. »Aber vielleicht zahlen Sie es mir ja zurück, indem Sie meine Neugier hinsichtlich einer ganz bestimmten Frage befriedigen. Ihr Name – Cassandra.« Er rollte die Silben wie einen Mundvoll Portwein und Walnüsse. »Sind Sie vielleicht nach der Wahrsagerin aus der *Orestie* benannt worden?«

»Ich fürchte, nein, Professor«, erwiderte Cassie. »Nach Rodneys Freundin in *Only Fools and Horses* – der Sitcom.«

»Wie schade. Ich hatte ja heimlich gehofft, dass Ihnen Schlangen Prophezeiungen ins Ohr flüstern.« Er winkte einem näher kommenden Taxi und deutete mit einem Kopfnicken auf den Schädel, von dem Cassie ganz vergessen hatte, dass sie ihn immer noch in der Hand hielt. »Was unseren Freund da betrifft – stecken Sie den lieber in Ihre Handtasche. Wir wollen doch niemanden verschrecken.«

Und mit einem Abschiedswinken stieg er ins Taxi, und sie stand da und schaute auf den Schädel hinunter wie ein moderner Hamlet auf dem Friedhof.

FLYTE

»Nur dass ich das richtig verstehe«, sagte DI Bellwether. »Sie wollen die Ermittlungen in dem Fall des alten Mannes, der aus der Leichenhalle geklaut worden ist, ausweiten?«

Flyte konnte sehen, wie ungläubige Überraschung seine Stirn furchte, doch irgendetwas ließ sie nicht nachgeben. »Ja, Boss.«

»Darüber haben wir doch schon gesprochen, Phyllida. Der Leichnam ist vor zwei Tagen wieder aufgetaucht, stimmt's?«

»Ja, aber der Fall ist noch immer nicht gelöst, und wir haben keinerlei weitere Spuren.«

»Sie sagen es! Der einzige Ansatz, Ihre Pathologie-Assistentin mit dem Schädel im Badezimmer … ist Ihnen das nicht gerade um die Ohren geflogen?«

Flyte spürte, wie ihr die Röte den Hals hinaufkroch. »Ich weiß, Boss, und ich habe mich auch schon dafür entschuldigt, dass ich da so voreilig war. Aber zusammen mit der Tatsache, dass ihr Zugangscode benutzt worden ist …«

»Ihr Alibi wurde bestätigt, oder?«

Flyte bohrte die Nägel in die Handfläche. Sich im Fall des Diebstahls von Harry Hardwick ausschließlich auf Raven als Verdächtige zu konzentrieren, war ein großer Fehler gewesen, der dazu geführt hatte, dass Bellwether jetzt ihr Urteilsvermögen anzweifelte. Rückblickend sah sie ein, dass sie sich von dem merkwürdigen Aussehen der jungen Frau und ihrer gruseligen Wohnung voller Schädel und ausgeweideter Tiere über Gebühr hatte beeinflussen lassen.

Zehn Wochen Polizeiarbeit auf den Straßen von Camden hätten ihr eins klarmachen sollen: Phyllida Flyte war hier diejenige, die aus dem Rahmen fiel, nicht Cassie Raven.

»Das Ganze hört sich für mich nach einem geschmacklosen

Scherz an«, fuhr Bellwether fort. »Wundert mich, dass niemand ein Selfie mit dem armen Mann auf Instagram gepostet hat.« Er warf einen Blick zu seinem Computer hinüber, offenkundig drängte es ihn, sich wieder mit dem zu befassen, woran er gerade gearbeitet hatte, als sie an seine Tür geklopft hatte.

»Hören Sie, Phyllida. Wir haben alles getan, was möglich war, um den Fall voranzubringen.« Er begann, an den Fingern abzuzählen. »Die Spurensicherung hat nichts gefunden. Niemand hat etwas gesehen oder gehört. Die Überwachungsaufnahmen des Lieferwagens, der zufällig auf den Parkplatz an der Leichenhalle gefahren war, waren zu schlecht, um auch nur einen Teil des Kennzeichens entziffern zu können … Habe ich etwas vergessen?«

Flyte schüttelte den Kopf. »Aber wenn ich bloß ein paar Kollegen von der Streife bekommen könnte, um die Anwohner zu befragen, ob irgendjemand diesen Lieferwagen gesehen hat …«

Bellwether hob die Hand, um sie zum Schweigen zu bringen. Ein ungläubiges Lächeln lag auf seinem Gesicht. »Sie waren doch bei der Besprechung am Freitag dabei, oder? Die, auf der es um die Prioritäten für dieses Viertel ging?«

»Ja, Boss. Messerangriffe unterbinden.«

»Genau. Seit Crimewatch über den Mord an Hanif Hassan berichtet hat, sitzen mir die von der Metropolitan Police wegen der vielen Messerstechereien im Nacken.«

Hanif Hassan war ein Opfer der steigenden Anzahl von Messerangriffen geworden, erstochen bei einer Auseinandersetzung um Drogendealer-Reviere vor ein paar Wochen. Das an sich war noch nicht einmal sonderlich bemerkenswert, aber Hassan war ein hervorragender Informatik-Student und außerdem ein Schach-Wunderkind gewesen, der dabei gefilmt worden war, wie er eine Auszeichnung vom Bürgermeister erhielt. Daher war sein Tod vom Fernsehen lang und breit zur besten Sendezeit abgehandelt worden.

Flyte wusste, dass sie den Mund halten sollte, doch irgendetwas trieb sie dazu, zu insistieren. »Aber wir sollten doch bestimmt nicht einfach alle geringfügigeren Straftaten ignorieren, Boss, oder?«

Er sah sie finster an. »Wenn ich eine Nachschulung in Sachen positive Polizeiarbeit brauche, dann weiß ich, an wen ich mich wenden muss.« Seine Miene wurde freundlicher. »Schauen Sie, Phyllida, Sie sind immer noch dabei, sich hier einzugewöhnen, und ich weiß, Sie wollen unbedingt einen guten Eindruck machen. Aber manchmal muss man sich bei einem Fall einfach geschlagen geben und sich den nächsten vornehmen. Solange hier keine gute Fee mit ihrem Zauberstab herumfuchtelt und unser Budget verdoppelt, müssen wir uns unsere Kämpfe sorgfältig aussuchen.«

Flyte starrte zu Boden, außerstande, ihm die Wahrheit zu sagen: Sie mochte sich vielleicht mit Cassie Ravens Unschuld abgefunden haben, doch es war für sie trotzdem unmöglich, dem Hardwick-Fall den Rücken zu kehren, selbst jetzt noch, wo er gefunden und beerdigt worden war. Seine Beerdigung war nicht der Schlusspunkt gewesen, auf den sie gehofft hatte: Ihr Bedürfnis, die Täter bestraft zu sehen, war ungeschmälert. Zu versuchen, Bellwether zu erklären, warum das so war, kam gar nicht infrage – er würde sie sofort zum Polizeipsychologen schicken. Sinnlose Zeitverschwendung.

»Sie sind eindeutig eine engagierte, gewissenhafte Polizeibeamtin«, fuhr Bellwether fort. »Aber nehmen Sie's mir nicht übel, ich bekomme allmählich den Eindruck, dass Sie manchmal ein bisschen … zwanghaft sein können?«

Sie biss sich auf die Lippe; es war nicht das erste Mal, dass sie diesen Vorwurf zu hören bekam. Und sie wusste, dass das, was gemeine Leute ihren Kontroll-Wahn nannten, nur noch stärker geworden war, seit sie nach Camden gezogen war. Urplötzlich ging ihr auf, warum sie so eine starke Abneigung gegen Cassie Raven empfand: Sie stand für alles, was Flyte an Camden und an ihrem neuen Leben hier verhasst war. Vielleicht im weiteren

Sinne sogar für alles, was sie verloren hatte, bevor sie hergekommen war.

»Phyllida?« Bellwethers vertrauliches Lächeln forderte sie auf, ihm zuzustimmen.

»Vielleicht ein bisschen, Boss …« Und dabei hätte sie es belassen sollen. »Aber wenn Sie mir wenigstens einen Kollegen …«

»Der Fall ist abgeschlossen, Sergeant«, sagte Bellwether kalt und wandte sich wieder seinem Bildschirm zu. »Machen Sie die Tür zu, wenn Sie rausgehen.«

Draußen auf dem Flur gab Flyte den derbsten Kraftausdruck von sich, den sie sich jemals gestattete.

Mist.

20. Kapitel

Christian hatte vorgeschlagen, dass sie sich in dem Hotel in Fitzrovia treffen sollten, in dem er wohnte.

Die Fassade des Gainsborough Hotel erinnerte an eine Klippe aus Stuck, ein uniformierter Portier bewachte den Eingang. Im Innern des Gebäudes fand Cassie eine Empfangshalle vor, die von Marmorsäulen flankiert wurde, hoch wie ein Doppeldeckerbus und mit kunstvoll verzierten Kapitellen. Die Bar dahinter war ein Meer aus hellen Lederpolstern; schwarz gekleidete Kellner glitten dazwischen hin und her, untermalt von geschmackvollem Jazzpiano-Geklimper. Sie zog ihren einzigen Erwachsenen-Blazer zurecht – der, den sie sich vor fünf Jahren für das Vorstellungsgespräch in der Pathologie gekauft hatte – und war froh, dass sie sich die Mühe gemacht hatte, nach Hause zu gehen und sich umzuziehen.

Als sie am Empfangstresen ihren Namen genannt hatte, wurde sie zu einer der Sitzbänke aus cremefarbenem Leder geführt, von der sich ein sportlicher, eleganter Mann Mitte vierzig erhob, um sie zu begrüßen. Christian Maclaren, helles Haar, leichte Bräune, trug einen gut geschnittenen Anzug und eine ziemlich teuer aussehende Retro-Brille.

»Noble Hütte«, sagte sie und blickte zu dem protzigen Kronleuchter über ihnen auf. »Wohnen Sie hier?«

»Ja, ist doch wunderbar übertrieben, oder?«, lachte er. »Dorische Säulen gibt's im Best Western nicht.«

Ein Kellner erschien an ihrem Tisch, und Cassie bat um ein Tonicwater mit einer Zitronenscheibe. »Für mich auch«, sagte Christian. »Und setzen Sie's bitte auf meine Rechnung.«

Nachdem sie herausgefunden hatte, dass er und Mrs E sich auf einem Dating-Portal kennengelernt hatten, war Cassie der

Gedanke gekommen, dass Christian vielleicht gute Gründe dafür hatte, schwer auffindbar zu sein. Jeder wusste doch, dass Dating-Plattformen im Internet die bevorzugten Jagdgründe von – für gewöhnlich männlichen – Betrügern waren, die falsche Profile einrichteten, um Frauen – für gewöhnlich in mittleren Jahren – um ihre Ersparnisse zu bringen.

Doch bisher wirkte er durchaus echt. Seine Aura gelassener Autorität in dieser exklusiven Umgebung, der leise Duft teurer Herren-Pflege, der von ihm ausging, das diskrete, schnörkelige *Cartier,* das sie an dem einen Bügel seiner Brille entdeckte – alles passte zu Maddys Bericht, dass er ein erfolgreicher Architekt sei.

Trotzdem verwirrten sein lockeres Lächeln und seine entspannte Haltung Cassie. Er wirkte nicht wie ein Mann, der seit fast einer Woche nichts mehr von seiner Verlobten gehört hatte.

»Also, woher kennen Sie Geraldine?«, erkundigte er sich.

»Ich war mal eine Schülerin von ihr.«

»Oh, Sie sind eins von ihren Küken!« Fältchen bildete sich um seine Augen. »Jetzt, wo ich drüber nachdenke, sie hat Ihren Namen mal erwähnt, mehr als einmal ...«

Sie verstummten, als der Kellner ihre Getränke und ein Schälchen Nüsse auf den Tisch stellte.

»Also.« Christians Lächeln verblasste und machte einem Ausdruck milder Verwirrung Platz. »Weiß Geraldine, dass Sie hier sind?«

Also hatte er keine Ahnung.

»Sie haben noch nichts gehört?« Cassie spielte auf Zeit, schob den Augenblick der Wahrheit auf.

Er sah perplex aus. »Sie wissen, dass wir nicht mehr ... zusammen sind?«

»Nein, das wusste ich nicht. Darf ich fragen, wann Sie sich getrennt haben?«

»Vor sechs oder sieben Wochen.«

Das erleichterte ihr die Sache etwas.

»Christian, ich fürchte, ich habe traurige Nachrichten für Sie.

Letzte Woche wurde Geraldine tot in ihrer Wohnung aufgefunden.«

Sie hatte mit Schock, mit Trauer, allen vollkommen natürlichen Gefühlen angesichts des Todes einer Ex-Partnerin gerechnet. Die Heftigkeit seiner Reaktion jedoch war vollkommen unerwartet.

»*Nein!*« Er starrte sie an, während sein Gesicht die Farbe von altem Zeitungspapier annahm. Dann erhob er sich, sichtlich aufgeregt, halb von seinem Platz.

Cassie schaltete in den Berufsmodus, sprang auf, fasste ihn am Ellenbogen und drückte ihn sanft wieder auf die Bank. »Kommen Sie, setzen Sie sich«, sagte sie leise. »Das war ein furchtbarer Schock.« Als sie den Kellner herbeihuschen sah, wehrte sie ihn mit einer beschwichtigenden Geste ab.

Nachdem er sich etwas gefangen hatte, nötigte sie ihm ein wenig Tonicwater auf. »Kleine Schlucke. Und schön atmen.«

Nach ein paar Minuten kehrte ein bisschen Farbe in sein Gesicht zurück, doch er sah trotzdem um fünf Jahre gealtert aus. »Entschuldigen Sie.« Seine Stimme war heiser. »Es ist so ein Schock. Sind Sie absolut sicher?« Sein Blick begegnete ihrem, suchte nach einer anderen Erklärung, einer Alternative.

»Ich fürchte, ja.« Cassie berichtete, dass sie Mrs Es Leichnam mit eigenen Augen gesehen hatte, und erklärte, wie sie nach Ansicht des Pathologen ums Leben gekommen war.

»Sie ist in ihrer eigenen Badewanne ertrunken? Das erscheint mir unmöglich«, stammelte er. »Geraldine war so … *voller Leben.* Ich kann mich nicht erinnern, dass sie jemals auch nur etwas krank gewesen wäre.« Er runzelte die Stirn und sah sie dann an. »Sie glauben doch nicht, dass da was … faul ist, oder?«

»Wie kommen Sie darauf?«

»Wieso sollten Sie sich sonst solche Mühe machen, mich zu finden?«

Eine durchaus vernünftige Frage. Cassie presste die Finger gegen die Schläfen. »Hören Sie, ich interpretiere da wahrscheinlich einfach zu viel rein, weil sie mir viel bedeutet hat. Die Polizei hält ihren Tod nicht für verdächtig …«

»Aber …?«

»Darf ich fragen, sind Sie Geraldines Sohn jemals begegnet?«

»Nur ein einziges Mal.« Christians Miene drückte sehr deutlich aus, was er von Owen hielt. »Ich musste ihn mit brachialer Gewalt aus dem Haus befördern, als er stockbesoffen da aufgetaucht ist.«

»Was ist passiert?«

Er drehte sein Glas auf dem Papieruntersetzer. »Ich hab ihn rausgeschmissen. Mir hat's nicht gepasst, wie er mit Geraldine geredet hat.«

Cassie musste sich ein Lächeln verbeißen: Er klang wie ein Typ aus einem alten Film. Sie fasste einen Entschluss. »Hören Sie, Christian, eigentlich sollte ich sagen, dass es überhaupt keinen Anlass gibt zu glauben, dass Owen irgendwas mit dem Tod seiner Mum zu tun hatte, aber … was können Sie mir über die Beziehung zwischen den beiden sagen?«

»Er hat ständig versucht, ihr Geld aus dem Kreuz zu leiern. An dem Abend, als er vorbeigekommen ist, habe ich mich verdrückt, damit sie sich ungestört unterhalten konnten, aber dann habe ich einen Stuhl umfallen hören. Ich bin in die Küche gerannt, und da hatte er sie in eine Ecke gedrängt und sie bedroht.«

»Und da haben Sie ihn rausgeschmissen?«

»Nach einem bisschen peinlichem Gerangel, ja.« Ihr fiel auf, wie er die Schulter kreisen ließ, die unbewusste Bewegung eines Menschen, der an eine frühere Verletzung denkt. »Hinterher hat Geraldine mir erzählt, er hätte versucht, sie zu irgendeinem Geschäft zu überreden, das er sich ausgedacht hatte und mit dem er das große Geld machen wollte.«

»Was für ein Geschäft?«

»Es hatte irgendwas mit dem Haus zu tun. Ständig hat er ihr einreden wollen, sie solle sich was Kleineres suchen – natürlich damit wieder was für ihn herausspringt. Aber sie war ziemlich aufgelöst und wollte nicht darüber sprechen.«

»Sie hat ihn abblitzen lassen?«

»Klipp und klar. Ich weiß aber nicht, ob sie's durchgehalten hat, denn nicht lange danach … haben wir uns getrennt.« Daran, wie er bei den letzten Worten plötzlich die Stimme senkte, war deutlich zu erkennen, dass dies nicht seine Entscheidung gewesen war.

»Das tut mir leid.«

»Vielleicht hat es nicht sein sollen. Geraldine war viel zu gut für mich.«

Mit hängenden Schultern starrte er gedankenverloren zu Boden.

»Es tut mir leid, dass ich Ihnen so schreckliche Nachrichten überbringen musste. Ich lasse Sie dann mal in Ruhe.« Sie berührte ihn zum Abschied kurz an der Schulter. »Sie können mich jederzeit anrufen, okay?«

In der Eingangshalle blieb sie neben einer der mächtigen Säulen stehen und sah sich noch einmal um. Christian saß noch immer zusammengesunken auf der Bank, den Kopf gesenkt, die Stirn in die Hand gestützt. Seine Körpersprache hatte etwas so … *Verzweifeltes,* dass sie am liebsten geweint hätte.

Draußen im Londoner Abend begrüßten sie das missmutige Grollen des Straßenverkehrs und heftiger Regen. Als sie auf eine Gelegenheit wartete, die Straße zu überqueren, die Augen wegen des Mistwetters halb zugekniffen, hielt ein Doppeldecker auf der anderen Straßenseite. Ihr Blick wanderte über die verschwommenen Umrisse der Fahrgäste hinter den regennassen Fenstern: eine Frau in einer Burka, die mit dem Handy telefonierte … ein Arbeiter, der mit offenem Mund an die Scheibe gelehnt schlief … jemand, der den Kopf in einer Zeitung vergraben hatte, anscheinend der *Evening Standard.* Als der Bus wieder anfuhr, ließ die *Standard*-Leserin die Zeitung sinken und schaute aus dem Fenster – und Cassie direkt ins Gesicht.

Es war Mrs Edwards, die Lippen in ihrem weißen Gesicht waren viel zu grell geschminkt, viel zu rot, und sie formten Worte, doch bevor Cassies Gehirn auch nur bestätigen konnte, was sie da vor sich sah, zischten die Bremsen des Busses, er beschleunigte und verschwand.

21. Kapitel

In der Nacht nach dem Treffen mit Christian tat sich Cassie schwer mit dem Einschlafen. Immer wieder kehrten ihre Gedanken zu dem Moment zurück, als sie Mrs E in dem Bus gesehen hatte.

Die Vision oder die Erscheinung, wie immer man es nennen wollte, hatte sie völlig durcheinandergebracht. Trotz ihrer Augenblicke der Zwiesprache mit den Toten hatte sie noch nie einen ihrer Schützlinge außerhalb der Leichenhalle auftauchen sehen. Sie glaubte nicht an Gespenster, sondern sah den Tod genau wie die alten Griechen als One-Way-Trip über den Styx in eine Finsternis, aus der niemand wiederkehren konnte.

Aber wenn sich Mrs E nun immer noch in einer Art Zwischenreich befand – wenn sie ihre Reise in die Unterwelt erst noch zu Ende bringen musste?

Was für ein Unfug, wie Mrs E gesagt hätte. Sie rief sich in Erinnerung, dass es nicht ungewöhnlich war, wenn Leute, die erst vor Kurzem einen geliebten Menschen verloren hatten, den Verstorbenen überall »sahen«. Wie die frisch verwitwete Dame, mit der sie vor Kurzem zu tun gehabt hatte, die ihren Mann bei Marks and Spencer an der Kasse hatte bezahlen sehen. Sie war so überzeugt davon gewesen, dass sie ihm aus dem Laden gefolgt war, die Straße entlang und in einen U-Bahnhof. Auf dem Bahnsteig hatte er sich umgedreht, und sie hatte einem Fremden gegenübergestanden. Erst jetzt verstand Cassie, wie ungeheuer real sich so etwas anfühlen konnte.

Schließlich schlief sie ein, nur um in den frühen Morgenstunden von ihrem Piepser geweckt zu werden. Bei dem schrillen Piepsen wäre jede normale Katze durchgedreht, Macavity jedoch sah sie nur von dem Kissen neben ihrem Kopf aus an, ohne zu blinzeln. *Das ist vielleicht ein dämlicher Job, den du da hast,* schien sein sardonischer Blick zu sagen – eine Ansicht, der Cassie im Augenblick nicht widersprechen konnte.

Als ihr Taxi vor der Leichenhalle hielt, stand der schwarze Lieferwagen mit der Aufschrift *Penney & Sons, Funeral Directors* bereits dort. Der Motor lief, damit die Insassen – jedenfalls die lebenden – nicht froren. Sie trat an die Fahrertür, um an die Scheibe zu klopfen, und erblickte das bärtige Gesicht ihres Ex-Freundes.

»Hey, Luca. Sag mir, dass du was richtig schön Einfaches für mich hast.«

Nachdenklich zog er die Stirn kraus. »Was würdest du zu einer alten Dame mit Krebs im Endstadium sagen, die friedlich entschlafen ist, während sie ihren Rosenkranz gebetet hat?«

»Ja, das wäre perfekt.«

Betrübt schüttelte Luca den Kopf. »Tut mir leid, ich fürchte, du hast die Bonus-Frage vergeigt und mit dem Urlaub in Las Vegas wird's doch nichts. Die *richtige* Antwort lautet, eine kleine Drogenbraut, die sich in 'nem Treppenhaus an der Fairfax eine Überdosis gesetzt hat.«

Cassie stieß die Luft aus. »Weißt du, ob die Angehörigen kommen?«

»Nein, wir wissen noch nicht, wer sie ist. Aber die Polizei hat gerade angerufen, die schicken gleich jemanden vorbei.«

Super. Innerlich verabschiedete Cassie sich von jeglicher Hoffnung auf ein problemloses Einchecken und eine rasche Rückkehr in ihr Bett.

Nachdem Luca den Neuankömmling in die Kühlkammer gerollt hatte, meinte er: »Übrigens, Owen Edwards hat mich wieder angerufen und mir ein Ohr abgekaut. Er wollte wissen, warum wir den Leichnam seiner Mutter noch nicht abgeholt haben.«

»Wann ist die Beerdigung?« Insgeheim betete sie, dass sie nicht allzu bald wäre.

»Sieht nach nächstem Mittwoch aus.«

In sechs Tagen. »Und warum hat er's so eilig?«

»Er sagt, der Gedanke, dass seine Mum in der Leichenhalle liegt, gefällt ihm nicht. Er hätte sie lieber in einem Beerdigungsinstitut, sagt er.«

»Was ist denn der Unterschied, ob sie bei uns in der Kühlung liegt oder bei euch?«

»Genau das habe ich ihm mehr oder weniger auch gesagt, ich hab's nur ein bisschen diplomatischer formuliert.« Luca grinste. »Also, ist sie abholbereit?«

Sollte sie Mrs E einfach loslassen? Owen mochte ein Fiesling sein, ein alkoholabhängiger Schnorrer und Rohrkrepierer, der seine eigene Mutter bedrängt und bedroht hatte, aber ohne handfeste Beweise, um die Polizei zu überzeugen, dass an Mrs Es Tod etwas verdächtig war, bestand keine Hoffnung auf eine forensische Autopsie. Die Vorstellung, ihre halb garen Versuche, Detektiv zu spielen, einzustellen und wieder zur Normalität zurückzukehren, erschien plötzlich verlockend.

Ihr Blick wanderte zu der Luke hinüber, in der Mrs E lag, und sie dachte daran, was sie ihr geschworen hatte. Die Innentemperatur in den Kühlfächern stieg niemals über vier Grad Celsius, doch wenn sie erst einmal bei Penney Sons in der alten Schrottkühlzelle lag, würde ihr Leichnam schneller verfallen, und jegliche Beweise für ein Verbrechen könnten verloren gehen.

»Luca …«

Er bedachte sie mit einem Leidensblick.

»Kannst du ihm sagen, von uns aus spricht nichts dagegen, den Leichnam freizugeben, aber du hast bei dir gerade keinen Platz?«

»Aber ich hab ihm schon gesagt, wir können sie abholen, sobald ihr grünes Licht gebt.«

»Na ja …« Cassie biss sich auf die Lippe. »Du könntest doch sagen, du hast da ein paar ganz eilige Fälle reingekriegt und hast nicht genug Leute, um sie abzuholen.«

»Ein paar ganz eilige Fälle …?« Luca riss übertrieben die Augen auf. »Wir sind ein Beerdigungsunternehmen, kein Paketdienst.«

Cassie hatte einen Geistesblitz. »Warum erzählst du ihm nicht, du hättest ein paar muslimische Beerdigungen?« Nach islamischem Glauben musste der Verstorbene am selben Tag bestattet werden, schlimmstenfalls am folgenden Tag vor Sonnenuntergang – eine Regel, die immer beachtet wurde, sofern keine forensische Autopsie erforderlich war.

»Aber Muslime kommen nicht zu uns – die haben ihre eigenen spezialisierten Bestatter.«

»Das weiß er doch nicht, oder? Er wohnt in Rhyl, Herrgott noch mal.«

Luca kratzte sich am Kopf, ehe er sie ernst ansah. »Ich weiß nicht, was du vorhast, Cassie Raven, und ich will's auch gar nicht wissen. Aber ich wimmle ihn erst mal ab.«

»Du bist ein echter Kumpel.« Sie grinste. »Ich schulde dir einen ordentlichen Braten, mit allem Drum und Dran.«

»Roast Beef mit Yorkshirepudding?«

»Okay.« Sie konnte die Zähne zusammenbeißen und für den guten Zweck ein ordentliches Stück Fleisch braten.

Er bedachte sie mit einem anzüglichen Blick. »Und nach dem Essen?«

»Jetzt überspannst du den Bogen.« Sie griff nach oben, fasste ihn an der Schulter und schob ihn auf die Tür zu.

Als sie zu der unidentifizierten Toten zurückkehrte, zog sie den Reißverschluss des Leichensacks gerade weit genug auf, um das Gesicht eines jungen Mädchens zu enthüllen, siebzehn oder achtzehn Jahre alt. Sie hatte einen bräunlichen Teint und war hübsch gewesen, bevor der Tod ihrer Haut die Farbe von rohem Brotteig verliehen hatte. Ihre braungrünen Augen blickten verwirrt, als sei sie in der U-Bahn eingenickt und eben erst aufgewacht, weit weg von ihrer Haltestelle.

Als sie den linken Arm des Mädchens umdrehte, fand sie dessen Innenseite von der Ellenbogenbeuge bis zum Handgelenk mit frischen Einstichen gesprenkelt. Plötzlich kam es Cassie vor, als sähe sie sich selbst mit siebzehn vor sich, ihren eigenen Arm. Die Einstichmale katapultierten sie zu jenem einen Mal zurück, als sie Heroin genommen hatte. Irgendein Typ aus dem besetzten Haus, dessen Namen sie nicht mehr wusste, hatte ihr den Schuss gesetzt, sein Gürtel schwarz auf der blassen Haut ihres Oberarms. Ein Blutschleier in der klaren Flüssigkeit – unverhofft schön –, als er kontrollierte, ob er die Vene getroffen hatte. Und dann die Euphorie, die in ihr Gehirn gekracht war wie ein Zehntonner aus Zuckerwatte, und das Gefühl, ohne Fallschirm durch die allerweichsten Wolken zu stürzen, schwerelos, in Sonnenschein gebadet, alle Selbstzweifel und Ängste wie mit dem Dampfbügeleisen weggebügelt.

Es war das erste und letzte Mal gewesen, dass sie Heroin angerührt hatte: Bei etwas so Tollem hatte sie sich einfach selbst nicht getraut. Ein paar Wochen später war sie Mrs E begegnet und hatte nicht lange danach das besetzte Haus und die Versuchung hinter sich gelassen.

Sie drückte dem toten Mädchen die Schulter und spürte eine Andeutung von Wärme unter der erkaltenden Haut. »Jetzt bist du in Sicherheit, Schätzchen«, versicherte sie ihr. »Jetzt brauchst du dir keine Sorgen mehr zu machen.«

Das Mädchen starrte fragend zu ihr herauf, und während die Luft dichter und die Deckenbeleuchtung greller wurde, vernahm Cassie ein einziges Wort.

Warum?

Flackerndes Blaulicht, das durchs Fenster drang und auf dem weißen Leichensack spielte, sprengte den Moment. Cassie sah dem Mädchen ins Gesicht und fluchte leise; sie wusste, dass die Verbindung abgebrochen war. Mehr würde die Tote nicht sagen.

Sie ging nach vorn zum Eingang, schaute auf den Bildschirm der Türkamera und fluchte noch heftiger, als sie das nur allzu gut bekannte Gesicht dort erblickte.

»Wir sollten aufhören, uns so zu treffen«, bemerkte DS Flyte trocken – das erste Mal, dass sie sich Cassie gegenüber an irgendeiner Art Witz versucht hatte.

»Was gibt's denn so Dringendes, dass es nicht bis morgen früh warten kann?«, wollte Cassie wissen. Innerlich jedoch geriet sie in Panik – war Flyte etwa immer noch wegen Harry Hardwick hinter ihr her? Hatte sie die früheren Zugangsdaten der Leichenhalle überprüft? Wenn ja, dann könnte sie gewaltig in der Tinte sitzen.

»Ich muss mir das tote Mädchen anschauen, das in dem Mietshaus an der Fairfax gefunden worden ist«, sagte Flyte.

Gott sei Dank. Cassie folgte dem bolzengeraden Rücken den Korridor entlang. »Aber Sie haben sie doch bestimmt schon am Fundort gesehen?«

Im Kühlraum drehte Flyte sich wieder zu Cassie um, eine untypische Andeutung von Unsicherheit huschte über ihre Züge. »Die Kollegen von der Streife waren am Fundort und haben es nicht für nötig gehalten, das CID zu informieren – ich habe erst vor einer halben Stunde davon erfahren.« Ein Zucken durchlief ihren Oberkörper, signalisierte ihre Missbilligung.

»Wieso denn das?«

»Das Mädchen sieht aus wie eine Obdachlose, und der Sergeant hat keinerlei Hinweise auf eine Straftat gefunden, also hat er den Vorfall gleich als Überdosis gemeldet.«

»Und Sie glauben, damit liegt er falsch?«

Flyte zuckte die Achseln. »Wahrscheinlich nicht. Das Mädchen hatte einen Gürtel um den Arm, und neben der Leiche lag eine Spritze. Aber es ist nun mal am besten, wenn bei allen ungeklärten Todesfällen ein Detective dazu geholt wird.«

Mein Gott, die Frau hatte vielleicht Nerven. Eben noch hatte sie Cassie des Leichenraubs bezichtigt, und jetzt fand sie es cool, hier mitten in der Nacht aufzukreuzen und um einen Gefallen zu bitten.

Cassie verschränkte die Arme. »Sie sind also nur hier, weil es Vorschrift ist.«

»Hören Sie, die hätten mich gleich anrufen sollen, als der Fall reinkam.«

Sie sah müde aus, ihre Augen wirkten heute dunkler – sie hatten die Farbe von geborstenen Feuersteinen. »Aber … ich glaube, dieser Sergeant hatte einfach genug von Junkies mit Überdosis.«

Oder von überpingeligen Kolleginnen, dachte Cassie. Sie wollte Flyte gerade sagen, sie solle morgen früh noch mal wiederkommen, als ihr Blick auf das tote Mädchen fiel. Was für Fehler Flyte auch haben mochte, Cassie hatte so eine Ahnung, dass sie das Profil des Mädchens schneller in die Vermisstendatei eingeben würde als ein Durchschnittsbulle – was bedeutete, dass ihre Eltern früher vom Tod ihrer Tochter erfahren würden.

»Könnten Sie sie sich kurz anschauen, jetzt gleich?«, fragte Flyte. »Nur nachsehen, ob es irgendetwas gibt, was uns hilft, sie zu identifizieren?«

Cassie löste die verschränkten Arme und befreite das Mädchen von dem weißen Plastiksack. Es trug gut geschnittene, aber ziemlich schmutzige Jeans, ein T-Shirt mit dem Aufdruck *Trapstar* in Frakturschrift und einen dünnen Blouson. Ihre Gesichtshaut war überraschend klar, nichts von den üblichen verschorften Schrammen, die Cassie bei den Langzeit-Junkies fand, die sich wegen des unablässigen Opiate-Juckens ständig kratzten.

Cassie machte sich daran, die Tote zu untersuchen. Sie begann mit dem Kopf, dann hob sie das T-Shirt, um den Oberkörper in Augenschein zu nehmen. »Keine blauen Flecken oder andere sichtbaren Verletzungen.« Sie zeigte Flyte die Einstichstellen. »Die sind alle ziemlich frisch. Wahrscheinlich eine Anfängerin, die sich mit der Dosis vertan hat. Wir kriegen hier viele tote Frischlinge, vor allem wenn gerade irgendwelches starkes Zeug im Umlauf ist.«

Cassie spürte, dass Flytes Blick auf ihr ruhte – wahrscheinlich dachte sie an ihre Vorstrafe wegen Drogenbesitzes. »Sieht aus, als wäre dies hier der Letzte gewesen – der, der sie erledigt hat.«

Sie zeigte auf eine Einstichstelle über der Hauptvene am rechten Handrücken des Mädchens.

Dann arbeitete sie sich am Körper der Toten abwärts, untersuchte Beine und Füße. Dort waren keine Nadelspuren zu finden, aber am rechten Knöchel fand sie etwas anderes. »Schauen Sie mal – das sollte helfen, sie zu identifizieren.«

Es war ein Tattoo, zwei ineinander verschlungene Herzen, dicht über dem Innenknöchel. Cassie konnte eine leichte Rötung an den Rändern der Tätowierung erkennen. »Ich schätze, das Ding ist erst ungefähr eine Woche alt. Ich gebe Ihnen die Namen von den Tattoo-Studios hier in der Gegend.«

Sie sah, dass der Blouson des Mädchens vom Tisch zu rutschen drohte, und griff danach. Die Jacke war aus dünnem schwarzem Satin, sehr abgerieben am Rücken, doch das deutliche schwarz-weiße Logo im Kragen stach ihr ins Auge. »Aber hallo! Moschino.«

Flyte beugte sich vor, um das Logo zu betrachten. »Wahrscheinlich gefälscht. Oder geklaut.«

Die grünbraunen Augen des Mädchens waren trüb geworden, der letzte Rest der Mimik verschwand allmählich. Cassie strich mit der Hand über die Augenlider, um sie zu schließen.

»Wissen Sie, wir kriegen hier viele Junkies rein, und die meisten von denen leben auf der Straße, aber die Kleine hier nicht.«

»Wieso, weil sie Moschino trägt?« Flyte machte ein skeptisches Gesicht. »Ich finde, sie sieht ziemlich schmuddelig aus.«

»Nein, das meine ich nicht.« Cassie sah Kieran vor sich, wie er unten am Kanal aus seinem Zeitungspapier-Kokon kroch. »Wenn man im November draußen schläft, trägt man jede Menge Klamotten – wenn sie so angezogen die ganze Nacht draußen gewesen wäre, wäre sie an Unterkühlung gestorben. Nach dem teuren Zwirn und den frischen Einstichstellen zu urteilen, würde ich sagen, sie ist ein Mädchen aus der Mittelschicht, das sich mal ganz unten amüsieren wollte. Ihre Mum und ihr Dad sind wahrscheinlich schon am Durchdrehen.«

Flyte schulterte ihre Tasche und sah aus, als wäre sie mental schon bei ihrer nächsten Aufgabe.

Cassies Abneigung gegen sie kehrte im Schwall zurück. »Ich nehme mal an, Sie haben keine Kinder«, blaffte sie sie an und betrachtete das makellose schwarze Wolljackett, bis oben zugeknöpft, das zu einem Knoten geschlungene Haar, aus dem sich nicht ein Strähnchen gelöst hatte, den mattrosa Lippenstift, perfekt aufgetragen. Und das alles um drei Uhr morgens.

Als sie ein Zittern um Flytes Mund bemerkte, bereute sie ihre Worte. Hatte Flyte – vergeblich – versucht, Kinder zu bekommen? Schließlich war das bei Frauen Mitte, Ende dreißig häufiger der Fall.

»Jedenfalls«, fuhr Cassie fort, »wenn wir hier fertig sind, muss ich diese junge Lady zu Bett bringen – und dann gehe ich wieder in mein eigenes.«

Vorsichtig bugsierte sie das Mädchen wieder in ihren Leichensack und hielt dann inne. Ihr war etwas aufgefallen. Sie betastete den Kragen des T-Shirts und befühlte dann das schulterlange Haar der Toten, das auf der Plastikhaut des Sacks lag.

»Was machen Sie denn da?«, fragte Flyte, die schon halb an der Tür war.

»Ihr T-Shirt ist feucht, hier und hier hinten. Und ihr Haar auch.«

»Sind Sie sicher?«

»Sie ist drinnen gefunden worden, oder?« Cassie versuchte, sich die letzten Augenblicke des Mädchens vorzustellen. »Ich glaube nicht, dass das mit der Überdosis draußen passiert ist. Das war irgendwo drinnen, und jemand hat versucht, sie wiederzubeleben.«

»Hat ihr Wasser ins Gesicht geschüttet, meinen Sie?«

Cassie nickte; ihre Miene verdüsterte sich, als sie sich das Szenario ausmalte. »Und als sie sie nicht wach bekommen haben, haben sie sie ins Treppenhaus rausgeschleift und sie da liegen gelassen.«

»Großer Gott!« Flytes Gesicht verzerrte sich vor Abscheu.

Cassie war schlecht. Damals, als sie zu den Hausbesetzern gehört hatte, hatte es eine eiserne Regel gegeben: Wenn jemand eine Überdosis erwischte, rief man immer den Notarzt, selbst wenn man damit einen Besuch von den Bullen riskierte.

Flyte zögerte, sah das Mädchen an. »Ich behalte das im Kopf«, sagte sie. »Falls wir jemals herausfinden, wer sie ist.«

Am Haupteingang blieb Flyte in der halb offenen Tür stehen, und Cassie sah, dass sie an ihrer Nagelhaut herumpulte, die noch röter war als vorher. »Danke, dass ich sie sehen konnte. Natürlich möchte ich, dass ihre Angehörigen so schnell wie möglich informiert werden.«

Sie schlug die Augen nieder und beschäftigte sich damit, ein Paar schwarze Wildlederhandschuhe überzustreifen, die ihre langen Finger betonten. »Hören Sie, wegen der Sache mit Harry Hardwick. Wir haben alle möglichen Spuren verfolgt, aber ganz im Vertrauen muss man wohl sagen, dass in dem Fall nicht mehr aktiv ermittelt wird.«

»Heißt das, ich bin aus dem Schneider?«

»Ich würde sagen, das ist eine vertretbare Annahme.«

Flyte hob den Blick, und Cassie war verblüfft, dort eine Entschuldigung zu sehen – vermutlich dafür, dass sie sie überhaupt verdächtigt hatte.

Dem Aufwallen der Erleichterung folgten Gewissensbisse. Das war's also: Die Polizei würde keine weiteren Ressourcen mehr darauf verwenden, das Verschwinden eines alten Mannes aufzuklären, erst recht nicht das eines alten Mannes ohne Verwandte, die in seinem Namen Antworten forderten.

Außer Reue war noch etwas anderes in Flytes Miene zu lesen, bemerkte Cassie – auch sie bedauerte es wohl, dass diejenigen, die Harry Hardwicks Leichnam gestohlen hatten, jetzt nie zur Rechenschaft gezogen werden würden.

22. Kapitel

Als ein Uber Cassie zu Hause abgesetzt hatte, kletterte das Sonnenlicht an der Fassade ihres Wohnblocks empor und verwandelte die Fenster in Katzengold. Nach diesen nächtlichen Einsätzen noch etwas ordentlichen Schlaf zu bekommen, war unheimlich schwer, und dieser Morgen war keine Ausnahme. Sie döste unruhig und zappelte sich durch lebhafte Träume. In einem davon war das Junkie-Mädchen wieder zum Leben erwacht und hämmerte von innen gegen die Wand des Kühlfachs in der Leichenhalle, eine höllische Kakofonie, die sie schließlich aufweckte.

Sie blinzelte ins gedämpfte Licht und erblickte den Umriss einer Frau. Ein schlanker Rücken, ein seidener Slip, sie stand vor dem Spiegel des Frisiertischs und trug Lippenstift auf. Die Frau drehte sich um, ihre tiefroten Lippen bildeten einen krassen Kontrast zu knochenweißer Haut. Mrs E. Eine Reihe schwarzer Stiche zog sich von der Halsbeuge abwärts und verschwand im Slip.

»Du hast keine Zeit zu verlieren, Cassandra«, sagte sie.

Mit einem Ruck fuhr Cassie auf, diesmal richtig wach. Die Bettdecke hatte sich zu fest um sie geschlungen wie ein feuchtes Leichentuch. Das Zimmer war leer, bis auf Macavity, der am Fußende des Bettes saß und sich putzte. Kaltes Tageslicht und Verkehrslärm drangen durch den dünnen Vorhang, in der Küche erwachte der Boiler lautstark zum Leben. Sie hatte heute frei, und normalerweise würde sie versuchen, noch weiterzuschlafen. Aber da es bis zu Mrs Es Beerdigung nur noch acht Tage waren, war die Botschaft des Traums eindeutig: Ihr lief wirklich die Zeit davon.

Sie fütterte den Kater und duschte. Als sie sich abgetrocknet hatte, wusste Cassie, was sie tun musste.

Ohne sich Zeit zu lassen, das Risiko zu überdenken, das sie einging, zog Cassie den Blazer und die dazu passenden Hosen an – das Outfit, das sie bei dem Treffen mit Christian getragen hatte –, entfernte sämtliche Piercings und stylte ihr Haar so, dass der Undercut nicht mehr auffiel. Nachdem sie genug Make-up aufgelegt hatte, um das verblassende Hämatom abzudecken, betrachtete sie sich im Spiegel und nickte befriedigt. So würde es gehen.

Am Kanal legte sich der Morgennebel wie eine klamme Hand um ihr Gesicht. Sie hatte ein schlechtes Gewissen dabei, Obdachlose zu wecken: Die Ersten, die aussahen, als kämen sie vom Balkan oder aus dem Mittleren Osten, sprachen nur wenig Englisch, und anscheinend kannte niemand Kieran. Endlich fand sie jemanden aus Camden, der ihr ein paar Stellen nannte, wo er vielleicht pennen könnte.

Zehn Minuten später stieß sie im Eingang eines leer stehenden Bürohochhauses auf einen blauen Schlafsack, der ihr bekannt vorkam.

»Kieran?«, sagte sie halblaut und hockte sich hin.

Einen furchtbaren Moment lang dachte sie, er wäre vielleicht tot – es landeten viel zu viele Obdachlose auf ihrem Sektionstisch. Dann tauchte eine Bommelmütze aus dem Schlafsack auf, gefolgt von verschlafenen Augen. »Cassie Raven?« Seine Stimme war vom Schlaf belegt. »Was is'n das hier? Zimmerservice?« Mühsam setzte er sich auf und nahm ihr die fettige Tüte ab, während sie die Thermosflasche aufschraubte, um ihm Kaffee einzuschenken.

»Schinkensandwich mit Würzsoße«, mümmelte er mit vollem Mund. »Schöne Erinnerungen!«

»Ist wahrscheinlich inzwischen ein bisschen kalt geworden – ich hab erst am Kanal nach dir gesucht.«

»Nö, ich bin umgezogen. Irgend so'n Rumäne hat sich meine Lieblingsstelle unter den Nagel gerissen. Nicht dass ich mich beschwere, dem ging's noch viel dreckiger als mir, dem armen

Schwein. Und außerdem wird's am Kanal allmählich echt kalt.« Er musterte ihren Hosenanzug. »Hast dich ja richtig aufgebrezelt, Cassie Raven. Beerdigung oder Gerichtstermin?«

»Sehr witzig. Hör mal, Kieran, du musst mir einen Gefallen tun.«

»Schieß los«, brummte er und trank einen Schluck Kaffee. »Ooh, Brandy! Versuchst du etwa, mich betrunken zu machen?« Er wackelte anzüglich mit den Augenbrauen.

»Früher hattest du doch mal so Dietriche zum Schlösserknacken, als wir in der WG gewohnt haben. Du hast mir mal gezeigt, wie man damit umgeht.«

Er legte sein Schinkensandwich weg, wühlte in seinem Schlafsack herum und fischte ein schmales Plastiketui heraus. »Hier. Hab die Dinger schon seit ein paar Jahren nicht mehr benutzt. Gibt ja keine unbewohnten Häuser mehr, wo man sich einnisten könnte.«

Er förderte ein Vorhängeschloss zutage und gab ihr einen Auffrischungs-Schnellkurs im Schlösserknacken. Anfangs war sie ein wenig eingerostet, doch nachdem sie ein paar Minuten mit dem Spanner herumgestochert und -gewackelt und verschieden große Dietriche ausprobiert hatte, bekam sie allmählich wieder ein Gefühl dafür. Schließlich sprang das Schloss auf.

»Na, geht doch! Als Einbrecher bist du ein Naturtalent«, stellte Kieran augenzwinkernd fest.

»Kann ich mir die mal ausleihen, nur für heute?«

»Klar. Lass dich nur nicht erwischen, und wenn die Bullen dich hopsnehmen, sag, du hast die Teile bei Amazon gekauft, so als Hobby.«

»Sind die denn illegal?«

»'türlich. Schon wenn man die dabeihat, ist das ›Vorbereitung einer Straftat‹.« Er lachte und zeigte sein dürftig bestücktes Gebiss. »Du bist wieder ein Outlaw, Cassie Raven.«

Am Ende der Straße drehte sie sich um, um Kieran zuzuwinken. Er antwortete mit hochgerecktem Daumen, und ihr fiel auf, dass er nicht einmal gefragt hatte, wo sie die Dinger benutzen wollte. Das fühlte sich gut an, als wäre sie vorübergehend wieder in die Bruderschaft der Straße aufgenommen worden. Rückblickend erschien ihr die Zeit in der Hausbesetzerszene trotz aller Schwierigkeiten wie der einzige Abschnitt ihres Lebens, in dem sie irgendwo richtig dazugehört hatte.

Als sie in die schmale Kopfsteinpflasterstraße einbog, die zur Gartentür von Mrs Es Grundstück führte, kamen ihr die ersten Zweifel. Als sie das letzte Mal hier gewesen war, war es Hochsommer gewesen, die überhängenden Bäume waren belaubt gewesen und hatten die Gartentür vor den Blicken abgeschirmt. Jetzt ließen ihre winterkahlen Äste sie grausam ungeschützt. Nachdem sie sich vergewissert hatte, dass niemand auf der Straße war, schob sie den Spanner in das Sicherheitsschloss, um die Öffnung zu weiten, ehe sie mit der anderen Hand den Dietrich einführte. Falls jemand sie ansprach, würde sie sagen, sie käme von dem Maklerbüro, das das Haus zum Verkauf anbot, und würde so tun, als hätte sie den falschen Schlüssel mitgenommen.

Das Schloss war lange nicht benutzt worden, doch nach ein paar Minuten hörte sie das befriedigende *Klack!*, mit dem der letzte Stift nachgab – und stellte sich vor, wie Kieran sie angrinste. *Bingo!*

Im Garten folgte sie dem unebenen Pfad zwischen den Bäumen hindurch. Als die viktorianischen Bauherren die Häuser in der Patna Road errichtet hatten, war aufgrund der Eigenarten im Grundriss der Häuserzeile am Ende des Gartens von Nr. 12 ein halbes Grundstück übrig geblieben, auf dem Mrs E die Bäume hatte stehen lassen. Cassie erinnerte sich noch, wie sie gesagt hatte, sie käme oft gleich morgens früh hierher, um die Vögel singen zu hören.

Hier war sie sicher, die raschelnden Zweige von Buchen und Silberbirken verbargen sie; doch als Laub und Erde einem mit Ziegeln gepflasterten Gartenweg wichen, wurde sie sich ängstlich ihrer Verwundbarkeit bewusst: Jeder Nachbar, der sie aus einem Fenster im ersten Stock erblickte, könnte die Polizei rufen.

Als sie die Rückseite des Hauses erreichte, sah sie erleichtert, dass an der Wand noch immer die alte, kaputte Alarmanlage hing. Sie hatte schon Angst gehabt, Mrs E hätte sich eine angeschafft, die tatsächlich funktionierte. An der Hintertür zur Küche, wo man sie nicht sehen konnte, machte sie sich abermals mit den Dietrichen ans Werk. Das erste Schloss ging leicht, das neuere jedoch hatte fünf Stifte, die alle einzeln bewegt werden mussten. Als sie beim letzten angekommen war, waren ihre Finger schweißfeucht, was es ihr noch schwerer machte. Doch endlich war das erlösende Klicken zu hören.

Cassie drückte die Tür auf und blieb lauschend stehen, halb in der Küche und halb draußen. Das einzige Geräusch war das leise Ticken einer elektrischen Uhr über dem Küchentisch – denselben sauber geschrubbten alten Holztisch, an dem sie so oft mit Mrs E gesessen, Kaffee getrunken und geplaudert hatte.

Der vertraute Geruch bereitete ihr ein flaues Gefühl im Magen, doch für Sentimentalität hatte sie keine Zeit. Sie hatte eine Aufgabe … auch wenn Gott allein wissen mochte, worin die bestand. Hatte sie wirklich erwartet, dass hier irgendwelche Beweise für Owens Schuld einfach so herumlagen?

Sie schob ihre Zweifel beiseite und sah sich rasch in den Zimmern im Erdgeschoss um – nichts von Interesse –, ehe sie die Treppe hinaufstieg. Gerahmte Fotos hingen an der Wand des Treppenhauses. Uralte schwarz-weiße Studio-Aufnahmen von streng blickenden Vorfahren und eine Hochzeit – wahrscheinlich Mrs Es Eltern, den gestärkten Fünfzigerjahre-Klamotten nach zu urteilen, die die Frauen trugen. Das erste Farbfoto zeigte einen mürrisch blickenden kleinen Jungen in einem steifen Jackett vor einem weiß getünchten Cottage: unverwechselbar der elf- oder zwölfjährige Owen. Darauf folgten neuere Fotos von anderen Kindern, wahrscheinlich die von Freunden, und ganz oben ein Bild von Cassie mit ihrem Examenszeugnis, eine

Mischung aus Unglauben und Triumph auf dem Gesicht. Mrs E hatte mit der alten, unförmigen Schulkamera Fotos der ganzen Klasse gemacht, aber nur Cassies Foto hatte es an die Wand ihres Treppenhauses geschafft. Dass es immer noch dort hing, trotz ihres Zerwürfnisses, freute sie ebenso, wie es ihr Schuldgefühle bereitete.

Das Schlafzimmer befand sich im ersten Stock. Die bodentiefen Fenster gingen auf den Garten hinaus. Es wirkte, als hätte Mrs E eben erst das Zimmer verlassen: Neben dem Bett stand ein Paar Schuhe, als wären sie gerade abgestreift worden, ein offenes Buch lag mit den Seiten nach unten auf dem Nachttisch, und auf dem Frisiertisch umgab ein Halbkreis aus Puder einen Make-up-Pinsel.

Als Cassies Blick auf ein cremefarbenes Seidenunterkleid fiel, das über der Lehne eines weiß gestrichenen Korbsessels hing, setzte sie sich schwer auf die Bettkante. *Was glaubte sie eigentlich, was sie hier machte, verdammte Scheiße? Was würde Mrs E sagen, wenn sie sie so sehen könnte?*

Ein leises Knarren war zu vernehmen, und Cassie erahnte etwas ganz am Rand ihres Gesichtsfeldes. Elektrisches Knistern huschte über ihre Kopfhaut, als eine felsenfeste Überzeugung sie packte: Wenn sie den Kopf um nur fünfundvierzig Grad drehen würde, könnte sie Mrs E in dem Korbsessel sitzen sehen, nur eine Armlänge entfernt.

Sie hielt den Atem an, hin- und hergerissen zwischen dem Wunsch, sich umzudrehen, und der Angst vor dem, was sie vielleicht erblicken würde.

Dann wehte ein ganz schwacher Lufthauch heran, wie ein Ausatmen, und mit ihm ein verlockend vertrauter Duft – süß und holzig. Cassie fuhr herum, das Herz schlug ihr bis zum Hals. Der Sessel war leer, doch das Unterkleid, das dort gehangen hatte, lag jetzt zusammengeknäult auf dem Boden. Sie hob es auf und drückte es an ihr Gesicht. Da war er wieder, dieser Duft – *Calèche* von Hermès, Mrs Es Lieblingsparfum … und eine flüchtige Wärme … als wäre es erst vor Kurzem ausgezogen worden.

Cassie lächelte über sich selbst. Es war ja wohl kaum überraschend, in ihrem eigenen Schlafzimmer Mrs Es Parfum zu riechen. Und was die Restwärme des Unterkleids betraf, hatte es nicht in einem Flecken aus Sonnenlicht gelegen, als sie hereingekommen war?

Nichtsdestotrotz war sie sich nach diesem Moment sicher, dass ihre Anwesenheit hier den Segen ihrer alten Freundin hatte.

Die Schränkchen zu beiden Seiten des großen Bettes bargen nichts Interessantes. In einem waren Strümpfe, Haarbänder, der übliche Frauenkrimskrams, ein Buch, von dem Cassie noch nie gehört hatte: *Der Magus* von John Fowles. Das auf der anderen Seite war leer. Damit hatte sie gerechnet, Mrs E und Christian hatten sich ja getrennt.

An der Wand neben dem Bett hing ein gerahmtes Bild: ein kleines, verblichenes Polaroidfoto von einer geradezu absurd jungen, schlaksigen Mrs E, die in einem Krankenhausbett saß, ein Neugeborenes mit einem rosa Häkelmützchen auf dem Kopf – vermutlich Owen – in den Armen. Obwohl sie pflichtschuldig in die Kamera lächelte, blickten ihre Augen ganz untypisch furchtsam.

Nachdem sie auch in den Schubladen des Frisiertischs nichts von Belang gefunden hatte, nahm Cassie sich den schweren, mit Schnitzereien verzierten Kleiderschrank vor – vielleicht ein Erbstück von Mrs Es walisischen Vorfahren. Darin hingen ein paar verblüffend edle Klamotten: Ein dunkelblauer Leinenmantel von Agnes B, ein asymmetrisches Kleid von Whistles und einige weitere Sachen von schicken, aber nicht protzigen Designern. Und ein langer roter Mantel im Militärstil, der schmerzliche Erinnerungen wachrief – das war Mrs Es Lieblingswintermantel gewesen.

Die Hochglanztaschen mit Tragebändern, in denen all das hier eingetrudelt war, lagen säuberlich zusammengefaltet auf dem Boden des Schranks. Cassie musste lächeln, als sie daran dachte, wie schwer es Mrs E gefallen war, irgendetwas wegzuwerfen. Auf einem Regalbrett über der Kleiderstange waren Schuhkartons gestapelt. Sie zog sich den Korbsessel heran, stieg hinauf, und als sie eine mit hellgrünem geprägtem Samt bezogene herunterholte, die an und für sich schon wunderschön war, stellte sie fest, dass sie nicht leer war.

Sie kippte den Inhalt aufs Bett. Eine gepresste, getrocknete Blume – dem Aussehen nach eine Bougainvillea –, ein Seidenschal in verblüffendem Eisvogelblau, ein Champagnerkorken, eine Postkarte mit einem mittelalterlichen Mosaik darauf von einem Ort namens Ravenna und, mit einer Büroklammer hinten daran geheftet, ein Foto von Mrs E und Christian.

Die beiden waren an einem sonnigen Restauranttisch fotografiert worden, vermutlich während ihres Italienurlaubs. In ihrem Lächeln lag eine gewisse »Nun mach schon und bring's hinter dich«-Verlegenheit. Mrs E sah toll aus, der eisvogelblaue Schal aus der Schuhschachtel passte perfekt zu ihrem dunklen Haar und ihrem olivfarbenen Teint. Plötzlich brannten Cassie die Augen – nicht direkt wegen Mrs Es Tod, sondern weil es so schmerzlich war, dass sie spät im Leben die Liebe gefunden und es dann nicht geklappt hatte. Aber andererseits hatte ihr eigener kurzer Abstecher in den Dschungel des Online-Datings ihr gezeigt, dass digitale Bekanntschaften dazu neigten, zu schnell zu beschleunigen, ehe sie eine spektakuläre Bruchlandung hinlegten.

Das Zimmer nebenan schien Mrs Es Arbeitszimmer zu sein. Hohe Decke und die Wände von Büchern gesäumt, zumeist naturwissenschaftliche Werke und Geschichtsbücher. Ansonsten war es leer bis auf einen klotzigen Schreibtisch mit dazu passendem Stuhl. In den Schreibtischschubladen lagen ein Tacker, Büroklammern und solche Utensilien, aber keine Dokumente oder Briefe. Als Cassie sich auf den abgewetzten Drehstuhl setzte, fiel ihr auf, dass im untersten Regalfach neben dem Schreibtisch weniger Bücher standen, die sich aneinanderlehnten wie Säufer im Pub, während die in den Fächern darüber sich dicht an dicht drängten. Als sie das Fach näher in Augenschein nahm, sah sie einen schwachen, viereckigen Abdruck im Staub, der bis zur Vorderkante reichte. Hier, nahm sie an, hatte wohl einmal ein Stehsammler mit Unterlagen gestanden, bevor jemand – vermutlich Owen – ihn mitgenommen und die Bücher so hingestellt hatte, dass sie die Lücke füllten.

Keine Spur von einem Laptop, doch als sie die Kabel hinter dem altmodischen Drucker neben dem Schreibtisch entwirrte, fand sie eins mit einem USB-Stecker. Also hatte Owen auch den Computer seiner Mutter mitgenommen. Aber wennschon? Als nächster Angehöriger war das jedoch zweifellos sein gutes Recht.

Cassie ging zu den großen Fenstern hinüber und war dankbar, dass die Gardinen und die Bäume entlang der Straße sie vor neugierigen Nachbarn verbargen. Hier hatte wahrscheinlich Maddy Mrs E mit ängstlichem Gesicht hinausschauen sehen.

Wieder fiel ihr Blick auf den alten Drucker, und aus irgendeinem Grund schaltete sie ihn ein. Er piepte und rumorte eine Ewigkeit lang, dann blinkte ein rotes Licht. »Papierstau« stand auf dem Display. Cassie zog das Papierfach heraus und spähte ins Innere des Geräts, konnte jedoch nichts erkennen. Es dauerte einige Zeit, bis sie den Öffnungsmechanismus fand, aber als sie schließlich die Rückseite des Druckers aufklappte, fand sie ein säuberlich zu einer Ziehharmonika gefaltetes DIN-A4-Blatt, das dort stecken geblieben war.

Sie strich es auf dem Schreibtisch glatt und sah, dass es ein Ausdruck von einer Ahnenforschungs-Website war – eine von denen, anhand derer die Leute ihre Stammbäume zurückverfolgten. Dort war die Eheschließung von Julia Geraldine Torrance und Barry Dennis Renwick dokumentiert, vor zwei Jahren. Als Ort der Heirat war Chester angegeben, oben im Norden. Wenn sie geografisch nicht ganz danebenlag, war das gar nicht weit von North Wales entfernt, wo Mrs E aufgewachsen war.

Cassie starrte den Ausdruck an, bis er vor ihren Augen verschwamm. *Geraldine.* Mrs Es Vorname und der zweite Vorname der Braut. Verwandtschaft? Wenn nicht, warum dann der Ausdruck?

Sie steckte das Dokument ein, kehrte ins Schlafzimmer zurück und setzte sich aufs Bett. Dann nahm sie das Foto von Mrs E und dem neugeborenen Owen von seinem Haken. Das musste das Letzte gewesen sein, was sie abends sah, und das Erste, was sie morgens erblickte, wenn sie die Augen aufschlug. War das nicht merkwürdig, wenn man bedachte, wie er sie behandelt hatte?

Und dieses rosa Babymützchen. Eine ungewöhnliche Farbwahl für einen Jungen, vor allem damals. Und Mrs E sah geradezu absurd jung aus – ein Teenager. Cassie kam ein Gedanke. Und wenn das Baby, das sie da im Arm hielt, gar nicht Owen war, sondern ein früheres Kind?

Könnte die mysteriöse Julia Geraldine Torrance Mrs Es uneheliche Tochter gewesen sein, vor ihrer Heirat geboren und dann zur Adoption freigegeben? Und der zweite Vorname des Babys die einzig verbliebene Verbindung mit ihrer leiblichen Mutter? In den Achtzigerjahren wäre es nichts Ungewöhnliches gewesen, dass minderjährige ledige Mütter unter Druck gesetzt wurden, ihre Babys zur Adoption freizugeben – besonders im ländlichen Wales.

Vielleicht war Mrs E auf die Hochzeitsanzeige gestoßen, als sie nach ihrer verlorenen Tochter gesucht hatte, die inzwischen eine erwachsene Frau war. Wusste Owen davon? Er könnte seine Halbschwester als potenzielle Rivalin im Wettstreit um die Zuneigung seiner Mutter betrachten – und was noch wichtiger war, im Wettstreit um ihr Geld.

Als sie die Aufnahme abfotografierte, stellte Cassie erschrocken fest, dass sie schon seit fünfzig Minuten in Mrs Es Haus war.

Aber etwas hatte sie noch zu erledigen.

Vor der Badezimmertür zögerte sie, ehe sie nach dem Türknauf griff. Eine tiefe, altmodische Badewanne mit Löwenfüßen beherrschte den Raum – der Ort, wo vor neun Tagen Mrs Es Leben geendet hatte.

Es war kalt hier drin – das oberste Fenster stand offen. Die Suche nach der Ursache eines muffigen Geruchs führte sie zum Badewannenvorleger. Sie hockte sich hin, klappte eine Ecke hoch, und es roch nach Pilzen, die ihr Verfallsdatum überschritten hatten. Sogar die Unterseite des Vorlegers fühlte sich ein bisschen feucht an. Bestimmt war sie nass geworden, als die Rettungshelfer den Leichnam aus der Wanne gehoben hatten. Oder bei einem Kampf, als sich Mrs E gegen jemanden gewehrt hatte, der versuchte, sie zu ertränken …

Cassie verspürte den Drang, sich in Mrs Es letzte Momente hineinzudenken, und drehte die Messinghähne voll auf. Während die Dampfwolken aufstiegen, hielt sie kurz die Hand unter den Strom, bevor sie sie hastig zurückzog: Das Wasser war kochend heiß. Und falls Mrs E in dem viel zu heißen Wasser plötzlich schwindelig geworden war, wäre es für sie schwierig gewesen, diese Steilwand aus weißer Emaille zu erklimmen – sogar ohne dass sie jemand nach unten drückte.

Sie drehte das Wasser wieder ab und zog den Stöpsel. Während sie zusah, wie das Wasser strudelnd im Abfluss verschwand, sagte sie laut vor sich hin: »Was ist nur passiert, Mrs E?«

Ihr Blick schweifte umher, dann blieb er am Spiegel hängen. Der Dampf des warmen Wassers hatte sich in der kalten Luft darauf niedergeschlagen und ließ etwas sichtbar werden, das dort geschrieben stand.

Cassie trat näher heran. Zwei Worte konnte sie erkennen, in zittrigen Großbuchstaben geschrieben.

WERDE VERFOLGT.

23. Kapitel

Cassie starrte noch immer auf die Worte, als sie das unverwechselbare Geräusch eines Schlüssels hörte, der im Schloss der Haustür gedreht wurde.

Wie gelähmt stand sie da. Ferne Stimmen – unverkennbar Männerstimmen –, gefolgt vom Zuschlagen der Tür, rissen sie aus ihrer Erstarrung. Leise schloss sie die Tür, bevor sie sich an der Seite gegen die Wand drückte, wo die Angeln waren, sodass sie hinter der Tür verborgen wäre, wenn jemand nur einen kurzen Blick in den Raum warf.

Die Geräusche wurden leiser, als die Männer – es waren zwei – in den hinteren Teil des Hauses gingen, und sie hörte, wie die Küchentür aufging. Doch sie kamen fast sofort wieder in den Flur hinaus.

Wer war das, verdammte Scheiße? Ihr ging auf, dass es höchstwahrscheinlich der Makler war, mit einem Interessenten. Das bedeutete, dass sie ein besseres Versteck brauchte, bevor die beiden hier heraufkamen. Doch als die Stimmen lauter wurden, wurde ihr klar, dass sie bereits auf der Treppe sein mussten.

Zu spät. Was jetzt? So tun, als sei sie die Putzfrau? Nicht in diesem Outfit, dachte sie und schaute an ihrem Hosenanzug hinunter.

Das Knarren einer Stufe direkt vor der Tür, gefolgt von etwas, bei dem ihr der Atem stockte.

»Von hier oben hat man einen sehr schönen Blick.« Das melodische Auf und Ab eines walisischen Akzents, nur ein paar Meter entfernt. *Owen Edwards.*

Cassie hielt den Atem an. Und hörte, wie die Stimmen sich an der Badezimmertür vorbei in Mrs Es Schlafzimmer bewegten.

»Wie Sie sehen, ist das Grundstück ganz schön groß, wenn

die Bäume erst gefällt sind.« Owens Stimme, in genau dem beleidigten und zugleich aggressiven Tonfall, den sie in Erinnerung hatte.

»Und was genau haben die von der Stadtplanung Ihnen gesagt?« Die Stimme des anderen Mannes klang tiefer und sachlicher.

Die beiden gerieten außer Hörweite, und Cassie konnte nur noch Bruchstücke ihres Gesprächs verstehen. »Prinzipiell nichts dagegen« ... »Bebauungsplan« ... und »sechs Wohneinheiten«.

Das musste Owens Geschäftsidee sein, mit der er das große Geld machen wollte, die, wegen der er seine Mutter unter Druck setzen wollte, als Christian ihn rausgeschmissen hatte. Er hatte vorgehabt, ihr geliebtes Wäldchen an einen Bauunternehmer zu verkaufen, damit der dort Wohnungen baute. Und jetzt, wo sie tot war, stand dem nichts mehr im Wege. *Arschloch.*

Wenn Owen den Typen nur hier raufgebracht hatte, damit er einen besseren Blick auf das Grundstück werfen konnte, und keine komplette Besichtigungstour mit ihm machen wollte, dann brauchte sie nur die Füße stillzuhalten, bis sie wieder weg waren. Jäh fiel ihr ihr Handy ein, und sie griff hastig in die Tasche, um es stumm zu schalten.

Nada.

Sie versuchte die andere Tasche. Erinnerte sich, dass sie es im Schlafzimmer herausgeholt hatte, um das Foto zu machen.

Großer Gott. Sie musste es dort liegen gelassen haben. Wenn Owen es entdeckte, würde er ganz bestimmt das Haus durchsuchen, sobald er den Bauunternehmer losgeworden war – und sie mochte gar nicht daran denken, was passieren würde, wenn er sie fand.

Nach einer gefühlten Ewigkeit hörte sie die beiden wieder auf den Flur herauskommen. Noch ein paar Sekunden, dann würden sie an der Badezimmertür vorbei und auf dem Weg nach unten sein. Wenn Owen ihr Handy nicht gesehen hatte, konnte sie immer noch unentdeckt davonkommen.

Doch die Schritte schienen direkt vor der Tür innezuhalten. Die Männer waren jetzt so nah, dass sie den Moschusgeruch des Aftershaves riechen konnte, das einer von ihnen trug.

»Dürfte ich mal Ihre Toilette benutzen?«, fragte der Bautyp. Cassie spürte, wie ihr ganzer Körper stocksteif wurde.

»Von mir aus«, antwortete Owen. Cassie sah, wie sich der Türknauf drehte, und spürte einen brennenden Säureschwall in der Kehle.

Dann wieder Owens Stimme. »Obwohl, wenn ich's mir recht überlege, gehen Sie lieber auf das unten, das hier oben macht manchmal Zicken.«

Ein paar Minuten später hörte sie die Klospülung im Erdgeschoss rauschen, gefolgt vom Zuschlagen der Haustür. Lange stand sie mit schief gelegtem Kopf da und versuchte zu erlauschen, ob Owen zurückkam, um herauszufinden, was es mit dem mysteriösen Handy im Schlafzimmer seiner Mutter auf sich hatte.

Stille hatte sich noch nie so schön angehört. Sie gestattete sich, sich an der Wand entlang bis auf den Boden hinunterrutschen zu lassen.

Es dauerte ein paar Minuten, bis sie sich imstande fühlte, wieder aufzustehen. Der Dampf hatte sich längst verzogen, und der Spiegel war sauber – keine Spur von den Worten, die sie dort flüchtig erblickt hatte.

Keine Zeit, hier noch länger herumzuhängen. Sie musste ihr Handy suchen, und dann nichts wie raus.

Im Schlafzimmer fand sie es auf dem Bett und schickte ein Dankgebet an Fortuna, die römische Göttin des Glücks, dass Owen es nicht gesehen hatte.

24. Kapitel

Selbst nachdem sie sicher und wohlbehalten in ihrer Wohnung angekommen war, surfte Cassie noch immer auf der Adrenalinwelle, die ihre Eskapade ausgelöst hatte. Das Gefühl erinnerte sie an ein Kokain-High.

Während sie ihr Immobilienmaklerinnen-Kostüm auszog, kam sie allmählich zur Ruhe und konnte darüber nachdenken, was bei ihrer leichtsinnigen Aktion eigentlich herausgekommen war. Hatte der Name Geraldine in diesem mysteriösen Eheschließungseintrag wirklich irgendetwas zu bedeuten? Oder ging bei ihrer Theorie von Mrs Es unehelichem Kind einfach nur ihre Fantasie mit ihr durch? Und was Owens Plan anging, irgendeinem Bauunternehmer zu gestatten, das geliebte Wäldchen seiner Mutter zuzubetonieren – ja, das mochte herzlos sein, war aber ohne Zweifel legal.

»WERDE VERFOLGT«

Mrs E musste die Worte hingekritzelt haben, während ihr Badewasser eingelaufen war. Aber warum hatte sie sie auf den Badezimmerspiegel geschrieben, statt die Polizei zu verständigen? Vielleicht hatte sie damit gerechnet, dass die sie nicht ernst nehmen würden – eine alleinstehende Frau, die neigte doch bestimmt zu Paranoia. Doch irgendetwas hatte sie dazu getrieben, ihre Ängste niederzuschreiben – wie vergänglich auch immer –, kurz bevor sie ums Leben gekommen war.

Ein Klopfen an der Tür unterbrach ihren Gedankengang. Vor der Tür stand ihre Großmutter in ihrem alten Persianermantel und mit einer roten Baskenmütze auf dem Kopf. Ein junger Asiate, den Cassie noch nie gesehen hatte, stand mit einer großen geblümten Einkaufstasche in der Hand und etwas belämmertem Gesichtsausdruck neben ihr.

»Babcia?! Was machst du denn hier?« Da sie ihre Großmutter nicht beunruhigen wollte, hatte Cassie vorgehabt, sie erst wieder zu besuchen, wenn die blauen Flecken von dem Überfall vollständig verblasst waren. Sie hatte sie angerufen und behauptet, sie habe eine schlimme Erkältung und könnte vielleicht ein paar Tage nicht kommen. Rasch warf sie einen Blick in den Flurspiegel und sah erleichtert, dass das Make-up noch immer gut deckte.

»Gib diesem netten jungen Mann ein Pfund, Cassandra, ja?«, bat ihre Großmutter, die die schuldbewusste Verwirrung ihrer Enkelin nicht zu bemerken schien.

Auf die Anweisung der alten Dame hin stellte der Junge die pralle Tasche auf den Küchentisch. Dann wetzte er zur Tür hinaus, ohne die paar Pfund anzunehmen, die Cassie ihm mit einer wohlwollenden Geste überreichen wollte.

»War das der Taxifahrer?«, wollte Cassie wissen.

»Taxifahrer? Als ob ich Geld für Taxis rausschmeißen könnte!«, wehrte ihre Großmutter entrüstet ab und machte sich daran, die Tasche auszupacken: ein Kohlkopf, gefolgt von einer Tüte Äpfel, danach zahlreiche Gefrierdosen aus Plastik. »Ich bin mit dem 29er wunderbar hergekommen. Aber der Fahrstuhl war kaputt, also habe ich den netten jungen Mann gebeten, mir die Treppe raufzuhelfen.«

Sie nahm eine der Gefrierdosen zur Hand, die ihre Großmutter auf dem Tisch aufgestapelt hatte. »Das reicht ja für einen ganzen Monat. Habe ich den Atomschlag-Alarm überhört?«

»Du hast doch gesagt, es ginge dir nicht gut, und ich wollte nicht, dass du Junkfood isst. Also habe ich dir ein paar vegetarische Mahlzeiten gekocht, die du dir einfrieren kannst.« Sie musterte ihre Enkelin kritisch. »So schlecht siehst du gar nicht aus. Geht es dir schon besser?«

Cassie nickte schuldbewusst. »Bin nur noch ein bisschen schlapp.«

Ihre Großmutter reichte ihr ein Glas Gurken. »Salzgurken – die magst du doch am liebsten. Randvoll mit Vitamin C.«

»Das ist echt lieb von dir, Babcia, aber eigentlich sollte *ich* doch *für dich* einkaufen und nicht umgekehrt.« Cassie schämte sich immer mehr für ihre Notlüge. »Setz dich hin, ich mache uns was zum Abendessen. Dann können wir ein bisschen fernsehen, und nachher rufe ich dir ein Taxi, das dich nach Hause bringt – und *das ich bezahle.* Keine Widerrede.«

Sie beugte sich vor und küsste ihre Großmutter auf die duftende, knittrige Wange.

»Na, gut, dass ich den Kohl mitgebracht habe«, bemerkte die alte Dame.

»Wie, esse ich jetzt etwa nicht genug Gemüse?«

Ihre Gran bedachte sie mit einem durchdringenden Blick. »Nein, aber du brauchst eine Kohlblätterpackung für den blauen Fleck da.«

Cassies Hand zuckte zu ihrem Unterkiefer. Im Stillen verfluchte sie die scharfen Augen ihrer Großmutter.

Nachdem sie von dem Überfall erfahren hatte, schwieg Weronika lange.

»Also, dieser *skurwysyn,* der das getan hat, glaubst du, du würdest den wiedererkennen, wenn du ihn noch mal siehst?«

Auch wenn sie kaum Polnisch sprach, wusste Cassie doch, dass *skurwysyn* einer der schlimmsten Kraftausdrücke war, den sie noch nie aus dem Mund ihrer Großmutter gehört hatte.

»Unwahrscheinlich. Der hatte so eine Art Tuch um Mund und Nase.«

»Bandana. So was nennt man Bandana. Ein paar von den Gangs nehmen die als Erkennungszeichen. Welche Farbe hatte das Ding?«

»Rot«, antwortete Cassie.

»Hm. Könnten die Castlehaven Boyz sein. Aber ich glaube, die von der Barclay Road Crew tragen auch rote Bandanas.«

Cassie war völlig perplex. »Woher zum Teufel weißt du so was?«

Ihre Großmutter zog ein Taschentuch aus dem Ärmel und

putzte sich die Nase, aber Cassie wusste, dass sie nur Zeit schinden wollte.

»Also?«

»Weißt du noch, dieser Bengel, den ich dabei ertappt habe, wie er in meinem Block so Dreckszeug an junge Leute verkauft hat?«

Weronika eröffnete ihr, dass sie Besuch bekommen hatte, ein paar Tage, nachdem sie dem Dealer den Marsch geblasen hatte.

»Da stand ein anderer junger Mann bei mir vor der Tür und hat gesagt, wenn ich meine Nase nicht aus anderer Leute Angelegenheiten raushalte, gäb's ein paar Schmisse.«

»O mein Gott! Und was hast du gemacht?«, fragte Cassie mit schreckgeweiteten Augen.

»Ich habe ihn hereingebeten und ihm *Kremowka* vorgesetzt.«

»Du hast einen Gangsta zu Sahnetorte eingeladen?«

»Warum denn nicht? Er war so dünn.« Sie zuckte die Achseln. »Eine Stunde ist er geblieben. Er hat mir von seiner *Babcia* erzählt, die vor einem Jahr gestorben war, und ein bisschen geweint. Wir sind als Freunde voneinander geschieden.«

»Ihr seid als … Himmelherrgott noch mal, Babcia!«

»Bitte fluch nicht, Cassandra. Das klingt hässlich aus dem Mund einer Frau.«

»Warum hast du mir das nicht gleich erzählt? Du bringst dich noch mal richtig in Schwierigkeiten, wenn du so weitermachst.«

»Unsinn«, sagte Weronika und reckte das Kinn. »Ich habe doch nicht sechs Monate in einem Kommunistengefängnis überstanden, um dann in einem freien Land wie unter Hausarrest zu leben.«

Das hatte Cassie in den unterschiedlichsten Darreichungsformen schon ihr ganzes Leben lang zu hören bekommen, daher machte sie sich nicht die Mühe, zu widersprechen.

Ein selbstgefälliges kleines Lächeln breitete sich auf den Lippen ihrer Großmutter aus. »Danach habe ich nie wieder einen Dealer bei uns im Block Drogen verkaufen sehen. Nicht einen einzigen.«

Sprachlos schüttelte Cassie den Kopf.

»Ich sehe den Jungen manchmal in der Siedlung. Wenn du möchtest, kann ich ihn ja mal nach dem Bandana fragen …?«

»Nein! Denk nicht mal dran.«

Achselzuckend bekundete die alte Dame ihr Einverständnis.

»Also«, sagte Cassie, »ich koche uns jetzt Pilzpiroggen, und dann können wir fernsehen wie ganz normale Menschen.«

Nachdem ihre Großmutter gegangen war, saß Cassie an ihrem Küchentisch und ging im Kopf alles durch, was sie über Owen Edwards wusste. Es war klar, dass er seine Mutter bedroht hatte, als sie seine Wohnungsbau-Idee abgeschmettert hatte. Ein paar Monate später war sie plötzlich und unerwartet gestorben. Und jetzt griff er seinen Plan wieder auf, ihr Wäldchen an einen Bauunternehmer zu verticken, ohne auch nur die Einäscherung abzuwarten.

In fünf Tagen würde Mrs Es Leichnam in Rauch aufgehen, und mit ihm sämtliche Beweise dafür, dass sie ermordet worden war. Und es gab nichts, was Cassie tun konnte, um das zu verhindern.

Jedenfalls nicht allein.

Ruhelos tigerte sie in der Wohnung auf und ab und versuchte, eine Alternative zu dem zu finden, was sie gleich tun würde.

Es gab keine. Sie fischte eine Karte aus ihrer Brieftasche und wählte die Nummer.

»Detective Sergeant Flyte.« Als sie DS Flytes Stimme wie eiskalten Kies durch die Leitung rasseln hörte, hätte Cassie beinahe aufgelegt. Bei dem Gedanken, eine Polizistin um Hilfe zu bitten, wurde ihr ein klein wenig schlecht.

»Hier ist Cassie Raven …« Beklommenheit machte ihre Stimme eine halbe Oktave höher. »Ich wollte fragen, ob wir uns vielleicht mal treffen könnten.«

25. Kapitel

Nachdem sich Cassie strikt geweigert hatte, am Telefon irgendetwas zu besprechen, hatte Flyte sich schließlich einverstanden erklärt, sich am folgenden Morgen mit ihr zu treffen. Cassie nannte ihr einen Coffeeshop, der fast anderthalb Kilometer von der Leichenhalle entfernt war: Wenn jemand von der Arbeit sie mit den Cops reden sah, würde das eine Menge unangenehme Fragen aufwerfen. Pathologen sprachen gelegentlich mit der Polizei, eine Sektionsassistentin niemals.

»Also, worum geht's?« Flyte fixierte Cassie mit diesen blassen Augen.

Nachdem sie Flyte außerhalb der Geschäftszeiten das tote Junkie-Mädchen mit der Überdosis hatte sehen lassen, hatte Cassie gehofft, sie könnte einen Gefallen einfordern, jetzt jedoch, da sie sich von Angesicht zu Angesicht gegenübersaßen, merkte sie, wie ihre Zuversicht schwand.

»Kann das hier unter uns bleiben? Mein Boss weiß nicht, dass ich mit Ihnen rede.«

Flyte nippte an ihrem Tee – Earl Grey, schwarz, mit einer Zitronenscheibe. »Solange Sie nicht vorhaben, ein furchtbares Verbrechen zu gestehen …« Sie präsentierte ihr schiefes Beinahe-Lächeln.

»Es geht um den Leichnam einer Frau, die vor fast einer Woche bei uns eingeliefert wurde. Ihr … ich meine, die Polizei betrachtet es nicht als verdächtigen Todesfall, aber …«

»Aber Sie sind sich da nicht so sicher.«

Cassie erläuterte die Umstände von Geraldine Edwards' plötzlichem Tod, ohne ihre Verbindung mit der Toten zu erwähnen. Wenn sie ganz professionell blieb, würde Flyte ihre Zweifel vielleicht ernster nehmen, dachte sie.

Als sie geendet hatte, hatte sich eine kleine Furche zwischen Flytes vollendet geformten Brauen gebildet. »Der Pathologe ist also der Ansicht, sie sei ohnmächtig geworden und ertrunken, nachdem er bei der Autopsie nichts gefunden hat, was auf ein Tötungsdelikt hinweist? Wollen Sie behaupten, er hätte etwas übersehen?«

»Nein, nein. Professor Arculus ist einer der Besten in der ganzen Branche, aber … na ja, Sie wissen ja, wie's bei einer Routine-Autopsie läuft. Das dauert allerhöchstens eine halbe Stunde, die ist nicht annähernd so gründlich wie eine forensische Untersuchung.«

Flytes Kopfneigen nahm das zur Kenntnis. »Ich nehme an, auch im Blut war nichts Ungewöhnliches, sonst hätte man uns schon informiert.«

Cassie schüttelte den Kopf. »Nur Alkohol. Aber noch mal, wenn's keine forensische Autopsie gibt, wird nur relativ begrenzt getestet. Es gibt im wahrsten Sinne des Wortes Hunderte Drogen oder Gifte, die man nur findet, wenn man gezielt danach sucht.«

»Verstehe. Aber Sie können ja wohl kaum erwarten, dass wir Tausende Pfund an Steuergeldern für eine forensische Autopsie auf den Tisch legen, ohne einen Anfangsverdacht zu haben.« Gemächlich nippte Flyte abermals an ihrem Tee. »Was genau hat Sie denn zu der Annahme veranlasst, dass etwas an dem Fall verdächtig ist?«

Cassie musste sich vorsehen: Flyte würde ihre freiberufliche Detektivarbeit nicht gutheißen, von ihrer kleinen Einbrecher-Einlage ganz zu schweigen. »Angefangen hat es, als ihr Sohn Owen kam, um den Leichnam zu sehen. Ich hatte ein echt ungutes Gefühl bei ihm.«

»Ein echt ungutes Gefühl?« Flytes Augenbrauen zuckten empor.

»Hören Sie, ich habe schon Hunderte trauernde Angehörige gesehen. Aber der …? Ich hatte den deutlichen Eindruck, dass er froh über ihren Tod war.«

»Vielleicht war's ja so. Viele Kinder hassen ihre Eltern.«

Cassie konnte beinahe sehen, wie Flytes Skepsis sich wie eine Plexiglasscheibe zwischen ihnen herabsenkte. »Ja, und von denen bin ich auch schon einer ganzen Menge begegnet – aber die benehmen sich nicht so wie der«, beharrte sie. Wie gebannt von dem rosa Lippenstiftabdruck, den Flyte am Rand der weißen Porzellantasse hinterlassen hatte, suchte sie angestrengt nach den richtigen Worten. »Irgendwelche Emotionen sind da immer. Wut, Schuldgefühle, Selbstmitleid ... *irgendwas.*«

»Und das ist alles? Sie halten den Sohn für einen Mörder, weil er an der Leiche seiner Mum nicht genug Gefühl gezeigt hat?« Ein spöttischer Unterton in ihrer Stimme.

»Das ist noch nicht alles«, erwiderte Cassie. »Sie hatte ein großes altes Haus, das er sofort zum Verkauf angeboten hat ...«

»... was sein gutes Recht ist, wenn er der Nachlassvollstrecker ist, sofern vor der Testamentseröffnung keine Verträge abgeschlossen werden.«

Cassie war versucht, ihr von Owens Plan zu erzählen, Mrs Es Wäldchen an einen Bauunternehmer zu verkaufen, doch ihr fiel keine glaubhafte Erklärung ein, wie sie davon erfahren haben könnte. Dasselbe galt für das »werde verfolgt« an Mrs Es Badezimmerspiegel.

»Hören Sie, ich habe noch nie jemanden gesehen, der es so eilig hatte, einen Leichnam einäschern zu lassen.« Mittlerweile beugte Cassie sich weit über den Tisch, als könne sie Flyte dazu bringen, es sich noch einmal zu überlegen, indem sie den Abstand zwischen ihnen verringerte. »Ich sage Ihnen, an dem Ganzen ist irgendwas faul.« Sie schlug so heftig mit der flachen Hand auf die Tischplatte, dass das Geschirr klirrte.

Während des darauffolgenden Schweigens fischte Flyte die Zitronenscheibe aus ihrer leeren Tasse und riss mit den Zähnen das Fleisch von der Schale ab und aß es auf – eine verblüffend primitive Handlung bei einem so beherrschten Menschen.

Nachdem sie die Schale auf ihrer Untertasse abgelegt hatte, wischte sie sich die Fingerspitzen an einer Papierserviette ab.

»Also, diese Geraldine Edwards. Woher kannten Sie sie?«

Abrupt lehnte Cassie sich wieder zurück. Offenkundig hatte Flyte die ganze Zeit gewusst, dass sie etwas verbarg, und sie absichtlich zu einer emotionalen Reaktion verleitet. *Wie ein Bulle eben.*

»Sie war meine Lehrerin in Naturwissenschaften.«

Sie rechnete damit, dass ihre Enthüllung das Gespräch beenden würde, stattdessen jedoch stützte Flyte die Ellenbogen auf den Tisch und legte die Spitzen ihrer langen Finger unter dem Kinn aneinander.

»Sie muss Ihnen sehr viel bedeutet haben, dass Sie mich anrufen.«

In Flytes Stimme lag etwas, das Cassie noch nie gehört hatte – aufrichtig klingendes Mitgefühl.

»Ja, hat sie auch. Sie war für mich … wie eine Verwandte.«

»Okay.« Flyte nickte verständnisvoll. »Also, nachdem wir das geklärt haben, warum erzählen Sie mir nicht die ganze Geschichte?«

Cassie berichtete, was sie über Owen herausgefunden hatte: dass er Alkoholiker war und seine Mutter wiederholt um Geld angeschnorrt hatte, von Maddys Bericht über seinen Streit mit Mrs E nicht lange vor deren Tod und ihrem Eindruck, dass sie am Ende vor irgendjemandem Angst gehabt hätte, wahrscheinlich vor ihrem Sohn.

»Ihre Mrs E war schon lange verwitwet, sagen Sie. Wie sieht's mit einem Freund aus?«

Cassie schüttelte den Kopf, sie hatte bereits beschlossen, Christian nicht zu erwähnen. Die Nachricht von Mrs Es Tod hatte ihn sichtlich mitgenommen. Sie hatte schon häufig Menschen gesehen, die ihre Trauer nur vortäuschten, und war sich sicher, sie von echtem Kummer unterscheiden zu können. So wie sie die Polizei kannte, würden sie in einem Mordfall einen Lover oder Ex-Lover routinemäßig als Hauptverdächtigen einstufen, und sie wollte nicht, dass Flyte wertvolle Zeit verschwendete, die sie für den eigentlichen Verdächtigen verwenden könnte.

»Ich weiß, das klingt ein bisschen vage, diese miesen Vibes, die ich von Owen kriege«, sagte sie. »Aber es gehört zu meinem Job, alles Mögliche zu bemerken. Und die Leute sagen, ich wäre gut darin.«

»Tatsächlich. Vielleicht können Sie mir ja mal ein Beispiel nennen.« Ein angedeutetes skeptisches Lächeln spielte um Flytes Lippen.

»Na schön … Sie schreiben mit der rechten Hand – und zwar ein bisschen unbeholfen, als hätte man Ihnen beigebracht, Ihre natürliche Präferenz zu überwinden. Ursprünglich sind Sie Linkshänderin.« Flyte stellte die Tasse ab, die sie mit der Linken hielt. »Das zusammen mit Ihrer … Vorliebe für korrekte Grammatik würde ich wetten, dass Sie nicht auf einer öffentlichen Schule waren. Also eine Privatschule – und zwar eine altmodische, vielleicht irgendwo draußen auf der Pampa?«

Flyte rutschte auf ihrem Stuhl herum.

»Aber Ihr Akzent erscheint mir nicht von Geburt her so gehoben, ich höre da eine Mischung aus verschiedenen Regionen raus – einschließlich vielleicht Nordost-England? Also, ich weiß nicht, vielleicht sind Ihre Eltern ja beruflich oft umgezogen und Sie waren auf vielen verschiedenen Schulen?«

Nachdem sie Cassie einen Moment lang angestarrt hatte, sagte Flyte leise: »Mein Vater war in der Armee, was bedeutete, dass ich bis zu meinem zehnten Geburtstag auf vier verschiedene Grundschulen gegangen bin. Als er nach Zypern versetzt wurde, haben sie mich auf ein Internat in Northumberland geschickt.«

»Außerdem würde ich sagen, Sie haben sich vor Kurzem von jemandem scheiden lassen …«

»Getrennt«, ging Flyte scharf dazwischen. »Wie kommen Sie darauf?«

»Sie waren kurz vor der Trennung irgendwo im Urlaub, wo es warm war.« Cassie zeigte auf Flytes Hand. »Man sieht noch was von dem weißen Streifen an Ihrem Ringfinger.«

Jäh hielt sie inne, als ihr bewusst wurde, dass das vielleicht ein schmerzliches Thema sein könnte – vor allem, wenn ihre Vermutung von neulich zutraf, dass Flyte und ihr Mann sich bemüht hatten, Kinder zu bekommen.

»Okay, Ihnen fällt also alles Mögliche auf«, sagte Flyte schroff und zog die Hand von der Tischplatte. »Nehmen wir also einmal kurz an, dieser Owen Edwards hätte seine Mutter wirklich ermordet. Wie hat er das Ihrer professionellen Ansicht nach angestellt?«

»Ich weiß es nicht.« Im Geiste sah Cassie vor sich, wie sie das uralte Schloss an Mrs Es Hintertür geknackt hatte. »Er könnte zum Beispiel noch einen Hausschlüssel haben. Er könnte sich reingeschlichen haben, als sie gerade in der Badewanne war, und sie unter Wasser gedrückt haben. Er ist ganz schön kräftig.«

»Aber wenn sie um ihr Leben gekämpft hätte, dann hätten Sie doch bestimmt Abwehrverletzungen gefunden – blaue Flecken zum Beispiel?«

»Nicht unbedingt. Frische Quetschungen oder Prellungen sind oft von außen unsichtbar, nur *unter* der Haut sichtbar, weshalb wir bei einer forensischen Autopsie manchmal auch Hautareale ablösen.«

Flyte nickte, dann klemmte sie die Zungenspitze zwischen die Zähne. Ihre Eckzähne waren ungewöhnlich spitz, stellte Cassie fest, das unterstrich den wölfischen Effekt ihrer Augen. »Es war ein Todesfall der Kategorie zwei, also wird ein Detective vor Ort gewesen sein«, sagte sie halblaut zu sich selbst. »In Ordnung. Ich schaue mir den Bericht vom Fundort der Leiche mal an.«

»Das ist super …«

»… aber wenn alles seine Richtigkeit zu haben scheint – was ich annehme –, dann war's das. Verstanden?«

Der Blick, mit dem Flyte Cassie bedachte, sagte ihr, dass sich zwischen ihnen etwas verändert hatte: Die Verdächtigen-Vibes waren verschwunden und hatten so etwas wie vorsichtigem Respekt Platz gemacht.

Cassie zögerte, aber nicht lange. Das war das Beste, worauf sie hoffen konnte. »Okay. Aber Sie müssen wissen, dass wir nicht viel Zeit haben. Er hat die Einäscherung für nächsten Mittwoch gebucht.«

Flyte steckte ihr Notizbuch ein und strich sich mit einer forschenden Hand über ihren Haarknoten, der die Prüfung anscheinend bestand.

Cassie ertappte sich bei der Überlegung, wie Flyte wohl ganz frühmorgens aussehen mochte, verschlafen und mit offenem Haar.

»Ach, übrigens«, sagte Flyte, »bei dem Mädchen mit der Überdosis, das in der Mietskaserne an der Fairfax gefunden wurde, hatten Sie recht.«

»Wie meinen Sie das?«

»Sie war keine Obdachlose. Ihr Name war Rosie Harrison. Siebzehn Jahre alt, aus guter Familie. Musterschülerin, aber sie hatte Ärger mit ihrer Mum bekommen, als sie mit einem Tattoo am Knöchel nach Hause gekommen ist. Ist rausgestürmt und wollte bei ihrem Freund übernachten – der, wie sich herausgestellt hat, heroinabhängig ist und in einer Mietskaserne an der Fairfax wohnt, ein Stockwerk über dem Treppenabsatz, auf dem ihre Leiche gefunden worden ist.«

Sie wechselten einen Blick, erinnerten sich beide an Cassies Vermutung, dass jemand das Mädchen nach der Überdosis ins Treppenhaus geschleift und sie dort hatte sterben lassen.

»Und der weiß natürlich überhaupt nichts davon, dass sie sich eine Überdosis verpasst hat?«, erkundigte sich Cassie.

»Er behauptet, er hätte gesehen, wie sie sich den Schuss gesetzt hat, aber sie wäre okay gewesen, als er kurz danach weggegangen ist. Als sie später nicht mehr in der Wohnung war, hat er angenommen, sie wäre nach Hause gegangen, zu ihrer Mum.

Wir denken, dass er ihr wahrscheinlich selbst die Spritze gegeben hat – aber wir können es nicht beweisen.«

Cassie dachte an die abgeschürften Stellen am Rücken der Moschino-Jacke, die das Mädchen getragen hatte.

»Und statt den Notarzt zu rufen, hat er sie eine Treppe tiefer geschleift, um sie da abkratzen zu lassen, allein und in der Eiseskälte. Um seine Haut zu retten.«

»Sieht so aus. Ich würde ihn ja zu gern wegen Totschlags drankriegen, aber es gibt da keine Überwachungskamera, also wird das schwer zu beweisen sein.«

Was für ein Mensch tat so was? Cassie dachte an das eine Wort des Mädchens – *Warum?* – und kniff die Lippen zusammen. Rosie hatte den Typen geliebt.

Ihre Augen schlossen sich, und sie stand wieder unter dem Deckenlicht der Leichenhalle, sah wieder den fragenden Blick in den grünbraunen Augen des Mädchens, die Linie der Einstichnarben entlang des einen Unterarms – und den frischen Einstich auf dem Rücken ihrer Hand, ihrer *rechten* Hand.

Sie hörte Flyte fragen: »Was ist denn?«

Cassie tauchte wieder auf, öffnete die Augen und begegnete Flytes neugierigem Blick. »Nur zehn Prozent der Bevölkerung sind Linkshänder wie Sie.«

»Ich kann Ihnen nicht ganz …«

»Rosie hatte alte Einstichstellen auf ihrem linken Arm, aber der frischeste Einstich – der Schuss, der sie umgebracht hat – war auf dem *rechten* Handrücken. Das ist nicht ungewöhnlich. Die Abhängigen wechseln die Einstichstellen regelmäßig, damit die Venen nicht vernarben. Aber wenn sie Rechtshänderin war, wäre es für sie so gut wie unmöglich gewesen, sich diesen Schuss selbst zu setzen, erst recht für eine Anfängerin.«

»Wirklich?«

»Ja, wirklich. Ich hab schon genug Leute sich einen Schuss setzen sehen, und mit der anderen Hand ist das echt kein Spaß.«

Flyte kniff die Augen ein wenig zusammen. »Zeigen Sie's mir.«

Cassie tat so, als würde sie sich den rechten Oberarm abbinden, und hielt ihn eng an den Brustkorb, bevor sie ihre rechte Hand zur Faust ballte. Mit der linken Hand führte sie eine eingebildete Spritze an die Vene auf dem rechten Handrücken.

»Sie müssen die Nadel in die Vene bekommen, aber ohne ganz durchzustechen. Dann ziehen Sie mit einer Hand den Stempel zurück, um Blut zu ziehen und zu checken, dass Sie richtig drin sind. Da ist nicht viel Spielraum. Und dann ganz langsam den Stempel wieder runterdrücken, um das Zeug allmählich zu injizieren. Wenn man die Nadelspitze nur ein ganz bisschen bewegt, ist man durch und im Muskel.«

»Was Verschwendung wäre?«, fragte Flyte.

Cassie nickte. »Wenn Rosie Rechtshänderin war und sich selbst den Schuss gesetzt hat, warum hat sie dann nicht die Vene auf dem linken Handrücken genommen?«

Einen Augenblick lang starrte Flyte sie an. Dann blühte ein Lächeln in ihrem Gesicht auf und verlieh ihm jähe, verblüffende Schönheit. »Ich frage ihre Mum. Wenn Sie recht haben, können wir argumentieren, dass der Freund ihr den Schuss gesetzt haben muss – und in einer Vernehmung gelogen hat, nachdem er belehrt wurde.«

26. Kapitel

»Worüber freust du dich denn so?«, fragte Carl, als er Cassie am Morgen bei der Arbeit vor sich hin pfeifen hörte. Irritiert durch seinen mürrischen Ton, blickte sie auf und sah sein ungewaschenes Haar und die geröteten Augen. Wieder eine durchgesoffene Nacht, so wie er aussah. Doch sie war zu gut drauf, um ihm die Leviten zu lesen.

Als sie einen Gast aus der Kühlung holen ging, streckte sie die Hand nach Mrs Es Luke in der untersten Reihe aus und berührte ihre Initialen, »GOE«, schwarz auf blankem Edelstahl. »An Ihrem Fall ist jetzt ein Detective dran, Mrs E«, sagte sie leise.

Würde Flyte noch rechtzeitig etwas herausfinden? Einen Anfangsverdacht, wie die Cops sagten, der Mrs E zu einer richtigen forensischen Autopsie verhelfen würde? Cassie musste einfach daran glauben.

Da klopfte es heftig am Fenster zum Flur. Es war Doug. Mit ernster Miene nickte er ihr zu, bevor er den Zeigefinger in Carls Richtung rammte.

Übersetzung: *Ihr beide, in mein Büro, sofort.*

Ein paar Minuten später standen sie vor seinem Schreibtisch, und Carl bekam die volle Wucht von Dougs enttäuschtem Blick ab. »Roger vom Krematorium hat gerade angerufen und sich bei mir ausgekotzt. Können Sie sich vorstellen, weshalb, Carl?«

»Nein, Boss.« Carl klang genauso locker wie sonst, doch Cassie war aufgefallen, dass der Absatz seines rechten Stiefels einen raschen Trommelwirbel auf den Boden klopfte.

»Nun, dann lassen Sie sich mal von mir erleuchten. Sie haben doch letzten Mittwoch Pauline Palmer ausgeräumt, nicht wahr?«

»Äh, der Name kommt mir bekannt vor …«

»Mrs Palmer ist heute Vormittag eingeäschert worden. Erinnern Sie sich noch an irgendwelche Besonderheiten an ihrem Leichnam?«

Plötzlich überkam Cassie eine schreckliche Vorahnung, worauf das hier hinauslief.

Carls Fuß hörte auf zu trommeln. »Sie … sie hatte einen Schrittmacher.«

»Und was passiert mit einem Herzschrittmacher, wenn er auf tausend Grad Celsius erhitzt wird?«

»Die … die Lithiumbatterie explodiert, Boss.«

Cassie schloss die Augen. Bei dem Gedanken, dass ein Leichnam, der in ihre Obhut gegeben worden war, explodieren könnte, wurde ihr richtig schlecht.

»O Gott, Doug«, stieß sie hervor. »Das Teil ist doch nicht hochgegangen, während die Angehörigen noch da waren, oder?«

»Wir haben Glück, sie waren schon weg. Aber Roger hat Schaum vorm Mund. Durch irgendein Wunder hat der Ofen keinen Schaden genommen – sonst hätte es ein paar Tausender gekostet, das Ding zu reparieren.« Doug sah erneut Carl an und knallte die flache Hand auf den Tisch. »Wie zum Teufel konnten Sie vergessen, einen Herzschrittmacher zu entfernen?! Das ist doch nicht weiter kompliziert, Carl, das gehört zu den Autopsievorschriften für geistig Unterbelichtete.«

Carl nuschelte eine Entschuldigung, und als sie rasch zu ihm hinüberschielte, sah Cassie, dass er aufrichtig geknickt war.

»Ist ja alles schön und gut.« Doug schüttelte den Kopf. »Aber ›tut mir leid‹ reicht bei so etwas nicht. Ich fürchte, ich muss Disziplinarmaßnahmen in Erwägung ziehen.«

Nachdem er Carl hinausgeschickt hatte, drückte Doug die Faust gegen den Oberbauch. Es sah aus, als hätte der Anruf einen neuerlichen Schub seiner heftigen Magenschmerzen ausgelöst.

»Soll ich Ihnen ein Alka-Seltzer holen?«, erkundigte sich Cassie.

Doch Doug sprach weiter, als hätte er sie nicht gehört. »Ich muss sagen, ich hätte von Carl mehr erwartet. Normalerweise ist er doch sorgfältiger.«

Cassie verspürte heftige Gewissensbisse. Carl hatte in letzter Zeit viel getrunken, und seine Serien-Kater hatten wahrscheinlich zu dem Ausrutscher beigetragen – doch als die dienstältere Sektionsassistentin hätte sie das merken müssen. Für gewöhnlich vergewisserte sie sich, dass sämtliche Schrittmacher oder Defibrillatoren aus den Leichen entfernt worden waren, die abgeholt werden sollten, doch sie konnte sich nicht erinnern, bei Mrs Palmer noch einmal nachgesehen zu haben. Seit Mrs Es Tod hatte sie die Dinge schleifen lassen, wurde ihr klar.

»Er ist doch erst zweiundzwanzig, Doug. In dem Alter machen wir alle mal Fehler. Könnten Sie ein Auge zudrücken, nur dieses eine Mal?«

Doug blies die Backen auf und stieß einen langen Luftschwall aus. »Vielleicht. Aber Sie müssen ihn im Auge behalten, Cassie. Erst das Harry-Hardwick-Fiasko, und jetzt das. Wir geraten ja allmählich in Verruf.«

Im Sektionssaal war Carl dabei, die Arbeitsplatte mit roher Gewalt abzuschrubben. Als er sie sah, hielt er inne, und sie war verblüfft, wie fertig er aussah. »Cassie, es tut mir echt leid. Ich bin so ein Arsch. Ich weiß sogar noch, dass ich gedacht habe, ›*Ich muss noch den Schrittmacher rausholen, bevor Mrs P um zwei Uhr abgeholt wird*‹.« Er drehte die Scheuerbürste in den Händen. »Und dann … hab ich's total vergessen.«

Cassie war hin- und hergerissen zwischen Zorn über sein Versehen, Schuldgefühlen wegen ihrer eigenen Rolle bei diesem Fehler und dem dringenden Wunsch, ihn zu trösten. »Hör zu, Carl, es bringt nichts, sich deswegen selbst fertigzumachen. Ich war ja in letzter Zeit auch nicht gerade die Effizienz in Person.« Er bedachte sie mit einem dankbaren Blick, die Lippen schmal vor Betroffenheit.

Cassie fragte sich, ob Carls Alkoholkonsum in letzter Zeit

mehr als nur das übliche Komasaufen war, das fast jeder in seinem Alter absolvierte. Sie legte ihm die Hand auf die Schulter. »Carl, in letzter Zeit warst du irgendwie nicht so gut drauf wie sonst. Gibt's irgendwas, worüber du reden möchtest? Als Freund?«

Mit einem Kopfschütteln wich er ihrem Blick aus, jedoch nicht, bevor sie etwas Erschreckendes gesehen hatte: das Schimmern von Tränen in seinen Augen.

FLYTE

»DS Sloman.«

»Hi, Steve, hier ist Phyllida Flyte. Wie geht's?« Flyte gab sich alle Mühe, etwas in ihre Stimme zu legen, das hoffentlich als Wärme durchgehen konnte.

»Gut, danke.« Sein Tonfall war neutral – oder war er richtiggehend unfreundlich? Ohne sein Gesicht zu sehen, war das schwer zu sagen, doch sie hatte entschieden, dass ihre Notlüge am Telefon leichter zu verkaufen sein würde als in einem direkten Gespräch.

»Ich wollte Sie etwas wegen eines Todesfalls in der Patna Road fragen, für den Sie zuständig waren. Ist noch nicht lange her.«

»Ach ja? Wieso denn?« Argwohn knisterte durch die Leitung.

Es war mit an Sicherheit grenzender Wahrscheinlichkeit reine Zeitverschwendung, sich mit dem Tod von Cassie Ravens ehemaliger Lehrerin zu befassen. Dass die junge Frau da emotional involviert war, war offensichtlich, und nach Flytes Erfahrungen waren Emotionen der Feind des klaren Denkens – der Feind einer ganzen Menge von Dingen, wenn man so wollte. Und Fragen nach einem bestimmten Fall zu stellen, würde unweigerlich implizieren, dass sie das Handeln eines Kollegen anzweifelte – daher auch Slomans kratzbürstiger Ton. Trotzdem, versprochen war versprochen, sagte sie sich.

»Ich muss irgendwelchen Probezeit-Neulingen einen Vortrag über Auffindesituationen halten, und ich habe von dieser Frau gehört, die in der Badewanne gestorben ist? Ich dachte, das gäbe eine interessante Fallstudie ab. Sie wissen schon, korrektes Vorgehen, was für Fragen ein Detective stellen könnte, et cetera.« Sie versuchte sich an einem Auflachen. »Komisch, in der Badewanne, das ist die einzige Situation, die ich noch nie erlebt habe.«

Ein Knarren, als Sloman sich auf seinem Stuhl zurücklehnte. »Und Sie wollen also was tun, mit den Probezeitlern den Ermittlungsprozess durchsprechen?«

»Ja, genau.« Sein Tonfall war um ein paar Grade aufgetaut. Die Aussicht, dass seine Weisheiten an einen Haufen Grünschnäbel weitergegeben würden, die gerade erst die Polizeischule hinter sich hatten, schmeichelte eindeutig seiner Eitelkeit.

Er zögerte kurz. »Erklären Sie denen auch das korrekte Vorgehen, wenn sie 'n Totenschädel in jemandes Badezimmer finden?« Ein verschlagenes Grinsen schwang in seiner Stimme mit.

Flyte rang sich angesichts dieser geistlosen Bemerkung ein Lachen ab. Großer Gott, würde das hämische Gekicher denn niemals aufhören? Erst gestern hatte jemand einen Plastikschädel an einer Lederschnur über ihren Bildschirm gehängt. Obwohl sie ein Lächeln aufgesetzt hatte, war sie sich nach diesem Vorfall mehr denn je wie eine Außenseiterin vorgekommen.

»Alles klar, null Problemo«, sagte er jetzt. »Haben Sie was zu schreiben?«

Sloman beschrieb ihr, was er an dem Morgen, an dem der Leichnam von Geraldine Edwards in der Badewanne entdeckt worden war, am Fundort getan hatte, während sie scheinbar bedeutungslose Zwischenfragen stellte und hin und wieder einen schmeichelhaften Kommentar einwarf.

»Schön«, meinte sie, als er fertig war. »Und – nur damit ich die Begründung erklären kann – wie haben Sie ausgeschlossen, dass an dem Todesfall etwas verdächtig war?«

»Es gab keinerlei Hinweise auf einen Kampf oder gewaltsames Eindringen, die Türen waren alle von innen abgeschlossen, und die Nachbarn haben nichts Verdächtiges gesehen oder gehört. Whiskyflasche und Glas neben der Wanne – und der toxikologische Befund hat einen mordsmäßigen Alkoholpegel im Blut bescheinigt.« Vertraulich senkte er die Stimme. »War ziemlich eindeutig – alte Jungfer über fünfzig kippt nach ein paar Whiskys zu viel in der Badewanne aus den Latschen. Game over.«

»Okay.« Es gelang ihr, ihn darauf hinzuweisen, dass Geraldine Edwards verwitwet war und keine »alte Jungfer« – als ob ihr Familienstand überhaupt irgendwie relevant für das Ganze gewesen wäre. »Und die nächsten Angehörigen?«

»Ein Sohn oben im wilden, wolligen North Wales, also hat ein Kollege von der Streife da auf dem Revier angerufen, und die haben ihn verständigt.«

»Ich nehme an, Sie haben seinen Aufenthaltsort zum Zeitpunkt des Todes ermittelt? Nur fürs Protokoll natürlich.«

Eine kurze Pause, bevor er fragte: »Das ist alles nur für Ihren Frischlings-Vortrag, ja?« Argwohn hatte sich in Slomans Stimme geschlichen.

»Selbstverständlich. Aber Sie kennen mich ja, ich bin gern gründlich.«

»So kann man's auch nennen.« Sein Lachen hatte etwas Abfälliges. »Soweit ich mich erinnere, war er an dem Abend bei einer Konferenz. In Bristol, glaube ich.«

Nachdem sie aufgelegt hatte, fragte sich Flyte, ob ihr kleines Täuschungsmanöver ihr wohl irgendwann auf die Füße fallen würde. Wie kam sie eigentlich dazu, für Cassie Raven den Kopf hinzuhalten? Es stimmte, sie war ihr etwas schuldig: Die Mutter der an einer Überdosis gestorbenen Rosie Harrison hatte bestätigt, dass ihre Tochter Rechtshänderin war, was ihr einen Grund verschafft hatte, ihren Junkie-Freund noch einmal vorzuladen.

Doch sie musste sich eingestehen, dass das nicht der einzige Grund war. Trotz Cassie Ravens rotziger Art, trotz ihrer Tattoos und Piercings – die Behutsamkeit und die Umsicht, die sie beim Umgang mit Rosies Leichnam an den Tag gelegt hatte, hatten Flyte tief beeindruckt. Genauso wollte doch jeder sein Kind behandelt sehen.

Sie schüttelte den Kopf, um diesen Gedankengang abzubrechen.

Außerdem hatte sie beeindruckt, wie sorgfältig Raven Rosie untersucht und Kleinigkeiten bemerkt hatte, die leicht hätten übersehen werden können. Flyte hatte Respekt vor Menschen, die ihre Aufgaben mit Sorgfalt erledigten. Ihrer Erfahrung nach war die Liste dieser Menschen bedauerlich kurz – und nach seinem Bericht über den Leichenfund in Geraldine Edwards' Haus zu urteilen, stand auch DS Sloman nicht darauf.

Sie ging ihre Notizen noch einmal durch und listete Slomans Versäumnisse auf. Seine Beschreibung des Fundortes war ungenau, und es fehlten wesentliche Details. Die Befragung von Geraldine Edwards' Putzfrau, die die Leiche gefunden hatte, war, gelinde gesagt, oberflächlich gewesen. Er hatte nur mit den Nachbarn auf der einen Seite von Edwards' Haus gesprochen. Die auf der anderen waren nicht da gewesen, aber er hatte sich nicht die Mühe gemacht, später noch einmal einen Polizisten hinzuschicken.

Sloman, schloss sie, hatte quasi sofort beschlossen, dass es sich um einen Unglücksfall handelte, und der Rest der Ermittlungen, wenn man es denn überhaupt so nennen konnte, war reine Routine gewesen.

Doch jetzt mal ganz realistisch, was konnte sie tun? DI Bellwether hatte sie bereits als »zwanghaft« abgestempelt, weil sie den Fall Harry Hardwick nicht auf sich beruhen lassen wollte. Was immer sie auch für Bedenken haben mochte, sie konnte seinen Zorn nicht riskieren, indem sie darum bat, einen Routinefall neu aufzurollen, nur weil irgendjemand einen schlampigen Tatort-Bericht abgeliefert hatte.

27. Kapitel

Cassie blieb an diesem Tag lange und arbeitete den Papierkram ab, den sie hatte anwachsen lassen. Außerdem ersann sie ein System, das dafür sorgen sollte, dass sich das schreckliche Ereignis, das der armen Mrs Palmer im Ofen des Krematoriums widerfahren war, nicht wiederholen würde.

Doch sie war hibbelig und zerstreut, und auf dem Heimweg gab sie dem Impuls nach, DS Flyte anzurufen: Es konnte doch nicht schaden zu fragen, ob sie vorangekommen war.

»Also, ich habe mit dem Detective gesprochen, der im Haus Ihrer ehemaligen Lehrerin war, nachdem man sie gefunden hatte. Außerdem habe ich mir den Bericht gründlich angesehen.«

Flytes untypisch fröhlicher Tonfall kam ihr verkehrt vor – als wäre das eine Fassade oder so etwas.

»Und?« Cassie spürte, wie ihr Herz heftig zu klopfen begann.

»Ich fürchte, er hat nichts gefunden, was auf ein Tötungsdelikt hinweist.«

»Das ist alles? Das hätte ich Ihnen auch sagen können.«

»Ich weiß nicht genau, was Sie von mir erwarten. Ich habe gesagt, ich überprüfe den Bericht noch einmal, um sicher zu sein, dass nichts Offensichtliches übersehen worden ist – und genau das habe ich auch getan.«

Sie klang verärgert, aber Cassie vermutete Abwehr dahinter.

»Dann denken Sie also, er hat ordentliche Arbeit geleistet?«

Eine Mikro-Pause. »Das habe ich wohl kaum zu beurteilen.«

»Also nein.« Ihre Finger schlossen sich fest um das Handy.

»Das habe ich nicht gesagt«, entgegnete Flyte. »Es ist nur … Es steht mir nicht zu, das Verhalten eines Kollegen zu kommentieren.«

»Aber Sie hätten es anders gemacht.«

Ein ungeduldiger Seufzer. »Das habe ich nicht …«

»Wissen Sie, was ich glaube?« Cassie gab der jäh aufwallenden Wut nach. »Sie denken, er hat etwas übersehen. Aber Sie sind nicht bereit, deshalb eine Welle zu machen.«

Sie beendete das Gespräch, ohne Flyte Zeit für eine Erwiderung zu geben.

Flyte dazu zu bringen, den Todesfall noch einmal zu untersuchen, war ihr letzter Trumpf gewesen – die letzte Möglichkeit, Mrs E eine forensische Autopsie zu verschaffen. Und sie war gescheitert. Cassie stellte sich Mrs Es Leichnam in seiner Edelstahlmulde vor, und spürte, wie es hinter ihren Augen zu brennen und zu prickeln begann.

Kurz entschlossen machte sie kehrt und ging zurück nach Camden, Richtung Vibe Bar. Sie hatte sich einen ordentlichen Drink verdient, und wer weiß, vielleicht lief ihr ja sogar Tish-Tash über den Weg. *Scheiß drauf*, ein oder zwei Lines Koks könnten auch nicht schaden …

Dann wurden ihre Schritte langsamer, als sie plötzlich ein sehr starkes Gefühl überkam. Sie war nicht allein. Es war niemand zu sehen, doch sie wusste, dass Mrs E still neben ihr ging – eine tröstliche, unsichtbare Präsenz.

Eine zufällige Erinnerung tauchte in ihrem Kopf auf. Die Chemiestunde, in der Mrs E die chemische Reaktion erklärte, wenn Kalium auf Wasser traf. Der Klumpen aus weichem, silbrigem Metall hatte einen Moment lang im Messbecher gezischt, bevor er in einem Schauer aus Funken und Flammen hochgegangen war, woraufhin die Schüler gekreischt und gelacht hatten.

Eine Viertelstunde später saß sie nicht etwa in der Vibe-Bar und betrank sich, sondern lag bäuchlings im Tattoo-Studio »Ink Stains« auf der Liege. Sie hielt Kobe, seit Jahren der Tätowierer ihres Vertrauens, ihr Handy mit einem Bild darauf hin.

»Das ist eine Gleichung, die eine chemische Reaktion beschreibt«, erklärte sie.

»Okay, also, H2O ist Wasser, aber wofür steht das K?«

»Für Kalium. Wenn man das ins Wasser tut, entzündet es den Wasserstoff. Ist ein ziemlicher Hammer.«

»Cool. Und das willst du unten im Kreuz an der Wirbelsäule entlang haben, richtig?«

»Ja. Und darunter die Initialen G.O.E. in Fraktur.«

Es dauerte zwei Stunden, und da Kobe – zum Glück – bei der Arbeit nicht gern plauderte, bekam sie jede Menge Zeit zum Nachdenken.

Da die Wirbel so dicht unter der Haut lagen, tat es ganz schön weh, als sich die Tätowiermaschine ihr Rückgrat hinunterarbeitete, doch das war Cassie egal. Das war es ihr wert, damit ihr Körper eine unauslöschliche Erinnerung an die Frau trug, die ein Feuer in ihrem Kopf entzündet hatte. Doch als die reizdämpfenden Hormone ausgeschüttet wurden und den Schmerz milderten, und als das tiefe Surren sie in einem Tagtraum einlullte, tauchte ein irritierender Gedanke aus der Tiefe auf. Warum war sie eigentlich nie auf die Idee gekommen, ihre Eltern auf diese Weise zu verewigen? Oder auf überhaupt irgendeine Weise?

Sicher, sie besuchte zweimal im Jahr mit ihrer Großmutter das Grab ihrer Mutter auf dem Finchley Cemetery, an ihrem Geburtstag und ihrem Todestag, doch das war ein Ritual, bei dem sie mehr aus Pflichtgefühl als aus einem persönlichen Bedürfnis heraus mitmachte. Und was ihren Dad betraf, an den wurde überhaupt nicht erinnert. Babcia sagte, er sei in einem Familiengrab irgendwo in Irland bestattet worden, sie wüsste nicht, wo. Und angesichts ihrer unnachgiebigen Feindseligkeit ihm gegenüber hatte Cassie auch nie nachgehakt.

Jetzt stellte sie fest, dass sie mehr herausfinden wollte – über ihre Mutter *und* ihren Vater.

»Entschuldige, dass ich so spät hier aufkreuze.« Cassie folgte ihrer Großmutter in die warme Wohnung und streifte die Jacke ab, froh, den Druck auf den Sonnenbrand-Schmerz der frischen Tätowierung ganz unten an ihrer Wirbelsäule zu lindern.

»Spät? Es ist noch nicht mal zehn. Ich hab mir gerade einen Film angeschaut.«

Sie gingen ins Wohnzimmer, wo Cassie ein Standbild von John Wayne mit einem Cowboyhut auf dem Fernsehbildschirm sah – es sah aus, als hätte Babcia sich gerade zum hundertsten Mal *Der schwarze Falke* angesehen.

Weronika sah die Miene ihrer Enkelin und fragte: »Soll ich dir einen Kakao mit Schlagsahne machen? Und vielleicht mit ein bisschen *conac?*« Zum ersten Mal hatte Babcia ihr Kakao mit Schlagsahne gemacht, als Cassie mit zehn Jahren ohne Preis und in Tränen aufgelöst von einem Schulsportfest nach Hause gekommen war. Weronika hatte sich nicht von ihrem Job in einem Supermarkt freinehmen können, sodass Cassie als einziges Kind dort weder eine Mum noch einen Dad gehabt hatte, um sie anzufeuern. Doch in ihre Enttäuschung an jenem Tag hatte sich auch schuldbewusste Erleichterung gemischt, dass ihre Gran nicht gekommen war.

Als Cassie älter wurde, war es ihr immer peinlicher geworden, die graue Dauerwelle und den altmodischen Tweedmantel ihrer Großmutter neben den zerrissenen Jeans und den Schuhen mit Keilabsatz der Mütter ihrer Freundinnen am Schultor zu erblicken. In der Mittelstufe zogen die Fieseren unter den anderen Mädchen offen über sie her, ahmten den starken Akzent ihrer Großmutter nach und taten so, als müssten sie sich beim Anblick der Piroggen und *golabki* in Cassies Lunchbox übergeben.

Der große Knall kam, als sie eine Mitschülerin dabei erwischte, wie sie auf dem Flur mit heruntergerollten Socken Babcias wuseligen Altfrauen-Gang vorführte. Cassie schubste sie gegen die Wand und verpasste ihr eine Abreibung, die erst ein Ende fand, als ein vorbeikommender Lehrer dazwischenging. Nie hatte sie verraten, was sie zu dem Angriff verleitet hatte, was ihr einen Schulverweis für einen Monat eintrug. Aber danach hatte sich niemand mehr über ihre Großmutter lustig gemacht.

Als sie die heißen Getränke ins Wohnzimmer trug, fragte sie: »Babcia … können wir uns deine Fotos von Mum anschauen?«

Beim Ausdruck freudiger Überraschung auf dem Gesicht ihrer Großmutter überkam Cassie ein schlechtes Gewissen – wie oft hatte sie sich vor dem gedrückt, was sie im Stillen immer »die Fotoalbum-Folter« genannt hatte?

Gran stellte einen großen, zerfledderten Pappkarton auf den Boden, holte ein Album hervor und schlug es auf ihrem Schoß auf. »Ah! Da ist deine Mama, fein angezogen für ihre erste Party – das war ihr fünfter Geburtstag.« Ein kleines Mädchen in einem altmodischen Partykleidchen aus hellblauer Seide mit steif von der Taille abstehendem Rock, das große Augen machte und gespannt vor Aufregung war.

»Vornehmes Kleid!«

»Vornehm? Gott segne dich!« Großmutter lachte. »Das habe ich aus Vorhangresten gemacht, die ich auf dem Markt bekommen hatte.« Sie tätschelte das Album. »Sie sieht genauso aus wie du in dem Alter.«

»Echt?« Dieses fremde kleine Mädchen mit den Zöpfen und den weißen Kniestrümpfen sah so retro aus, so *anders,* dass sie auch von einem anderen Planeten herabgebeamt worden sein könnte.

Doch eins der späteren Bilder ihrer Mum sprang sie geradezu an, schwang sich mühelos über die Jahrzehnte hinweg. Darauf schlenderte die junge Katherine an einem Sommertag über den Camden Market; sie sah aus wie ungefähr neunzehn oder zwanzig, also musste es in den frühen Neunzigerjahren gewesen sein. Die Schatten waren scharf abgegrenzt, die Details der sonnigen Flächen weggebleicht – sogar die Luft sah heiß aus. Ihre kurz abgeschnittenen Jeans enthüllten lange schlanke Beine, und das Sonnenlicht ließ rotbraune Lichter in dem welligen Haar aufleuchten, das ihr bis auf die Schultern fiel. Ihr Gesichtsausdruck – fröhlich, und doch verlegen lachend, weil sie fotografiert wurde – war einer, mit dem man nur einen Geliebten ansehen würde.

»Das hat bestimmt Dad gemacht«, meinte Cassie.

Als sie sah, wie ihre Großmutter die Lippen schürzte, bekam Cassie erneut das ewig gültige Tabu zu spüren, ihren Vater auch nur zu erwähnen.

»Gran, ich weiß, du denkst, er war nicht gut genug für Mum«, versuchte sie es. »Vielleicht hast du ja recht und er war ein Nichtsnutz und all so was, aber er war doch trotzdem mein Vater.«

Die Lippen der alten Frau wurden zu einem dünnen Strich, doch irgendetwas veranlasste Cassie, weiterzubohren. »Gibst du ihm die Schuld an dem Unfall, ist es das?« Vielleicht war das, was man ihr immer erzählt hatte – der leichtsinnige jugendliche Raser in einem gestohlenen Auto –, nicht die ganze Wahrheit. »War Dad in Wirklichkeit schuld an dem Unfall? Hatte er getrunken?«

Mit einem angedeuteten Kopfschütteln klappte die alte Dame das Album zu. Doch Cassie konnte nicht anders. »Ich habe noch nicht mal ein Foto von ihm, Herrgott noch mal! Du musst doch irgendeine Ahnung haben, wie man an seine Familie rankommt? Ich sollte doch wenigstens mal sein Grab besuchen.«

»Ich weiß nichts von seiner Familie – oder wo er begraben ist.« Babcias Blick huschte davon.

Sie legte das Album in den Karton zurück und strich noch einmal sachte darüber, bevor sie den Deckel wieder aufsetzte. »Cassandra, *tygrysek* … Es ist ganz normal, dass du etwas über deinen Vater wissen willst, das verstehe ich ja.« Sie sah Cassie in die Augen und umklammerte ihre Hand so fest, dass die Knöchel knirschten. »Aber in einem musst du mir trauen: Du hast Glück, dass du ihn nicht kennst.«

Ihre Miene war so verschlossen, dass Cassie wusste, es hatte keinen Sinn, weiter zu fragen.

Was in aller Welt hatte ihr Dad nur getan, um solche Feindseligkeit zu verdienen? Oder war es nur die fehlgeleitete Aggression einer Frau, die glaubte, ihr einziges Kind wäre noch am Leben, wenn sie ihrem künftigen Ehemann nie begegnet wäre, wenn sie an jenem Abend nicht mit ihm ins Auto gestiegen wäre? Das war eine Denkweise, die Cassie immer wieder bei trauernden Hinterbliebenen sah: eine selbstquälerische Litanei aus »Was wäre, wenn« und »Wäre doch nur«, eine sich endlos verzweigende Straßenkarte alternativer Ereignisse oder Entscheidungen, die vielleicht den Tod des geliebten Menschen abgewendet hätten.

Die Erinnerung daran, wie ihr Dad einen vollen Löffel wie ein Flugzeug durch die Luft hatte tanzen lassen, tauchte wieder auf, allerdings diesmal mit einem neuen Detail: Sein Lockenkopf war konzentriert über den Teller gebeugt, während er mit dem Löffel etwas herausfischte.

Nachdem Weronika den Karton mit dem Album weggeräumt hatte und wieder ins Wohnzimmer kam, herrschte aufgeladenes Schweigen, das sie als Erste brach. »Ich merke doch, dass dir in letzter Zeit irgendetwas zu schaffen macht, *tygrysek.*« Jetzt war ihre Stimme sanft. »Hat es etwas mit dieser Lehrerin zu tun, mit deiner Freundin, die gestorben ist?«

»Manchmal habe ich das Gefühl, die Toten sprechen mit mir.«

Cassie war verblüfft über ihre eigenen Worte. Nachdem sie ihre Augenblicke der Zwiesprache mit den Toten fünf Jahre lang geheim gehalten hatte, hatte sie jetzt innerhalb weniger Tage sowohl Tish-Tash – einer Zufallsbekanntschaft – als auch ihrer Großmutter davon erzählt.

»Bei Mrs Edwards war das so«, fuhr sie fort. »Nur, diesmal sehe ich sie auch – und zwar außerhalb der Leichenhalle.«

Wenn Weronika schockiert war, dann gelang es ihr, das gut zu verbergen. Nach längerem Schweigen sagte sie: »Wenn jemand stirbt, den man liebt, dann ist derjenige immer noch bei einem«, sagte sie und klopfte sich sachte mit der Faust gegen die Brust. »Ich meine, *wirklich* bei einem. Drei Tage, nachdem deine Mama umgekommen war, bin ich reingekommen und habe sie da sitzen sehen, wo du jetzt sitzt. Sie hat ihr wunderschönes Haar zu Zöpfen geflochten.«

Cassie blickte nach unten auf das Sofakissen und schauderte. Zum ersten Mal seit Jahren beschwor sie das Lächeln ihrer Mutter herauf, jäh gefolgt von einem so brutalen Gefühl des Verlusts, dass es sie innerlich aushöhlte.

Hatte Mrs Es Tod den Deckel von ihrer Trauer gerissen, sodass die Erinnerungen an den Tod ihrer Eltern jetzt in einem gewaltigen Schwall zurückkamen? Hatte sie deswegen diese Visionen?

»Es ist, als ob sie versucht, mir zu sagen, dass etwas nicht stimmt, dass sie nicht hätte sterben dürfen«, sagte sie. »Hört sich das völlig verrückt an?«

»Nein, nicht verrückt. Nicht, wenn man jemanden lieb hat.« Der Blick ihrer Großmutter wanderte zu dem Foto von ihrer Tochter auf dem Kaminsims hinüber. »Weißt du, nächsten Monat ist es einundzwanzig Jahre her, dass ich meine Katherine verloren habe, aber sie redet manchmal immer noch mit mir. Und wenn das passiert, ist es ein wunderbares Geschenk.«

Spricht sie auch von mir?, überlegte Cassie, sprach es jedoch nicht laut aus.

28. Kapitel

Der folgende Tag war ein Samstag, und auch wenn Cassie nicht einmal Rufbereitschaft hatte, hatte sie sich doch bereit erklärt, noch in die Pathologie zu kommen, um eine forensische Autopsie vorzubereiten, die ganz früh am Montagmorgen angesetzt war. Da der Befund einer solchen Autopsie darüber entscheiden konnte, ob ein Mörder im Gefängnis landete oder davonkam, musste jeder Schritt unanfechtbar sein. Es war fast fünf Uhr nachmittags, als sie sich schließlich mit Deborah von der Verwaltung hinsetzte, um die Papiere noch einmal zu überprüfen.

»Der Verstorbene heißt Hanif Aziz Hassan, geboren am siebten April 2001«, las Deborah vom Bildschirm ab, bevor sie mit der Zunge schnalzte. »Genauso alt wie mein Jüngster. Das war diese Messerstecherei, über die sie was im Fernsehen gebracht haben, stimmt's?«

Cassie nickte, sie hatte Rufbereitschaft gehabt, als die Cops Hanif vor ein paar Wochen gebracht hatten. Sein Mörder hatte ihn fast anderthalb Kilometer weit verfolgt, vom nördlichen Ende der Wohnsiedlung bis zu dem Hochhaus, in dem er mit seiner Mum wohnte. Überwachungskameras hatten den größten Teil des Vorfalls gefilmt, einschließlich des Augenblicks, in dem Hanifs Verfolger ihm in den Wohnblock nachgerannt war. Nach der Messerattacke, die außer Reichweite der Kameras und ohne Zeugen stattgefunden hatte, war Hanif vor den Fahrstühlen mit einer einzelnen Stichverletzung im Oberschenkel liegen geblieben und verblutet.

Die Überwachungsaufnahmen führten zur Verhaftung von Regis Kane, einem Gangleader aus dem Viertel, der den Drogenhandel in dem Straßennetzwerk rund um die berüchtigte Wohnsiedlung Castlehaven Estate kontrollierte. Kane saß jetzt in einer Zelle in Wormwood Scubs und wartete auf seinen Prozess wegen des Mordes an Hanif.

»Ging um Drogen, stimmt's?«, fragte Deborah.

»Ja. Irgendwie 'ne traurige Geschichte.« Cassie berichtete, was die Polizisten ihr erzählt hatten. Anscheinend hatte Hanif Hassan eine große Zukunft als Programmierer bevorgestanden, nachdem er kürzlich den Preis als bester Informatikstudent des Jahres gewonnen hatte, der ihm vom Bürgermeister überreicht worden war. Leider finanzierte Hanif sein Studium zum Teil damit, nebenbei ein bisschen Gras zu verticken. Er verkaufte nur an Leute, die er kannte, doch an dem fraglichen Tag hatte ihn jemand in einer Gegend gesehen, in der Regis Kane das Sagen hatte, und Regis Kane unterstand der gesamte Drogenhandel rund um Castlehaven Estate.

Cassie musste an die Nacht mit Tish-Tash denken, als sie sich von einem der halbwüchsigen Somalis vor der Vibe Bar Koks besorgt hatte, und spürte, wie es ihr heiß den Hals hinaufkroch. Sie hatte nur einen Zwanziger für das Zeug bezahlt, doch sie wusste, dass all diese Zwanzig-Pfund-Scheine ein blutiges Geschäft finanzierten.

Deborah suchte gerade nach einer E-Mail und bemerkte ihr Unbehagen nicht. »Da haben wir's ja. Okay, also, der Pathologe der Verteidigung ist ein Mr Anton Ferriman.«

Professor Arculus hatte die Erstautopsie an Hanif durchgeführt und die Stichwunde im Oberschenkel, die die Arterie verletzt hatte, als Todesursache identifiziert. Kane war wegen Mordes angeklagt worden, und sein Verteidiger machte jetzt von seinem Recht Gebrauch, eine zweite Autopsie von Hanifs Leichnam durch einen anderen Pathologen vornehmen zu lassen.

Deborah machte ein skeptisches Gesicht. »Warum machen die sich überhaupt den ganzen Aufwand? Mord ist doch Mord, oder?«

»Sollte man meinen«, erwiderte Cassie. »Aber die Verteidigung will durch die zweite Autopsie Zweifel säen.« Sie erinnerte sich an einen Fall, in dem der von der Verteidigung beauftragte Pathologe behauptet hatte, das Opfer einer Prügelattacke habe an einer Vorerkrankung des Herzens gelitten und sei daran gestorben, was dazu geführt hatte, dass der Angeklagte freigesprochen wurde.

»Das ist doch irre, oder?«, fragte Deborah.

Cassie überließ es Deborah, den Computer herunterzufahren, und bekam gleich darauf einen unerwarteten Anruf von Carl.

»Ich wollte fragen, ob du vielleicht Lust auf ein Bier hast, wenn du da fertig bist?«, fragte er.

»Sehr gern, aber ich muss noch den forensischen Sektionsraum fertig machen.«

»Du legst doch nicht etwa 'ne Nachtschicht ein, oder?«

Sie sah auf die Uhr. »Nein, spätestens um acht sollte ich hier raus sein, aber ich glaube, danach gehe ich mal früh ins Bett.« Carl klang ein bisschen nervös, und Cassie kam der Gedanke, dass er wahrscheinlich über sein drohendes Disziplinarverfahren sprechen wollte. »Hat Doug schon mit dir gesprochen?«, fragte sie. »Wegen dem Schrittmacher-Debakel?«

»Ich hab gleich Montag früh eine Besprechung mit ihm.« Carls Stimme wurde sehr leise. »Hast du 'ne Ahnung, was er mit mir vorhat?«

Cassie zögerte. Sie durfte nicht verraten, dass sie Doug von einer schriftlichen auf eine mündliche Verwarnung heruntergehandelt hatte. »Nicht genau, aber mach dich deswegen nicht verrückt, okay?«

»Okay. Danke, Cass.«

»Und stink ja nicht wie 'ne Spelunke, wenn du zum Dienst kommst.«

Abgelenkt durch Carls Anruf, fand Cassie sich dann im Hauptsektionssaal wieder, wo sie doch den Raum für die forensischen Autopsien im hinteren Teil des Gebäudes bereit machen musste.

Sie ging dorthin, schloss die Tür auf und trat ein. Der Formalingestank drang ihr bis ganz nach hinten in den Rachen und ließ ihre Augen tränen. Sie öffnete die Kühlzelle – kleiner als die im Hauptkühlraum, mit nur sechs Luken – und glich den Namen und das Geburtsdatum auf Hanifs Luke mit denen in ihren Unterlagen ab.

»Jetzt dauert's nicht mehr lange, Hanif«, versicherte sie ihm durch den Leichensack hindurch. »Wir sorgen dafür, dass du so schnell wie möglich wieder zu deiner Mum kannst.«

Cassie erwartete nicht, dass Hanif antwortete, sie hatte noch nie einen ihrer Schützlinge aus der Forensik »sprechen« gehört. Vielleicht weil sie bei diesen Fällen die Eviszeration nicht selbst vornahm. Der Einzige, der Hanifs Leichnam am Montag anrühren durfte, würde der Pathologe sein, um jegliches Risiko einer Kontamination der Beweise auszuschließen. Ihre Aufgabe würde einfach nur darin bestehen, danebenzustehen und ihm Instrumente und Probengefäße anzureichen.

Trotzdem, sie freute sich immer auf forensische Autopsien. Wenn der Pathologe es für nötig hielt, wurde manchmal die Haut vom Körper abgezogen, um verborgene Prellungen und Quetschungen zum Vorschein zu bringen, sodass die ganze Maschinerie aus Muskeln, Sehnen und Blutgefäßen offen dalag, wie ein anatomisches Modell. Als sie einmal versucht hatte, die seltsame freudige Erregung, die sie bei diesem Anblick verspürte, ihrer Großmutter zu erklären, hatte sie sich schwergetan, die richtigen Worte zu finden. Weronika hatte einen Moment lang überlegt und dann gesagt: »Das muss so sein, als ob man ganz kurz sieht, was Gott sich dabei gedacht hat.« Das war der Wahrheit sehr nahegekommen.

Ihre erste Aufgabe bestand darin, den Sektionstisch freizuräumen. Dort standen Kübel, in denen Gehirne in Formalin lagen, damit das weiche Gewebe vor der Sektion fester wurde. Die Dinger waren unheimlich schwer, sie brauchte beide Hände, um sie ans andere Ende des Raums zu wuchten, und als sie fertig damit war, taten ihr die Schultern weh. Noch ehe sie richtig mit dem Saubermachen anfangen konnte, klingelte ihr Handy. Es war Deborah. Gerade als sie gehen wollte, hatte ein alter Herr, dessen Frau heute im Krankenhaus verstorben war, angerufen und gefragt, ob er ihren Leichnam sehen könne.

»Soll ich ihm sagen, er soll Montag kommen?«, erbot sie sich.

Cassie sah im Geiste einen alten Mann vor sich, der ohne Zweifel gerade erst den ersten Schock verwunden hatte, seine lebenslange Gefährtin verloren zu haben, und das dringende Bedürfnis empfand, sie zu sehen.

»Nein, tun Sie das nicht.« Wieder sah sie auf die Uhr. Eine halbe Stunde, um den Leichnam der Frau herzurichten, dann vielleicht noch eine Stunde für die Besichtigung. Den Sektionsraum konnte sie danach fertig machen. »Sagen Sie ihm, er soll um acht Uhr kommen, dann habe ich noch genug Zeit, sie zurechtzumachen.«

Maurice, ein höflicher Herr Mitte achtzig, kam eine halbe Stunde zu spät. Er hatte jenen leeren Blick, der von einem schweren Verlust kündete, hatte sich aber eindeutig für diesen Besuch Mühe mit seinem Äußeren gegeben. Cassie sah das frisch gebügelte Hemd und die Krawatte, roch die Schuhcreme auf einem Paar Schuhe, das wahrscheinlich sein allerbestes war, und sah den winzigen Blutfleck an einer Rasierschramme unter dem Kinn.

Sie saß mit ihm neben seiner toten Ehefrau Naomi, während er sich in Erinnerungen an ihr gemeinsames Leben in fünfzig Jahren Ehe erging. Ihn zu drängen, kam nicht infrage, und es dauerte über zwei Stunden, bis er schließlich auf ihren freundlichen Vorschlag einging, sich auszuschlafen und Naomi morgen noch einmal zu besuchen.

Sein Besuch warf Cassie so weit zurück, dass es schon nach Mitternacht war, als der Sektionsraum sauber und einsatzbereit war. Sie überprüfte ein letztes Mal die sterilisierten Instrumente, als sie es hörte.

Das Grollen eines Dieselmotors draußen vor dem Gebäude.

29. Kapitel

Cassies erster Gedanke war, dass sie eine Nachricht verpasst haben musste, in der eine spätabendliche Lieferung angekündigt worden war. Doch als sie in die Tasche griff, um auf ihrem Handy nachzuschauen, merkte sie, dass sie es im Besichtigungsraum liegen gelassen hatte.

Da der Sektionsraum keine Fenster hatte, beschloss sie, ins Büro zu gehen, von dort aus konnte man den Parkplatz sehen. Doch als sie auf den Korridor trat, spürte sie, wie ein kalter Luftfinger über ihr Gesicht strich.

Jemand hatte die Eingangstür geöffnet. Aber wer? Außer den Mitarbeitern hatte doch keiner eine Türkarte?

Als sie die Eingangstür leise ins Schloss fallen hörte, zog sich ihre Kopfhaut zusammen, und plötzlich standen Schweißperlen auf ihrer Oberlippe. Ihre Amygdala sagte ihr, was ihre Großhirnrinde nicht so schnell begriff: Es war jemand eingedrungen. Sie lauschte angespannt und hörte von der Eingangshalle her drängendes Flüstern.

Korrigiere: Eindringlinge, Plural. Ihre auf höchste Alarmstufe gestellten Ohren fingen das leise Quietschen von Turnschuhen auf dem Linoleumboden des Korridors auf. Rasch schlüpfte sie zurück in den Sektionsraum und ließ das Schloss so leise wie möglich hinter sich zuschnappen.

Das Fehlen eines anderen Ausgangs löste ganz kurz Panik aus, doch sie sagte sich, dass sich zwischen denen und ihr, wer immer die sein mochten, eine ordentliche, stabile Tür befand. Junkies wahrscheinlich, auf der Suche nach Drogen oder ein bisschen Kleingeld, und draußen im Korridor gab es jede Menge unverschlossene Türen, mit denen sie ihr Glück versuchen konnten.

Dieser tröstliche Gedanke wurde vom Klang leiser, drängender Stimmen direkt vor der Tür weggewischt. Zwei Männer, einer klang jünger als der andere. Sie hörte Gesprächsfetzen: »… müssen wir's richtig hinkriegen …«, von der tieferen, älteren Stimme … »Ich find's hier scheißgruselig« – die weinerliche jüngere Stimme. Dann wieder die ältere: »Gib mal her, Alter.«

Ein dumpfer Stoß, gefolgt von einem Splittern, ließ Cassie zusammenfahren.

Ach du Scheiße! Die versuchten, die Tür aufzuhebeln. Das Holz ächzte. Es hielt stand, aber wie lange noch.

Sie beschloss, sich bemerkbar zu machen.

»Die Bullen sind schon unterwegs«, verkündete sie durch die Tür hindurch. Ganz ruhig, mit leiser, fester Stimme. »An eurer Stelle würde ich mich schleunigst vom Acker machen.«

Das Stochern an der Tür hörte auf, und es herrschte Schweigen, gefolgt von einem geflüsterten Streitgespräch – der Jüngere klang panisch und wollte eindeutig abhauen, die ältere, tiefere Stimme lehnte ab. Sie hörte den Älteren leise lachen. »… Schlampe lügt doch, Alter.« Dann sprach er lauter, durch die Tür. »Hör zu, wir kommen so oder so rein – lass uns rein, und wir machen dich nich' alle, okay?«

Cassie erlaubte sich nicht, über das Versprechen in dieser tiefen, unbeeindruckten Stimme nachzudenken. Sie tappte rückwärts in den Raum und sah sich nach einer Waffe um. Ein neuerlicher ekelerregender Schlag und ein metallisches Quietschen, als der Tür abermals zugesetzt wurde. Sie ließ den Blick über das Arsenal an Skalpellen, Sägen und Rippenscheren wandern, die auf dem Sektionstisch aufgereiht lagen. Gefährlich sahen die vielleicht aus, aber im Moment hätte sie sie alle gern gegen einen Baseballschläger eingetauscht.

Ein Knall wie ein Schuss hallte durch den Raum, als die untere Türangel nachgab. Die Männer draußen johlten.

Cassies Augen huschten zu dem Türschloss. Wenn sie klein

beigab und die Tür aufmachte, vielleicht würden sie ihr dann nichts tun? *Ja, klar doch!*

Sekunden später gab die Tür nach und krachte zu Boden.

Vom Flur aus spähten die beiden Männer in den stockdunklen Sektionsraum.

»Scheiße, wo is'n die hin?«, brummelte der Jüngere.

Der Ältere machte einen Schritt über die Schwelle des dunklen Zimmers, die Brechstange in Schulterhöhe.

Er sah etwas Weißes auf sich zuschießen, und ein unheimliches Gesicht mit lauter Metall darin. Das Gesicht barst zu einem gellenden Schrei, als es das Weiße in seine Richtung schleuderte. Eine riesige Zunge aus Flüssigkeit schwappte aus dem Kübel und hing den Bruchteil einer Sekunde lang wie eine gefrorene Flamme in der Luft. Dann klatschte sie über ihn, und etwas Schweres prallte gegen seine Brust.

Er ließ die Waffe fallen und riss sein Sweatshirt hoch, versuchte verzweifelt, sich die brennende Flüssigkeit aus dem Gesicht zu wischen. »Säure! Die Schlampe hat mich verätzt!« Dann fiel sein Blick auf das, was ihn getroffen hatte und jetzt zwischen seinen Turnschuhen lag.

Er blinzelte zweimal, bevor er begriff. *Es war ein menschliches Gehirn.*

Cassie erschien mit einem zweiten vollen Kübel im Türrahmen, doch die Männer hatten bereits kehrtgemacht und rannten schlitternd über das nasse Linoleum.

30. Kapitel

Auf ihren Anruf in der Notrufzentrale hin kamen drei Polizeiwagen mit heulenden Sirenen zur Leichenhalle gerast. Die Polizisten fanden die Eingangstür offen vor, und Cassie auf den Knien im Flur, wo sie gerade behutsam ein menschliches Gehirn in einen weißen Plastikkübel zurückverfrachtete. So, wie sie die Geschichte hinterher auf dem Revier erzählen würden, redete sie dabei halblaut darauf ein, so wie man mit einem verletzten Haustier sprechen würde.

Jetzt saß sie im Büro und bekam von Doug süßen Tee eingetrichtert, während die Cops sämtliche Bereiche absperrten, die die Einbrecher betreten hatten.

»Hören Sie auf, sich Sorgen um das Gehirn zu machen, Cassie, Sie haben genau das Richtige getan.«

Sie wiegte sich vor und zurück, die Arme um die Knie geschlungen. »Aber wenn das Labor jetzt keine brauchbaren Proben mehr davon nehmen kann?«

»Das geht schon – Gehirne halten mehr aus, als man meinen sollte. Ganz unter uns, mir ist mal eins die Treppe runtergefallen.«

Sie machte ein zweifelndes Gesicht. »Und die haben trotzdem noch Proben nehmen können?«

»Ja. Und jetzt trinken Sie Ihren Tee aus. Kriegen Sie schon einen Keks runter?«

Sie schüttelte den Kopf.

»Sie sind immer noch fürchterlich blass. Am liebsten würde ich Sie im Taxi nach Hause schicken und denen sagen, sie sollen Sie morgen ausfragen. Wissen Sie, es ist fast eins.«

»Ist schon okay, ich bin lieber hier.« Nach Hause zu fahren und Mrs E und all ihre anderen Schützlinge nach dem Einbruch allein und hilflos zurückzulassen, war undenkbar.

31. Kapitel

Mit einem Ruck fuhr Cassie aus dem Schlaf auf und blinzelte in den mürrischen Schein einer tief stehenden Wintersonne. Sie war vollständig angezogen ins Bett gekippt und hatte vergessen, die Vorhänge zuzuziehen. Ein Augenblick der Verwirrung, dann kamen die Ereignisse der letzten Nacht im Schwall zurück.

Das klägliche Kratzen an der Schlafzimmertür musste sie geweckt haben: Macavitys Frühstück war schon lange überfällig.

Auch nach dem Aufstehen fühlte sie sich immer noch benommen und konnte sich nicht richtig an den Einbruch erinnern. Alles, was sie heraufbeschwören konnte, waren Bruchstücke, zum Beispiel das schmerzliche Kreischen, mit dem die Türangel nachgegeben hatte.

Nach einem Becher sirupdickem Kaffee aus dem Espressokocher teilte sich der Nebel in ihrem Gehirn einen Moment lang, und ihr wurde etwas klar.

Zwei Einbrüche in einer Leichenhalle innerhalb von vierzehn Tagen, das war kein Zufall.

Bei den Eindringlingen von gestern Nacht musste es sich um dieselben Typen handeln, die Harry Hardwicks Leichnam geklaut hatten. Womit auf einen Schlag zwei mögliche Motive für den Diebstahl ausgeschlossen waren: Es war kein einmaliger Dummejungenstreich gewesen, und die waren auch nicht gezielt auf Mr Hardwick aus gewesen. Was hatten sie also dann gewollt?

Vielleicht hatte Carl ja von Anfang an richtiggelegen, dass sie Leichenräuber waren, scharf auf wiederverwendbare Körperteile von Toten. Derjenige, der den Diebstahl angeordnet hatte, dürfte einen jüngeren, wertvolleren Leichnam bestellt haben, aber vielleicht hatten die Diebe auch Mist gebaut. Das würde erklären, warum sie den armen Harry in den Kanal geschmissen hatten und gestern Nacht zurückgekommen waren, um es noch einmal zu versuchen.

Ein Fetzen ihres Gesprächs kam ihr in Erinnerung, irgendetwas von wegen, »richtig hinkriegen« – hieß das, dass sie es *diesmal* richtig hinkriegen mussten …?

Aber … irgendetwas an diesem Szenario stimmte nicht, etwas, das Cassie nicht genau benennen konnte. Ihr benommenes Hirn bemühte sich vergeblich, die Zusammenhänge herzustellen. Nachdem sie sich umgezogen hatte, fiel ihr Blick auf die Dietriche, die sie sich von Kieran geliehen hatte und die immer noch auf der Arbeitsplatte lagen. Da es durchaus wahrscheinlich war, dass Flyte hier auftauchte, um ihr Fragen zu stellen, beschloss sie, dass es an der Zeit war, die Dinger ihrem Besitzer zurückzugeben.

Unten am Kanal war die Luft kalt und frisch und half ihr, klarer zu denken. Der Einbruch in der Leichenhalle gestern Nacht hatte ihr einen Heidenschrecken eingejagt – natürlich, was denn sonst –, aber sie tröstete sich mit dem Gedanken, dass die Einbrecher eindeutig nicht damit gerechnet hatten, auf jemanden zu treffen, der noch einen Herzschlag hatte: Sie war ganz einfach zur falschen Zeit am falschen Ort gewesen.

Weiter vorne neben dem Treidelpfad sah sie einen vertrauten leuchtend blauen Fleck. Es war Kieran, der in seinem Schlafsack saß, den zotteligen Kopf über die Zigarette gebeugt, die er sich gerade drehte.

»Ich hab gehofft, dass ich dich sehe, Cassie Raven«, sagte er und bedachte sie mit seinem Trümmergrinsen.

»Entschuldige.« Sie wühlte die Dietriche aus der Tasche. »Ich wollte dir die Dinger schon früher zurückbringen.«

»Ah, kein Problem, das meine ich nicht.« Er blickte den Treidelpfad hinauf und hinunter, bevor er sie näher heranwinkte.

Sie hockte sich hin, und Kieran rutschte auf sie zu, wobei eine deftige Dunstwolke aus seinem Schlafsack aufstieg. »Ich hab da vor ein paar Tagen was Interessantes läuten hören.« Sein Gesicht leuchtete begeistert. »So'n paar Gangtypen hatten da 'ne Leiche, die sie unbedingt loswerden wollten.«

»Ach ja?«, machte Cassie auf ganz beiläufig.

»Es heißt, die hätten sie aus der Leichenhalle geklaut.«

»Echt jetzt?!«

»Euch ist also keiner abhandengekommen?« Fragend grinste er sie an.

Sie brachte ein leises Lachen zustande. »Als ich das letzte Mal nachgeguckt habe, war der Laden voll.« Was ja auch stimmte.

»Ja, hab mir schon gedacht, dass das wahrscheinlich Quatsch war. Wieso sollte denn jemand 'ne Leiche mitgehen lassen?« Er fuhr mit der Zunge über die Kante des Zigarettenpapiers.

»Wer waren denn diese angeblichen Leichenräuber?«, erkundigte sich Cassie und zog dabei skeptisch eine Braue hoch.

»Castlehaven Boyz. Miese kleine Scheißer aus der Gegend von Kentish Town.«

Castlehaven Boyz …

»Nie von denen gehört. Und was ist aus diesem angeblich geklauten Leichnam geworden?«

»Hab ich nichts drüber gehört, ehrlich.«

»Da hat dich jemand verarscht, würde ich sagen«, meinte sie und verspürte ein Aufwallen der Erleichterung, dass sich die Geschichte von Mr H nicht herumgesprochen hatte.

»Tja, wir müssen hier eben selbst für Unterhaltung sorgen«, gab Kieran fröhlich zu, bevor er sich mit großer Geste seine Selbstgedrehte anzündete.

Das Gespräch brachte Cassies Gehirn auf Touren. Waren die Castlehaven Boyz von jemandem, der mit Leichenteilen handelte, beauftragt worden, in die Pathologie einzubrechen? Doch dann nahmen ihre hartnäckigen Zweifel von vorhin an dieser Theorie plötzlich Gestalt an. Wenn man noch mal zurückkam, um eine jüngere Leiche zu klauen, warum ging man dann nicht in den Kühlraum, wo es ein Dutzend Leichname zur Auswahl gab?

Warum sollte man sich ausgerechnet den abgeschlossenen forensischen Sektionsraum vornehmen?

Sie kam zu der Schleuse, wo Harrys Leichnam gefunden worden war, und blieb wie angewurzelt stehen.

Im forensischen Sektionsraum lag nur eine einzige Leiche, nämlich Hanif Hassan, der von dem Gangleader Regis Kane ermordet worden war. Und da Kane den Drogenhandel rund um die Wohnsiedlung Castlehaven Estate unter seiner Fuchtel hatte, mussten die Castelhaven Boyz wohl seine Jungs sein.

Cassie zog ihr Handy heraus und rief Deborah an.

Nachdem sie ihre erschrockenen Fragen nach den Ereignissen der vergangenen Nacht beantwortet und beteuert hatte, dass ja, sie okay war und so weiter und so weiter, kam sie endlich dazu, ihre Frage zu stellen.

»Hören Sie, Deborah, es tut mir leid, dass ich Sie am Sonntag mit so was belästige, aber es macht mich schon den ganzen Vormittag verrückt. Sie wissen doch, unser junger Gast Hanif, für den die forensische Autopsie geplant war … Als wir die Formulare ausgefüllt haben, da haben wir doch seinen vollen Namen eingetragen, oder?«

»Ach Gott«, meinte Deborah, »über so was sollten Sie sich nicht den Kopf zerbrechen, nach dem, was Sie durchgemacht haben! Doug hat die Autopsie auf Mitte nächster Woche verschoben.«

Cassie verdrehte die Augen. »Ich weiß, es ist bescheuert, aber wie gesagt, ich kriege das einfach nicht aus dem Kopf. Könnten Sie schnell mal in der Datenbank nachsehen, nur damit ich's abhaken kann?«

An jedem anderen Tag hätte Deborah auf die Vorschriften gepocht, heute jedoch war sie die Kooperation in Person. Augenblicke später war sie wieder am Telefon. »Ich habe sein Formular hier, und es ist alles vollständig ausgefüllt, also kein Grund zur Sorge.«

»Oh, gut … Deborah, wie war doch gleich noch mal sein zweiter Vorname?«

»Ähm … Aziz.«

Cassie empfand dieselbe freudige Erregung, die sie als Kind verspürt hatte, wenn mit der letzten Drehung jede Seite des Zauberwürfels eine einheitliche Farbe gezeigt hatte.

32. Kapitel

Als DS Flyte eine Stunde später in der Leichenhalle eintraf, hatte Cassie ihre Strategie bereits genau durchgeplant.

»Ist Ihnen noch etwas zu dem Einbruch eingefallen?«, fragte Flyte, als sie hereinkam. Cassie stellte amüsiert fest, dass ihr einziges Zugeständnis an das Wochenende in einem etwas weniger strengen Blazer und einem Rollkragenpullover statt der anständigen Bluse bestand.

»Nicht direkt«, sagte sie und merkte, dass es ihr schwerfiel, an die Polizistin als Phyllida zu denken. »Aber ich weiß, worum es gegangen ist – und wer's war.« Da nur sie beide hier waren, konnte sie offen sprechen.

»Wie meinen Sie das?«

Ihr starrer, wölfischer Blick erschreckte Cassie. Anscheinend war die einfühlsame Phyllida Flyte von gestern Nacht wieder energisch in ihre Kiste zurückverfrachtet worden.

Sie reckte das Kinn vor. »Ich sage Ihnen, was ich denke … unter einer Bedingung. Dass Sie den Todesfall Geraldine Edwards wieder aufrollen – und diesmal richtig, meine ich.«

Flytes rosa Lippen öffneten sich vor Staunen. »Versuchen Sie etwa, mit mir zu handeln?«

Cassie verschränkte die Arme und fühlte das rasche, aber stetige Pochen ihres Herzens am Brustbein. »Ich würde es als … Übereinkunft bezeichnen.« Die Offenbarung, die sie auf dem Treidelpfad gehabt hatte, war das einzige Druckmittel, das sie hatte, und sie war wild entschlossen, es einzusetzen, damit Mrs E Gerechtigkeit zuteilwurde.

Flyte kniff die Augen zusammen, überlegte wahrscheinlich, ob sie die gute alte »Behinderung der Justiz-Karte« ziehen sollte. Stattdessen sagte sie: »Wissen Sie, so einfach ist das nicht. Ich kann mich nicht einfach … in den Fall von jemand anderem einmischen.«

Cassie zuckte lediglich die Achseln und erwiderte nichts.

»Sie verstehen das nicht«, beharrte Flyte. »Dafür bräuchte ich die ausdrückliche Erlaubnis meines Vorgesetzten.«

»Dann bitten Sie ihn darum.« Ihre Blicke bohrten sich ineinander. Es war nicht das erste Mal, dass sie aneinandergerieten, doch diesmal kam es Cassie so vor, als herrschte bei diesem Duell gegenseitiger Respekt.

Flyte öffnete eine Hand – ein Zeichen dafür, dass sie unschlüssig war. »Hören Sie, der sagt wahrscheinlich bloß, ich soll ihn in Ruhe lassen …«

»… aber?«

»Aber wenn Sie mir wirklich etwas geben können, das den Fall Harry Hardwick aufklärt – und den Einbruch gestern Nacht … etwas Substanzielles, meine ich, dann frage ich ihn. Vorausgesetzt, es ist Ihnen absolut klar, dass ich nichts unternehmen kann, wenn er Nein sagt.«

Jeder andere Bulle hätte ihr gesagt, sie solle sich verpissen, nicht zuletzt, weil der gestohlene Leichnam eines alten Mannes den Ärger nicht wert war, doch Cassies Sensoren hatten etwas erspürt: Aus irgendeinem unbekannten Grund war Phyllida Flyte der Fall Harry Hardwick wichtig.

Cassie machte sich auf den Weg den Korridor entlang und bedeutete Flyte, ihr zu folgen.

»Die Typen von gestern Nacht? Das müssen dieselben gewesen sein, die vor zwei Wochen hier eingebrochen sind, um Harry Hardwicks Leiche zu stehlen.«

»Weiter.« Nach Flytes Miene zu urteilen, war sie darauf bereits selbst gekommen.

Cassie kam zu der Tür mit der Aufschrift *Leichenkühlraum.* »Also, stellen Sie sich mal vor, Sie kommen vorn zur Eingangstür rein und sind auf der Suche nach einer Leiche – da schauen Sie doch zuallererst hier nach, nicht wahr?«

Sie stieß die Tür auf und ging zu der riesigen Kühlzelle hinüber, auf deren Lukentüren aus blankem Edelstahl die Initialen der Insassen mit schwarzem Filzstift geschrieben standen. »Sie erinnern sich an unser System? Wenn ein neuer Leichnam aufgenommen wird, kennzeichnen wir die Luke, in der er aufbewahrt wird.«

Flyte nickte ungeduldig.

Cassie zeigte auf die Initialen »PJF« und zog die Mulde heraus, sodass der verhüllte Kopf und die Schultern des Bewohners sichtbar wurden. Sie machte ein kleines Etikett an der Seite des Leichensacks ausfindig und winkte Flyte heran.

Flyte beugte sich vor und las laut: *»Peter James Fener.«*

»Richtig. Aber jetzt stellen Sie sich mal vor, Sie sind hier mitten in der Nacht eingestiegen und haben's höllisch eilig. Das Namensschild ist nicht gerade leicht zu finden, stimmt's?« Sie warf die Luke mit einem Knall zu und tippte auf die großen schwarzen Initialen. »Ich denke, wenn man das hier sieht, dann geht man davon aus, dass das hier die Leiche ist, hinter der man her ist.«

Flyte hörte aufmerksam zu. »Wie hieß Harry Hardwick mit vollem Namen?«

»Harold Albert Hardwick.«

»Dann glauben Sie also, die haben beim ersten Einbruch nach jemandem mit den Initialen HAH gesucht?«

Cassie nickte.

»Aber nicht Harry Hardwick?«

Sie schüttelte den Kopf.

Flyte schnaubte, ihre Ungeduld war wieder da. »Sagen Sie mir jetzt, auf wen die es abgesehen hatten, oder nicht?«

»Erinnern Sie sich noch an den jungen Asiaten, der vor ein paar Wochen erstochen wurde? Ein kleiner Grasdealer?« Cassie zog die Autopsieunterlagen aus der Tasche ihres Kittels. »Seitdem liegt er hinten im forensischen Sektionsraum in der Kühlzelle. Eigentlich hätte er heute ein zweites Mal obduziert werden sollen, auf Antrag der Verteidigung.«

Flyte riss ihr das Formular fast aus der Hand und überflog es hastig. Dann riss sie den Kopf ruckartig hoch, und ihre blassrosa Lippen formten ein vollendetes »O«.

»Ganz genau«, sagte Cassie. »Die hatten es von Anfang an auf Hanif Aziz Hassan abgesehen.«

FLYTE

An diesem Tag genoss Flyte ein seltenes Erlebnis – die ungeteilte Aufmerksamkeit ihres Vorgesetzten DI Bellwether, den sie auf seinem Handy angerufen hatte. Nachdem er anfänglich verärgert darauf reagiert hatte, an einem Sonntag gestört worden zu sein, änderte sich seine Stimmung, während er ihrer Geschichte zuhörte.

»Laut Ihrer Theorie hat also Regis Kane ein paar von seinen Leuten losgeschickt, um den Leichnam von Hanif Hassan zu stehlen und so die zweite Autopsie zu verhindern, die seine eigenen Verteidiger durchführen lassen wollten?«

»Ja, Boss. Kane sitzt seit ein paar Wochen ein und grübelt über die Aussicht nach, lebenslänglich zu kriegen. Ich denke, sein Plan war, Hanifs Leichnam plötzlich verschwinden zu lassen, damit ihm das Recht verwehrt sein würde, ihn ein zweites Mal von einem unabhängigen Pathologen obduzieren zu lassen.«

Kane wusste wahrscheinlich, dass ihn die Aufnahmen der Überwachungskameras seiner Verfolgungsjagd auf Hanif Hassan zum Hauptverdächtigen machten, das Fehlen jeglicher Augenzeugen für den Mord an sich jedoch bedeutete, dass er kreativ mit den Fakten umgehen konnte.

»An Kanes Stelle würde ich behaupten, Hanif hätte das Messer gezogen«, fuhr Flyte fort, »und in dem verzweifelten Handgemenge hätte er sich aus Versehen sein eigenes Messer in den Oberschenkel gejagt.«

»Also würde er argumentieren, dass er es gar nicht darauf abgesehen hatte, ihn zu töten, sondern sich nur verteidigen wollte.«

»Genau – und es wurden die Fingerabdrücke beider Männer

auf dem Messer gefunden. Und ohne eine zweite Autopsie von Hanifs Leiche gäbe es keine Möglichkeit, Kanes Schilderung des Tathergangs mit den Verletzungen abzugleichen.«

»Der Gedanke, dass irgendeine Jury dumm genug sein könnte, um darauf reinzufallen, gefällt mir gar nicht«, brummte Bellwether. »Aber ich kann mir gut vorstellen, welche Geschichte Kanes Verteidigung erzählt, um Hanifs Leichnam als das entscheidende Beweisstück darzustellen, und dass manche Leute zögern könnten, einen jungen Mann unter diesen Umständen zu lebenslänglich zu verurteilen.«

»Genau. Zumindest würden sie damit Zweifel säen. Und angesichts einer lebenslänglichen Freiheitsstrafe könnte Kane zu der Auffassung gelangt sein, dass er sowieso nichts mehr zu verlieren hat.«

»Sagen wir mal, Sie haben recht und Kane steckt hinter beiden Einbrüchen in die Leichenhalle«, sagte Bellwether nachdenklich. »Aber dann verstehe ich immer noch nicht, wie es sein kann, dass er seine Jungs losgeschickt hat, um einen siebzehnjährigen Pakistani zu klauen, und die mit einem einundachtzigjährigen Weißen wieder rausgekommen sind.«

Flyte erläuterte ihm Cassie Ravens Theorie – dass Kanes Leute, nachdem sie in den falschen Kühlraum gegangen waren, die Initialen HAH auf der Luke gesehen und sich den Leichensack darin geschnappt hatten, in der Annahme, es sei Hanif Aziz Hassan. »Stellen Sie sich das mal vor, Boss. Ein paar junge Gangster nachts in einer Leichenhalle, nur mit einer Handy-Taschenlampe. Die sind nicht unbedingt scharf darauf, sich da lange aufzuhalten.«

»Da ist was dran. Also werfen sie die Leiche hinten in einen Lieferwagen und stellen später fest, dass sie sich den Falschen unter den Nagel gerissen haben.«

»Und dann schickt Kane sie noch einmal los, kurz vor der zweiten Autopsie, damit sie's diesmal richtig machen.«

Bellwether schwieg eine Weile, bevor er sagte: »Okay, wir stellen die nächsten vierundzwanzig Stunden einen Wagen vor die Leichenhalle, zumindest bis Hanifs Autopsie gelaufen ist. Nur für den Fall, dass Kanes Jungen meinen, aller guten Dinge wären drei.«

Es ärgerte Flyte, dass sie noch immer keine Ahnung hatte, wie sich die Einbrecher Zutritt verschafft hatten. Vor allem diesmal: Das für die Sicherheit zuständige Unternehmen behauptete, zur Zeit des Einbruchs wäre nirgends eine Türkarte benutzt worden.

»In Anbetracht der Verbindung mit dem Mord an Hanif Hassan werden Sie die Jungs und Mädels in der Abteilung für Schwerverbrechen auf den neuesten Stand bringen müssen«, fuhr Bellwether fort. »Und da die über alle aktuellen Informationen zu Kane und seinen Castlehaven Boyz verfügen, sollen die auch beide Einbrüche übernehmen.«

Er hielt kurz inne, rechnete vielleicht damit, dass sie aufbegehrte, doch als sie nichts sagte, fuhr er fort: »Gut gemacht, Phyllida. Saubere Arbeit.« Sein Ton machte klar, dass für ihn damit die Besprechung beendet war. Als sie sich jedoch nicht verabschiedete, fragte er argwöhnisch: »Gibt's sonst noch was?«

Flyte hätte es vorgezogen, die Verfolgung der Männer, die Harry Hardwicks Leichnam entweiht hatten, selbst zu übernehmen, doch zu wissen, dass in dem Fall wieder ermittelt wurde, genügte ihr. Jetzt musste sie ihren Teil der Abmachung erfüllen, die sie mit Cassie Raven getroffen hatte.

»Ja, Boss. Ich würde mir gern einen plötzlichen Todesfall noch mal genauer ansehen, den Steve Sloman vor elf Tagen bearbeitet hat. Eine Frau, einundfünfzig Jahre, tot in der Badewanne aufgefunden. Ist als Unglücksfall eingestuft worden, aber es gibt ein paar Dinge, die ich gern noch mal überprüfen würde.«

»Haben Sie mit Steve darüber gesprochen?«

»Ja, habe ich, aber ich fürchte, ich war ein bisschen sparsam mit der Wahrheit. Die Sache ist nur, ich habe einen vertraulichen Tipp bekommen.«

»Was ist denn bei der Autopsie rausgekommen?«

»Tod durch Ertrinken. Der Pathologe meint, sie hat vielleicht das Bewusstsein verloren – aber ihrer Krankenakte nach war sie bis zu diesem Zeitpunkt bei bester Gesundheit.«

»Und Ihr Informant behauptet, es wäre mehr dran, als man auf den ersten Blick sieht?«

»Ja. Vielleicht kommt nichts weiter dabei heraus, aber ich würde gern noch einmal mit der Putzfrau der Verstorbenen reden, die die Leiche gefunden hat. Nur für alle Fälle.«

Während Flyte beklommen Bellwethers Reaktion abwartete, wurde ihr klar, dass sich da unverhofft etwas in ihr Denken eingeschlichen hatte. Aus unerfindlichen Gründen war es ihr wichtig, Cassie Raven nicht zu enttäuschen.

Sie hörte Bellwether am anderen Ende der Leitung seufzen. »Na schön, Phyllida. Ich denke, Sie haben's sich verdient. Sie haben Glück, dass Steve gerade Elternzeit genommen hat, Sie können also loslegen, ohne ihm auf den Schlips zu treten. Aber behalten Sie's für sich. Und wenn Sie an dem Todesfall etwas Seltsames finden, dann berichten Sie das mir persönlich.«

33. Kapitel

Cassie war auf dem Heimweg, als sie ein *Ping* ihres Handys hörte. Eine SMS von Carl – na endlich. Der Einbruch in die Leichenhalle lag zwei Tage zurück, und sie war ein bisschen gekränkt, dass er noch nicht angerufen hatte, um zu fragen, wie es ihr ging. Doch selbst jetzt war seine Nachricht merkwürdig kurz: *»Bin im Hawley. Muss mit dir reden.«*

Der Pub war nur fünf Minuten entfernt. Sobald sie ihn auf der Dachterrasse zusammengesunken über einem Bier hocken sah, wusste sie, dass hier irgendetwas ganz und gar nicht stimmte.

»Was ist los, Carl?«

Er wich ihrem Blick aus, das war ebenfalls ungewöhnlich.

»Weißt du eigentlich, dass mich immer schwer beeindruckt, wie du in dem Job aufgehst?«, sagte er. »Ich meine, dir ist das wirklich wichtig, stimmt's?«

Es wirkte nicht, als wolle er sie verscheißern, also antwortete Cassie mit einer Geste, die halb Nicken und halb Achselzucken war. *Worauf wollte er hinaus?*

»Auch wie du mit den Toten redest. Früher hab ich das ein bisschen … abgedreht gefunden, aber dann hab ich's kapiert. Du siehst sie immer noch als Menschen, nicht einfach nur als Leichen.«

Cassies Schock währte nur einen Moment: Nachdem sie über ein Jahr im selben Raum gearbeitet hatten, war es wahrscheinlich unvermeidlich, dass Carl mit angehört hatte, wie sie mit ihren Schützlingen sprach. Doch er hatte eindeutig etwas Ernsthafteres auf dem Herzen.

»Die Sache ist die, Cassie, ich bin nicht wie du. Ich kann nicht so viel … Hingabe aufbringen wie du. Für mich ist das bloß ein Job.«

»Carl, wenn du dir Sorgen wegen dem Schrittmacher machst, den du übersehen hast …«

Er kippte einen großen Schluck Bier hinunter. »Weißt du, wie viel Kohle ich in den Spielautomaten unten gesteckt habe, bevor ich dir die SMS geschickt habe?« Seine Stimme triefte vor Abscheu. »Sechzig Piepen.« Er zog an der Kette einer unsichtbaren Toilettenspülung. »Einfach weg.«

Cassie erinnerte sich, dass er in letzter Zeit manchmal Geldsorgen angedeutet hatte – aber wenn er die zu beheben versuchte, indem er Geld in Spielautomaten stopfte, musste er verzweifelter sein, als sie gedacht hatte. »Hör zu, Carl, wenn du in Sachen Kohle Probleme hast, kann ich dir da irgendwie helfen? Du könntest eine Weile bei mir auf dem Sofa pennen und die Miete sparen …«

»Hör auf damit!«, fauchte er und erschreckte sie. »Sorry, Cassie, aber ich komm nicht damit klar, wenn du nett zu mir bist. Nicht nach dem, was ich getan habe.«

Nach dem, was er getan hatte?

Und dann fügte sich alles mit einem widerlichen, weltverändernden Ruck ineinander.

»Wie viel haben sie dir gezahlt, Carl?« Sie fühlte sich … gefährdet, als marschierte sie auf einen zugefrorenen See hinaus.

Carl starrte auf die Tischplatte und erzählte ihr alles in hastigem, heiserem Flüsterton: Wie aus der gelegentlichen Fußballwette oder einem Lottoschein etwas Ernsteres geworden war – eine Spielsucht, ausgelebt in Wetten mit festen Quoten, wo man bis zu hundert Pfund pro Spiel setzen konnte.

»Wenn ich verloren habe, habe ich weitergespielt, ums wieder reinzuholen, und wenn ich gewonnen hab, hab ich weitergespielt, weil ich sicher war, dass ich 'ne Glückssträhne hätte. Einmal hab ich in zwanzig Minuten siebenhundert Pfund verzockt. *Siebenhundert Pfund.*« Sein Gesicht verzerrte sich vor Selbstverachtung. »Am selben Tag hat mich so ein Typ am Kaffeeautomaten angequatscht. Hat mich gefragt, ob ich mir 'n bisschen was dazuverdienen will.«

»Der hat dich beobachtet und zugesehen, wie du dich so richtig in die Scheiße geritten hast.«

Ganz kurz blickte er zu ihr auf. »Wahrscheinlich. Da stand ich schon mit fast zwanzigtausend in der Kreide. Wir gehen einen trinken, und wie sich rausstellt, weiß er, dass ich in der Pathologie arbeite – keine Ahnung, woher. Er sagt, er hat vielleicht 'n Job für mich, wo richtig was für mich rausspringen könnte, ohne dass ich einen Finger krumm zu machen brauche. Gibt mir sogar 'n Tausender als Vorschuss – Einstellungsprämie, hat er das genannt.«

Cassies Gedanken rasten voraus. *Natürlich!* Im Geiste sah sie ihren Zeigefinger ihren Zugangscode in die Tastatur an der Eingangstür der Leichenhalle eintippen, Carl mit dem Motorradhelm unter dem Arm dicht hinter ihr. Eine Szene, die sich an unzähligen Morgen wiederholt hatte. Als sie Flyte gesagt hatte, niemand käme nahe genug an sie heran, um ihren Zugangscode abzukupfern … da hatte sie überhaupt nicht an Carl gedacht.

»Die wollten, dass du sie nachts in die Leichenhalle lässt«, sagte sie und war überrascht, wie gefasst sie klang.

Carl legte beide Hände vor die Augen, erinnerte Cassie an einen Mann mit verbundenen Augen auf dem Weg zu seiner Hinrichtung. »Ich wollte aussteigen, wollte ihnen die Kohle zurückzahlen. Aber nachdem ich den Tausender, den sie mir gegeben hatten, am Automaten verzockt hatte, hatten sie mich am Arsch. Meine Kreditkarten waren voll ausgereizt, und mit der Miete war ich zwei Monate im Rückstand.«

»Und was kriegt man so für einen Zugangscode für die Leichenhalle?« Ihre Stimme klang gepresst vor Zorn.

»Fünfzehn Riesen.« Ein Flüstern voller Scham.

Ein Gangsta wie Regis Kane zahlt das aus der Portokasse.

»Und dann, nachdem die beim ersten Mal Scheiße gebaut haben, als sie in den falschen Kühlraum rein sind und Mr Hardwick mitgenommen haben, haben sie mir Druck gemacht, wollten ihr Geld zurückhaben. Als ob das meine Schuld gewesen wäre!«

Cassie erinnerte sich an Carl damals im Pub, nachdem Harry Hardwick verschwunden war, wie seine nervösen Finger den Bierfilz zerfleddert hatten. Und dann seine ständigen Sauftouren. *Kein Wunder.*

»Dann ist so ein Typ bei mir vor der Wohnung aufgekreuzt …« Carl, normalerweise so unerschütterlich, sah aus wie ein Kind, das gesehen hat, wie der Schwarze Mann aus seinem Kleiderschrank gekommen war. »Der war echt hardcore, Cassie.«

»Also hast du ihnen geholfen, noch mal einzubrechen.«

Bis jetzt war er ihrem Blick ausgewichen, jetzt jedoch sah er sie flehend an. »Du hättest doch gar nicht da sein sollen. Niemand hätte da sein sollen. Ich hab das vorher gecheckt …«

»Deswegen hast du gefragt, ob ich 'ne Nachtschicht schiebe.« Sie starrte ihn an. »Weil du wusstest, dass die noch mal wiederkommen. Aber da hatten wir doch schon die neuen Türkarten, also wie …?«

»Ich hab rausgefunden, wie man die Tür zumacht, ohne dass das Schloss einschnappt.«

Cassie dachte darüber nach. Die neue Tür hatte einen Schließdämpfer, also hätte sie vermutlich nichts gemerkt, wenn sie an jenem Abend pünktlich gegangen wäre. »Und wenn ich's nun gemerkt hätte und die Tür beim Rausgehen richtig zugemacht hätte?«

»Für den Notfall hatten die meine Karte.« Er beugte sich über den Tisch. »Hör zu, Cassie, ich weiß, das ist nicht viel wert, aber als ich gehört habe, was dir vorgestern Nacht passiert ist, habe ich meinen Kontaktmann angerufen und gesagt, genug ist genug – ich bin raus.«

»Und was hat er gesagt?«

»Er hat gesagt, kein Problem – und mir bis Ende der Woche Zeit gegeben, um die fünfzehn Riesen zurückzuzahlen.«

Sein schiefes Lächeln ließ ihn einen Moment lang aussehen wie den alten Carl, als ob nichts von alldem tatsächlich geschah.

»Ich brauch was Richtiges zu trinken«, verkündete sie und stand auf.

Während sie an der Bar darauf wartete, bestellen zu können, dachte sie darüber nach, wie Regis Kane und seine Castlehaven Boyz Carl aufs Korn genommen hatten. Wie Schakale, die ein verletztes Herdentier umkreisen. Er tat ihr leid, aber vor allem war sie wütend, dass er bereit gewesen war, einen Leichnam zu opfern, der sich in ihrer Obhut befand – und das auch noch, indem er den Gangstern *ihren* Zugangscode gegeben hatte.

»Alles okay?« Die Frau hinter der Bar musterte sie mit besorgt gefurchter Stirn.

Cassie winkte ab und bestellte einen großen Wodka. Es passte alles zusammen. Ihre Großmutter hatte davon gesprochen, dass die Castlehaven Boyz Rot trugen … und ihr Handtaschenräuber vom Treidelpfad hatte ein rotes Bandana über sein Gesicht gezogen. Ein versuchter Handtaschenraub, an dem Tag, an dem sie ihre neue Türkarte bekommen hatte.

Bestimmt hatte Carl seinem Kontaktmann gesagt, wann die neuen Karten ausgegeben wurden. Und er war nicht auf die Idee gekommen, dass jemand ihr folgen und versuchen könnte, ihr Tasche und Karte zu klauen, zweifellos zur Sicherheit, falls Carl es sich anders überlegte. Sie überlegte, ob sie ihm das sagen sollte, doch dann beschloss sie, dass er sich wahrscheinlich auch so schon mies genug fühlte.

Sie hatte sich noch nicht mal hingesetzt, als er sagte: »Was diese Arschlöcher gemacht haben, der Gedanke, dass sie dir vielleicht was getan hätten … Cassie, es tut mir so leid. Das Ganze ist meine Schuld, ich fühl mich total scheiße.« Er blinzelte. »Mir ist klar geworden, dass ich das alles wieder auf die Reihe kriegen muss. Heute Morgen habe ich bei so einer Hotline für Leute mit ›Glücksspiel-Problemen‹ angerufen.«

»Das ist ja schon mal ein guter Anfang.« Cassie versenkte die

Hälfte ihres Wodkas, spürte, wie sein Brennen und seine Hitze sie allmählich von der Kränkung durch Carls Beichte distanzierten.

Er suchte ihren Blick. »Meinst du, du kannst mir jemals … verzeihen?«

»Für das, was mir passiert ist? Ja.« Sie schüttelte ganz leicht den Kopf. »Aber nicht für das, was Harry Hardwick passiert ist. Wir sollten auf ihn aufpassen.«

Carl nickte unglücklich.

»Und was hast du jetzt vor?«, fragte sie.

»Ich bleibe nicht hier. Ich hab da einen Kumpel in … Na, ist wahrscheinlich besser, wenn ich dir nicht sage, wo. Aber weit weg. Der restauriert alte Motorräder und hat mehr Arbeit, als er schaffen kann, also hat er mich gebeten, ihm zu helfen.«

Carl war Motorradmechaniker gewesen, bevor er sich zum Sektionsassistenten hatte umschulen lassen. Sie wollte anmerken, dass die Polizei zwei und zwei zusammenzählen würde, wenn er sich einfach vom Acker machte, verkniff es sich dann jedoch. Wenn er in Camden blieb, wären die Cops sein kleinstes Problem.

FLYTE

»Elf Jahre habe ich für sie gearbeitet. So eine reizende Frau«, erzählte Imelda DS Flyte.

Es war Montagmorgen, sie standen in Geraldine Edwards' Küche. Flyte überragte die Putzfrau der Toten – eine kleine, stämmige Portugiesin Mitte sechzig – um ein gutes Stück.

»Als ich hergekommen bin, konnte ich noch kein Englisch, also hat Geraldine mir zweimal die Woche Unterricht gegeben – umsonst. Aber wenn ich meine Hausaufgaben nicht gemacht habe, hat sie immer gesagt« – sie setzte eine strenge Miene auf –, »›Imelda, ohne Fleiß kein Preis!‹« Ihr Lächeln vertrieb die Trauer in ihren Augen nicht.

»Haben Sie ihren Sohn Owen kennengelernt?«

»Ich würde den nicht als Sohn bezeichnen.« Imelda zog die Mundwinkel herunter. »In all den Jahren, die ich hier gearbeitet habe, hat er nicht einmal eine Geburtstagskarte geschickt. Sie hat nicht gern über ihn gesprochen, ich konnte sehen, dass er ihr das Herz gebrochen hatte.«

»Hat Geraldine je etwas davon gesagt, dass er sie besucht hätte? Besonders kurz vor ihrem Tod?«

»Nein.« Nachdenklich runzelte Imelda die Stirn. »Aber ein paar Wochen, bevor sie gestorben ist, hat sie gesagt, ich sollte *auf keinen Fall* irgendjemanden ins Haus lassen, wenn sie nicht da wäre.« Bei dem Wort »irgendjemanden« riss sie die Augen weit auf.

»Und Sie denken, sie hat Owen gemeint?«

Ein Nicken.

Eine noch recht neue Visitenkarte eines Schlossers auf dem Küchentisch ließ Flyte vermuten, dass Geraldine sich um ihre Sicherheit gesorgt hatte, doch da die Schlösser an der Haustür und an der Hintertür uralt waren, war sie offenkundig nicht mehr dazu gekommen, sie auswechseln zu lassen. Und Imelda wusste nicht, ob Owen einen Hausschlüssel besaß.

Im ersten Stock blieb Imelda vor der Badezimmertür stehen und schüttelte den Kopf. »Es tut mir leid. Ich war nicht mehr da drin, seit es passiert ist.«

»Ich verstehe, wie schwer das für Sie sein muss, wirklich.« Flyte sah der Älteren unverwandt in die Augen. »Aber es könnte sein, dass Sie sich an etwas erinnern, das Sie beim ersten Mal übersehen haben, als Sie so erschrocken waren, weil Sie Geraldine so aufgefunden haben. Etwas Wichtiges.«

Imelda straffte die Schultern und stieß die Tür auf.

Die tiefe altmodische Badewanne war wie geschaffen fürs Ertrinken, falls Geraldine Edwards tatsächlich einfach nur ohnmächtig geworden war. »Als Sie sie gefunden haben, Imelda, lag sie da vollständig unter Wasser?«

Imelda nickte wortlos, die Lippen geschürzt, um die Tränen zurückzuhalten, eine Faust gegen die Brust gedrückt.

»Und laut dem Bericht standen eine Whiskyflasche und ein leeres Glas … hier?« Flyte deutete auf ein Tischchen, das in Reichweite neben der Wanne stand.

Imelda schaute weg, wahrscheinlich war es ihr peinlich, dass ihre Arbeitgeberin in der Badewanne Alkohol getrunken hatte. Dann nickte sie. »Ich weiß noch, wie der Detective beides aufgehoben hat, um daran zu riechen.« Sie ahmte Slomans Handbewegungen nach.

»Und was ist dann passiert?«

»Ich habe das Glas abgewaschen und die Flasche ins Altglas getan.«

Flyte gab sich Mühe, sich ihren Verdruss nicht anmerken zu lassen: Beide Gegenstände hätten als Beweismittel aufbewahrt werden müssen. Jetzt gab es keine Möglichkeit mehr, sie auf Fingerabdrücke zu untersuchen oder den Inhalt zu überprüfen. »Ist sonst alles noch so, wie Sie es vorgefunden haben?«

»Ja, ich glaube schon. Bis auf das Sandwich.«

»Das Sandwich?«

»Ja, es lag gleich hier, neben dem Glas – ein Käsesandwich. Ich habe es weggeräumt, nachdem sie sie mitgenommen hatten – ich will doch nicht, dass sich Ratten im Haus der armen Geraldine herumtreiben.«

»Keine Sorge, Sie haben das ganz richtig gemacht.« Flyte brachte ein Lächeln zustande, doch innerlich war sie stinkwütend auf Sloman: Erst ein abgewaschenes Glas und eine entsorgte Flasche, und jetzt ein verschwundenes Sandwich.

Sie hockte sich hin, um den Badewannenvorleger zu betasten, der immer noch nach Feuchtigkeit roch. »Wissen Sie zufällig, ob der Vorleger nass war, als Sie sie gefunden haben?«

Imeldas Augen wurden schmal, als sie versuchte, sich zu erinnern. »Als ich hereingekommen bin, bin ich gleich zur Wanne gestürzt, habe mich hingekniet und versucht, ihren armen Kopf aus dem Wasser zu heben …« Ihr Gesicht zuckte einen Moment lang, bevor sie weitersprechen konnte. Sie schüttelte den Kopf. »Ich glaube, ich hätte es gemerkt, wenn der Vorleger nass gewesen wäre.«

Was darauf hindeutete, dass er während des Bergens der Leiche nass geworden war und nicht während eines Todeskampfes. »Sie haben meinem Kollegen gesagt, Geraldine hätte Sie angerufen, an dem Abend, bevor Sie sie gefunden haben, so gegen zehn Uhr. Weswegen hat sie angerufen?«

»Es war nicht weiter wichtig. Sie wollte nur, dass ich am nächsten Morgen Bleiche mitbringe.«

»Können Sie versuchen, sich zu erinnern, was genau sie gesagt hat?«

Wieder kniff Imelda die Augen halb zu. »Sie hat gesagt, es täte ihr leid, dass sie so spät anruft. Sie hatte vergessen, im Supermarkt Bleiche zu kaufen, und hat gefragt, ob ich so nett sein könnte, unterwegs welche zu besorgen – sie war immer sehr höflich. Dann hat sie gesagt, sie glaubt, sie bekommt eine Erkältung und lässt sich noch ein schönes heißes Bad ein, damit ihr wieder warm wird, bevor sie ins Bett geht.«

Flyte bemerkte dieselbe Beklommenheit, die Imelda an den Tag gelegt hatte, als es um den Whisky ging. »Wie hat sie sich angehört?«

»Ich fand, sie klang … müde.« Imelda wandte sich ab, vorgeblich, um ein Handtuch von der Handtuchstange zu nehmen.

»Imelda. Klang sie wirklich bloß ›müde‹ oder noch irgendwie … anders?«

»Nun … sie hat sich gern noch abends ein Gläschen gegönnt.« Trotzig hob Imelda das Kinn. »Aber ich möchte nicht, dass Sie denken, sie wäre eine … Trinkerin gewesen.«

Imeldas Wunsch, ihre tote Arbeitgeberin zu beschützen, rührte und ärgerte Flyte. Es klang, als wäre Geraldine Edwards schon halb im Vollrausch gewesen, als sie in die Badewanne gestiegen war – was die Einschätzung des Pathologen, Unfalltod durch Ertrinken, umso plausibler machte.

Flyte öffnete den Badezimmerschrank und sah hinein. Weibliche Toilettenartikel drängten sich auf dem unteren Bord, das obere jedoch war leer.

»Hat es hier drin immer so ausgesehen? War das obere Bord immer so leer?«

Imeldas Blick huschte davon. »Ich weiß nicht genau …« Doch die Röte, die ihr in die Wangen stieg, sagte etwas anderes.

»Sie erinnern sich an etwas.« Flyte sah sie unverwandt an.

»Mrs Edwards, sie war immer sehr auf ihre Privatsphäre bedacht …« Imeldas Hand hob sich zu dem Kruzifix, das sie um den Hals trug.

»Imelda, den Toten ist ihre Privatsphäre egal. Ich muss mich vergewissern, dass wir nichts Verdächtiges an Geraldines Tod übersehen haben. Sie mochten sie offensichtlich sehr gern, ich weiß also, dass Sie das auch wollen.«

Eine kurze Pause. »Einmal habe ich hier ein paar andere Sachen gesehen … Männersachen … Aber als ich das letzte Mal nachgeschaut habe, vor ein paar Monaten, waren sie wieder weg.«

»Okay, Geraldine hatte einen Freund. Wissen Sie, wo die beiden sich kennengelernt haben? Hat sie mal von ihm gesprochen?«

»Nein! Über so etwas haben wir nie geredet.« Imeldas Augen waren riesengroß geworden. Offenkundig war ihr die Vorstellung, dass eine Frau in mittleren Jahren ein Liebesleben haben könnte, überaus unangenehm.

»Ich verstehe. Hatten Sie den Eindruck, dass er oft hier übernachtet hat? Hatte er zum Beispiel Kleidungsstücke hiergelassen?«

»Nein. Einmal habe ich ein Männertaschentuch gefunden. Aber das ist jetzt schon Wochen her.«

»Imelda, haben Sie das dem anderen Detective erzählt? Das von diesem Freund oder Ex-Freund?«

Imelda brauchte nicht zu antworten. Ihre Miene sagte alles: Sie hatte Geraldine Edwards' skandalösen Liebhaber verheimlicht.

Wusste Cassie Raven von dem Mann? *Wahrscheinlich.* Eine Erkenntnis, die Flyte heftiger kränkte, als sie es erwartet hätte.

»Eine letzte Frage noch. Ich nehme an, Geraldine hatte einen Computer, aber ich habe hier keinen gesehen.«

Imelda zuckte die Schultern. »Vielleicht hat ihr Sohn ihn mitgenommen?«

»Vielleicht. Ist sonst noch etwas verschwunden?«

Imelda schüttelte den Kopf. »Nichts. Außer dem Foto.«

»Welches Foto?«

»Von Geraldine, als sie sehr jung war, mit ihrem Baby. Es hat immer an der Wand neben ihrem Bett gehangen. Aber heute – puff! – ist es weg.«

34. Kapitel

»Owen sagt, er rechnet nur mit einem halben Dutzend Trauergäste«, sagte Luca. »Eine kleine Trauerfeier im engsten Familienkreis, das wäre ›das, was sie gewollt hätte‹, hat er gesagt.«

»Dieses Arschloch!«, brach es aus Cassie hervor. »Sie war Lehrerin, Herrgott noch mal! Sie hat Hunderte Menschen unterrichtet, und ich weiß, die hätte sie gern dabeigehabt.«

Luca hatte angerufen, um ihr die Details für Mrs Es Beerdigung mitzuteilen, die am Mittwoch um drei Uhr nachmittags – in nur zwei Tagen – im Krematorium Golders Green stattfinden sollte.

Cassie versuchte, sich auf ihre Arbeit zu konzentrieren, konnte jedoch nicht aufhören, auf die Uhr zu schauen. Sie sah das erbarmungslose Vorrücken des kleinen Zeigers und wusste, dass in achtundvierzig Stunden Mrs Es Leichnam zu ein paar Handvoll Asche geworden sein würde.

Hielt Phyllida Flyte ihr Versprechen? Oder war es ein Fehler gewesen, ihr zu vertrauen?

Zum allerersten Mal empfand Cassie ihre Arbeit als Mühsal und nicht als Privileg. Sie wechselte kaum ein Wort mit dem armen Kerl, der hergeschickt worden war, um für Carl einzuspringen, nachdem der sich gleich heute früh krankgemeldet hatte. Sie stellte ihn sich auf seinem Motorrad vor, wie er über eine Autobahn donnerte, auf dem Weg in ein langes Exil irgendwo in der Pampa. Jeder Schritt der Leichenhallen-Routine war eine bittere Erinnerung an die vielen Momente, in denen sie gemeinsam gelacht oder über die Bürokratie gejammert hatten, an ihre bescheuerten Insider-Witze … Erinnerungen, die sein Verrat für alle Zeit besudelt hatte.

Deborahs Stimme ertönte aus der Gegensprechanlage und verkündete, DS Flyte sei am Telefon.

»Wussten Sie, dass Geraldine Edwards einen Freund hatte?«, blaffte die Polizistin sie ohne jegliche Einleitung an.

»*Ex*-Freund. Ex-Verlobten, genauer gesagt.«

»Und darf ich fragen, wieso Sie diese Information nicht weitergegeben haben?« Abgehackt und eisig.

»Äh … weil sie sich schon vor einer Ewigkeit getrennt hatten.«

»Das ist irrelevant. Er hätte befragt werden müssen.«

»Warum denn?«

Flyte schnaubte empört. »Bei jedem ungeklärten Todesfall gehört es zum üblichen Vorgehen, den Ehe- oder Beziehungspartner zu befragen.«

»*Owen* ist derjenige, dem Sie Fragen stellen sollten«, protestierte Cassie. »Christian ist völlig zusammengeklappt, als er von Mrs Es Tod erfahren hat.«

Eine frostige Pause. »Wollen Sie damit sagen, Sie sind diesem Mann persönlich begegnet?«

Uups!

»Ja. Und nach fünf Jahren, in denen ich ständig mit Leuten zu tun hatte, die gerade einen geliebten Menschen verloren haben – da weiß ich, wenn jemand aufrichtig leidet.«

»Tatsächlich. Und wie viele Mörder haben Sie schon vernommen?« Flytes Worte schossen durch die Leitung wie Gewehrkugeln.

»Hören Sie, ich sage Ihnen doch, *er wusste nicht,* dass Mrs E tot ist.« Vor ihrem geistigen Auge sah Cassie, wie das Blut aus Christians Gesicht gewichen war. »Er ist praktisch aus den Latschen gekippt, als ich es ihm gesagt habe. Ich sage Ihnen, das war auf keinen Fall gespielt.«

»Ihr Vertrauen in Ihre Intuition ist überaus beruhigend.«

Flytes Sarkasmus gab Cassie den Rest. »Wieso sind Sie nicht hinter Owen her? Der scheffelt doch durch den Tod seiner Mutter Millionen. Und die Beerdigung ist übermorgen!«

»Ich fürchte, die Durchführung der Ermittlungen werden Sie mir überlassen müssen«, sagte Flyte eisig. »Aber erst einmal will ich die Kontaktdaten von diesem Christian, und außerdem alles, was Sie über die Beziehung der beiden wissen.«

Das Schweigen dauerte so lange, dass Narbengewebe darüber wuchs.

»Hören Sie, Cassie.« Es klang, als müsste Flyte sich unglaublich anstrengen, um einen sanfteren Ton anzuschlagen. »Wenn Sie wollen, dass ich den Fall richtig untersuche, dann müssen Sie mir schon helfen.«

Cassie war klar, dass ihr nichts anderes übrig blieb: Wenn sie Flyte nicht sagte, was sie wissen wollte, würde sie den Fall einfach zu den Akten legen.

Zehn Minuten später legte sie gerade auf, als sich hinter der Glasscheibe der Tür ein höchst unwillkommener Anblick bot: der schlaffe Pony dieses eingebildeten Rohrkrepierers Archie Cuff, und darunter – was auch sonst – eine blaue Barbourjacke. Es versetzte ihr einen schmerzhaften Stich, als sie an den Blick dachte, den Carl und sie jetzt wechseln würden.

»Guten Morgen, Cassie.«

»Hi«, murmelte sie und kehrte ihm dann den Rücken zu. Gleich darauf schaute sie sich kurz um und sah ihn immer noch dastehen wie dumm.

»Ich wollte mich entschuldigen.« Er räusperte sich. »Für neulich, als ich die Todesursache bei dem Unfallopfer nicht ermitteln konnte. Bei dem Jungen mit der Halswirbelfraktur, wissen Sie noch?«

Cassie nickte, sie erinnerte sich daran, wie Cuff den Genickbruch nicht erkannt hatte, der den jugendlichen Raser Jordan das Leben gekostet hatte, bis sie den Pathologen schließlich aus seinem Elend erlöst hatte.

»Ich wollte nur sagen, es war … arrogant von mir, Sie nicht nach Ihrer Meinung zu fragen. Unsere Professoren hämmern uns immer wieder ein, wie wichtig es ist, die Sektionsassistenten zu fragen. Mir ist vollkommen klar, dass ihr hier euch gut auskennt …«

Ihr hier …? Sie wünschte, Carl wäre hier und könnte diese Nummer miterleben.

»… ich meine, ihr bekommt ja Hunderte – wenn nicht gar Tausende – mehr Leichen zu sehen als ich und habt bei wer weiß wie vielen Autopsien assistiert. Mit dem anaphylaktischen Schock damals hatten Sie ja auch recht. Und Professor Arculus hat eine sehr hohe Meinung von Ihnen. Er hat sogar zu mir gesagt, Sie wären *primus inter pares,* das heißt …«

»Der Erste unter Gleichen.«

Cuffs Gesichtsausdruck erinnerte sie an eine polnische Redeweise, die ihre Großmutter gern benutzte: »*Wie ein Hund, dem man einen Kartentrick vorführt.*«

»Ich hab ein bisschen Latein aufgeschnappt, als ich mein Abi in klassischer Literatur gemacht habe«, erklärte sie, ehe sie die Arme vor der Brust verschränkte. »Okay, und warum haben Sie's dann nicht getan? Mich nach meiner Meinung gefragt?«

Er glotzte sie an – das hier stand wahrscheinlich nicht in dem »Drehbuch für Entschuldigungen«, das er in seiner Eliteschule bekommen hatte.

Er fuhr sich mit der Hand durch den rotblonden Haarschopf und schnitt der Zimmerdecke eine Grimasse. »Wahrscheinlich, weil das hier das erste Mal ist, dass ich in einer Leichenhalle arbeite. Und wenn ich ehrlich sein soll … ich fühle mich wohl ein bisschen überfordert.«

Wow! Ein ganz schönes Geständnis für einen Herrscher des Universums.

»Entschuldigung angenommen«, sagte sie und machte sich wieder an die Arbeit.

»Moment mal.« Er wühlte in seiner Tasche und zog eine Flasche Chopin hervor. Ihr Lieblingswodka, polnisch und irre teuer. »Ein Versöhnungsangebot. Ich habe Doug gefragt, was Sie am liebsten trinken.«

Als sie die Flasche nahm, strahlte er sie an, und sie konnte nicht anders, sie musste zurücklächeln. Vielleicht hatte sie sich ja doch in Archie Cuff geirrt.

Die nächsten Stunden arbeiteten sie einvernehmlich zusammen und erzählten sich sogar gelegentlich Witze.

Nachdem Cuff gegangen war, ging Cassie im Geist noch einmal das Gespräch mit Flyte durch. War es falsch gewesen, nichts von Christian zu sagen? Plötzlich traute sie ihren Instinkten nicht mehr ganz. Hatte sie Cuff nicht vorschnell als einen arroganten Spießer wie viele andere abgetan, während sie gleichzeitig bereit gewesen wäre, Carl ihr Leben anzuvertrauen?

Sie beschloss, Christian anzurufen. Schließlich hatte er ein Recht darauf zu erfahren, wann seine ehemalige Verlobte beerdigt wurde.

Er nahm nach dem zweiten Klingeln ab. »Ich bin ja so froh, dass Sie anrufen. Könnten wir uns vielleicht noch einmal treffen, auf einen Drink oder einen Kaffee, vielleicht heute am späten Nachmittag? Von Geraldines Tod zu erfahren, war ein furchtbarer Schock für mich, aber mit jemandem zu reden, der sie gekannt hat – also, das hat mir sehr geholfen.«

Cassie stimmte zu. Mrs Es Ex von Angesicht zu Angesicht gegenüberzustehen, würde ihr helfen zu entscheiden, ob ihr Bauchgefühl ernsthaft danebengelegen hatte, was ihn anging.

Als sie später ging, kam sie an dem Polizeiwagen vorbei, der jetzt rund um die Uhr vor der Leichenhalle stand, und ertappte sich dabei, wie sie die beiden Cops darin anlächelte, die das Lächeln erwiderten. Soweit sie sich erinnern konnte, war dies das erste Mal, dass sie beim Anblick einer Polizeiuniform nicht nervös geworden war, sondern sich eher sicherer fühlte.

Als sie sich auf den Heimweg machte, verschwand dieses Gefühl der Sicherheit und machte einer nackenkribbelnden Ahnung Platz, dass jemand sie beobachtete. Sie musste an die Worte WERDE VERFOLGT auf Mrs Es Badezimmerspiegel denken und schaute beiläufig über die Schulter. Doch sie sah nur eine gut gekleidete Frau mit einer Sonnenbrille, die auf ihr Handy starrte, sowie einen Typen mittleren Alters, der seinen Hund ausführte. Rasch huschte sie in eine Wohnsiedlung, deren labyrinthartige Wege und Durchgänge sie in- und auswendig kannte, bog ein paar Mal scharf ab und kam schließlich auf einer Nebenstraße heraus, die zu ihrer Wohnung führte.

Ihr war klar, dass dies wahrscheinlich nur ein Anfall von Paranoia war, hervorgerufen durch ihre Erlebnisse bei dem Einbruch, aber nachdem sie ein paar Gangster mit Formalin durchtränkt hatte, erschien es ihr besser, es nicht darauf ankommen zu lassen.

FLYTE

Flyte wusste, dass es wahnsinnig schwierig sein würde, etwas zu finden, was man zu Recht als echte Spur bezeichnen konnte – und das am besten noch, bevor der Leichnam in zwei Tagen eingeäschert wurde.

Cassie Raven hatte es ihr nicht leichter gemacht. Einfach so aus einer Laune heraus zu entscheiden, dass Geraldines Ex nicht verdächtig war! Aber wenn sie andererseits nicht so ein Sturkopf wäre, würde Flyte sich jetzt nicht noch einmal mit einem Todesfall beschäftigen, der vielleicht wirklich vorschnell als Unfall abgetan worden war.

Sie dachte daran, wie sie vor ein paar Tagen einen der Detective Constables spöttisch hatte sagen hören, sie sei »die Königin der hoffnungslosen Fälle«, weil sie sich so gesträubt hatte, den Fall Harry Hardwick abzuhaken. Zuerst hatte es sie gekränkt zu hören, wie ihre neuen Kollegen über sie dachten, doch bald war das in einen verschrobenen Stolz auf ihre eigene Beharrlichkeit umgeschlagen. Vielleicht hatten sie und Cassie Raven ja doch etwas gemeinsam.

Und die Ermittlung zu Geraldine Edwards' Tod hatte ihr noch etwas klargemacht: Ihr fehlte die Arbeit an Mordfällen. Ihre Tätigkeit beim CID fiel für gewöhnlich in eine von zwei Kategorien: Sinnlos – man musste sich nur die unzähligen Stunden ansehen, die sie damit verbracht hatte, an Krankenhausbetten zu sitzen und jugendliche Gang-Mitglieder zu bearbeiten, ihr den Namen des Typen zu verraten, der ihnen eins mit dem Messer verpasst hatte – und langweilig. Innerhalb von zehn Wochen hatte sie bestimmt zwei Dutzend Aussagen von Kreditkartenbetrugsopfern zu Protokoll genommen.

Nachdem sie eine Nachricht auf Christian Maclarens Mailbox hinterlassen hatte, dass er sie zurückrufen möge, machte sie sich an eine Online-Suche. Auf seiner Website waren Fotos der Gebäude, die er entworfen hatte – zumeist gesichtslose Büroblocks in Osteuropa –, und außerdem hatte er ein LinkedIn-Profil, das zu Cassies Beschreibung des Mannes passte. Doch Flyte wollte mehr über ihn wissen, bevor sie ihm Fragen stellte.

Nachdem sie sich das Facebook-Profil von Geraldines bester Freundin und Kollegin Maddy O'Hare angesehen hatte, rief sie die Nummer an, die Cassie ihr gegeben hatte, und sagte, sie hätte noch ein paar Fragen, bevor sie die Akte schließen könne. Maddy bestätigte »Geris« schwierige Beziehung zu Owen und wiederholte, ohne weiter dazu gedrängt werden zu müssen, was Cassie erzählt hatte: dass ihre Freundin, nicht lange bevor sie gestorben war, anscheinend vor irgendetwas – oder irgendjemandem – Angst gehabt hatte.

»Was können Sie mir über diese Dating-Plattform sagen, bei der Sie sich beide angemeldet hatten und wo Geraldine Christian kennengelernt hat?«

»Ocean? Na ja, ich kann Ihnen sagen, dass die nicht billig waren!«, sagte Maddy. »Geri meinte, sie wären ›beruhigend teuer‹. Aber die haben einen sehr professionellen Eindruck gemacht.«

»Was hatten die für Sicherheitsmaßnahmen? Haben sie Identitätsprüfungen vorgenommen?«

»Ja. Ich war überrascht, wie gründlich die uns überprüft haben. Eigentlich war das ja alles ein bisschen lästig …«

Ocean hörte sich nicht nach einer dürftigen Billig-Website an, die anfällig für Betrugsmaschen waren, aber man konnte nie wissen.

»Eine letzte Frage noch«, sagte Flyte. »Geraldine hatte kein Smartphone, und ich konnte bei ihr zu Hause keinen Computer finden. Wie ist sie dann online gegangen?«

»Geraldine hatte definitiv einen Laptop – ich habe ihr nämlich meinen alten geschenkt. Der war praktisch noch dampfbetrieben, aber er hat funktioniert.«

Ocean befand sich im Erdgeschoss eines Büroblocks aus den Sechzigerjahren, ganz nahe am Nordende der Tottenham Court Road. Schon kurz nach ihrer Ankunft fand sich Flyte mit einem Kaffee in einem Konferenzraum wieder. Lange musste sie nicht warten, bis die Geschäftsführerin hereinkam, das Handy noch am Ohr. Lucy Halliwell war eine attraktive Frau Mitte vierzig in makellosen schwarzen Hosen mit weitem Bein, einem kurzärmligen pfauenblauen Pullover und einer komplizierten schweren Halskette aus Metall, die ziemlich teuer aussah. Die Sorte untertriebener Schick, die sich nur mit viel Geld bewerkstelligen ließ.

»Entschuldigen Sie«, sagte sie, nachdem sie das Gespräch beendet hatte. »Ich hoffe, jemand hat sich um Sie gekümmert?« Höflich und wortgewandt strahlte sie entspannte Autorität aus.

»Ich untersuche den überraschenden Tod eines Ihrer Mitglieder.«

»Das tut mir sehr leid.« Ihre Augenbrauen versuchten vergeblich, betroffen emporzuklimmen – wahrscheinlich Botox.

»Sie hat auf Ihrer Dating-Site einen Mann kennengelernt, deswegen möchte ich gern wissen, welche Sicherheitsverfahren Ihre Kunden bei der Anmeldung durchlaufen.«

»Wir ziehen es vor, uns als erstklassigen Beziehungs-Service zu bezeichnen«, korrigierte Halliwell sie freundlich. »Eingehende Vorab-Überprüfungen sind die Grundlage unseres Angebots. Jeder, der sich anmelden möchte, muss eine Bankverbindung angeben und sich zu einer Identitätsüberprüfung bereit erklären, dazu gehört auch die Angabe des Berufs.«

»Ein wirklich entschlossener Betrüger könnte das aber doch bestimmt umgehen, oder?«

Halliwell lächelte und schüttelte leicht den Kopf. »Unsere Systeme sind darauf angelegt zu garantieren, dass unsere Mitglieder jederzeit genau wissen, mit wem sie sprechen.«

»Ist es korrekt zu behaupten, dass Ihre Zielgruppe aus Akademikern und hoch qualifizierten Berufstätigen mittleren Alters besteht?«

Bestätigend neigte Halliwell den perfekt frisierten Kopf.

»Das muss sie doch sicher zu einem attraktiven Ziel von Online-Betrügern machen«, vermutete Flyte. »Bei jungen Leuten gibt es für gewöhnlich nichts zu stehlen.«

»Ich denke, Sie werden feststellen, dass die Leute uns vertrauen, eben weil ihnen dieses Risiko bekannt ist und sie es minimieren wollen.«

Flyte war aufgefallen, dass der Lack des Konferenztisches an den Tischkanten abgeplatzt war und sich die ehemals modische Tapete hier und da an den Rändern löste. Umfangreiche Sicherheitsvorkehrungen waren nicht billig, und Unternehmen suchten stets nach Möglichkeiten, die Ausgaben zu deckeln. Waren Halliwells Behauptungen nichts weiter als Marketing-Geschwafel?

»Nur so aus Interesse, wie viele Bewerber lehnen Sie ab?«, erkundigte sie sich.

Ein Anflug von Unmut zuckte über Halliwells unnatürlich glatte Stirn. »Nicht sonderlich viele, aber das liegt eben daran, dass unsere Sicherheitsvorkehrungen Betrüger von vornherein abschrecken.«

Halliwells aalglatte Marketingnummer zu knacken, war, als versuche man, mit einem Plastiklöffel gehärtetes Glas zu zerbrechen. Flyte klappte ihr Notizbuch auf. »Ich benötige Informationen über Ihr ehemaliges Mitglied Christian Maclaren sowie seine gesamte Online-Kommunikation mit allen Mitgliedern auf Ihrem Portal.«

»Ihnen ist doch sicherlich klar, dass derartige Informationen unter den Datenschutz fallen«, erwiderte Halliwell mit bedauerndem Lächeln. »Da müssten Sie schon offiziell Zugriff beantragen.«

Flyte hielt ihrem Blick stand. »Und Ihnen ist doch sicherlich klar, dass wir kein Problem damit hätten, uns eine gerichtliche Verfügung zu besorgen, falls wir dazu gezwungen wären.«

Halliwell klopfte mit einem glänzenden Fingernagel auf den

Tisch und sah Flyte weiter unverwandt an. »Wollen Sie damit sagen, dass dieser Maclaren als Verdächtiger gilt?«

Flyte zögerte kurz. »Das ist einer unserer Ermittlungsansätze.«

Halliwells minimal hochgezogene Braue verkündete, dass sie ihr das nicht abkaufte.

Flyte fluchte innerlich: Geraldine Edwards Beerdigung stand bald bevor, sie wollte keine Zeit damit verschwenden, eine richterliche Verfügung zu erwirken. Sie beugte sich vor und schlug einen vertraulichen Ton an. »Dating-Betrügereien sind ein gefundenes Fressen für die Medien. Sollten wir feststellen, dass ein Betrüger ein Schlupfloch in Ihrem System gefunden hat … nun ja, dann wäre es gut, sagen zu können, dass Sie von Anfang an vollumfänglich kooperiert haben.« Flyte konnte ihren eigenen Puls spüren, verkappte Drohungen waren normalerweise nicht ihr Stil.

Halliwells Zungenspitze erschien kurz zwischen blass geschminkten Lippen. »Ich habe volles Vertrauen in die Integrität unserer Sicherheitsverfahren«, sagte sie. »Aber … als Unternehmen sind wir verpflichtet, jegliche Anfragen seitens der Strafverfolgungsbehörden mit äußerster Ernsthaftigkeit zu behandeln.«

Flyte musste die Zähne zusammenbeißen, um nicht zu lächeln.

Lucy Halliwell führte Flyte eine schäbige Treppe hinunter und in ein niedriges Kellerbüro, das von Leuchtröhren erhellt wurde. Nachdrucke alter Kinoplakate hingen an den Wänden, zweifellos um die braunen Flecken zu verbergen, wo sich der Putz aufgrund der Feuchtigkeit gelöst hatte.

»Hier verstecken wir unsere IT-Abteilung«, erklärte Halliwell halblaut und ein klein wenig entschuldigend. Alte Festplatten und Bildschirme stapelten sich neben überquellenden Pappkartons, und irgendwelche kakofonische Rockmusik dröhnte aus einem tragbaren Lautsprecher.

»Dan ist unser Informations-Analyst«, erklärte sie, während

sie auf einen jungen Mann mit Bart zusteuerte, der wie gebannt auf seinen Bildschirm starrte. Die Hand, in der er die Maus hielt, zuckte mit geübter Nonchalance hin und her, um irgendetwas wegzuklicken, und Flyte fragte sich im Stillen, wo er sich wohl gerade herumgetrieben hatte. Auf Facebook? Oder auf einer Pornoseite?

»Dan, wo ist Beth?«

»Oh, hi, Lucy«, sagte er mit etwas unsicherem Lächeln. »Sie sitzt in der Besenkammer.« Er deutete auf eine Tür ganz in der Nähe.

In dem winzigen Büro saß eine junge Frau ungefähr in Flytes Alter – Mitte bis Ende dreißig – an einem Computer. Über ihr war ein weiteres Filmplakat an die Wand gepinnt: Audrey Hepburn und Gregory Peck zusammen auf einer Vespa. Ein Herz und eine Krone.

»Beth ist für die Mitgliederbetreuung zuständig, dazu gehört auch die Aufsicht über unser Sicherheitsverfahren«, erklärte Halliwell. »Könnten Sie DS Flyte die Informationen geben, die sie braucht? Innerhalb der Parameter, die wir am Telefon besprochen haben.« Der vielsagende Blick, den sie ihrer Untergebenen zuwarf, entging Flyte nicht.

»Natürlich, Lucy, gern.« Beths wachsame Miene deutete darauf hin, dass Halliwell die Sorte Vorgesetzte war, die man ständig besänftigen musste.

Nachdem Halliwell gegangen war, zog sich Flyte einen Stuhl heran und setzte sich. »Arbeiten Sie schon lange hier?«

»Äh … so acht Monate ungefähr?« Beth schien eher verwirrt darüber zu sein, dass ein Cop in ihrem Büro saß.

»Das Büro ist ja schon ein bisschen eine Bruchbude, stimmt's?«, murmelte Flyte in dem Versuch, die Stimmung etwas zu lösen.

Ein Lächeln huschte über Beths Gesicht. »Eine Renovierung wäre klasse, aber anscheinend sind wir nicht der Teil der Firma, der ›Publikumsverkehr‹ hat.«

»Und wie läuft das Geschäft so?« Ganz locker, als ginge es nur um ein bisschen Small Talk.

»Ganz okay, glaube ich.« Beth strich sich mit beiden Händen das dunkle, schulterlange Haar hinter die Ohren, eins war am äußeren Rand gepierct. »Wenn man bedenkt, dass praktisch jede Woche eine neue Dating-Plattform online geht.« Ihr Kleidungsstil war das, was Leute aus Camden als Grunge bezeichneten und Flyte als ungepflegt.

Ihr Blick fiel auf eine Pinnwand voller Hochzeitsfotos. Paare – ein Dutzend Paare, alle in mittleren Jahren, strahlten auf den Stufen von Kirchen und Standesämtern.

»Ist bestimmt ein schönes Gefühl, wenn's aufgeht.«

Beth nickte lächelnd. »Das ist das Beste an dem Job. Zu sehen, wie Menschen sich finden, die zusammengehören.«

»Ich habe mir schon gedacht, dass Sie bekennende Romantikerin sind.« Mit einem Kopfnicken deutete Flyte auf das Filmposter von Audrey Hepburn und Gregory Peck.

»Ich liebe diesen Film.« Beth drückte die Hand aufs Herz wie ein liebeskranker Teenager. »Die beiden waren doch füreinander geschaffen, nur die Welt wollte es nicht zulassen.«

Etwas überrascht von dem verräterischen Glänzen in Beths Augen, verkniff sich Flyte den Hinweis darauf, dass die Liebesaffäre der beiden Hauptfiguren auf einer fundamentalen Täuschung aufbaute – Hepburn, die Prinzessin, gab sich als Touristin aus, und Peck, der skrupellose Journalist, spielte mit, weil er auf einen Knüller aus war. Man hätte das Ganze sogar als einen frühen Fall von Dating-Betrug bezeichnen können, auch wenn Pecks Figur es nicht bis zum Ende durchgehalten und sich in der Schlussszene quasi rehabilitiert hatte.

»Okay, also, hier ist das Profil von dem Typen, für den Sie sich interessieren«, sagte Beth und drehte den Bildschirm in Flytes Richtung. »Das hätten andere Mitglieder gesehen, solange er bei uns war.«

Maclarens Profil beschrieb ihn als fünfundvierzig Jahre alten

Architekten mit eigenem Büro in Hamburg … nie verheiratet, keine Kinder, und als Hobbys hatte er Kunst, Reisen, Film und Theater sowie Outdooraktivitäten angegeben. Seine Fotos waren nicht weiter bemerkenswert – bis auf eines, auf dem Maclaren am Ruder einer Segeljacht zu sehen war, attraktiv und entschlossen. Er trug einen grob gestrickten Pullover und eine Armbanduhr, die aussah, als sei sie glatt tausend Pfund wert. Ein glamouröses Bild, das auf einem Dating-Portal jede Menge Aufmerksamkeit garantierte.

Beth erklärte sich bereit, ihr das Profil und die Fotos zuzumailen, doch als Flyte ihr Glück versuchte und darum bat, seine Bankdaten sehen zu dürfen, rasselte das Fallgitter herunter.

»Es tut mir echt leid, aber Lucy hat gesagt …« Beths Drehstuhl quietschte, als sie darauf herumrutschte, weil ihr das alles eindeutig peinlich war.

»Ich weiß, keine vertraulichen Informationen über Mitglieder.« Flyte lächelte, um zu zeigen, dass sie es ihr nicht übel nahm. »Können Sie mir sonst noch etwas sagen?«

Beth rief eine andere Seite auf. »Sieht aus, als hätte er sich im März angemeldet und seine Mitgliedschaft im Juni wieder gekündigt, falls Ihnen das was hilft.«

»Hatte er außer mit Geraldine Edwards noch Kontakt mit anderen Mitgliedern?«, wagte sie sich vor.

Beths Blick huschte zur offenen Tür. Flyte folgte ihm mit den Augen und sah Beths Kollegen Dan in ihrem Blickfeld sitzen. Auf den ersten Blick schien er vollauf mit seinem Computer beschäftigt zu sein, doch Flyte sah, dass er zwar Kopfhörer trug, doch der auf der ihnen zugewandten Seite saß nicht über dem Ohr.

Flyte mimte ein Frösteln – »Haben Sie was dagegen, wenn ich …?« –, ehe sie aufstand und die Tür zumachte. »Ich kann es nicht ausstehen, wenn es zieht. Also, wir haben gerade über Maclarens Kontakte zu anderen Frauen gesprochen?«

Beth senkte die Stimme. »Er hatte nur einen einzigen Kontakt, mit Geraldine Edwards.«

Mist. Das war ja wohl kaum das Verhaltensmuster eines professionellen Betrügers.

»Hilft irgendwas von alldem?«, wollte Beth wissen.

»Ganz ehrlich? Nicht wirklich.«

Beth schielte noch mal zur Tür hinüber und fragte leise: »Dieser Maclaren, der hat doch nicht etwa … was Furchtbares getan, oder?«

Flyte erwiderte ihren Blick. »Ich weiß es noch nicht, Beth. Möglich ist es.« Maclaren hatte noch nicht zurückgerufen, aber er konnte auch auf Reisen sein.

Beth spielte mit einer Haarsträhne herum. »Weil, wenn einer Frau was passiert ist, wegen irgendwas, was wir getan oder nicht getan haben …«

Das Telefon auf ihrem Schreibtisch klingelte, und sie nahm mit einem entschuldigenden Lächeln den Hörer ab.

Während des kurzen Gesprächs, das darauf folgte, merkte Flyte sich die Durchwahl, die auf dem Hörer aufgeklebt war. Nachdem sie aufgelegt hatte, grinste Beth abermals betreten. »Das war Lucy, sie sagt, wir sollten allmählich zum Schluss kommen.«

Flyte lächelte und verbarg ein schmerzliches Zucken, als Beths Stimme zum Ende des Satzes hin immer höher wurde.

»Kein Problem. Vielen Dank für Ihre Hilfe.« Sie stand auf und legte ihre Visitenkarte auf Beths Tastatur. »Falls Sie mal vertraulich mit mir sprechen möchten.«

Als sie ging, starrte Beth auf die Karte hinab und spielte mit ihren Haaren.

35. Kapitel

Als sie sich an der Edelrezeption des noblen Clubs in Shoreditch anmeldete, den Christian als Treffpunkt vorgeschlagen hatte, fühlte Cassie sich ziemlich fehl am Platze. Und das ausnahmsweise nicht wegen ihrer Piercings, sondern weil sie in Jeans und T-Shirt direkt von der Arbeit gekommen war.

Nachdem man sie eine Plexiglastreppe hinauf ins Zwischengeschoss geschickt hatte, wuchs Cassies Unbehagen noch, als auf der Treppe eine Frau an ihr vorbeikam, die gerade nach unten ging. Sie trug eine Sonnenbrille und war sehr stylish gekleidet, von der Samtmütze bis zu den Doc Martens aus dunkellilafarbenem Lackleder. Ihr flüchtiger Blick vermittelte Cassie das Gefühl, in Sachen Outfit taxiert und für mangelhaft befunden zu werden.

»Sie sind früh dran!« Christian stand auf, um sie zu begrüßen.

»Tut mir leid, ich bin schneller von der Arbeit weggekommen, als ich dachte.«

»Sie müssen sich doch nicht entschuldigen, es ist schön, Sie zu sehen.«

Er war noch immer gut gekleidet, doch es erschreckte sie, wie verhärmt er im Vergleich zu ihrer letzten Begegnung aussah. Ein halb volles Glas stand vor ihm, und ein leeres mit nur einer Zitronenscheibe darin vor dem Platz ihm gegenüber. »Ich hoffe, ich habe Sie nicht gestört …?«, fragte Cassie.

»Nein, nein, bloß eine langweilige Geschäftsbesprechung, ist schon vorbei.«

»Ist ja ein toller Laden«, meinte sie, nachdem der Kellner ihre Bestellung aufgenommen hatte, und ließ den Blick durch den riesigen Raum mit den Backsteinwänden wandern, der von tausend winzigen Glühlampen erhellt wurde, die in Trauben von der Decke hingen. »Das war mal eine Kirche, stimmt's?«

»Ja. Wir sind früher oft hierhergekommen, Geraldine und ich.« Ein Lächeln huschte über seine Lippen. »Sie hat das immer ihre kleine ›Pfeif-aufs-Erbe-Sünde‹ genannt.«

Der perfekte Aufhänger für ihre Theorie, dass Mrs E möglicherweise vor ihrer Heirat ein uneheliches Kind zur Welt gebracht hatte. »Wollte Geraldine ihr ganzes Geld Owen hinterlassen, wissen Sie das?«

»Davon bin ich immer ausgegangen. Nicht dass wir je übers Sterben geredet hätten.« Christian stieß die Luft aus. »Warum auch? Sie hätte doch noch dreißig Jahre zu leben gehabt oder noch mehr.« Er drehte sein Glas auf dem Pappuntersetzer. »Warum fragen Sie?«

»Ich wollte nur wissen, hat sie jemals etwas von einem anderen Kind gesagt – einer Tochter? Die vor Owen geboren worden ist?«

Er sah sie verständnislos an. »Davon hat sie nie etwas gesagt.« Heute trug er keine Brille und sah dadurch … verletzlicher aus. Seine Miene erinnerte Cassie an Maurice, den alten Herrn, der am Abend des Einbruchs gekommen war, um seine tote Frau zu sehen. Verwirrt, nicht ganz anwesend.

»Tut mir leid, dass ich so rumbohre. Es war bestimmt schlimm für Sie, so von Geraldines Tod zu erfahren.«

Er nickte langsam. »Ich war noch nicht wirklich über unsere Trennung weg. Wenn ich ehrlich sein soll, ich habe wohl immer noch gedacht … gehofft … wir würden wieder zusammenkommen.« Er kniff die Unterlippe so heftig mit den Fingern, dass Cassie sehen konnte, wie sie weiß wurde. »Das Schlimmste daran ist der Gedanke, dass sie noch am Leben sein könnte, wenn wir zusammengeblieben wären. Dass … dass ich ihren Tod vielleicht hätte verhindern können.«

Er hörte sich an, als glaubte er wirklich, er hätte sie retten können – eine Art magisches Denken, das Cassie bei den Angehörigen kürzlich Verstorbener häufig erlebte.

»Das Leben ist nur ein wandelnd Schattenbild«, sagte er halblaut vor sich hin.

»Shakespeare?«

»Ja, Macbeth.« Christians Art zu sprechen hätte auf eine Privatschule hindeuten können. Und doch bemerkte Cassie einen Hauch übertriebener Vorsicht bei der Aussprache bestimmter Wörter, die andeuten könnte, dass sein gegenwärtiger Akzent vielleicht nicht der seiner Kindheit war.

»Wo sind Sie aufgewachsen?«, erkundigte sie sich. Als sie sein verblüfftes Gesicht sah, fügte sie rasch hinzu: »Entschuldigung, ich sollte nicht so neugierig sein.«

»Nein, nein, schon gut.« Lächelnd hob er die Hand. »Ich bin in Brixton geboren, auf der falschen Seite des Flusses. Lange bevor die Hipster da hingezogen sind.«

»Wohnen Ihre Eltern immer noch da?«

Er nippte an seinem Drink. »Meinen Vater habe ich nie gekannt, und meine Mutter ist gestorben, als ich dreizehn war – sie war Alkoholikerin.«

»Das tut mir sehr leid. Haben Sie Geschwister?«

»Eine Schwester.« Stirnrunzelnd starrte er in seinen Drink.

»Sie stehen sich nicht nahe?«

»Wir haben uns mal … sehr nahegestanden.« Ein liebevoller Ausdruck schlich sich in sein Gesicht, löste das Stirnrunzeln. »Als ich neun war, hat der Staat uns in seine Obhut genommen, wie man das lachhafterweise nennt. Die haben uns immer wieder in verschiedene Pflegefamilien gesteckt, aber wir sind ständig abgehauen, um einander zu suchen, also haben sie uns am Ende zusammen im Kinderheim bleiben lassen. Ich fand's damals toll, eine kleine Schwester zu haben.«

»Aber jetzt nicht mehr?«

»Wir haben uns … zerstritten.« Auf seinem Gesicht malte sich ein Gemenge verschiedener Emotionen, während seine offenkundige Zuneigung gegen Verbitterung ankämpfte. Oder sogar Zorn.

»Aber verwandt ist man doch für immer, nicht wahr?« Cassie fand den Gedanken schrecklich, dass er diese Trauer ganz allein ertragen musste. »Ich bin ein Einzelkind, und ich würde alles dafür geben, eine Schwester oder einen Bruder zu haben.«

Christian nahm ein Cocktail-Rührstäbchen zur Hand und fing an, es zwischen Zeige- und Mittelfinger zu drehen, ließ das Stäbchen anscheinend völlig unbewusst mit einer fließenden Bewegung um seine Finger kreiseln. In der achten Klasse hatte Cassie stundenlang vergeblich versucht, sich das von einem Kumpel im Matheunterricht beibringen zu lassen.

»Seit Sie's mir erzählt haben, kann ich nicht aufhören, über Geraldines Tod nachzugrübeln – vor allem über Ihre Zweifel daran«, sagte er. »Ich könnte es nicht ertragen … es wäre viel schlimmer, wenn es mehr wäre als einfach bloß ein schrecklicher Unfall.« Seine Stimme wurde zu einem entsetzten Flüstern. »Die Vorstellung, jemand könnte sie *umgebracht* haben.«

Sie berührte seinen Arm, beim Anblick seines gequälten Gesichtsausdrucks verspürte sie Gewissensbisse.

»Hören Sie, Christian, es gibt nicht den geringsten Beweis, der auf so etwas hindeutet.«

»Aber Sie hegen doch ganz eindeutig Verdacht? Denken Sie, die Polizei hat das Ganze gründlich genug untersucht?«

Also hatte Flyte ihn noch nicht kontaktiert. Sollte sie ihn vorwarnen? Cassie war hin- und hergerissen: Die Trauer um Mrs E hatte sie und Christian innerhalb kurzer Zeit einander nähergebracht. Und sich auf die Seite der Polizei zu schlagen, fiel ihr nicht leicht. Doch nachdem sie Flyte dazu gedrängt hatte, Mrs Es Tod unter die Lupe zu nehmen, kam es ihr einfach nicht richtig vor, jetzt da hineinzugrätschen.

»Was ist mit ihrem Blut? Haben die da drin etwas … Schlimmes gefunden?«

»Nein, nichts.«

Er senkte den Blick, doch Cassie fragte sich, ob sie da etwas in seinen Augen gesehen hatte – ein Aufblitzen der Erleichterung?

»Hat Geraldine nie Drogen genommen, soweit Sie wissen?«

»Großer Gott, nein!« Seine Belustigung schien echt zu sein.

»Es sei denn, ein guter Scotch und ab und zu mal heimlich eine Zigarette zählen als Drogen.«

»Hören Sie, Christian, es gibt jeden Tag Dutzende tödliche Unfälle. Wahrscheinlich denke ich einfach zu viel darüber nach, suche nach einem Grund ...« Sie stockte, versuchte, die richtigen Worte zu finden. »Weil ich nicht mit der Tatsache klarkomme, dass ich sie nie wiedersehen werde.«

Cassie sah widerstreitende Gefühle in Christians Gesicht: Die Angst, jemand könnte die Frau ermordet haben, die er geliebt hatte, kämpfte gegen die Hoffnung, dass ihr Tod tatsächlich nur ein verrückter Unglücksfall gewesen war. Fürs Erste schien die Hoffnung gewonnen zu haben.

In der U-Bahn spielte Cassie das Treffen noch einmal durch und versuchte, es zu analysieren wie Professor Arculus einen Leichnam. Doch ihre Schlussfolgerung blieb dieselbe: Christian war ein Mann, der den Tod seiner ehemaligen Geliebten aufrichtig betrauerte und noch immer gegen den Schock ankämpfte. Das Einzige etwas Rätselhafte war seine Frage nach dem toxikologischen Befund gewesen.

Vielleicht fürchtete Christian ja, dass seine Ex-Verlobte eine Überdosis genommen hatte, dass sie nach ihrer Trennung in eine Depression gerutscht sein könnte?

Der Gedanke, Mrs E könnte Selbstmord begangen haben, war beinahe noch schlimmer als die Furcht, sie könnte ermordet worden sein, vor allem, da Cassie den Kontakt zu ihrer ehemaligen Lehrerin verloren hatte. Doch nachdem sie das Ganze noch einmal rational durchdacht hatte, war sie beruhigt: Bei der toxikologischen Standard-Untersuchung wurde auf über dreihundert Substanzen getestet. Das musste jedes Medikament mit abdecken, das Mrs E sich, realistisch betrachtet, hätte beschaffen können.

36. Kapitel

Am nächsten Morgen war Cassie gerade auf dem Weg zur Arbeit, den Kopf im kalten, vom Wind getriebenen Nieselregen gesenkt und ganz in Gedanken an Mrs Es Beerdigung, als sie beinahe mit ihm zusammenstieß. Ein massiger Mann mit beginnender Glatze, der aus dem Schatten einer Eisenbahnbrücke auftauchte. Ein Mann, den sie augenblicklich wiedererkannte.

»Das waren Sie, stimmt's, die das mit der Beerdigung meiner Mutter überall auf Facebook rumerzählt hat?« Owen schwankte ein bisschen.

Eigentlich war es Maddy gewesen, die Uhrzeit und Ort von Mrs Es morgiger Beerdigung gepostet hatte, doch da sie Cassie wahrscheinlich markiert hatte, hatte Owen sie als die Frau aus der Leichenhalle identifizieren können.

»Ich hab ja gleich gewusst, dass bei Ihnen nicht alles rundläuft.« Owen schob sein Gesicht dicht an ihres heran, begleitet von einer widerlichen Alkoholfahne. Er musste aus der Flasche gefrühstückt haben. »Dann sagt der Beerdigungsunternehmer, sie holen den Leichnam erst heute ab. Und jetzt ruft mich die Polizei an und stellt mir massenhaft Fragen.« Er rammte ihr einen Finger ins Gesicht, berührte sie fast. »Ich bin doch kein Id-i-ot, ich weiß, dass Sie da eine ordentliche Welle gemacht haben, verstanden?«

Die Aura unterdrückter Gewalt, die ihn umgab, brachte Cassies Haut zum Kribbeln. »Freuen Sie sich denn nicht, dass so viele Leute kommen und Ihrer Mutter die letzte Ehre erweisen wollen?«, fragte sie und klang ruhiger, als ihr zumute war.

»Was geht Sie das denn an?! Sie waren doch nur eine von ihren verdammten *Schülerinnen!*« Sie spürte, wie ein Speicheltröpfchen auf ihrem Augenlid landete. »Für ihren einzigen Sohn hatte sie nie Zeit … oh, aber ihre *Schüler,* die hat sie geliebt.«

»Und wir haben sie geliebt – und zwar mit gutem Grund«, fauchte sie ihn an. »Sie hatte es verdient, geliebt zu werden.«

»Oh, *geliebt* worden ist sie, aber hallo.« Sein Gesicht verzerrte sich zu einer Fratze. »Wi-der-lich. Eine Frau in ihrem Alter.«

Cassie verspürte ein Aufwallen reiner, unverfälschter Wut. »Falls Sie Christian meinen, ich bin froh, dass sie jemanden gefunden hat. Warum konnten Sie sich nicht für sie freuen?«

Er lehnte sich noch mehr auf sie zu, und sie wappnete sich schon für einen Schlag, doch stattdessen sackte er in sich zusammen, und seine Hängebacken sanken herab. »Warum hat sie mich nicht geliebt?«, fragte er weinerlich, als hätte Cassie die Antwort. »Nie hat sie mich geliebt. Nie war ich gut genug, nie schlau genug.«

Cassie musterte seine betrunkene, selbstmitleidige Miene. Es stimmte, Mrs E hatte für Dummköpfe nichts übriggehabt. War sie vielleicht eine nicht sonderlich mitfühlende Mutter gewesen, als ihr eigener Sohn ihre hohen Erwartungen nicht hatte erfüllen können?

Sie suchte seinen Blick. »Wenn man gerade jemanden verloren hat, ist man oft sehr verletzlich. Dann übertreibt man leicht mal. Sie hat Sie bestimmt geliebt.«

Er schaute auf sie hinab, als hätte er ganz vergessen, dass sie da war.

»Jetzt hören Sie mir mal zu«, sagte er mit leiser, drohender Stimme. »Sie stecken Ihre Nase da in Dinge, die Sie nicht verstehen …« Er unterbrach sich, kniff die Augen ein wenig zusammen und musterte sie abschätzend von oben bis unten. »Ich habe Sie gesehen, wie Sie am Haus meiner Mutter herumgeschnüffelt haben, an dem Tag, an dem ich hier runtergekommen war!« Ein bösartiges Lächeln breitete sich auf seinem Gesicht aus, als wäre ihm gerade etwas klar geworden. »Und das neulich waren Sie auch, stimmt's?«, krähte er. »Neulich, im Haus von meiner Mutter. Wusste ich's doch, dass ich ein fremdes Handy auf dem Bett hab liegen sehen, aber als ich zurückgegangen bin, war's weg.«

Cassie schüttelte den Kopf.

»Ich weiß nicht, wovon Sie reden«, sagte sie, merkte aber, wie ihr die Röte ins Gesicht stieg, während sie daran dachte, wie sie das Handy vom Bett genommen hatte. Owen schien sich zu entspannen, seine Körpersprache zeugte von Triumph. »Deshalb war die Hintertür aufgeschlossen – die Putzfrau hat geschworen, dass sie sie abgeschlossen hatte.« Er wedelte mit seinem fetten Zeigefinger direkt vor ihrer Nase herum. »Jetzt hören Sie mir mal gut zu: Sie halten von jetzt an Ihre klebrige Nase aus meinen Angelegenheiten raus, ja? Sonst sag ich der Polizei, dass Sie da eingebrochen sind, und lass die den Laden auf Fingerabdrücke untersuchen.«

»Ich glaube, Sie verwechseln mich da mit jemandem«, sagte Cassie, während sie langsam zurückwich.

Dann machte sie kehrt und ging, so schnell sie konnte, davon, ohne in Laufschritt zu fallen.

Er machte keine Anstalten, ihr zu folgen, rief ihr aber hinterher: »Wenn Sie es wagen, morgen zur Trauerfeier aufzukreuzen, lass ich Sie rausschmeißen.«

Sie eilte die Gasse zur Leichenhalle hinunter, und ihr Herz hämmerte gegen das Brustbein. Sobald sie drinnen war, rief sie Flytes Nummer auf ihrem Handy auf, immer noch schwer atmend.

Ihr Daumen schwebte über dem Anrufbutton. Flyte musste erfahren, was gerade passiert war, was für ein Mensch Owen war. Doch ihr wurde klar, dass er peinlich genau darauf geachtet hatte, sie nicht anzurühren, und ihr auch nicht mit Gewalt gedroht hatte. Abgesehen davon hielt Owen jetzt sowieso alle Karten in der Hand: Wenn er wirklich einen Einbruch in der Patna Road meldete, würde die Polizei ihre frischen Fingerabdrücke überall in Mrs Es Schlafzimmer finden. Fingerabdrücke, die seit ihrer Verhaftung wegen Drogenbesitzes mit siebzehn in der Datenbank gespeichert waren.

Eine Anklage wegen Einbruchs würde nicht nur das Ende ihrer beruflichen Laufbahn bedeuten, sie würde auch Flytes Ermittlungen zu Mrs Es Tod ausbremsen. Und damit die letzte Chance zunichtemachen, ihren Leichnam vor den Flammen des Krematoriums zu bewahren.

FLYTE

Für »Bauchgefühle« hatte Flyte ungefähr genauso viel Verwendung wie für Horoskope: Instinkt war kein Ersatz für Beweise, für ein Motiv – und einen Verdächtigen. Sie hatte den Fall Geraldine Edwards noch nicht aufgegeben, auch wenn ihr Leichnam – das einzige mögliche Beweisstück – morgen in Flammen aufgehen sollte. Die Einäscherung an sich würde die Ermittlungen nicht beenden, aber wenn sie nicht bald vorankam, würde ihr DI Bellwether im Nacken sitzen.

Sie stieß die Tür von Vernehmungszimmer 4 auf.

Owen Edwards erhob sich und streckte ihr die Hand hin, sodass ihr gar nichts anderes übrig blieb, als sie zu ergreifen. »Ist mir ein Vergnügen, Sie kennenzulernen, Detective Sergeant.«

Sie kämpfte gegen das Verlangen an, sich die Handfläche am Hosenbein abzuwischen, und nahm ihm gegenüber Platz.

»Wird das lange dauern?«, wollte er wissen, und ein gewollt einnehmendes Lächeln plusterte seine rot geäderten Wangen auf. »Ich muss noch alles Mögliche erledigen, für die Beerdigung morgen, das können Sie sich ja vorstellen.«

Entdeckte sie da Angst in seiner Miene, als er das sagte – vielleicht davor, dass die Beerdigung verhindert werden könnte? Sie war noch nie gut darin gewesen, die Anzeichen dafür zu lesen, wenn jemand log; ihr Erfolg als Detective beruhte allein auf logischem Denken und gründlicher, altmodischer Polizeiarbeit.

»Nicht allzu lange, hoffe ich, Mr Edwards. Ich versuche nur, für den Abschlussbericht alles unter Dach und Fach zu bringen.«

»Aber wir wissen doch, dass an ihrem Tod nichts Komisches war?« Sein walisischer Akzent trennte das Wort in drei Teile: Ko-mi-sches.

»Unseres Wissens nach nicht.«

»Weil, die von der Rechtsmedizin haben doch grünes Licht für die Beerdigung gegeben, nachdem sie den Bericht von dem Pathologen gekriegt haben.«

»Das stimmt.« Sie bedachte ihn mit einem kühlen Blick. »Aber da Ihre Mum völlig unerwartet verstorben ist, wollen wir doch ganz sichergehen, nicht wahr?« Sie blätterte ihre Notizen durch. »Die Putzfrau Imelda sagt, Ihre Mutter hätte einen Computer gehabt, der aus dem Haus verschwunden ist.«

»Ich habe es für sicherer gehalten, alle Wertsachen da rauszuholen.« Sein Lächeln leierte allmählich aus wie eine alte Unterhose. »Hier in London nisten sich doch oft Junkies und alle möglichen Typen in leer stehenden Häusern ein, stimmt's?«

Flyte konnte seine Fahne über den Tisch hinweg riechen. »Und ihr Handy?«

»Das … das habe ich weggeschmissen. Das Ding war uralt.«

»Ich verstehe. Und wo ist ihr Computer jetzt?«

»Wieso wollen Sie das wissen?« Bei jeder Frage war Owens Miene weniger leutselig geworden und weniger unterwürfig.

»Er könnte uns wichtige Informationen liefern, zum Beispiel darüber, mit wem sie in den Tagen vor ihrem Tod Kontakt hatte.« Oder auch, ob das Zerwürfnis zwischen Mutter und Sohn so weit fortgeschritten war, dass sie berechtigte Gründe hatte, sich vor ihm zu fürchten.

Owens Blick huschte im Raum umher. »Ich hab die Festplatte gelöscht und das Ding entsorgt.«

»Ich verstehe. Dann haben Sie Ihre Ansicht hinsichtlich des Wertes dieser Gegenstände ja recht schnell geändert.« Flyte legte kalte Schwere in ihre Worte. »Ich muss Sie davon in Kenntnis setzen, dass es gesetzwidrig ist, irgendetwas zu vernichten, was der Rechtsmedizin vor der Anhörung relevante Anhaltspunkte zum Tod Ihrer Mutter hätte geben können.«

Flyte war klar, dass dies eine leere Drohung war: Die Anhörung war größtenteils Formsache und fand nur statt, weil bei der Autopsie keine eindeutige Todesursache festgestellt worden war. Dennoch, es konnte nicht schaden, Owen ein bisschen nervös zu machen.

»Ich nehme doch an, Ihre Mutter hat ein Testament hinterlassen?«

»Das ist beim Notar hinterlegt, alles rechtmäßig.«

»Der Immobilienmakler hat gesagt, Sie verkaufen das Haus zusammen mit einem separaten Grundstück.« Sie zog eine Braue hoch. »Das sollte einen signifikanten Betrag einbringen. Sind Sie Alleinerbe?«

»Ja, bin ich.« Er reckte das Kinn vor. »Wem sollte sie denn sonst was hinterlassen haben?«

Es klopfte an der Tür, und ein Streifenpolizist streckte den Kopf herein. »'tschuldigung, Sarge. Hier ist 'ne Nachricht von jemandem, den Sie erreichen wollten.«

Er reichte ihr einen Zettel, auf dem stand: »Anruf von Christian Maclaren. Würde sich gern gleich morgen früh mit Ihnen treffen. Hat Ihnen auf die Mailbox gesprochen.«

Die Nachricht erinnerte Flyte an die sehr knappe SMS, die Cassie Raven ihr kurz vor diesem Gespräch geschickt hatte: »Fragen Sie Owen Edwards mal, wie er darüber denkt, dass seine Mutter ein Liebesleben hatte.« Höchst ärgerlicherweise hatte sie keinerlei Erklärung hinzugefügt, wieso dies ein vielversprechender Ermittlungsansatz sein könnte. Andererseits hatte sie die Beobachtungsgabe der jungen Frau schon früher unterschätzt.

»Kommen wir zum Privatleben Ihrer Mutter, Mr Edwards. Wie haben Sie sich mit ihrem Verlobten Christian Maclaren verstanden?«

»Ex-Verlobter«, blaffte Owen. Sein Gesicht, von Anfang an bereits gerötet, nahm einen noch dunkleren Rotton an.

»Kann man behaupten, dass Sie einander nicht leiden konnten?«

»Ich hab den Mann doch kaum gesehen!«

Eine Politikerantwort – mit anderen Worten, überhaupt keine Antwort. »Ich habe gehört, er hätte Sie einmal aus dem Haus eskortieren müssen, nachdem Sie und Ihre Mutter in Streit geraten waren.«

Owens Augen wurden zu schmalen Schlitzen, und den Bruchteil einer Sekunde lang dachte sie, er würde gleich explodieren. »Das war doch bloß ein … blödes Missverständnis«, plusterte er sich auf.

»Wie fanden Sie es, dass Ihre Mutter einen Liebhaber hatte?«

Sein Gesicht bebte vor Anstrengung, sich zu beherrschen. »Wechseljahrschwachsinn, so nenne ich das. Muss das letzte Aufbäumen ihrer Hormone gewesen sein.«

Seine Hände auf der Tischplatte waren so fest geballt, dass die Fingerknöchel wirkten wie Elfenbein. Er benahm sich wie ein Mann, der etwas zu verbergen hatte, so viel war sicher – aber seine Anwesenheit am Tatort nachzuweisen, ganz zu schweigen davon, ausreichend Beweise für eine Anklage wegen Mordes zu finden? Das war etwas ganz anderes.

»Nur fürs Protokoll: Sagen Sie mir doch bitte noch mal, wo Sie an dem Abend waren, an dem Ihre Mutter gestorben ist.«

»Ich war in Bristol auf einer Konferenz, das hab ich schon Ihrem Boss erzählt.«

»Detective Sergeant Sloman ist mein Kollege«, erwiderte sie mit verkniffenem Lächeln. »In welchem Hotel haben Sie gewohnt?«

»Wie ich ihm schon gesagt habe, hab ich ein paar Stunden im Auto gepennt. Ich dachte, so spar ich mir ein paar Kröten.«

Ein nicht überprüfbares Alibi – wie ungemein vorteilhaft.

Ihre Blicke verhakten sich ineinander. Flyte überlegte, wie weit sie das Ganze treiben konnte. Das hier war keine offizielle Vernehmung, und sie hatte nichts gegen ihn in der Hand.

»Sind wir fertig?«, fragte er.

»Ja, wir sind fertig«, sagte sie und schloss ihr Notizbuch.

Er stand auf und konnte ein selbstzufriedenes Lächeln nicht unterdrücken.

Sie lächelte zurück. »Fürs Erste.«

37. Kapitel

Cassie verrichtete ihre Arbeit den ganzen Morgen wie auf Autopilot. Ständig wanderte ihr Blick zur Uhr, deren herzlose Zeiger sich durch die Stunden fraßen. Am Ende des Tages würden die Beerdigungsunternehmer Mrs Es Leichnam abholen, für die Bestattung morgen.

Bis zur Mittagszeit hatte sie bestimmt dreißig- oder vierzigmal auf ihr Handy geschaut, ob eine Nachricht von Flyte eingegangen war. Nichts. Schließlich eine SMS. In der üblichen Kürze bar jeglichen Charmes lautete sie nur: »Wir müssen uns treffen.«

In dem Coffeeshop fand sie Flyte an einem Ecktisch sitzend, mit dem Rücken zum Raum. Ihr blonder Haarknoten war so makellos wie eh und je; nicht ein einziges Haar hatte sich in ihren langen und unbestreitbar hübschen Nacken verirrt.

Flyte nickte kühl zur Begrüßung. »Ich habe Ihnen einen Espresso geholt.«

»Oh, super. Vielen Dank.« Nachdem Flyte ihr bei ihrem letzten Treffen fast den Kopf abgerissen hatte, weil sie ihr nichts von Christian Maclaren erzählt hatte, war Cassie fest entschlossen, sich von ihrer besten Seite zu zeigen.

Doch sie hatte sich kaum hingesetzt, als Flyte ihr schweigend etwas über den Tisch herüberschob. Ein Computerausdruck, den Cassie sofort als Aufzeichnung des alten Schließsystems der Leichenhalle erkannte, so wie der, der sie bei dem Diebstahl von Harry Hardwicks Leichnam zur Verdächtigen gemacht hatte.

»Ich hatte schon fast vergessen, dass ich die Firma um die Zugangsdaten der letzten zwölf Monate gebeten hatte, als das hier gekommen ist«, sagte Flyte kühl. »Würden Sie mir bitte erklären, was Sie im Verlauf der letzten sieben Monate mitten in der Nacht in der Leichenhalle zu suchen hatten?«

Cassie spürte, wie ihr der Magen wegsackte, als sie wieder jenen argwöhnischen Blick in Flytes Augen sah, doch sie brachte ein Achselzucken zustande. »Ich habe Ihnen doch gesagt, dass ich oft Rufbereitschaft habe, und manchmal muss ich eben auch nachts hin.«

»Die *ganze Nacht* lang?« Flyte zeigte auf die Zeilen des Ausdrucks, die sie mit Leuchtstift markiert hatte. »Drei Mal haben Sie Ihren Dienst tagsüber angetreten und sind abends nicht nach Hause gegangen.«

Cassie verschränkte die Arme. »Jeder weiß, dass das alte System unzuverlässig war – deswegen haben wir ja ein neues gekriegt.«

»Hören Sie, ich halte hier den Kopf für Sie hin, indem ich Geraldine Edwards' Tod noch einmal unter die Lupe nehme!« Zorn färbte Flytes Wangen rosig. »Ich muss wissen, dass Sie nicht in irgendetwas Illegales verwickelt sind.«

Ihre Blicke trafen sich, und Cassie wurde etwas klar: Wenn sie wollte, dass Flyte weiter mitmachte, musste sie ihr einen gewaltigen Vertrauensvorschuss gewähren.

Sie holte tief Luft und stieß sie wieder aus. »Okay. Wissen Sie noch, dieser wahnsinnig heiße Tag im April? Ein Neunjähriger namens Oliver hat mit seinen Kumpels am Kanal rumgealbert und ist reingesprungen, als Mutprobe. Jedenfalls, er ist ertrunken. Sein Leichnam musste von Tauchern geborgen werden. Ich hatte Dienst, als seine Mum Natalie gekommen ist, um ihn zu sehen.« Sie spürte, wie sich ihr Gesicht bei der Erinnerung verspannte. »Alleinerziehend, kein Dad – Oliver war ihr einziges Kind.«

»Weiter.« Flytes Stimme war kaum mehr als ein Flüstern.

»Den ganzen Nachmittag hat sie bei ihm gesessen, bis in den Abend. Um zehn haben wir versucht, sie zu überreden, nach Hause zu gehen, ein bisschen zu schlafen und morgen wiederzukommen. Aber sie hat es einfach nicht über sich gebracht.«

Sie warf einen raschen Blick auf Flyte, die in ihre Kaffeetasse starrte.

»Jedenfalls, nach und nach ist alles rausgekommen. Oliver hatte immer schon Angst vorm Dunkeln gehabt, und sie konnte den Gedanken nicht ertragen, dass er ganz allein in einer Schublade in der Kühlzelle liegt.«

Flyte holte unwillkürlich scharf Luft.

»Ja, es war ziemlich schlimm«, meinte Cassie und betrachtete ihr verstörtes Gesicht. Wieder erstaunte sie, wie dünnhäutig sie für eine Polizistin war. Dann ging es ihr auf: DS Flyte hatte selbst vernichtende Trauer durchlebt und gerade erst begonnen, sich damit auseinanderzusetzen. *In der Verdrängungsphase stecken geblieben.*

»Also … also haben Sie angeboten, dass Sie bei ihm bleiben.«

»Ich habe Natalie gesagt, ich schlafe im Besichtigungsraum auf dem Boden und passe auf ihn auf, bis am nächsten Morgen die Bestatter kommen.« Cassie zuckte die Schultern. »Danach wurde das so eine Art Routine. Immer wenn wir ein Kind über Nacht in der Leichenhalle hatten, bin ich nachts bei ihm geblieben.« Nach einer solchen Nacht hatte sie Rachel vorgeschwindelt, sie hätte sich mit Carl besoffen und auf seinem Sofa geschlafen, weil es ihr widerstrebt hatte, ihr die Wahrheit zu sagen.

»Also war es so etwas wie eine Totenwache.«

Cassie nickte. Sie konnte Flytes Miene nicht deuten, als diese den Ausdruck an sich nahm und wieder in ihre Handtasche steckte.

»Also … Sie erzählen das nicht meinem Boss?«, fragte Cassie.

»Natürlich nicht, das ist doch wohl kaum eine Polizeiangelegenheit.« Flyte bedachte sie mit einem tröstenden Blick, wie man ihn einer Freundin zukommen lassen würde.

Cassie wurde klar, dass sich irgendetwas zwischen ihnen verändert hatte.

Flyte riss ein Tütchen mit Süßstoff auf, dessen Bonbonrosa genau zu ihren perfekt lackierten, perfekt ovalen Nägeln passte, und kippte das Zeug in ihren Tee. »Haben Sie die Bilder bekommen, die ich Ihnen vorhin gemailt habe?«

»Äh, nein. Entschuldigung, ich vergesse immer, nach meinen Mails zu schauen …« Cassie wühlte in ihrer Tasche nach ihrem Handy.

»Hier.« Flyte tippte auf das Display ihres eigenen Telefons und reichte es ihr. »Nur fürs Protokoll, ist das der Christian Maclaren, den Sie kennengelernt haben?«

Cassie scrollte durch die Fotogalerie und zuckte die Achseln. »Ja, das ist er. Aber was ist mit Owen – haben Sie mit ihm gesprochen? Was halten Sie von ihm?«

»Es gibt keinerlei Beweise dafür, dass Owen beim Tod seiner Mutter irgendeine Rolle gespielt hat.« Jetzt lag wieder gereizte Schärfe in ihrer Stimme.

Cassie glaubte, darin eher Verdruss über ihre mangelnden Fortschritte zu erkennen.

»Beweise hin oder her, Sie trauen ihm nicht, oder?«

Flyte schnaubte leise, dann gestand sie: »Ich *mag* ihn nicht, aber jemanden für ein Ekel zu halten, macht auf die Staatsanwaltschaft nicht besonders viel Eindruck.«

»Da gibt's noch etwas, was Sie wissen sollten.« Cassie beschloss, ein weiteres Risiko einzugehen, und gab eine bearbeitete Schilderung dessen zum Besten, wie Owen ihr am Morgen aufgelauert hatte.

Flyte setzte sich bolzengerade auf. »Hat er Sie angefasst oder Sie irgendwie bedroht?«

»Nein. Aber er hat was Komisches gesagt. Dass ich ›meine Nase in Dinge stecke, die ich nicht verstehe‹.«

»Haben Sie eine Ahnung, was er damit gemeint haben könnte?«

Cassie schüttelte den Kopf.

»Könnte er sich einfach nur auf seine schwierige Beziehung zu seiner Mutter bezogen haben?«, bohrte Flyte nach.

»Ich weiß es nicht.«

Cassie sah, wie sich abermals Resignation auf ihren Zügen abzeichnete, und bekam plötzlich Angst, sie könnte das Handtuch werfen. »Es muss doch *irgendetwas* geben, das wir tun können.«

»Ich hab's versucht, wirklich, Cassie.« Flyte faltete ihre Papierserviette zusammen. »Es tut mir leid. Aber ich habe noch bergeweise anderes in meinem Eingangskorb.«

Cassie dachte an ihren Einbruch in der Patna Road – und an das, was sie in Mrs Es Drucker gefunden hatte: einen Heiratseintrag von vor ein paar Jahren, die Eheschließung des mysteriösen Paares Barry Dennis Renwick und Julia Geraldine Torrance.

»Hören Sie zu. Was wäre, wenn Mrs E noch ein Kind gehabt hätte, bevor sie verheiratet war, und wenn sie die Kleine zur Adoption hätte freigeben müssen?«, fragte sie. »Wenn sie angefangen hätte, nach ihrem verlorenen Kind zu suchen, wenn sie Kontakt zu ihm hätte aufnehmen wollen, dann wäre Owen doch ausgerastet, oder? Vielleicht hätte er Angst bekommen, dass sie ihr Testament ändert und er leer ausgeht.«

Flyte sah sie gelinde erheitert an. »Und Sie haben Beweise für diesen Plan, Owen zugunsten eines nicht anerkannten Kindes zu enterben, nehme ich doch an? Sie können doch nicht einfach entscheiden, dass jemand ein Straftäter ist, und sich dann irgendein Fantasiemotiv zusammenträumen, das dazu passt.«

»*Circulus in probando*«, sagte Cassie halblaut zu sich selbst.

»Bitte?«

»Ein Zirkelschluss.« Cassie versuchte, einen Teelöffel zwischen den Fingern kreiseln zu lassen, Christians Trick nachzuahmen, doch es gelang ihr nicht.

»Sie haben gesagt, ›*die Kleine*‹ zur Adoption freigeben.« Flytes Augen wurden schmal vor Argwohn. »Wo kommt diese Theorie her?«

Zum Teufel, was soll's, dachte Cassie. »Von etwas, das ich in Mrs Es Haus in der Patna Road gefunden habe. Ich war mit einem Makler da, hab so getan, als ob ich's kaufen wollte …« Sie hoffte, dass das halbwegs plausibel klang.

Flytes Gesichtsausdruck verriet ihr, dass dem nicht so war.

»Er hat mich ein bisschen allein herumstöbern lassen, während er telefoniert hat. Und ich habe etwas gefunden – einen Ausdruck von einem Heiratseintrag auf so einer Ahnenforscher-Website. Und die Braut hieß mit zweitem Vornamen Geraldine.«

Ihre Blicke begegneten sich, und in dem langen Schweigen, das folgte, wurde eine wortlose Übereinkunft getroffen: Flyte wusste, dass Cassies Geschichte, wie sie in Geraldine Edwards' Haus hineingekommen war, ein dampfender Haufen Bockmist war, doch sie würde sie deswegen nicht zur Rede stellen.

»Geben Sie mir die Namen«, verlangte sie schroff und zückte ihr Notizbuch.

»Danke … Phyllida.« Der Name fühlte sich komisch in ihrem Mund an.

»Ich überprüfe das, aber machen Sie sich nicht allzu große Hoffnungen.« Flyte griff nach ihrer Tasche. »Die wahrscheinlichste Erklärung für Geraldines Tod ist, dass es einfach nur ein tragischer Unfall war, das ist Ihnen doch klar? Ihre Putzfrau hat mir erzählt, sie hätte an dem Abend etwas davon gesagt, dass sie sich krank fühlte.«

»Wirklich? Davon stand nichts im Polizeibericht – normalerweise erwähnen die so etwas doch.«

»Tja.« Flytes Blick sagte alles. »Geraldine hat gesagt, sie würde wohl eine Erkältung kriegen, und dass ihr kalt sei. Deswegen das heiße Bad und der Whisky. Sogar ihr Abendessen hat sie mit ins Bad genommen.«

Cassie dachte an die Autopsie und runzelte die Stirn. »In ihrem Magen war aber kein Essen.«

»Neben der Wanne lag ein Käsesandwich – aber sie war nicht mehr dazu gekommen, es zu essen.«

Wieder runzelte Cassie die Stirn. Ein Sandwich in der Badewanne? Das hörte sich nicht nach Mrs E an, so gern, wie sie gekocht hatte, und bei ihrem *Ordnungssinn.* Selbst wenn sie nur einen Keks aß, legte sie den immer auf einen Teller und setzte sich damit an den Tisch. Doch sie wusste, dass sie mit solchen vagen Bedenken bei Flyte nicht punkten konnte.

Als sie sich auf dem Gehsteig verabschiedeten, vermieden sie Blickkontakt, und Cassie begriff, dass ihre Beziehung, seit sie ihre Totenwache bei Oliver gebeichtet hatte, eine unauffällige, aber grundlegende Veränderung erfahren hatte. Ohne diesen Moment des gegenseitigen Mitgefühls hätte sie nicht einmal im Traum daran gedacht, einer Polizistin mehr oder weniger offen ihren illegalen Einbruch zu gestehen.

Cassie musste an Julius Cäsars Worte denken, als dieser den Rubicon überschritten hatte.

Alea iacta est.

Der Würfel ist gefallen.

38. Kapitel

Luca hatte sich bereit erklärt, Mrs Es Leichnam erst nach fünf Uhr zu holen, außerhalb der normalen Abholzeit. Cassie wollte sicher sein, dass alle gegangen waren, damit sie mit Mrs E allein sein und sich richtig von ihr verabschieden konnte, ohne Angst haben zu müssen, dass jemand es hörte.

Als die Zeiger auf fünf Uhr zukrochen, gesellte sich eine vibrierende Nervosität, wie sie sie früher vor den Prüfungen verspürt hatte, zu der Furcht, die ihr schon den ganzen Tag im Magen gelegen hatte.

Das Klappern, mit dem Mrs Es Kühlzellenluke sich öffnete, zerriss die Stille, und Cassie stellte sich vor, wie die anderen Damen und Herren hinter den Stahlklappen aus ihrem Schlummer erwachten, um ihrer Gefährtin Lebewohl zu sagen. Nachdem sie die weiß verhüllte Gestalt auf eine fahrbare Bahre umgebettet hatte, zog Cassie den Reißverschluss von Mrs Es Leichensack auf.

Ihr Gesicht hatte ein wenig an Volumen eingebüßt und wirkte ernster, als sie im Leben je ausgesehen hatte, doch sie war noch immer dieselbe Mrs E. Fast rechnete Cassie damit, dass sich die geschlossenen Augen öffneten und ihre Lehrerin sie auffordern würde, die spezielle Relativitätstheorie zu erklären.

»Ich wünschte, Sie könnten mir sagen, was hier los ist, Mrs E«, sagte sie zu ihr. »Irgendetwas, wodurch Ihre Beerdigung verschoben werden könnte. Haben Sie versucht, Ihre Tochter zu finden, und Owen hat das rausgekriegt? War er es, der Sie verfolgt hat, kurz bevor Sie gestorben sind? Oder jemand anderes?«

Länger als eine Minute starrte sie in das wächserne Gesicht, suchte verzweifelt nach einem Hinweis, der die kryptischen Worte erklären könnte – *Meine Zeit ist noch nicht gekommen* –

oder warum sie ihre Freundin und Lehrerin während der letzten Wochen so häufig gesehen oder gespürt hatte. Doch es kam nichts – nur das Summen der riesigen Kühlzelle und das Ticken der kaputten Leuchtröhre an der Decke.

Ein vertrautes Dröhnen von draußen verkündete die Ankunft von Lucas Lieferwagen. Cassie griff in die Tasche ihres Kittels und holte etwas hervor. Sachte schob sie ihr Abschlusszeugnis für den Physikkurs unter Mrs Es Leichnam und ließ kurz die Hand auf ihrer Schulter ruhen, bevor sie den Leichensack langsam wieder zuzog.

Als sie die Bahre aus dem Kühlraum rollte und den Korridor hinunterschob, bestürmten sie die Erinnerungen: Mrs E, die sich vor Lachen gar nicht mehr fassen konnte, nachdem irgendein Schülerexperiment schiefgegangen war … Ihr triumphierendes Juchzen angesichts von Cassies Abiturnoten … Der Ausdruck stillen Stolzes in ihren Augen, wenn Cassie beim Kaffee irgendeine Leichenhallen-Anekdote zum Besten gegeben hatte.

Jäh blieb Cassie stehen, außer Atem und der Panik nahe. Morgen um diese Zeit würde es ihre Freundin und Lehrerin nicht mehr geben, ein paar Pfund Asche, mehr würde nicht mehr von ihr übrig sein. Doch dann tauchte eine weitere Erinnerung aus der Tiefe auf: Mrs E. die mit ihrer verschnörkelten Handschrift etwas an die Tafel schrieb. *Der Erste Hauptsatz der Thermodynamik.* Und dann ihre Stimme, die verkündete: »*Materie kann nicht vernichtet werden.*« Eine Mahnung daran, dass ihr Körper, selbst wenn er nicht mehr vorhanden war, in Form von unsichtbaren und unzerstörbaren chemischen Elementen überdauern würde.

Mrs E teilte Cassie mit, dass sie immer noch bei ihr war und es immer sein würde.

An der Eingangstür warf Luca einen Blick auf Cassies Gesicht und nickte zum Gruß nur. Er nahm ihr die Bahre ab, rollte sie zu dem wartenden Lieferwagen und umkurvte dabei mit seiner üblichen Vorsicht die Krater im Asphalt.

Als Mrs E sicher im Wagen verstaut war, schloss er die hinteren Türen, hielt dann noch einmal kurz inne und warf einen raschen Blick zu Cassie hinüber, als bitte er um ihre Erlaubnis loszufahren.

Sie nickte, und kurz darauf fuhr der Wagen davon. Als er in der Einfahrt zur Straße hielt, hob Cassie zum Abschied die Hand.

»Cheerio, Mrs E«, murmelte sie leise, während er um die Ecke bog und verschwand.

39. Kapitel

Als Cassie sich erschöpft auf den Heimweg machte, klingelte ihr Handy, und Christians Name erschien auf dem Display.

»Ich treffe mich gleich morgen früh mit einer Polizistin«, berichtete er ihr. »Die will mit mir über Geraldine sprechen.«

»Das tut mir leid. Ich hätte Sie warnen sollen, dass ich ihr Ihre Nummer gegeben habe.« Cassie fühlte sich hin- und hergerissen. Sie und Christian waren durch ihre gemeinsame Liebe zu Mrs E fast so etwas wie Freunde, und doch hatte sie das Gefühl, Phyllida Flyte etwas schuldig zu sein, weil die sich so aus dem Fenster lehnte, um den Fall weiterzuverfolgen.

»Bitte entschuldigen Sie sich nicht. Heißt das, die haben an Geraldines Tod doch etwas Verdächtiges gefunden?«

»Noch nicht, aber sie … schauen sich das alles noch mal an.«

Er hörte sich nicht an, als ob er sich angesichts der Aussicht, von der Polizei ausgefragt zu werden, große Sorgen machte, aber er klang irgendwie anders … Cassie trat in einen Ladeneingang, um ihn besser verstehen zu können. »Es könnte sein, dass Sie DS Flyte ein bisschen … hardcore finden, aber ich glaube, sie ist echt gut in ihrem Job.«

»Ich werde tun, was ich kann, um ihr zu helfen rauszufinden, was passiert ist. Wenn jemand Geraldine etwas getan hat, muss er dafür zur Rechenschaft gezogen werden. Das ist doch das Mindeste, was ich für sie tun kann.«

Da ging ihr auf, was anders war. Von ihren bisherigen Begegnungen her hätte sie Christian als sehr entspannt bezeichnet – die Sorte Mensch, der den Weg des geringsten Widerstands wählte. Jetzt jedoch klang er entschlossener.

»Haben Sie die Infos über die Beerdigung bekommen, die ich Ihnen geschickt habe?«, fragte sie.

»Ja. Und ich hoffe wirklich, ich kann dabei sein. Aber … Cassie, ich möchte, dass Sie wissen, dass ich Geraldine geliebt habe.«

»Ich weiß …«

»Ich habe sie *wirklich* geliebt. Sie … sie hat mein Leben verändert.«

»Meins auch. So ein Mensch war sie eben.«

»Dürfte ich Sie um einen Gefallen bitten?«

Sie drückte das Handy ans Ohr.

»Wenn ich es nicht zur Beerdigung schaffe – würden Sie dann bitte für mich Lebewohl sagen?«

Die Härchen auf ihren Unterarmen stellten sich knisternd auf. *Was für ein Scheiß ging hier denn ab?*

Doch bevor sie ihm weitere Fragen stellen konnte, hatte er aufgelegt.

40. Kapitel

Nach diesem Gespräch war Cassie völlig verwirrt. Christian hatte geklungen wie ein Mann, der eine schwerwiegende Entscheidung getroffen hatte. Was immer er plante, musste irgendwie mit Mrs E zusammenhängen. Aber was war es?

In Cassies Magen hatte es zu rumoren begonnen: Wusste Christian Maclaren mehr über ihren Tod, als er zugegeben hatte?

Ein Doppeldeckerbus dröhnte in der Abenddämmerung an ihr vorbei und wurde vor einer Haltestelle langsamer. Bei dem Anblick dachte Cassie an den Moment, als sie Mrs E nach ihrem Tod das erste Mal »gesehen« hatte: ein flüchtiger Blick durch ein Busfenster, kurz nachdem sie nach jenem ersten Treffen mit Christian das Gainsborough Hotel verlassen hatte. Noch immer sah sie Mrs Es weißes Gesicht vor sich, und wie sie den Kopf geschüttelt hatte. So wie sie es im Unterricht immer gemacht hatte, wenn die Argumentation eines Schülers fehlerhaft gewesen war.

Ganz hinten in Cassies Verstand regte sich etwas, wie ein ferner, misstönender Klang in der Tiefe ihres Gedächtnisses … oder wie ein unglaublich lästiges Jucken, an das sie nicht ganz heranreichte. Es hatte irgendetwas mit dem Gainsborough Hotel zu tun. Doch sie wusste nicht, was.

Der Bus ließ gerade die letzten Fahrgäste einsteigen. Sie sah, dass es ein 88er war, der zur Oxford Street fahren würde, gab einem jähen Impuls nach und rannte los, um ihn noch zu kriegen.

Zwanzig Minuten später stieg Cassie die Stufen zum pompösen Eingang des Gainsborough Hotel hinauf und hoffte, dass dieser Besuch ihrem lahmen Gedächtnis auf die Sprünge half.

Beim letzten Mal hatte sie das Hotel tief beeindruckt, jetzt jedoch, als sie es genauer betrachtete, erschien ihr der Glamour nur oberflächlich. Das Jackett des Portiers hatte einen Polyesterschimmer, und auf dem Teppich waren Flecke. Irgendetwas veranlasste sie, an eine der gewaltigen klassischen Säulen zu treten, die die Eingangshalle flankierten, und sie mit der Hand zu berühren. Statt kühlem Marmor fühlte sie Gips. *Das Ding war nicht echt.*

Hatte Christian nicht irgendeinen scherzhaften Kommentar über diese Säulen abgegeben? Müßig wanderte ihr Blick nach oben bis zu dem kunstvoll verzierten Kapitell, mit dem die Säule unter der Decke der Eingangshalle endete.

Cassie riss die Hand von der Gipsverkleidung der Säule, als wäre die glühend heiß, und stürzte hinaus, ohne auf den erschrockenen Blick des Portiers zu achten, als sie aus der Drehtür geschossen kam.

Es dauerte eine gefühlte Ewigkeit, bis Flyte sich endlich meldete.

»Christian Maclaren ist kein Architekt!« Die Worte platzten in einem Schwall aus Cassie heraus.

»Wovon reden Sie da?«

Sie nahm sich einen Moment Zeit zum Luftholen. »In der Eingangshalle vom Gainsborough stehen zwei klassische Säulen. Die Kapitelle – das ist die Zierbordüre um das obere Ende – sind korinthisch, das sind die aufwendigsten und kunstvollsten von allen alten klassischen Kapitellen.«

»Ich verstehe nicht …«

»Lassen Sie mich ausreden. Als ich mich da mit Christian getroffen habe … Das war mit das Erste, was er zu mir gesagt hat, warum er das Hotel mag. Er hat gesagt: ›Dorische Säulen gibt's im Best Western nicht.‹«

»Ich kann Ihnen nicht folgen.«

»Die Kapitelle dorischer Säulen sind die frühesten und *schlichtesten,* mit so gut wie gar keinen Verzierungen. Die kann man unmöglich mit korinthischen verwechseln.«

»Könnte er sich nicht einfach geirrt haben?« Flyte klang skeptisch.

Genervt verzog Cassie das Gesicht. »Auf keinen Fall! Das ist Architektur des klassischen Altertums für Anfänger. Das hatte ich im *Abitur,* Herrgott noch mal, und Architekten studieren, ich weiß nicht, sieben Jahre lang! Glauben Sie mir, das ist etwas, was kein echter Architekt durcheinanderbringen würde.«

»Ich werde das berücksichtigen, wenn ich mit ihm spreche.«

»Sie sollten ihn verhaften! Wenn das mit dem Architekten gelogen war, worüber hat er sonst noch gelogen?!«

»Hören Sie, ich glaube Ihnen ja, okay?«

Da sie aus Erfahrung wusste, dass es kontraproduktiv war, Flyte Druck machen zu wollen, biss sich Cassie im wahrsten Sinne des Wortes auf die Lippe. Dann erzählte sie von Christians seltsamem Anruf und schilderte ihren Eindruck, dass er sich entschieden hatte, irgendetwas »zu unternehmen«.

»Was denn?«

Wieder hörte Cassie dieses Stählerne in ihrer Stimme.

»Ich habe keine Ahnung«, gestand sie.

FLYTE

Es war der Morgen von Geraldine Edwards' Einäscherung, und auf dem Weg ins Revier trat Phyllida Flyte in die halb aufgegessenen Reste von irgendjemandes frittiertem Hühnchen. Eine der zahllosen weggeschmissenen Fast-Food-Portionen, die frühmorgens die Straßen von Camden verschandelten, zusammen mit unzähligen Dosen, Flaschen und gelegentlich einem Obdachlosen, der in einem Ladeneingang schlief. Sie blieb stehen, um das panierte Nugget, das auf ihrem Absatz aufgespießt war, an der Bordsteinkante abzustreifen.

Nachdem sie gestern bis spät in die Nacht diesem mysteriösen Heiratseintrag nachgespürt hatte, den Cassie Raven bei Geraldine Edwards gefunden hatte, hatte sie ohnehin schon schlechte Laune. Cassies Ravens Annahme, Geraldine Edwards sei drauf und dran gewesen, ihren Sohn Owen zugunsten eines unehelichen Kindes zu enterben, das sie zur Adoption freigegeben hatte, hatte sich angehört wie der überdrehte Plot einer Vorabend-Seifenoper. Und er hatte sich als ungefähr ebenso glaubwürdig erwiesen. Als es Flyte endlich gelungen war, Julia Torrance' Geburtsurkunde ausfindig zu machen, war dort Mai 1969 als Geburtsdatum angegeben – das hieß, dass sie gerade mal zwei Jahre jünger war als Geraldine Edwards, ihre mutmaßliche leibliche Mutter.

Die nächtliche Überdosis Blaulicht von ihrem Monitor hatte sie bis in die frühen Morgenstunden wach gehalten, doch Schlafmangel war nicht das Einzige, weswegen sie verstimmt war. Cassies Darstellung, wie sie sich Zutritt zu Geraldine Edwards' Haus verschafft hatte, war so offenkundig ein Lügenmärchen, und Flyte konnte nicht aufhören, sich zu fragen, warum sie ihr das hatte durchgehen lassen. Zum ersten Mal in ihren vierzehn Jahren bei der Polizei hatte sie das unangenehme Gefühl, irgendeine Linie überschritten zu haben.

Das kam alles nur von Cassies überraschender Beichte ihrer nächtlichen Totenwachen mit verstorbenen Kindern in der Leichenhalle, eine Enthüllung, die Flytes Meinung von ihr schlagartig verändert hatte, so sehr, dass sie Mühe hatte, sich zu erinnern, warum sie anfangs so eine Abneigung gegen sie verspürt hatte. Jetzt schien es ihr unübersehbar, dass all diese Tattoos und Piercings unbezweifelbar echtes Einfühlungsvermögen verbargen.

Um kurz vor neun kam sie auf dem Revier an, was ihr genügend Zeit verschaffte, um vor dem Gespräch mit Christian Maclaren noch Cassies Theorie zu überprüfen, dass er gar kein richtiger Architekt war. Ganz unabhängig davon, ob jemand wie Cassie sich mit klassischer Architektur auskannte, war Flyte nicht überzeugt davon, dass es Maclaren zu einem Hochstapler machte, wenn er korinthische mit dorischen Säulen verwechselte.

Ein Anruf beim Royal Institute of British Architects ergab, dass er dort nicht registriert war, doch man erklärte ihr, die Mitgliedschaft im RIBA sei optional, und riet ihr, sich beim Architect Registration Board zu erkundigen.

»Wissen Sie, Sie könnten unser Verzeichnis auch einfach online durchsuchen«, seufzte die Frau im Archiv des ARB.

»Das hier ist eine polizeiliche Ermittlung«, erwiderte Flyte durch zusammengebissene Zähne hindurch. »Verzeihen Sie, wenn ich mich lieber auf einen Menschen verlasse als auf ein Online-Suchfeld.«

Nachdem sie Maclarens Namen buchstabiert hatte, durfte sie moderner Jazzmusik lauschen, jedoch glücklicherweise nicht lange.

»In unserem Verzeichnis gibt es niemanden dieses Namens«, meldete sich die Frau wieder.

»Wollen Sie damit sagen, er ist definitiv kein Architekt?«

»Wir sind die Aufsichtsbehörde für diesen Beruf in Großbritannien.« Die Frau sprach, als rede sie mit einem kleinen, dummen Kind. »Wenn er nicht bei uns registriert ist und trotzdem als Architekt arbeitet, verstößt er gegen das Gesetz.«

Phyllida Flyte spürte, wie sich ihr Rückgrat versteifte. Also hatte Cassie Raven recht gehabt: Maclaren war ein Hochstapler. Das bedeutete, sein Dating-Profil bei Ocean, seine Website, die Bilder von den Gebäuden, die er angeblich entworfen hatte – all das war gefälscht. Und wieso sollte er eine so aufwendige Fiktion konstruieren, wenn nicht, um sich Frauen wie Geraldine Edwards als gut bezahlter, hoch qualifizierter Akademiker zu präsentieren?

Sie merkte, dass es schon kurz vor zehn war, was bedeutete, dass Maclaren eine Viertelstunde zu spät dran war. Nachdem sie ihn auf seinem Handy nicht erreicht hatte, wartete sie noch einmal fünfzehn Minuten.

Dann rief sie DI Bellwether an.

Sie musste sich anstrengen, um ihn über das schrille Getöse zweier kleiner Kinder hinweg zu verstehen, die sich im Hintergrund kabbelten. »Entschuldigen Sie, dass ich Sie störe, Boss. Habe ich Sie an einem freien Tag erwischt?«

»Nein, nein. Ich komme ein bisschen später zur Arbeit.« Er senkte die Stimme. »Und ganz unter uns, ich freu mich drauf.«

Sie berichtete ihm, dass Geraldine Edwards' ehemaliger Verlobter ein Schwindler mit einem betrügerischen Dating-Profil war.

»Na, sieh mal einer an. Also, haben Sie irgendwas Handfestes, was ihn mit Edwards' Tod in Verbindung bringt?«

»Noch nicht, aber eigentlich hätte er vor über einer halben Stunde aufs Revier kommen sollen, und er ist nicht erschienen.«

Die Stimme eines kleinen Mädchens war als lautes Bühnenflüstern in der Leitung zu vernehmen. »Daddy! Schau dir mal das Häschen an, das ich gemalt habe!«

Flyte spürte, wie ihr die Kehle eng wurde. Bellwether hatte die Hand über das Handymikrofon gelegt, doch sie konnte seine gedämpfte Stimme trotzdem hören. »Daddy telefoniert gerade, Schatz. Ich komm gleich und schau's mir an.«

Ein schrilles »Daddy! Biiitte!!« gellte durch die Leitung.

Eine Vision, ebenso schön wie schrecklich, überfiel Flyte: Sie und Matt spielten irgendwo am Strand mit einem kleinen Mädchen in den Wellen. Die Eltern, die sie vielleicht geworden wären, das Leben, das sie alle zusammen hätten haben sollen, wäre sie nur früher zum Arzt gegangen, hätte das Krankenhaus nur schneller reagiert, wäre sie nur lebend zur Welt gekommen.

Die unerträgliche Litanei, die ihr Leben so lange schon beherrschte und die niemals Ruhe geben würde.

Sie drückte die Hand gegen die Augen. Als das Bild zu Schwarz verging, fühlte sie, wie die gähnende Finsternis unter ihren Füßen sich zu ihr heraufstreckte, um sie zu holen.

»Phyllida? Ich muss jetzt wirklich Schluss machen.«

Mit einer gewaltigen Kraftanstrengung riss sie sich zusammen und fragte: »Können wir über Maclarens Mobilfunkanbieter sein Handy orten lassen, Sir? Ich habe den Verdacht, dass er in Wirklichkeit in Großbritannien lebt, wenn wir also eine Adresse hätten, könnten wir ihn aufsuchen. Die Beerdigung ist heute Nachmittag.«

Ein Seufzer pfiff durch die Leitung. »Sie haben nicht genug in der Hand, Phyllida. Und die ganz oben sagen, wir sollen sparsamer mit den Telefonüberwachungen sein. Könnte doch sein, dass er noch aufkreuzt.«

»Aber …«

»Versuchen Sie's weiter unter seiner Nummer, und alles Weitere besprechen wir, wenn ich aufs Revier komme.«

41. KAPITEL

Der Wecker riss Cassie um sieben Uhr morgens aus unruhigem Dämmerschlaf. Sie hatte sich den Tag freigenommen, um an Mrs Es Beerdigung um vier teilzunehmen, doch sie konnte an kaum etwas anderes denken als daran, wie sie Flyte gegenüber beweisen könnte, dass Christian Maclaren ein Betrüger war, und wie sie die Einäscherung verhindern konnte.

Nach ihrer plötzlichen Erkenntnis von Maclarens architektonischem Fehlgriff hatte Cassie eine nahezu schlaflose Nacht damit verbracht, jede Begegnung mit ihm aus einer neuen Perspektive zu betrachten. Was hatte sie möglicherweise übersehen oder fälschlicherweise als unwichtig abgetan, wo hatte sie sich täuschen lassen von seiner überzeugenden gramerfüllten Vorstellung.

Die Designerbrille, die er bei ihrem ersten Treffen getragen hatte, nicht aber beim zweiten: war das nur eine nützliche Requisite für seine Rolle als erfolgreicher Architekt gewesen? Wie seine schöne Sprechstimme mit gelegentlichen Ausrutschern in einen Londoner Akzent, die ihr jetzt als gewollter Teil seiner Vorstellung erschien, ein Teil der Figur, die er darstellte.

Vor allem jedoch kam sie immer wieder auf jenes Aufflackern der Angst zurück, als er sie nach Mrs Es toxikologischem Befund gefragt hatte. Hatte er ihr irgendeine giftige Substanz verabreicht, irgendetwas, das bei der normalen Blutuntersuchung nicht bemerkt worden war? Er wusste doch, wie gern sie noch einen Schlummertrunk nahm, vielleicht hatte er sich ja Zutritt zum Haus verschafft und etwas in die Whiskyflasche getan.

Unter der Dusche ging sie in Gedanken noch einmal die Bilder von Christians Dating-Profil durch, die Flyte ihr geschickt hatte. Zumeist posierte er darauf im Anzug an verschiedenen

Orten: vor seinem Laptop in einem Straßencafé, bei der Arbeit an seinem »Schreibtisch«, vor dem Tate Modern – alles leicht zu fälschen.

Ein Bild jedoch stach heraus.

Nur mit dem Bademantel bekleidet, ließ sie sich neben Macavity aufs Sofa plumpsen, was ihr einen strengen Blick von ihm eintrug, und rief das Bild auf, auf dem Christian die Jacht steuerte. Nach seinem Haaransatz zu urteilen, war es fünf oder mehr Jahre älter als die anderen. Natürlich wäre es ein Leichtes gewesen, das Boot fürs Foto zu mieten, und jetzt, wo sie es von Neuem betrachtete – den einen gebräunten Unterarm im Vordergrund, dieser entschlossene Blick in die Ferne – wirkte es wirklich verdächtig gestellt.

Und noch etwas an dem Foto stieß ihr auf.

»Was stimmt an diesem Bild nicht, Macavity?« Er öffnete ein Auge und schloss es dann wieder, ein einziges Schwanzspitzenzucken bekundete Irritation.

Als sie heranzoomte, ging ihr auf, was da nicht passte. Am Himmel hinter Christian strahlte ein prachtvoller Sonnenuntergang, doch das warme Licht auf seinem Gesicht deutete darauf hin, dass er *in* die Sonne blickte. Entweder war das Foto professionell ausgeleuchtet oder sehr geschickt aus mehr als einem Bild zusammengebastelt worden. Aber warum so einen unnötigen Aufwand betreiben – eine Jacht mieten, das Bild so professionell bearbeiten –, wenn die anderen Fotos für eine Dating-Plattform doch völlig ausreichten?

Cassie fiel ein, dass man ein Bild auch rückwärts suchen konnte. Mithilfe der digitalen Signatur einer Bilddatei ließen sich andere Orte im Internet finden, wo das Bild veröffentlicht worden war. Wenn eins von Maclarens Profilfotos irgendwo anders auftauchte, ergab sich daraus vielleicht ein Hinweis auf seine Identität.

Sie fand die Website und zog sämtliche Bilder in das Suchfeld. Dann saß sie da und starrte auf den Ladebalken, während die

Software das Netz durchsuchte. Die jüngeren Bilder zeitigten die ersten Resultate.

Kein Treffer. Kein Treffer. 1 Treffer.

Ein kleiner Ruck freudiger Erregung – die verflog, als ihr klar wurde, dass der Link bloß zu seinem erfundenen LinkedIn-Profil führte. Ein zweiter Treffer brachte sie zu seiner Firmenwebsite.

Kein Treffer. Kein Treffer.

Das Bild von ihm am Steuer der Segeljacht brauchte am längsten.

1 Treffer.

Nachdem sie auf den Link geklickt hatte, starrte sie blinzelnd auf die Seite, die auf ihrem Bildschirm auftauchte. Sie verstand überhaupt nichts mehr.

FLYTE

»Ist da Detective Sergeant Flyte?« Phyllida Flyte brauchte einen Moment, um die vage vertraute Frauenstimme Beth Montagu zuzuordnen, der Frau, die bei Ocean über die Daten der Mitglieder wachte.

»Ich rufe vertraulich an, so wie Sie gesagt haben?« Sie klang nervös. Nach dem Verkehrslärm im Hintergrund zu urteilen, hatte sie das Büro verlassen, um zu telefonieren.

»Selbstverständlich. Was haben Sie auf dem Herzen, Beth?«

»Dieser Typ, nach dem Sie sich erkundigt haben – Christian Maclaren? Ich konnte nicht aufhören, über den nachzudenken. Die Vorstellung, dass der unsere Plattform dazu benutzt haben könnte, jemandem was zu tun … davon krieg ich schlaflose Nächte.«

Flyte gab ein aufmunterndes Geräusch von sich.

»Also … ich hab mir noch mal seine Angaben angeschaut. In seinem Profil hat er doch behauptet, er hätte seinen Wohnsitz in Hamburg, wissen Sie noch?«

»Ja?«

»Nachdem Sie hier waren, hab ich das noch mal genauer überprüft – seine Mitgliedsbeiträge sind von einem Londoner Bankkonto überwiesen worden. Ist wahrscheinlich nichts weiter, aber ich dachte einfach, ich weiß auch nicht, dass das vielleicht helfen könnte?«

Flyte gestattete sich ein Lächeln.

»Das könnte durchaus sein, Beth. Haben Sie eine Rechnungsadresse für seinen Account?«

Es entstand eine lange Pause, bis Beth schließlich sagte: »Seine Adresse hätten Sie doch bestimmt auch so rausfinden können, oder?«

Die Adresse, die sie vorlas, war in SW2 – was Flyte nichts sagte, doch als einer der Detective Constables an ihrem Schreibtisch vorbeikam, schnappte sie sich ihn. Josh war derjenige, der sie als »die Königin der hoffnungslosen Fälle« verspottet hatte, aber sie wusste, dass er auf der Südseite des Flusses wohnte.

»Das müsste Brixton sein, Sarge.«

»Wo die Unruhen waren?«

»Ja.« Er sah sie an und musste sich eindeutig ein Lächeln verkneifen. »Aber das war noch, bevor ich geboren wurde. Heutzutage kostet 'ne Wohnung da mal eben 'ne halbe Million.«

Sie starrte ihn mit offenem Mund an – in Winchester bekam man für fünfhunderttausend Pfund ein Einfamilienhaus.

»Woran arbeiten Sie denn gerade?«, fragte Josh neugierig. »Kann ich vielleicht helfen?«

»Ich weiß es noch nicht.« Sie sah ihm in die Augen. »Wahrscheinlich ist es am Ende mal wieder nur einer von meinen ›hoffnungslosen Fällen‹.«

Er hatte immerhin den Anstand, rot zu werden.

Flyte überlegte, ob Bellwether ihr wohl erlauben würde, bei jemandem vor der Tür aufzukreuzen, der außerhalb dieses Stadtbezirks wohnte, als sie auf dem Hausnetz angerufen wurde. Eine Cassandra Raven wartete am Empfang.

Ravens Erregung war mit Händen zu greifen; die Worte sprudelten schon hervor, ehe sie das Vernehmungszimmer erreicht hatten.

»Ich hab ein Uber genommen, weil ich wusste, wenn ich versuche, Ihnen das am Telefon zu erzählen, glauben Sie mir nicht. Ich musste Ihnen das hier zeigen.« Sie hielt Flyte ihr Handy vor die Nase.

Als sie das Bild deutlich erkennen konnte, kribbelte die Haut in Flytes Nacken. Es war eine Werbeanzeige für eine noble Uhrenmarke, wie man sie in teuren Hochglanzmagazinen sah. Und das dazugehörige Bild, ein gut aussehender Mann am Steuer einer Segeljacht, erkannte sie sofort.

»Das war in Maclarens Dating-Profil.« Sie wandte sich um und starrte Cassie an.

Sobald man wusste, dass es ein Reklamefoto war, war es unmöglich, das Bild für irgendetwas anderes zu halten: die hochkarätige Aufmachung, der gespielte Fernblick des Mannes, die Armbanduhr, die er in den Vordergrund hielt.

»Ich hab noch mehr«, verkündete Cassie. Sie tippte auf das Display und rief dasselbe Bild auf einer anderen Internetseite auf, diesmal ohne Logo und Werbung. »Das hier ist eine archivierte Website von vor sechs Jahren«, erklärte sie, bevor sie den Text neben dem Foto heranzoomte. »Eins fünfundachtzig, blond, hellblaue Augen. Alex Barclay steht für Film- und Werbeaufnahmen sowie Synchronisationen zur Verfügung …«

»Das ist von einer Casting-Agentur«, sagte Flyte. Manchmal musste man etwas laut aussprechen, damit es real wurde.

Cassie sah ihr in die Augen und nickte.

»Stimmt. Christian Maclaren ist Schauspieler.«

42. Kapitel

Nachdem sie Flyte bewiesen hatte, dass »Christian Maclaren« ein mäßig erfolgreicher Schauspieler war, der sich Alex Barclay nannte, konnte Cassie das Ganze nur noch ihr überlassen. Nach dem ersten Höhenflug ihrer Entdeckung ging es nun wieder bergab. Sie wusste, dass es so gut wie unmöglich war, die Beerdigung am Nachmittag zu verhindern, vor allem jetzt, wo »Maclaren« von der Bildfläche verschwunden war.

Seine Schauspielausbildung konnte erklären, wie er sie so vollständig hatte täuschen können: die Erschütterung und seine Trauer über Mrs Es Tod waren so überzeugend gewesen, dass es ihr sogar jetzt noch schwerfiel, es als das zu sehen, was es gewesen war: eine Performance.

Cassie ging zum Camden Market, um Blumen für die Beerdigung zu besorgen. Ein von einer Floristin gesteckter Kranz erschien ihr zu feierlich, und mit der Erinnerung an Mrs Es prachtvollen, halb verwilderten Garten vor Augen war sie entschlossen, etwas weniger Förmliches auszusuchen. Sie überlegte, ob Owen wohl Stress machen würde, wenn er sie im Krematorium erblickte. Er könnte sie immer noch verpfeifen, weil sie ins Haus seiner Mutter eingebrochen war.

Scheiß drauf. Niemand würde sie davon abhalten, an Mrs Es Beerdigung teilzunehmen, nicht einmal eine angedrohte Verurteilung als Kriminelle.

Auf dem Markt war die Auswahl an Blumen durch die Jahreszeit begrenzt, und sie zerbrach sich den Kopf, was sie nehmen sollte. Lilien erschienen ihr zu morbide, die lächelnden Sonnenblumen ein wenig zu fröhlich und Gerbera zu tropisch: Mrs E hatte einmal gesagt, sie sei nicht so für Pflanzen, die nicht zum englischen Klima passten. Cassie musste bei der Erinnerung lächeln und kaufte einen Armvoll üppige, tief rosafarbene Pfingstrosen – klassische Cottage-Gartenblumen, auch wenn sie im November mit Sicherheit ordentlich Flugmeilen gesammelt hatten.

Als die Blumen eingewickelt und bezahlt waren, hatte sich wässriges Sonnenlicht durch die wintergraue Wolkendecke gekämpft, und auf dem Markt herrschte Hochbetrieb. Sich durch die verstopften Gassen zwischen den Ständen zu winden, war wie ein menschliches Flipperspiel: Angestellte aus den umliegenden Büros, die sich schnell etwas zum Lunch holen wollten, kollidierten mit zombiegleich schlendernden Touristen. Gezwungen, einem Mädchen mit grünen Dreadlocks auszuweichen, das auf einem Tretroller vorbeischoss, drückte Cassie die kostbaren Pfingstrosen fester an die Brust. Ihre Beklommenheit wuchs.

Dann erblickte sie etwas weiter vorn eine reglose Gestalt inmitten der wabernden Masse. Ein glänzender dunkler Kopf über einem roten Mantel.

Mrs E. Sie drehte sich kurz um und sah Cassie direkt in die Augen, ehe sie rasch weiterging. Ihre Botschaft war klar. *Folge mir.*

Cassie senkte den Kopf und pflügte durch die Menschenmassen, den Blumenstrauß mit einem Arm an sich gedrückt. Sie war so wild entschlossen, die hochgewachsene Gestalt vor ihr nicht aus den Augen zu verlieren, dass sie kaum zu blinzeln wagte. *»Entschuldigen Sie … 'tschuldigung … 'tschuldigung …«* Ihr rücksichtsloses Drängeln trug ihr jede Menge böser Blicke und missbilligender Laute ein. Jetzt ging Mrs E schneller, wand sich durch das Gewühl wie eine Stopfnadel durch Wolle und zwang Cassie, immer noch schneller zu gehen.

Gerade als sie sicher war, dass sie ihr näher kam, schickte sich der Pfingstrosenstrauß an, aus ihrem Arm zu rutschen. Fluchend blieb sie einen Moment stehen, um ihn in ihre Lederjacke zu stopfen und den Reißverschluss hochzuziehen, und …

Rumms! Jemand lief von hinten so heftig auf sie auf, dass sie das Gleichgewicht verlor. Mit fuchtelnden Armen schwankte Cassie einen Augenblick lang auf dem linken Fuß. Dann knallte sie auf den Asphalt und hörte ein *Ufff,* als der Aufprall ihr die Luft aus der Lunge trieb.

Gedämpfte Geräusche. Hände streckten sich zu ihr hinunter, ein wildes Gemenge aus Stimmen, plötzlich sehr laut. »Habt ihr das gesehen?« … »So eine rücksichtslose Tusse!« … »Ist sie okay?« … »Was ist denn passiert?« … »Lasst ihr doch mal Luft.«

Aus dem Chaos tauchte eine gigantische kandierte Walnuss auf, wie die, die Grandma so gern mochte. Dann verwandelte sie sich in das Gesicht eines alten Mannes. »Alles in Ordnung, Schätzchen?«

»…« Wo sie eigentlich Worte geplant hatte, hörte Cassie nur ein pfeifendes Keuchen. Panik stieg ihr in die Kehle.

»Der ist ja völlig die Luft weggeblieben, dem armen Ding.« Das war eine Frauenstimme – amerikanischer Akzent. »Können wir mal einen Stuhl herschaffen?«

Endlich konnte Cassie rasselnd Luft holen. Jemand reichte ihr eine Flasche Wasser, und sie trank so gierig, dass sie sich einiges davon aufs Shirt kippte.

»Tut's irgendwo weh, Schätzchen?« Wieder der alte Knacker; eindeutig einer von den Standbetreibern. Sie wollte ihm sagen, dass ihr Vater hier früher einmal Obst und Gemüse verkauft hatte, konnte die Worte jedoch nicht formen.

»Uuhnn.« Rasch machte sie Inventur. »Es … geht schon wieder.«

Die Amerikanerin lotste sie auf einen Stuhl, die Augenwinkel ganz knittrig vor Sorge. »Sie sollten sich wirklich im Krankenhaus untersuchen lassen.«

»Vielen Dank.« Cassie schüttelte den Kopf. »Aber ich kann nicht ins Krankenhaus. Nicht heute.«

Sie schaute auf ihre Jeans hinunter – an dem einen Hosenbein war das Knie aufgefetzt – und beugte und streckte das Handgelenk. Schmerz sägte dort hindurch, und eine Stimme in ihrem Kopf diagnostizierte eine mögliche Zerrung des Ligamentum scapholunare. Und nach ihrem schmerzenden Hinterteil zu urteilen, würde sie da später einen mordsmäßigen blauen Fleck kriegen. *Nichts Ernstes.*

Dann sah sie die Köpfe der Pfingstrosen, die mit geknickten Hälsen schlaff an dem schwarzen Leder ihrer Jacke herabhingen, und brach in Tränen aus.

Bellwether lehnte sich auf seinem Stuhl zurück. »Sieh mal einer an, also ist Christian Maclaren frei erfunden.«

»Richtig, Boss. Bis vor sechs Jahren hat er unter dem Namen Alex Barclay als Model und Komparse gearbeitet. Allerdings war die Werbung für die Uhr laut der Agentur der einzige größere Job, den er je gekriegt hat.«

Sie hatte ihm alles erklärt: Maclarens frei erfundene Website, das nicht mehr existente Bankkonto, das er gebraucht hatte, um sich bei Ocean anzumelden, die Hamburger Telefonnummer, die Anrufe zu einem Messaging-Service weiterleitete. »Das Ganze war ein hochkarätiger und sehr komplexer Betrug. Aber als es darum ging, ein Bild für sein Dating-Profil auszusuchen, da konnte er nicht widerstehen, das beste Foto zu verwenden, das je von ihm gemacht worden war.«

»Durch Eitelkeit aufgeflogen.« Bellwether nickte. »Also hat er Geraldine einen erfolgreichen Architekten mit tollem Lifestyle vorgespielt, offensichtlich, um sie auszunehmen.«

»Genau. Laut ihrer besten Freundin hat Geraldine darüber nachgedacht, nach der Heirat das Haus zu verkaufen und auf Reisen zu gehen. Sein nächster Schritt wäre gewesen, das gemeinsame Bankkonto leer zu räumen und zu verschwinden. Stattdessen macht Geraldine Schluss mit ihm, vielleicht weil sie den Braten gerochen hat, und ein paar Wochen später wird sie tot in der Badewanne gefunden.«

Bellwethers Daumen bearbeitete den Knopf seines Kugelschreibers, klick-klick, klick-klick. »Sie glauben, er hat sie ermordet, damit sie ihn nicht auffliegen lässt.«

»Ich denke, das ist eine durchaus brauchbare Arbeitshypothese. Inzwischen habe ich eine Adresse – er wohnt in Brixton.«

Rasch sah Flyte auf die Uhr – nur noch knapp fünf Stunden bis zur Beerdigung. »Boss … glauben Sie, wir können die von der Rechtsmedizin überreden, die Einäscherung zu untersagen, bis ich Maclaren vernehmen konnte?«

Ungeachtet all ihrer Bemühungen, ihn darauf vorzubereiten, sah Bellwether völlig verdutzt aus. »Wann ist die denn?«

»Um vier.«

Er schnitt eine Grimasse. »Das ist ganz schön viel verlangt, Phyllida. Wahrscheinlich wird er sagen, die Ermittlungen gegen Maclaren könnten doch auch ohne den Leichnam weiterlaufen. Sie haben vielleicht ein Motiv gefunden, aber wir brauchen noch sehr viel mehr, ehe wir ihn wegen Mordes anklagen können.«

»Versuchen Sie's trotzdem, Boss?«

Als Bellwether weiter mit seinem Kugelschreiber klickte, unterdrückte Flyte mit Mühe das dringende Bedürfnis, ihm das Ding wegzunehmen und zu zerbrechen.

Endlich antwortete er. »Ich rufe ihn an, aber erwarten Sie nicht zu viel.«

Malcolm Bellwether wurde mit einem Hundert-Watt-Lächeln belohnt … und stellte verdattert fest, dass Phyllida Flyte eine ziemlich schöne Frau war. »Bitten Sie die vom Revier Brixton, einen Kollegen zu dem Haus von dem Typen zu schicken, damit er ein Auge darauf hat, bis Sie da sind.«

»Um ehrlich zu sein, Boss … Ich habe schon in Brixton angerufen. Sie schicken einen Wagen hin.« Seine Miene war schwer zu deuten. »Entschuldigung. Ist das so etwas, weshalb Sie mich ein bisschen zwanghaft nennen?«

Ein Grinsen breitete sich auf seinem Gesicht aus. »Nein, Phyllida. So etwas nenne ich Mitdenken.«

Sie merkte, wie ihre Wangen rot anliefen.

»Phyllida?«, fragte er, als sie sich zum Gehen wandte. »Nur so aus Neugier, wie sind Sie überhaupt darauf gekommen, dass Maclaren ein Hochstapler sein könnte?«

Sie zögerte, sah im Geist Cassie Raven vor sich, die überreichlich gepiercte Sektionsassistentin mit unerwarteten Kenntnissen auf dem Gebiet der klassischen Architektur.

»Wenn ich Ihnen das erzählen würde, Boss … Sie würden's nicht glauben.«

43. Kapitel

Cassie entschuldigte sich zum x-ten Mal bei der Amerikanerin, die sie umsorgt hatte. Sie hatte keine Ahnung, warum sie wegen ein paar kaputter Blumen so vollkommen die Beherrschung verloren hatte, konnte sich nicht mehr erinnern, wann sie das letzte Mal so geweint hatte, nicht einmal, als Rachel ausgezogen war. Ihre gute Samariterin, eine Witwe namens Rosemary aus Vermont, wehrte die Entschuldigungen ab und bestand darauf, Cassie zurück zum Blumenstand zu begleiten, um neue Pfingstrosen zu kaufen.

»Wie fühlen Sie sich jetzt, Liebes?«, wollte sie wissen, während Cassie den zweiten Strauß des Tages auswählte.

»Viel besser.« In Wirklichkeit war sie noch immer ein bisschen wackelig auf den Beinen, doch das konnte auch am Schock liegen. Es war ein übler Sturz gewesen. Vorsichtig rieb sie sich die schmerzende Stelle am Hinterteil.

»Mir sind Sie immer noch zu blass«, stellte Rosemary fest. »Und mit dem Handgelenk da sollten Sie zum Arzt gehen.«

»Es ist nur leicht verstaucht«, sagte sie.

Mit zweifelnder Miene tätschelte Rosemary ihr zum Abschied liebevoll die Schulter. »Ich hoffe, bei der Beerdigung geht alles glatt. Mein aufrichtiges Beileid.«

Cassie sah zu, wie die freundliche Dame in der Menge verschwand, und musste die Luft anhalten, um das Aufschluchzen abzuwürgen, das sich in ihrer Kehle zusammenballte. Mrs Es Beerdigung würde ihre erste sein, wurde ihr klar. Als ihre Mum und ihr Dad gestorben waren, hatte ihre Großmutter sie mit vier für zu klein gehalten, so etwas Trauriges zu erleben. Noch nie hatte Cassie diese Entscheidung infrage gestellt, jetzt jedoch verspürte sie einen Schwall heißen Zorns. Was hatte Babcia sich dabei gedacht, ihr die Gelegenheit zu verwehren, Abschied von ihren Eltern zu nehmen?

Der Verkäufer gab ihr den eingewickelten Strauß, und sie reichte ihm einen Zwanziger. Doch als sie die Hand ausstreckte, um das Wechselgeld entgegenzunehmen, schienen die Münzen zum Leben zu erwachen und glitschten zwischen ihren feuchtkalten Fingern hindurch. Von plötzlichem Schwindel erfasst, hielt sie sich am Rand des Ladentischs fest, doch als sie den Mund aufmachte, um sich bei dem Verkäufer dafür zu bedanken, dass er ihr heruntergefallenes Kleingeld aufgehoben hatte, kamen die Worte völlig zermanscht heraus.

Diesmal fühlte sich der Erdboden an wie ein alter Freund, als er ihr entgegenkam, um sie in die Arme zu schließen.

FLYTE

Mit Blaulicht und Sirene raste Flyte wie eine Wilde zu Christian Maclarens/Alex Barclays Adresse, 18B Highlever Court. Ein Streifenwagen war bereits vor der Wohnung in Position; die Polizisten hatten strikte Anweisung, den Verdächtigen nur in Gewahrsam zu nehmen, wenn er versuchte, sich abzusetzen. Würde er gewarnt, könnte er einfach verschwinden.

Über die Freisprechanlage rief sie Josh an. Als Bellwether ihr einen DC angeboten hatte, um ihr bei den Ermittlungen gegen Maclaren zu helfen, war er ihre erste Wahl gewesen. Er mochte ein frecher Kerl sein, aber von der ganzen Bande im CID war er der Hellste.

»Haben Sie Maclarens Adresse in Brixton überprüft?«, fragte sie.

»Ja, Boss. Die Rechnungen laufen alle auf Christian Maclaren.«

Flyte schaltete in den zweiten Gang herunter, um sich an einer Reihe Autos vorbeizuquetschen, die vor einem Kreisverkehr warteten. Beim Heulen der Sirene wichen die Fahrzeuge nach rechts und links aus.

»Aber ich habe beim Katasteramt angerufen, und das ist nicht der Name, der im Grundbuch steht.«

»Sekunde mal.« Vor ihr blockierte ein Lastwagen, anscheinend taub der Sirene gegenüber, die Einfahrt in den Kreisverkehr, also drückte sie auf die Hupe. Als sie an dem Laster vorbeifuhr, erhaschte sie einen flüchtigen Blick auf das erschrockene Gesicht des Fahrers, mit dem Handy am Ohr. Schade, dass sie keine Zeit hatte, ihn anzuhalten.

»Weiter, Josh.«

Sie hörte ihn auf seiner Tastatur tippen. »Ja, der Name im Grundbuch lautet B. D. Renwick.«

»Scheiße!« Flyte merkte, wie der Wagen ins Schleudern geraten wollte, und musste gegensteuern.

»Sarge?« Josh klang schockiert. Noch nie hatte er die Eisprinzessin pöbeln hören.

Barry Dennis Renwick. Der Name des Bräutigams in dem Heiratseintrag, den Cassie in der Patna Road gefunden hatte.

Also hatte Barry Renwick, alias Christian Maclaren, Julia Torrance geheiratet, zwei Jahre bevor er seine Affäre mit Geraldine Edwards begann. Geraldine musste Verdacht geschöpft und Beweise für die frühere Ehe ihres Verlobten zutage gefördert haben – und auch für seine falsche Identität. Vermutlich hatte sie ihn zur Rede gestellt und ihm zweifellos mit der Polizei gedroht.

Es erschien wahrscheinlich, dass Julia Torrance ebenfalls zu Barry Renwicks Opfern zählte. Hatte sie ihn auch auf einem Dating-Portal kennengelernt, genau wie Geraldine?

»Josh, Sie müssen jemanden für mich ausfindig machen.« Nachdem sie ihm die nötigen Anweisungen gegeben hatte, zog sie den Wagen in eine leere Busspur und trat das Gaspedal durch.

»Wie wählt er seine Opfer aus?«, überlegte sie laut.

Ihr fiel wieder ein, dass Beth von Ocean gesagt hatte, Geraldine Edwards sei die einzige Frau gewesen, zu der Maclaren/Renwick Kontakt aufgenommen hatte. Doch woher wusste er, dass die Frauen, die er sich aussuchte, Geld oder Vermögenswerte besaßen, die sie zu einem lohnenden Ziel machten? Könnte er eine Möglichkeit gefunden haben, die Datenbanken von Dating-Portalen zu hacken, um wohlhabende Opfer zu identifizieren?

Nachdem sie die zwei beruhigend stämmigen Streifenpolizisten in einem Zivilfahrzeug gefunden hatte, marschierten sie alle drei zu Maclarens Wohnblock hinüber. Flyte und der Polizist namens Dave gingen hinein, während Miles, der zweite Kollege, den Hinterausgang sicherte.

Vor Renwicks Wohnung stand ein Schild eines Immobilienmaklers, das die Wohnung als »VERKAUFT« deklarierte. Vielleicht versuchte er abzuhauen, bevor die Polizei ihm auf die Schliche kam. *Zu spät, Kumpel,* dachte sie mit grimmiger Befriedigung, als sie lange auf die Klingel drückte. Ihr Herz schlug heftig, aber gleichmäßig, während sie überlegte, wie Renwick – alias Maclaren – wohl darauf reagieren würde, Gesetzeshüter auf seiner Fußmatte stehen zu sehen.

Doch aus dem Inneren der Wohnung war nur Stille zu vernehmen, selbst nachdem sie durch den Briefschlitz gerufen hatte.

Auf Daves fragenden Blick hin nickte sie. Er winkte sie zur Seite, hob die tomatenrote Ramme, holte weit nach hinten aus und richtete sie auf das Schloss. Auf ein gewaltiges Krachen folgte das Klimpern von Glasscherben, als beide Türscheiben zersprangen. Ein weiterer Rammstoß, und das Türschloss gab nach.

»Polizei!« Dave stürmte den Flur entlang und nahm nacheinander jedes Zimmer in Augenschein, Flyte folgte ihm. Eine kurze Überprüfung von Wohn-, Schlaf- und Badezimmer zeigte, dass niemand hier war. Auch die kleine Küche war leer.

Ich habe ihn verpasst, dachte sie.

Ihr Blick fiel auf eine braune Papiertüte auf der Küchenarbeitsplatte. Ungeöffnete Takeaway-Schachteln verströmten den unverwechselbaren Duft von Curry, und nicht weit entfernt lag ein Naan-Brot auf einem Schneidebrett, säuberlich geviertelt. Sie tippte mit dem Fingernagel dagegen. Steinhart.

»Sarge, schauen Sie mal.« Auf dem Küchentisch, der für zwei gedeckt war, stand eine offene, aber noch volle Flasche Chablis in einer kleinen Wasserpfütze. Daneben lag eine Zeitschrift; quer über das Cover zog sich eine Linie aus weißem Pulver.

Eine rostfarbene Schliere an der Scheuerleiste fiel ihr ins Auge. An der Wand fand sie deren Verwandten: eine Konstellation aus feinen rotbraunen Punkten in Kopfhöhe. Sie und Dave wechselten einen Blick.

Im einzigen Schlafzimmer, das gerade eben breit genug für ein normales Doppelbett war, öffnete sie den Kleiderschrank – leer bis auf ein paar Anzüge, die ziemlich teuer aussahen, und einen Krawattenbügel mit Seidenkrawatten – und ging dann neben dem Bett in die Hocke. Sie bückte sich, um darunter zu schauen, und blickte direkt in die blauen Augen des Mannes aus der Uhrenreklame.

Barry Renwick, alias Christian Maclaren, lag mit zur Seite gedrehtem Kopf in einer Lache aus geronnenem Blut. Sein melancholischer, in die Ferne gerichteter Blick würde von nun an bis in alle Ewigkeit währen.

44. Kapitel

Sie hörte, wie ihre Mutter sie zum Frühstück rief.

»Aufwachen, Cassie!«

Doch wie konnte das sein? Sie erinnerte sich doch gar nicht daran, wie die Stimme ihrer Mutter geklungen hatte.

Dann eine tiefere, drängendere Stimme – Mrs E. »Cassie! Können Sie mich hören?«

Ein Splitter aus grellem weißem Licht.

»Die Pupillen reagieren«, stellte Mrs E fest.

Jemand kniff sie in den Handrücken. Sie versuchte, aufzuschreien, aber irgendwer hatte ihr die Lippen zusammengenäht. Sie versuchte es noch einmal. »Nnnng …«

Ein Schatten glitt über ihr Gesicht.

»Sie kommt zu sich.«

Sie öffnete die Augen einen Spalt weit. Über ihrem weißen Kittel trug Mrs E eine Maske, die einen schnuckeligen Inder darstellte. »Was soll'n die Maske?«, fragte Cassie nuschelnd.

»Da sind Sie ja wieder! Hi, Cassie, ich bin Dr. Sanjay. Wissen Sie, wo Sie sind?«

Keinen blassen Dunst.

»Sie sind im Krankenhaus. Haben Sie heute irgendwelche Drogen genommen?«

Sie schloss die Augen und schüttelte verdrossen den Kopf. Wieso konnten die nicht einfach mal die Klappe halten und sie schlafen lassen?

»Wissen Sie noch, was passiert ist?«

Sie bemühte sich, aber ihr Gedächtnis war beschlagen wie eine Windschutzscheibe bei einem Wolkenbruch. »Ich hab die Pfingstrosen kaputt gemacht.« Etwas Heißes lief ihr seitlich am Gesicht entlang. *Tränen,* begriff sie.

Ein halblauter Wortwechsel über ihren Brustkorb hinweg. »Pfingstrosen?«

»Ja, die Rettungshelfer haben gesagt, sie ist vor einer halben Stunde beim Blumenkaufen kollabiert.«

Eine winzige Lücke tat sich im Nebel auf, und sie schlüpfte hindurch. »Bin ich … krank?«

»Ja, aber wir kümmern uns um Sie. Wie fühlen Sie sich?«

»Mir ist kalt.« Ein drängendes Zerren im Bauch. »Ich hab Hunger.«

»Haben Sie Probleme mit der Schilddrüse oder mit der Leber? Ist bei Ihnen schon mal zu niedriger Blutzucker festgestellt worden? Fasten Sie gerade?«

Der Fragenbeschuss machte sie wütend. »Ver*pisst* euch.«

»Reizbarkeit«, stellte die Stimme über ihr fest.

Aus irgendeinem Grund fielen ihr Harry Hardwicks wuchernde Augenbrauen ein, gefolgt von Bruchstücken des Gesprächs mit der Schwester von seiner Station. Irgendetwas darüber, dass er die Schwestern angebrüllt hatte. Er hatte gesagt, sie würden ihn verhungern lassen, das war's.

Ein erneuter Hungerkrampf – und ein anderes Bild. Mrs E in ihrem weißen Kittel, die auf dem Seziertisch irgendetwas zerschnitt. Die Bauchspeicheldrüse eines Schweins. Sie zeigte mit dem Skalpell auf etwas und sagte streng: »*Cassandra. Wissen Sie noch, wie man das da nennt?*«

Cassie öffnete ein klein wenig die Augen. »Die Langerhansschen Inseln«, sagte sie. Ihre Worte kamen verblüffend deutlich heraus.

Ein Wolkenbruch aus Geplapper ergoss sich über sie. Doch Cassies Lider wurden schwer, und sie ergab sich der großen, kissenweichen Finsternis.

FLYTE

Wieder hockte Flyte sich hin, um Barry Renwicks Leichnam noch einmal zu betrachten; ihr Schutzanzug knisterte, als sie in die Knie ging. Sie hatten das Bett zur Seite geschoben, damit der Pathologe ihn sich richtig ansehen konnte. Renwick hatte keinerlei Ähnlichkeit mehr mit seinem glamourösen Alter Ego, dem international tätigen Architekten Christian Maclaren. Tot hätte er irgendein x-beliebiger Mann sein können, der sich in irgendeinem Pub in Brixton am Tresen festhielt.

Sie kehrte in die Küche zurück, wo die Spurensicherung Proben der Blutspritzer nahm, und fragte den Pathologen – einen hochgewachsenen, einsilbigen Mann, der sich gerade die Handschuhe abstreifte – nach seiner ersten Einschätzung zur Todesursache. »Eine Stichwunde im Hals«, antwortete er. »Todeszeitpunkt wahrscheinlich gestern Abend, zwischen zehn und zwölf.«

Ihr Blick fiel auf das Schneidebrett, auf dem die vier ordentlich zerteilten Stücke Naan-Brot lagen – nicht aber das Messer, mit dem es zerschnitten worden war. »Ein Küchenmesser vielleicht?«

»Durchaus möglich. Eins mit gerader Klinge, würde ich sagen, und ungefähr fünfzehn Zentimeter lang. Der Angreifer muss von hinten gekommen sein« – er ging dorthin, wo Renwick den Blutspritzern nach gesessen haben musste, hob die rechte Hand und ließ sie mit verblüffendem Elan herabsausen – »und von oben zugestochen haben, bis nach ganz unten in die Halswirbelsäulenbasis.«

»Wenn er verblutet ist, warum ist hier dann nicht mehr Blut?«

»Der Stich scheint die großen Gefäße verfehlt zu haben, aber er hat die Luftröhre teilweise durchtrennt. Ich vermute, er ist an seinem eigenen Blut erstickt.«

Renwicks Leiche hatte auf einem schwarzen Müllsack gelegen, den der Mörder benutzt hatte, um ihn leichter ins Schlafzimmer schleifen zu können.

Der für zwei gedeckte Tisch, das unberührte Takeaway-Essen – alles deutete darauf hin, dass Renwick seinen Mörder gekannt und ihm oder ihr vertraut hatte.

Sie starrte auf die Linie aus weißem Pulver auf dem Cover der Zeitschrift.

War Renwick von seinem Dealer ermordet worden? Das schien die naheliegende Schlussfolgerung zu sein. Doch die Tatsache, dass der Mörder nur Stunden, bevor Renwick mit ihr über Geraldine Edwards hatte sprechen sollen, zugeschlagen hatte, war ein Alarmsignal. War der Mord wirklich nur Zufall gewesen, oder hatte irgendjemand ihn zum Schweigen bringen wollen?

Auch wenn Renwicks Handy nirgends zu finden war, war Raub ein unwahrscheinliches Motiv nach allem, was Flyte im Wohnzimmer gefunden hatte: einen Haufen teure elektronische Geräte, manche noch in ihren Amazon-Kartons. Darunter eine 4K-Kamera von Panasonic, Bildbearbeitungs-Software und ein MacBook Pro, noch jungfräulich in seiner weißen Hülle. Ein Schatz im Wert von fünf- oder sechstausend Pfund. Barry hatte sich eindeutig für den neuen Martin Scorcese gehalten.

Ansonsten hatten sie in der Wohnung keinerlei persönliche Gegenstände gefunden – keine Fotos, Andenken oder irgendwelche anderen Hinweise auf den Mann selbst oder seine Vergangenheit. Beinahe, als wären sie gezielt entfernt worden.

Flyte nahm sich den Küchenmülleimer vor. »Was dagegen, wenn ich mir den mal ansehe?«, fragte sie den Mann von der Spurensicherung. Als der einwilligte, hob sie mit behandschuhten Händen den Müllsack heraus, in der Hoffnung, den Kassenzettel für das Takeaway-Essen zu finden. Teebeutel, weggeworfene Wurfsendungen, aber kein Kassenzettel. Doch ganz unten lag etwas Interessantes.

Ein fleckiger Zeitungsausschnitt, vom Alter vergilbt. Ein Foto zeigte eine Theatertruppe – die Stockwell Players, wie die Bildunterschrift verriet – bei der Verbeugung nach der Vorstellung. In der Mitte der Bühne ein attraktiver junger Mann: Barry Renwick, der straffen Kinnlinie und dem vollen Haar nach zu urteilen, wahrscheinlich Ende zwanzig. Er hielt die Hand eines sehr viel jüngeren Mädchens hoch. Sie war schlank, trug ein bodenlanges mittelalterliches Kleid und schaute, im Profil aufgenommen, bewundernd zu ihm auf. Der Artikel schwärmte von der »berührenden Darbietung von Romeo und Julia«. Und klein gedruckt ganz am Rand die Worte »South London Press«.

Der herzförmige Magnet, den sie im Müll fand, deutete an, dass der Zeitungsausschnitt bis vor Kurzem einen Ehrenplatz am Kühlschrank eingenommen hatte. Während sie ihn in eine Beweismitteltüte schob, fragte Flyte sich, was Renwick veranlasst haben mochte, dieses Andenken an seine Schauspielkarriere in den Müll zu werfen.

Sie ging zur Wohnungstür, wo Dave gerade Absperrband anbrachte.

»Drogendelikt, oder, Sarge?«, fragte er. »Ist hier in der Gegend eigentlich meistens so.«

»Das ist ein möglicher Ermittlungsansatz. Haben Sie mit den Nachbarn gesprochen?«

»Jep.« Er zog noch mehr Absperrband von der Rolle und befestigte es weiter oben über dem Türrahmen.

»Und, hat jemand gestern am späten Abend irgendwelche Besucher gesehen oder gehört?«

»Nein, nichts. Die Oma da drüben« – ein Kopfrucken – »hat gesagt, es hätte ein Typ an die Tür geklopft, aber das war gestern Mittag. Sie hat gesagt, er hat so lange an die Tür gehämmert, dass sie den Kopf rausgestreckt hat.«

»Und?«

»War nur jemand, der Renwick was liefern wollte. Der Typ hat gesagt, er nimmt's wieder mit ins Depot.«

»Beschreibung?« Flyte gab den Versuch auf, sich ihren Verdruss nicht anmerken zu lassen.

»Ein Kerl mittleren Alters, hat sie gesagt. Gut gebaut, so wie ich.« Mit dem Kinn deutete er auf seine beachtliche Leibesfülle. »Definitiv kein Drogendealertyp.«

Flyte beschloss, dass das Leben zu kurz war, um Daves vorschnellen Urteilen zu widersprechen.

»Und das ist alles?«

»Jep.« Er wickelte noch mehr Band ab. »Außer dass er 'n Boyo war.«

»Ein was?«

Er sah sie an, als sei sie eine Vollidiotin. »Er hatte 'nen walisischen Akzent.«

45. Kapitel

Farben waberten hinter Cassies Lidern wie Öl in einer Lavalampe. Dunkles Weinrot wurde zu Orangegelb und dann zu Pfirsichrosa. Ein nicht unangenehmes, murmelndes Stimmengewirr bildete den Soundtrack dazu. Sie lächelte und genoss die Show, bis sie in grelles Licht ausgespien wurde und aus dem Gemurmel Geklapper und schrille Stimmen wurden.

So muss es sich anfühlen, wenn man geboren wird.

»Hallo, Cassie.« Das Gesicht eines Mannes, asiatisch, vage bekannt, tauchte vor ihr auf. »Wie fühlen Sie sich?«

Sie versuchte, den rechten Arm zu bewegen, doch ein zerrender Schmerz im Handrücken hinderte sie daran.

»Ähm, viel besser, glaube ich.«

»Sie hängen an einem Dextrose-Tropf.«

»Was?«

»Sie haben großes Glück gehabt, dass wir rechtzeitig herausgefunden haben, was mit Ihnen los war. Allerdings muss ich zugeben, dass Sie uns einen Mordstipp gegeben haben.«

Ein Arzt, wurde ihr klar, allerdings hatte sie keinen blassen Dunst, wovon er redete.

»Die Langerhansschen Inseln?«, sagte er.

Eine Erinnerung kam zurückgeflutet: Mrs E, die mit dem Skalpell auf eine sezierte Schweinepankreas zeigte. *»Die Langerhansschen Inseln«,* sagte sie. *»Klingt nach einer sturmumtosten Inselgruppe irgendwo in der Ostsee, nicht wahr? Ein romantischer Name für Flecken aus endokrinem Gewebe innerhalb der Bauchspeicheldrüse mit der unromantischen, aber unverzichtbaren Aufgabe, einige der wichtigsten Enzyme und Hormone herzustellen. Weiß jemand noch, was diese Zellen produzieren?«*

All die verschiedenen Fragmente, die in ihrem Gehirn umhergetrieben waren wie Weltraummüll, begannen, sich zusammenzufügen.

Der freundliche Harry Hardwick hatte während einer hypoglykämischen Episode, die von seinem Diabetes verursacht worden war, die Schwestern angebrüllt und ihnen vorgeworfen, sie ließen ihn verhungern. Hunger und Reizbarkeit waren bekannte Nebenwirkungen einer Unterzuckerung.

Und Frieren auch.

Mrs E hatte ein heißes Bad genommen, weil ihr kalt gewesen war, und ihr spätabendliches Sandwich deutete auf eine Hungerattacke hin.

Bevor Cassie das Bewusstsein verloren hatte, war ihr auch eiskalt gewesen, und sie hatte Hunger gehabt, und sie erinnerte sich, den Arzt angepflaumt zu haben.

Weder sie noch Mrs E litten an Diabetes, doch ihre Symptome deuteten alle in eine Richtung.

»Weiß jemand noch, was diese Zellen produzieren?«

»Insulin«, sagte Cassie.

Dr Sanjay antwortete. »Genau. Ihr Blutbild zeigt, dass Sie an einer Insulin-Überdosis gelitten haben.«

»Ich weiß.«

»Studieren Sie Medizin? Sind Sie so an das Insulin rangekommen?« Er bedachte sie mit einem mitfühlenden Blick. »Ich habe den Kollegen von der Psychiatrie gebeten, kurz vorbeizuschauen und sich mit Ihnen zu unterhalten.«

Mühsam stemmte sie sich auf die Ellenbogen hoch. »Nein, hören Sie. Ich habe kein Insulin *genommen,* jemand hat mir das Zeug *gespritzt.*«

Die Kollision auf dem Markt war kein Versehen gewesen, und sie hätte darauf gewettet, dass sich die Einstichstelle an ihrem schmerzenden Hintern befand. Als sie den Gesichtsausdruck des Arztes sah, beteuerte sie: »Dr Sanjay, ich bin nicht geisteskrank. Ich bin Sektionsassistentin, ich arbeite in der Pathologie.«

Plötzlich war Cassie den Tränen nahe. Harry Hardwick und Mrs E hatten ihr das Leben gerettet.

Und jetzt wusste sie, was Mrs E getötet hatte.

Doch wie sollte sie es beweisen?

»Dr. Sanjay, Sie müssen jemanden für mich anrufen.«

46. Kapitel

Cassie öffnete die Augen und begegnete Phyllida Flytes beunruhigtem Blick.

»Ich bin gekommen, so schnell ich konnte. Die wollten mir am Telefon nichts sagen.« Sie klang atemlos, ihr Blick war ganz weich vor Sorge. »Was ist passiert?«

Cassie richtete sich auf ihrem Kissen ein wenig auf und erklärte den Befund ihrer Blutuntersuchung und was ihr auf dem Markt zugestoßen war.

»Sie sagen, jemand hat Ihnen Insulin injiziert, ohne dass Sie es gemerkt haben?« Ein Hauch Skepsis gesellte sich zu dem Mitgefühl.

Cassie biss die Zähne zusammen. »Heutzutage gibt es Insulinpens mit superdünnen, vier Millimeter langen Nadeln. Und ich habe nichts gemerkt, weil der, der das getan hat, mich dermaßen heftig gerammt hat, dass ich hingeknallt bin.«

»Könnten Sie ihn identifizieren?«

»Nein, er muss sich von hinten an mich rangeschlichen haben.« Cassie erinnerte sich daran, dass sie Mrs E »gesehen« und sich wahnsinnig beeilt hatte, sie einzuholen. Hatte sie versucht, sie von der Gefahr wegzulotsen? Oder hatte Cassie die Bedrohung unterbewusst wahrgenommen?

»Er? Haben Sie ihn gesehen?«

»Na ja … nein, aber ich bin wohl davon ausgegangen, dass es Christian war.«

»Der hat ein absolut wasserdichtes Alibi«, entgegnete Flyte energisch. Ihre Miene war schwer zu deuten.

Eine Schwester, die gerade vorbeikam, blieb kurz stehen, um Cassie einen vielsagenden Blick zuzuwerfen, gefolgt von einem Nicken in Richtung des Pappbechers auf ihrem Nachttisch. Cassie verzog das Gesicht und trank ein bisschen von dem süßen Saft, mit dem die Ärzte ihrem Blutzuckerspiegel wieder aufhelfen wollten.

»Verstehen Sie denn nicht, so muss Mrs E ermordet worden sein«, fuhr sie fort, sobald die Schwester verschwunden war. »Jemand rempelt sie an, irgendwo, wo es sehr voll ist, und verpasst ihr eine Ladung Insulin. Eine halbe Stunde später entsteht durch das überschüssige Insulin eine Hypoglykämie – ihr Blutzucker rauscht in den Keller, und ihre Körpertemperatur gleich mit. Sie macht sich ein Sandwich und steigt in ein heißes Bad, um sich aufzuwärmen, aber dann fällt sie ins Insulinkoma und ertrinkt.«

Flyte schien aufmerksam zuzuhören, doch ihre Miene verriet nichts.

»Also, wenn sie einfach nur ins Bett gegangen wäre, wie der Mörder es erwartet hat, dann wäre sie am nächsten Morgen tot gewesen, und ihre Leber hätte das Insulin metabolisiert, sodass keine Spur mehr davon in ihrem Leichnam zurückgeblieben wäre. Verstehen Sie?« Flyte nickte. »Aber hier ist das Problem. Der Mörder hat *nicht* damit gerechnet, dass sie in die Badewanne steigt und da ertrinkt. Und weil sie gestorben ist, *bevor* das Insulin sie getötet hat, müsste in ihrem Körper noch eine sehr hohe Konzentration davon zu finden sein.«

»Und warum steht davon nichts im Bericht zur toxikologischen Untersuchung?«

»Weil man gezielt testen muss, um Insulin post mortem nachzuweisen. Das gehört nicht zur Standarduntersuchung.« Cassie gab sich große Mühe, sich ihre Gereiztheit nicht anmerken zu lassen. »Sie haben doch erzählt, sie hätte an dem Abend zu ihrer Putzfrau gesagt, dass sie sich nicht wohlfühlt. Und dass sie genuschelt hätte. Auch das ist ein Symptom von Hypoglykämie.«

»Oder von ein paar Whiskys zu viel.« Flyte zuckte die Achseln.

Cassie haute mit der flachen Hand auf die Bettdecke. »Ich

krieg also Insulin gespritzt, ich bekomme dieselben Symptome wie Mrs E kurz vor ihrem Tod – und das ist alles bloß Zufall?!« Als ihr die jähe Stille bewusst wurde, schielte sie rasch zu dem Bett gegenüber. Eine Familie auf Krankenbesuch, um das Bett einer alten Dame versammelt – Mum, Dad und ihre halbwüchsige Tochter waren alle verstummt und lauschten unverkennbar ihrem Gespräch.

Sie senkte die Stimme ein wenig. »Wir müssen die Beerdigung stoppen und ihren Leichnam wieder in die Pathologie schaffen.«

»Cassie, die Beerdigung beginnt in einer Stunde«, Flyte schüttelte den Kopf. »Mein Boss hat gesagt, er versucht, die Gerichtsmedizin zu erreichen, aber ich würde nicht darauf wetten. Abgesehen davon, selbst wenn der Leichnam eingeäschert wird, muss das Labor nicht sämtliche Proben bis nach der Anhörung aufbewahren? Warum bitten wir die nicht einfach, Geraldines Blut noch einmal auf Insulin zu untersuchen?«

»Insulin ist im Blut instabil – inzwischen wäre es nicht mehr nachweisbar.« Am liebsten hätte Cassie den Kopf gegen den Nachttisch geschlagen. »Unsere einzige Hoffnung ist, die Einstichstelle zu finden und das umliegende Gewebe zu untersuchen. Und dafür brauchen wir den Leichnam!«

Der letzte Satz kam lauter heraus als beabsichtigt. Die Familie gegenüber glotzte jetzt ganz unverhohlen; die Mutter flüsterte mit der Tochter, als diskutierten sie die neueste Wendung in einem Fernsehkrimi.

Flyte wartete einen Moment lang, bevor sie antwortete. »Es ist ja verständlich, dass Sie erregt sind. Sie haben in letzter Zeit enorm unter Druck gestanden, nachdem Mrs E so ums Leben gekommen ist.«

Zuerst wusste Cassie die subtile Änderung in ihrem Tonfall nicht zu deuten. Dann begriff sie: Zum ersten Mal seit langer Zeit redete Flyte mit ihr wie ein Bulle mit einer Verdächtigen.

Flyte sah auf ihre Armbanduhr, bevor sie mit professionellem

Mitgefühl sagte: »Cassie, ich muss Sie das fragen. Sie haben sich doch nicht etwa … selbst verletzt, oder? Um die Beerdigung zu verhindern und eine forensische Autopsie für Mrs E zu veranlassen?«

Cassie starrte sie an. So war das also. Flyte hatte nur so getan, als glaubte sie ihr, während sie die ganze Zeit über genau das gedacht hatte, was die Ärzte eindeutig noch immer vermuteten – dass sie sich das Insulin selbst gespritzt hatte.

»Ich möchte, dass Sie jetzt gehen«, sagte sie und drehte das Gesicht ins Kissen.

»Cassie …«

»Gehen Sie einfach.«

Eine gewisse bittere Befriedigung gesellte sich zu Cassies Enttäuschung: Dies war der Beweis dafür, dass sie niemals einem Cop hätte vertrauen dürfen.

FLYTE

»Wir sind heute hier, um vor Gott unserer Schwester Geraldine Olwyn Edwards zu gedenken, um für ihr Leben zu danken und sie Gott unserem barmherzigen Erlöser anzuempfehlen …«

In der rollenden walisischen Aussprache des Geistlichen klangen die Worte ganz frisch und neu. Er war ein kleiner, buckliger Mann, der sich anhörte, als hätte er die Tote ihr ganzes Leben lang gekannt. Vielleicht hatte Geraldine in ihrem Testament verfügt, dass er die Trauerfeier leiten sollte. Flyte konnte sich nicht vorstellen, dass ihr Sohn sich diese Mühe gemacht hatte.

Ihr Blick fiel auf Owen Edwards' breiten Rücken in der ersten Reihe, in ein abgetragenes schwarzes Jackett gezwängt. Er hatte keine Ahnung, dass sie hier hereingeschlüpft war und das Ganze aus den Schatten hinten in der Kirche beobachtete. Und er wusste auch nicht, dass er nach dem Trauergottesdienst aufs Revier mitkommen würde, um dort zu dem Mord an Barry Renwick vernommen zu werden.

Die alte Nachbarin hatte den »Boten«, der am Tag des Mordes an Renwicks Tür geklopft hatte, anhand seines Facebook-Profilfotos als Owen Edwards identifiziert. Cassie Raven hatte mit ihrem Verdacht recht gehabt, dass Owen irgendetwas über den Tod seiner Mutter verschwieg, und jetzt spielte Flyte mit dem Gedanken, dass er und Renwick möglicherweise Komplizen gewesen waren, die gemeinsam Geraldine Edwards' Ermordung geplant hatten, um sich die Einnahmen aus dem Verkauf ihres Nachlasses zu teilen. Vielleicht hatten sie sich irgendwann zerstritten. Oder Owen hatte Renwick umgebracht, um die Beute nicht teilen zu müssen. Das Einzige, was nicht ganz dazu passte, war das angebliche Handgemenge an dem Abend, an dem Owen betrunken bei seiner Mutter aufgetaucht war. Oder war das einfach nur ein bisschen Theater gewesen, um Geraldine zu täuschen?

Wieder sah Flyte auf ihrem Handy nach, ob in letzter Minute irgendwelche Nachrichten von Bellwether eingegangen waren – obwohl, jetzt war es doch bestimmt schon zu spät, um die Einäscherung noch zu verhindern. Die Kapelle war voll, hundert oder mehr Trauergäste drängten sich in den Bänken, darunter eine Frau, die Flyte von Facebook als Geraldines beste Freundin Maddy O'Hare erkannte, sowie Dutzende junge Leute – ohne Zweifel ehemalige Schülerinnen und Schüler der Toten.

Der Geistliche wandte sich dem mit Blumen bedeckten Sarg zu. »Wir übergeben den Leib unserer Schwester Geraldine nunmehr der Gnade Gottes ... Erde zu Erde, Asche zu Asche, Staub zu Staub.«

Flyte dachte, sie hätte sich innerlich für die Beerdigung gewappnet, doch diese uralten Worte, so furchtbar in ihrer trostlosen Endgültigkeit, trafen sie unvorbereitet. Plötzlich war sie wieder auf der Entbindungsstation, vor zwei Jahren und zwei Monaten.

Niemand hatte über ihrem Baby fromme Worte gesprochen. Sie hatte eine richtige Beerdigung gewollt, doch Matt hatte sich geweigert: Eine Totgeburt in der achtundzwanzigsten Woche sei »doch nicht dasselbe« wie ein Kind, das gelebt und geatmet hätte, hatte er behauptet, und außerdem, was sollte es bringen, sich alles nur noch schwerer zu machen? Vernunft, wo die einzig mögliche Antwort ein völlig vernunftwidriges Schmerz- und Wutgeheul war.

Doch sie machte Matt keine Vorwürfe; sie gab sich selbst die Schuld, sie hatte sich nicht gewehrt. Völlig durcheinander vor Trauer und nach dem Trauma der Entbindung, hatte sie zugelassen, dass sie ihre kleine Tochter mitnahmen und in die Pathologie schafften, nach nur zwei kostbaren Stunden mit ihr – um auf einem Bord in dem Kühlschrank zu landen, den Cassie Raven als Fötenkühlschrank bezeichnet hatte.

Jetzt spielte die Orgel einen sanften Refrain, und der Sarg begann seine Reise auf den Vorhang zu.

Flyte schloss die Augen und beschwor das vollkommene kleine Gesichtchen herauf, die rußschwarzen Wimpern auf weißen Wangen.

Liebste Poppy, murmelte sie leise. Es war das erste Mal seit jenem Tag, dass sie den Namen aussprach. Innerlich wappnete sie sich gegen einen Zusammenbruch oder Kataklysmus – doch nichts dergleichen geschah.

Staub zu Staub … furchtbare Worte, ja, aber gleichzeitig auch seltsam tröstlich mit ihrem Versprechen des Fortdauerns, der Rückkehr dorthin, woher wir gekommen sind.

Ganz in der Nähe hatte eine Frau angefangen zu weinen, ihr leises Schluchzen verstärkte das Klagen der Orgel. Flyte öffnete die Augen und sah, dass es Geraldines Freundin Maddy war. Etliche der anderen Trauergäste wischten sich Tränen weg, Owen Edwards jedoch schien ungerührt. Sein wachsamer Blick war fest auf den Sarg seiner Mutter gerichtet. Fürchtete er ein Eingreifen in allerletzter Minute, das ihren Leichnam doch noch vor den Flammen bewahren könnte?

Rasch schaute Flyte zur Tür und rechnete halb damit, dass Cassie Raven hereingeplatzt kam, noch im Krankenhausnachthemd, um die Zeremonie zu beenden. Sie dachte an den Ausdruck abgrundtiefer Enttäuschung auf Cassies Gesicht, als sie sie gefragt hatte, ob sie sich die Insulin-Überdosis selbst verabreicht hatte.

Nachdem sie genauer darüber nachgedacht hatte, schloss Flyte das aus. Sie konnte sich wirklich nicht vorstellen, dass Cassie zu so extremen Mitteln greifen würde. Dazu war sie einfach zu klug. Doch es hatte verblüffend wehgetan, wieder den alten Trotz in der Stimme der jungen Frau zu hören. Vielleicht hatte sie sich etwas vorgemacht, als sie dachte, sie wären im Begriff, Freundinnen zu werden.

Wer also hatte Cassie angegriffen? Nicht Christian oder vielmehr Barry Renwick, der zu diesem Zeitpunkt schon seit zwölf Stunden tot gewesen war; und sie konnte sich auch nicht vorstellen, dass der ziemlich füllige Owen Edwards Cassie über eine längere Strecke verfolgt hatte, geschweige denn, dass er nahe genug an sie herangekommen wäre, um ihr eine Injektion zu verpassen, ohne dass es jemandem aufgefallen wäre. Sie hatte Josh angewiesen, morgen um die gleiche Zeit auf den Markt zu gehen und nach Zeugen zu suchen.

Die Musik verstummte, als sich die Vorhänge hinter dem Sarg schlossen, der Geistliche sprach ein paar letzte Worte, und die Trauergäste erhoben sich, um nacheinander aus den Bänken zu treten. Das war Flytes Signal, Position im Mittelgang zu beziehen. Sie wartete, während Owen dem Geistlichen die Hand schüttelte und sich vorbeugte, um ihm etwas ins Ohr zu sagen. Ein zufriedenes Feixen lag auf seinem Gesicht.

Dann drehte er sich um und erblickte sie, und das Lächeln rutschte ihm vom Gesicht wie an die Wand geklatschte Eiscreme.

47. Kapitel

Zum ungefähr zwanzigsten Mal schaute Cassie auf ihr Handy. Vier Uhr fünfunddreißig. Die Trauerfeier müsste jetzt vorbei sein. Flyte hatte versprochen anzurufen, wenn sie etwas von der Rechtsmedizin hörte … was bedeutete, dass jegliche Hoffnung auf ein Fünf-vor-zwölf-Verbot der Einäscherung dahin war.

Sie stellte sich die Kapelle vor, hörte das Summen des Fließbandes, das Mrs Es Sarg zwischen den Vorhängen hindurchtrug, auf den Ofen zu. Er würde nicht geradewegs in die Flammen geschoben werden – das war ein Hollywood-Mythos –, sondern zuerst in den Empfangsraum, wo die Unterlagen ein letztes Mal überprüft wurden. Nichtsdestotrotz war Mrs Es Leichnam und mit ihm sämtliche verbliebenen Beweise dafür, dass sie mit Insulin vergiftet worden war, nur noch Minuten von der völligen Vernichtung entfernt.

Als Cassies letzte Hoffnung verging, rollte eine Woge der Erschöpfung über sie hinweg. Bis jetzt hatte sie das Adrenalin am Laufen gehalten, doch der Arzt hatte sie gewarnt, dass sie irgendwann die Folgen ihrer Blutzucker-Achterbahnfahrt zu spüren bekommen würde.

»Es tut mir so leid, Mrs E«, sagte sie halblaut. »Ich habe getan, was ich tun konnte.«

Sie merkte, wie ihre Muskeln erschlafften und ihre Lider schwer wurden, doch trotz ihrer Müdigkeit war da ein Geräusch, das sie nervte, das sie am Einschlafen hinderte: das hartnäckige Piepsen eines Herzmonitors ganz in der Nähe.

Plötzlich riss sie die Augen auf.

Meine Güte, warum hab ich daran nicht schon früher gedacht?

FLYTE

»Wo waren Sie gestern Abend?«, fragte Flyte Owen Edwards und warf dabei einen raschen Blick auf das Aufnahmegerät, um sich zu vergewissern, dass das rote Licht leuchtete.

»Im Central Inn in Holborn.«

»Sie waren nicht den ganzen Abend aus?«

Er wurde sichtlich unruhig. »Na ja, nur um ein bisschen was essen zu gehen. Ich war so gegen halb zehn im Bett.«

»Wo genau waren Sie essen?«

Sie konnte den Schweiß auf seinen Hängebacken glänzen sehen. Den ganzen Weg zum Revier hatte er sich darüber aufgeregt, dass er am Tag der Beerdigung seiner Mutter zur Vernehmung gezerrt wurde. Jetzt jedoch, als er Flyte und Josh gegenübersaß, schien ihm seine Empörung abhandengekommen zu sein.

»Ganz ehrlich, das kann ich Ihnen nicht sagen. In irgend so einem ganz gewöhnlichen Café …«

»Wenn wir also die Überwachungsaufnahmen des Hotels überprüfen, dann zeigen die, wie Sie gegen halb zehn zurückkommen und schlafen gehen?« Ihr Ton war sachlich, doch ihre ausdruckslose Miene zeigte ihm, dass sie ihm nicht glaubte.

»So in dem Dreh, ja.«

Von Holborn aus hätte er Renwicks Wohnung per U-Bahn in vierzig Minuten erreichen können, und mit dem Taxi sehr viel schneller. Doch wenn der Pathologe richtiglag, war Renwick nicht vor zehn Uhr gestorben, und das wäre zeitlich sehr knapp geworden. Wenn Edwards der Mörder war, dann log er über die Zeit, zu der er ins Bett gegangen war.

Edwards legte beide Hände flach auf den Tisch und versuchte, die Kontrolle über das Gespräch zu gewinnen. »Jetzt passen

Sie mal auf, Officer, Sie haben mir noch nicht mal gesagt, worum es eigentlich geht.«

Sie blickte von ihrem Notizbuch auf. »Ist Ihnen der Name Barry Renwick bekannt?«

Kopfschüttelnd griff Edwards sich ans Kinn und ließ die Hand dann hastig sinken – vielleicht war ihm klar geworden, dass diese Geste geradewegs aus dem »Handbuch für unverschämte Lügner« stammte.

»Das stimmt nicht ganz, Owen, nicht wahr? Sie kannten Barry Renwick. Oder Christian Maclaren, wie er für Ihre Mutter hieß.«

Edwards' Blick zuckte wie eine Flipperkugel im Raum umher. Da er nichts fand, wo er sich verstecken konnte, kehrte er zu ihr zurück. »Das Arschloch war's, der hat sie umgebracht«, sagte er und reckte das Kinn. »Wieso verhören Sie nicht den, sondern mich?«

Sieh an, sieh an. »Wen hat er denn umgebracht?«

»Na, meine Mutter.« Seine Augen wurden zu schmalen Schlitzen. »Dieser miese Drecksack war doch von Anfang an nur auf ihre Kohle aus. Immer wieder hab ich ihr gesagt, der will dich nur heiraten, um dein Haus in die Finger zu bekommen.«

»Warum waren Sie ihm gegenüber denn so misstrauisch?«

»Als ob sich ein supertoller Architekt für eine Frau in ihrem Alter interessieren würde«, meinte er höhnisch und sah erst sie und dann Josh um Zustimmung heischend an, traf jedoch nur auf versteinerte Mienen. Er verschränkte die Arme. »Tja, wie sich rausgestellt hat, hatte ich die ganze Zeit recht.«

»Erklären Sie das bitte.«

»Nach dem Tod meiner Mutter habe ich eine E-Mail auf ihrem Laptop gefunden, die sie ihrem sogenannten Verlobten geschickt hatte – er sei ein Betrüger, stand da drin. Wissen Sie, sie hatte rausgefunden, dass er gar nicht Maclaren hieß – er hatte unter dem Namen Renwick eine andere Frau geheiratet. Der hat geschäftsmäßig einsame Frauen abgezockt.«

Julia Torrance.

»Hat Ihre Mutter gesagt, wie sie ihm auf die Schliche gekommen ist?«

Ein Kopfschütteln. »Nein, aber eins muss ich meiner Mutter lassen: Clever war sie. Trotz ihrem Anfall von Wechseljahrschwachsinn.«

Flyte musste auf ihr Notizbuch hinunterblicken, damit er ihre Miene nicht sah. »Hat er geantwortet?«

Er zuckte die Schultern. »Aber hallo, er hat ihr ein halbes Dutzend Mails geschickt. Hat alles zugegeben und ihr jede Menge Krokodilstränen vorgeflennt, von wegen, es täte ihm ja so leid, alles, was er getan hätte.«

»Aber Sie haben die Festplatte gelöscht und den Laptop entsorgt?«

Er nickte.

»In dem Wissen, dass Sie Beweise vernichten, die für die polizeiliche Ermittlung zum Tod Ihrer Mutter von Bedeutung waren. Das ist ein sehr ernstes Vergehen.«

»Ich hab doch nur versucht, ihren guten Namen zu schützen, das würde doch jeder Sohn tun.«

»Ich denke, Sie wollten Ihr Erbe einsacken, ohne sich mit den Komplikationen eines möglichen Mordprozesses herumärgern zu müssen.«

Edwards stierte sie aus blutunterlaufenen Augen wütend an.

Flyte starrte zurück. »Sie haben gefragt, warum wir Sie vernehmen und nicht Barry Renwick.«

»Verdammt richtig.«

»Ich hoffe, Sie können uns da weiterhelfen. Mr Renwick wurde nämlich heute Morgen tot in seiner Wohnung aufgefunden, mit einer Stichwunde im Hals.«

»Was …?« Er fuhr von seinem Stuhl hoch und warf sich halb über den Tisch. »Sie wollen doch wohl nicht sagen, dass ich das war?!« Josh sprang auf und streckte den Arm aus, um sie zu schützen.

Flyte hatte sich nicht einen Zentimeter gerührt. »Setzen Sie sich, Mr Edwards.« Sie wartete, bis er wieder Platz genommen hatte. »Hatten Sie und Renwick eine Abmachung getroffen, Ihre Mutter aus dem Weg zu räumen? Sie wussten, dass sie Sie für einen Säufer und einen Taugenichts gehalten hat – hatten Sie Angst, sie könnte Sie enterben?«

»Sie haben sie ja nicht mehr alle, verdammt noch mal! Was für ein Schwachsinn, das Ganze!«

»Haben Sie und Renwick sich wegen des Geldes zerstritten? Ist der Streit ausgeartet, war es das?«

»To-ta-ler Blöd-sinn.« Er verschränkte die Arme und drehte das Gesicht zur Wand.

»Und was haben Sie dann gestern vor Barry Renwicks Wohnung in Brixton zu suchen gehabt?«

Sein Kopf fuhr wieder zu ihr herum. Er sah sie forschend an, als überlegte er, ob sie Beweise für ihre Behauptung hatte oder nicht. »Ich … ich wollte ihm sagen, dass er sich ja nicht bei der Beerdigung blicken lassen soll.«

»Und beim zweiten Mal, als Sie spätabends noch mal hingegangen sind?«

»Bin ich doch gar nicht, verdammt noch mal!«

»Weil nämlich gerade ein Team von der Spurensicherung in der Wohnung nach Fingerabdrücken und DNA-Spuren sucht.«

Schwer atmend beugte Owen Edwards sich vor. »Ich bin freiwillig mit hierhergekommen«, zischte er, »aber ohne Anwalt sag ich kein Wort mehr.«

48. Kapitel

Cassie wischte Dr. Sanjays sanfte Proteste beiseite, verließ das Krankenhaus auf eigene Verantwortung und ging über den dunklen Parkplatz die zweihundert Meter zur Pathologie hinüber, wo sie sich saubere OP-Kleidung anzog. Ein Blick in den Spiegel der Umkleide zeigte ein magermilchblasses Gesicht, doch der einzige weitere Effekt der Insulin-Überdosis war anscheinend ein Gefühl tiefster Erschöpfung, als sei sie gerade nach einem Nachtflug aus dem Flugzeug gestiegen.

Sie hörte den Summer und ging zur Eingangstür, wo Luca stand, hochgewachsen und bärtig hob er sich vor der einsetzenden Dämmerung ab.

Er reichte ihr den Anlieferungsbeleg. »Da hat also jemand vergessen, einen Schrittmacher aus 'nem Leichnam rauszuholen, was?« Mit gespielter Überraschung riss er die Augen weit auf. »Und das zweimal in einer Woche? Wie wahrscheinlich ist *so was* denn?«

»Vorsicht ist die Mutter der Porzellankiste, Luca«, antwortete sie lächelnd. »Niemand will doch, dass eine Lithiumbatterie in einem Krematoriumsofen hochgeht.«

Luca sah sie an und schüttelte halb entrüstet, halb bewundernd den Kopf.

Die Geschichte von einem zweiten übersehenen Herzschrittmacher, die sie Roger, dem Leiter des Krematoriums, aufgetischt hatte, war ein hochriskantes Manöver gewesen, eins, für das sie gefeuert werden könnte. Doch im Augenblick empfand sie nur enorme Erleichterung, weil sie Mrs Es Körper vor den Flammen bewahrt hatte.

»Das Komische daran ist«, fuhr Luca fort und lächelte immer noch so eigenartig, »gerade als wir sie ins Auto gepackt haben, ist Roger rausgekommen und meinte, die Schrittmacherpanne wäre eigentlich ein Glücksfall.«

Das ließ Cassie aufhorchen. »Wie hat er das gemeint?«

»Er hatte einen Anruf vom Gerichtsmediziner bekommen, dass er Geraldine Edwards *nicht* einäschern soll, weil ihr Leichnam wieder in die Pathologie müsste. Zur forensischen Autopsie.«

»Echt?« Also hatte Flyte ihren Job doch gemacht.

»Ja. Und wenn die Nummer mit dem Herzschrittmacher nicht passiert wäre, dann wäre sie schon im Ofen gewesen, als der Gerichtsmediziner angerufen hat.«

Nachdem sie Mrs E in den Sektionssaal gerollt hatte, zog Cassie den Reißverschluss des Leichensacks auf. »Entschuldigen Sie das ganze Hin und Her«, sagte sie zu ihr, »aber Sie wissen ja, warum ich das tun musste.«

Cassie blinzelte. Als sie Mrs E das letzte Mal gesehen hatte, war ihr Gesicht zu einer ernsten Miene erstarrt gewesen, die überhaupt nicht zu ihr passte. Doch falls sie sich das nicht nur einbildete, wölbte jetzt die Andeutung eines Lächelns die leblosen Lippen. Ein Lächeln von der Sorte, mit der sie Cassie im Unterricht bedacht hatte, wenn sie sich auf eine Frage hin gemeldet hatte.

Sie aktivierte die Taschenlampe ihres Handys und begann, den Strahl Zentimeter für Zentimeter über Mrs Es Leichnam wandern zu lassen, auf der Suche nach etwas, das nach einer Einstichstelle aussah. Der Chefpathologe des Labors in Hammersmith hatte gesagt, Insulin könne man vielleicht noch nachweisen, aber nur im Gewebe direkt um die Injektionsstelle. Als sie nicht fündig wurde, drehte sie Mrs E auf den Bauch. Die Haut am Rücken war verfärbt, weil das Blut sich dort gesammelt hatte, was die Sache erschwerte. Sie griff nach einer Lupe und arbeitete sich systematisch von den Schultern abwärts, immer von einer Seite zur anderen.

Im oberen Bereich von Mrs Es linker Gesäßhälfte fand sie etwas. Einen kleinen violetten Fleck, nicht größer als ein Reiskorn.

Wie konnte sie das bei der Autopsie übersehen haben? Dann fiel ihr ein, was Professor Arculus ihr einst gesagt hatte: Hämatome können sich auch erst nach Eintreten des Todes entwickeln.

Cassie hörte, wie die Tür hinter ihr aufging. Sie drehte sich um und erblickte Archie Cuff in seiner blauen Barbour-Jacke und einer albernen Mütze mit pelzgefütterten Ohrenklappen.

»Hallo«, sagte er grinsend. »Was ist denn hier los? Ich war gerade auf dem Weg zu einem heroischen Besäufnis in meinem Rugbyclub, als Sie angerufen haben.«

Professor Arculus war Cassies erste Wahl gewesen, doch der war im Ausland und besuchte die Schlachtfelder des Ersten Weltkriegs an der Somme, eins seiner Hobbys.

»Schauen Sie sich das hier doch bitte mal an.«

Er beugte sich über den Leichnam und blickte durch die Lupe.

»Sehen Sie das? Da?«, fragte sie. Genau in der Mitte des Hämatoms war ein winziger Punkt. »Könnte das eine Injektionsstelle sein?«

»Hm. Möglich«, sagte Archie. Dann deutete er mit einem Kopfnicken auf die dicke Naht ganz unten an Mrs Es Kopfhaut. »Aber ist diese Lei… – ich meine, diese Dame denn nicht schon obduziert worden?«

»Ja. Aber jetzt denkt die Polizei, es könnte doch Mord gewesen sein, deswegen wollen sie eine forensische Autopsie.« Sie hatte vorgehabt, sich irgendwie durch diesen Teil hindurchzumogeln, doch inzwischen hatte ihre Geschichte den Vorteil, wahr zu sein. »Sie haben den Verdacht, dass sie an einer Insulinvergiftung gestorben sein könnte.«

»Wie exotisch!« Cuffs Augenbrauen schnellten in die Höhe. »Aber wofür brauchen Sie da mich? Muss das nicht warten, bis der Professor wieder da ist?«

»Wir müssen so schnell wie möglich eine Gewebeprobe ins

Labor bekommen.« Die Chance, Insulin nachzuweisen, schon jetzt recht klein, wurde mit jedem Tag geringer. »Ich bin Ihnen wirklich dankbar, dass Sie noch mal zurückgekommen sind«, fuhr sie fort und schluckte ihren Stolz hinunter. »Ich weiß, Sie hatten schon vor Stunden Feierabend. Professor Arculus hat das genehmigt, er unterschreibt die Papiere, wenn er morgen wiederkommt.«

Er bedachte sie mit einem Blick, aus dem sie nicht schlau wurde. »Okay, ich mach's. Unter einer Bedingung.«

»Und die wäre?«

»Dass ich Sie mal abends auf was Scharfes einladen darf.«

»Was Scharfes?«

»Ein Curry.« Seine Augen glitzerten. »Was dachten Sie denn?«

»Sehr witzig«, knurrte sie.

Vielleicht konnte man mit Archie Cuff ja doch ganz gut herumalbern.

FLYTE

Gestern hatte sie Owen Edwards vernommen, und Flyte war vorsichtig optimistisch, dass die nötigen Beweise, um ihn des Mordes an Barry Renwick zu überführen, fast in Reichweite waren.

Sie hatte gerade ein Telefonat mit der Pathologie in Brixton beendet, als Josh nach ihr rief. »Sarge, das müssen Sie sich ansehen.« Mit dem Kopf deutete er auf seinen Bildschirm.

Nach seinem Gesichtsausdruck zu urteilen, war »das hier« nichts Gutes.

Als er ihr die Überwachungsaufnahmen vorspielte, fühlte sie, wie ihr Mund so trocken wurde wie ein alter Keks. Der Clip, datiert auf den Abend, an dem Barry Renwick gestorben war, begann mit einer langen Sequenz, in der ein fülliger Mann durch die Drehtür einer Hotelhalle stürmte. Das Bild war unscharf, und erst als er auf unsicheren Beinen den Fahrstuhl ansteuerte und dabei nur ganz knapp eine Kollision mit einem niedrigen Couchtisch vermied, konnte man sein Gesicht sehen. Doch sie wusste bereits, wer es war: Owen Edwards, zurück von einem bestimmt extrem reichlich begossenen »Abendessen« – und die Zeitangabe in der Ecke des Bildschirms lautete 21:26. Vier Minuten vor halb zehn.

»Scheiße«, stieß sie halblaut hervor, was ihr einen Seitenblick von Josh eintrug, der sie jetzt binnen vierundzwanzig Stunden zweimal hatte fluchen hören.

Die forensische Autopsie hatte die anfängliche Vermutung des Pathologen bestätigt, dass Barry Renwick an seinem eigenen Blut erstickt war; der Tod war zwischen zehn und elf Uhr abends eingetreten. Eine Zeit, zu der Owen Edwards diesen Überwachungsaufnahmen zufolge acht Kilometer entfernt seinen Rausch ausgeschlafen hatte.

»Er ist nicht noch mal rausgegangen?«

Josh schüttelte den Kopf. »Nope. Es gibt noch eine Kamera auf seinem Flur, und er erscheint da nicht mehr bis zum nächsten Morgen.«

Das änderte schon wieder alles. Wenn Owen Edwards Barry Renwick nicht umgebracht hatte, wer dann? Und hatte derselbe unbekannte Täter auch Geraldine Edwards ermordet und, falls Cassie Raven recht hatte, versucht, auch sie zu töten?

»Das war's dann mit unserem Hauptverdächtigen – und unserem Motiv«, stellte sie fest.

»Was ist mit dem Koks, das wir bei Renwick in der Wohnung gefunden haben?«, fragte Josh.

Flyte hatte die dünne Linie aus weißem Pulver vor Augen, das sich beim Labortest als Kokain erwiesen hatte. Doch je mehr sie darüber nachdachte, desto kalkulierter erschien ihr das – wie eine Theaterrequisite mit der Aufschrift »Hinweis«, absichtlich für die Polizei hinterlassen.

Sie schüttelte den Kopf. »Das mit dem ›aus dem Ruder gelaufener Drogendeal‹ glaube ich einfach nicht. Der Mord an Renwick muss etwas mit seinem Plan zu tun haben, Geraldine Edwards auszunehmen. Haben Sie noch mehr über seine Vorstrafe gefunden?«

Aus der nationalen Datenbank hatten sie erfahren, dass Renwick vor fünfzehn Jahren wegen zweifachen Betrugs zu einer sechsmonatigen Freiheitsstrafe verurteilt worden war.

»In der Akte steht, dass er damals Hochzeiten gefilmt hat«, berichtete Josh. »Bei ein paar hat er das auch tatsächlich getan, aber dann hat er angefangen, die Anzahlung einzusacken und nicht aufzukreuzen. Anscheinend hatte er eine Komplizin, die sich um die Kunden gekümmert hat.«

»Freundin?«

Er zuckte die Schultern. »Als die Polizei ihn geschnappt hat, hat er sich geweigert, ihren Namen zu nennen. Das hat ihm wahrscheinlich die Haftstrafe eingebracht.«

»Sehr ritterlich von ihm.«

Außerdem hatte Josh Renwicks Ex-Frau Julia Torrance ausfindig gemacht, obwohl sie nicht mehr an der Adresse wohnte, die im Heiratsregister angegeben war. Drei Monate nach ihrer Hochzeit mit Renwick hatte sie ihr Haus für 1,4 Millionen Pfund verkauft und dann, auf den Tag genau ein Jahr nach dem Tag nach ihrer Hochzeit – dem frühestmöglichen Zeitpunkt – die Scheidung eingereicht. Bezeichnenderweise hatte ihr Anwalt ein besonderes Verfahren für Scheidungsklagen anwenden müssen, weil keine bekannte Adresse des Ehepartners vorlag. Barry Renwick war anscheinend verschwunden, zweifellos, um den Erlös für das Haus seiner unglücklichen Ehefrau zu verprassen. Doch zumindest war Julia Torrance mit dem Leben davongekommen.

»Ich hab die Kollegen in Chester gebeten, jemanden bei ihr vorbeizuschicken, Sarge.« Josh blickte von seinem Bildschirm auf. »Meinen Sie, sie kommt als Verdächtige infrage?«

»Für den Mord an Renwick?« Darüber hatte Flyte bereits nachgedacht. »Unmöglich ist es nicht – aber warum mit der Rache über zwei Jahre warten.« Sie nahm ihren Mantel von ihrer Stuhllehne. »Rufen Sie mich an, wenn Sie etwas Brauchbares haben.«

»Wo wollen Sie denn hin, Sarge?«

»Ins Krankenhaus. Mal sehen, ob Cassie Raven sich an irgendetwas von gestern erinnert.«

Joshs Lächeln verschwand. »Ich dachte, Sie wüssten Bescheid.«

»Bescheid worüber?«

»Sie hat das Krankenhaus gestern Abend um sechs auf eigene Verantwortung verlassen.«

Kalte Furcht überkam Flyte. Im Krankenhaus war Cassie relativ sicher gewesen. Draußen, auf der Straße, war es durchaus möglich, dass wer auch immer sie hatte umbringen wollen, sein Glück noch einmal versuchte.

49. Kapitel

Cassie hatte ihrer Großmutter gestern eine Notlüge aufgetischt, um zu erklären, warum sie bei ihr übernachten müsse, und behauptet, ihr Boiler sei kaputtgegangen. In Wirklichkeit hatte sie nach diesem traumatischen Tag dringend ein bisschen liebevolle Zuwendung und tröstliches polnisches Essen gebraucht.

Die Anrufe von Flyte hatten heute Morgen gegen neun begonnen. Cassie hatte sie ignoriert, noch immer wütend, weil sie ihr nicht geglaubt hatte, doch als sie ihren Namen zum fünften oder sechsten Mal auf dem Display gesehen hatte, war sie doch zu neugierig geworden.

»Was haben Sie sich dabei gedacht, einfach so das Krankenhaus zu verlassen?«, blaffte Flyte sie an. »Der Arzt sagt, eine Insulinüberdosis ist eine ernste Sache.«

»Und auch noch selbst induziert, wie Sie meinen«, schoss Cassie zurück.

Ein entnervter Seufzer. »Ich bin Polizeibeamtin – unangenehme Fragen zu stellen, ist mein Job.« Dann wurde ihr Ton freundlicher. »Aber hören Sie, Cassie, ich … ich glaube Ihnen.«

Cassie war nicht bereit, den Olivenzweig anzunehmen. »Ist ja auch egal. Mir geht's wieder gut.« In Wirklichkeit war sie immer noch etwas unsicher auf den Beinen und hatte nichts dagegen einzuwenden gehabt, als Doug sie nach Hause geschickt hatte.

»Hören Sie mir zu. Jemand hat versucht, Sie umzubringen, und im Augenblick haben wir keine Ahnung, wer das war. Für Ihre Sicherheit zu sorgen, ist meine … ist unsere Aufgabe. Was ist, wenn die noch mal auf Sie losgehen? Wo sind Sie gerade?«

Als sie die eindeutige Besorgnis in Flytes Stimme hörte, gab Cassie nach. »Bei meiner Großmutter, hab gestern hier übernachtet.« Der Gedanke, dass ihr Möchtegern-Insulinmörder noch immer auf freiem Fuß war, war ihr natürlich auch schon gekommen. Sie hatte gestern Abend sogar Archie Cuffs Angebot angenommen, sie am Abend nach Hause zu bringen. Sie hatten sich gut unterhalten, und Cassie hatte den Eindruck, dass sich da eine Romanze anbahnen könnte, falls sie Interesse hatte. Und zu ihrer eigenen Überraschung könnte das vielleicht auch der Fall sein.

Was ist nur los mit mir?, fragte sie sich. Nachdem sie einer Polizistin wesentlich mehr anvertraut hatte, als klug war, dachte sie jetzt daran, einen Spießer flachzulegen.

»Das freut mich. Warum bleiben Sie nicht da? Ich schicke heute Morgen einen Kollegen auf den Markt, um nach Zeugen zu suchen, und ich muss Ihre Aussage zu Protokoll nehmen.«

Cassie seufzte. Bei Tageslicht kam es ihr nicht mehr so gruselig vor, nach Hause zurückzukehren. Sie war sicher, dass sie jeden Verfolger würde abschütteln können.

»Je eher wir herausfinden, wer Sie angegriffen hat, desto besser stehen unsere Chancen, Mrs Edwards' Mörder zu fassen.«

Als List war das leicht zu durchschauen – aber dennoch schwer zu widerlegen. »Okay, ich warte. Aber lassen Sie sich nicht zu viel Zeit.«

DS Flyte gab den Versuch auf zu verstehen, was der U-Bahn-Mitarbeiter über das vorsintflutliche Lautsprechersystem verkündete, doch da sie seit zehn Minuten im Tunnel standen, brauchte man ihr eigentlich auch nicht mehr zu sagen, dass es hier ein Problem gab. Sie verfluchte ihren Entschluss, mit der U-Bahn zur Wohnung von Cassies Großmutter zu fahren, die am Südrand Camdens lag. Sie hatte versucht, Zeit zu sparen, und war lieber die zwei Stationen von Chalk Farm nach Mornington Crescent gefahren, als sich zwanzig Minuten auf von Touristen verstopften Gehsteigen durchzudrängeln.

Streng genommen hätte sie Josh schicken sollen, um Cassie

zu befragen. Stattdessen hielt sie wieder einmal den Kopf für diese unmögliche Person hin und konnte immer noch nicht erklären, wieso.

In der Sozialsiedlung, in der Weronika Janek wohnte, fand sie ein »Außer Betrieb«-Schild an der Fahrstuhltür vor. Sechs Stockwerke später war sie außer Atem und schwitzte unter ihrem Mantel.

Eine winzige alte Dame mit klugen Augen öffnete ihr sofort, allerdings mit betretener Miene. »Es tut mir sehr leid, Officer, aber Sie haben sie ganz knapp verpasst.«

Flyte schaute auf ihr Handy und sah eine SMS von Cassie. Sie würde nach Hause gehen, um ihre Katze zu füttern, *Herrgott noch mal!* Also blieb ihr nichts anderes übrig, als auf dem Absatz kehrtzumachen und den Weg zurückzugehen, den sie gekommen war.

Als Cassie ihren Wohnblock erreichte, beäugte sie die Treppe und entschied sich dann dagegen. Trotz der zehn Stunden Schlaf letzte Nacht hatte der Fußmarsch nach Hause sie geschafft. Als der Fahrstuhl kam, warteten noch zwei andere Leute: eine attraktive Frau mit einem Klemmbrett in der Hand und coolen Stiefeln und ein junger Mann mit einem Ring am kleinen Finger, in teuren Jogginghosen und dem obligatorischen Hoodie. Nachdem sie den Knopf für den neunten Stock gedrückt hatte, fragte sie, wohin die beiden anderen wollten, doch der Typ mit dem Hoodie ignorierte sie, beugte sich vor und drückte den Knopf selbst, wobei er ihr absichtlich zu nahe kam.

Aus dem Augenwinkel checkte sie ihn rasch ab. Seinen frischen Gesichtszügen nach konnte er nicht älter als sechzehn oder siebzehn sein, doch den toten, starren Blick und die Fick-dich-Körpersprache des Anfänger-Gangsta hatte er bereits drauf. Kerle wie der waren hier keine Seltenheit, und bei der Hälfte von ihnen war das Ganze nicht mehr als eine Verteidigungstaktik. Aber zur Sicherheit zog sie es vor, ein Stockwerk früher auszusteigen und das letzte Stück zu Fuß zu gehen. An der Wohnungstür sah sie sich um, ob der Flur hinter ihr leer war, bevor sie hineinging und die Tür zweimal hinter sich abschloss.

Von der Fußmatte starrte ihr eine Postkarte mit Sanddünen darauf entgegen. Die gekritzelte Nachricht auf der Rückseite lautete: »Du würdest mir nicht glauben, wie schön es hier ist.« Die Briefmarke stammte aus Exeter, und sie brauchte keine Unterschrift, um zu wissen, dass die Karte von Carl war, der sie wissen ließ, dass er okay war und sein Exil unversehrt erreicht hatte.

Da Phyllida Flyte auf dem Weg hierher war, beschloss sie, dass es vielleicht klug wäre, die Karte zu verbrennen. Gerade war sie fertig damit, den Rauch zum Fenster hinauszuwedeln, als es an der Tür klingelte. Sie schaute durch den Spion und sah, dass dort draußen nicht Flyte stand, sondern die Frau aus dem Fahrstuhl mit dem Klemmbrett.

Noch einmal würde Flyte es nicht riskieren, mit der U-Bahn zu fahren: Sie winkte das erste Taxi heran, das sie erblickte, und gab dem Fahrer Cassies Adresse.

Als der Wagen mit einem Ruck anfuhr, klingelte ihr Handy. Es war Josh, und dem nervigen Bongo-Getrommel im Hintergrund nach zu urteilen, rief er offenbar vom Markt an.

»Was herausgefunden?«

»Ich konnte niemanden finden, der sie wirklich hat hinfallen sehen«, berichtete er. »Aber einer von den Standbesitzern hat gesagt, er hat das Gedränge unmittelbar danach gesehen. Er ist hingegangen, um zu sehen, was los war, und hat jemanden was von einer ›rücksichtslosen Tusse‹ sagen hören.«

»Und das heißt?«

»Er hat es so verstanden, dass Cassie von einer Frau umgerannt worden war.«

Eine Frau. Jäh wurde Flyte klar, dass sie sich den Angreifer immer als Mann vorgestellt hatte. Doch diese neue Information war vollkommen logisch: Für eine Frau wäre es viel leichter gewesen, sich in der Öffentlichkeit an eine andere Frau heranzumachen, ohne unerwünschte Aufmerksamkeit zu erregen.

Außerdem würde das auch erklären, wie die Täterin nahe genug an Geraldine Edwards herangekommen war, um ihr Insulin zu verpassen. Ihr fiel wieder ein, dass die Putzfrau Imelda erzählt hatte, Mrs Edwards sei an dem Abend, an dem sie verunglückt war, gerade vom Supermarkt zurückgekommen.

Ein scheinbar harmloser Zusammenstoß an einem belebten Ort, ehe sie weiterging und nichts von dem Toxin ahnte, das durch ihre Adern strömte.

Aber wer zum Teufel war diese mysteriöse Mörderin?

»Tut mir leid, ich hab zu tun …«, begann Cassie.

»Es dauert nur fünf Minuten, ich versprech's.«

Die Frau mit dem Klemmbrett kam von einer Marketing-Agentur und war auf charmante Art und Weise hartnäckig, doch Cassie war nicht interessiert. Nicht einmal die Aussicht auf großzügige zwanzig Pfund konnte sie in Versuchung führen, ein paar Fragen über Haarpflege- und Schönheitsmittel zu beantworten.

»Tut mir echt leid«, wiederholte sie, versüßte die Abfuhr mit einem Lächeln und schickte sich an, die Tür zu schließen.

Die Frau drückte das Klemmbrett an die Brust und schlug die Augen nieder, doch Cassie hatte das Zucken in ihrem Gesicht gesehen. »Mir sollte es leidtun«, stammelte die Frau, die Vertretermasche war verschwunden. »Ich war echt aufdringlich.«

»Alles klar?«

Zittrig holte die Frau Luft. »Es geht schon. Wahrscheinlich bin ich zu früh wieder arbeiten gegangen.« Ihr kamen die Tränen. »Wissen Sie, ich … ich habe vor Kurzem jemanden verloren.«

»Das tut mir leid«, sagte Cassie und kam sich plötzlich gemein vor. »Darf ich Ihnen einen Schluck Wasser holen?«

»Nein danke, kommt überhaupt nicht infrage.« Sie wedelte mit der Hand vor ihren Augen herum, als wären die Tränen eine Insektenwolke, die sie verscheuchten konnte. »Mein Gott, das ist ja so was von unprofessionell.«

Cassie öffnete die Tür ein bisschen weiter. »Kommen Sie doch rein, auf eine Tasse Tee«, gab sie nach. »Und wenn Sie sich besser fühlen, dann können wir uns ja mal Ihre Umfrage ansehen.«

Flytes Taxi brauchte nur ein paar Minuten bis zur Camden High Street, doch als sie die Eisenbahnbrücke erreichten, staute sich der Verkehr.

Sie starrte die Fußgänger an, die sich draußen auf dem Gehsteig drängten. *Zurück zu den Grundsatzfragen.* Wenn Barry Renwick, was wahrscheinlich erschien, Julia Torrance ebenfalls auf einer Dating-Plattform im Internet kennengelernt hatte, wie hatte er dann wohlhabende Hausbesitzerinnen wie sie und Geraldine schon im Voraus erkennen können? In Anbetracht des Aufwands, der bei dem Schwindel betrieben worden war, konnte sie sich nicht vorstellen, dass er nach dem Schrotflintenprinzip vorgegangen war und viele Frauen online umworben hatte. Er hätte sich doch mit allen treffen müssen, um herauszufinden, ob sie zufällig wertvolle Immobilien besaßen. Und Beth Montagu von Ocean hatte gesagt, Geraldine sei Renwicks einziger Kontakt auf dieser Plattform gewesen. Es musste also eine Schwachstelle in ihrem angeblich unüberwindlichen Sicherungssystem geben, die es ihm erlaubte, sich seine Opfer im Voraus auszusuchen.

Sie rief Geraldines Freundin Maddy an und bekam sie auf dem Weg in den Klassenraum zu fassen. »Hat Geraldine erzählt, wie schnell sie und Christian Kontakt aufgenommen haben, nachdem sie sich bei Ocean angemeldet hatte?«

»Er hat sie gleich am ersten Tag angeschrieben. Das war ein

bisschen ärgerlich, ich war nämlich schon seit zwei Wochen dabei, ohne dass sich irgendetwas getan hätte«, antwortete Maddy kichernd.

»Sie haben gesagt, die Firma wäre sehr auf Sicherheit bedacht gewesen, als Sie sich angemeldet haben. Wonach haben die denn so gefragt?«

»Na ja, ich musste ein mehrseitiges Formular ausfüllen und einen Gehaltsnachweis schicken.«

»Wurde in dem Formular danach gefragt, ob Sie Immobilien besitzen?«

Eine Pause. »Ja, ich weiß noch, wie ich gedacht habe, die nehmen mich vielleicht nicht, weil ich nur zur Miete wohne.«

Wohingegen Geraldine das Kästchen »Wohneigentum« angekreuzt haben würde, das sie, zusammen mit ihrer Adresse, als jemanden auswies, der ein Haus in einer der besten Lagen von Camden besaß.

Aber wie konnte Renwick an solch streng vertrauliche Informationen gekommen sein? Könnte er tatsächlich den Server gehackt und Mitgliederdaten gestohlen haben? Erst diese Woche hatte Flyte eine Spam-Mail bekommen, die ihr eine »einmalige Investitionsoption« verhieß, nur wenige Tage, nachdem sie online ihren Namen und ihre Mailadresse eingegeben hatte, um Informationen über ein Wertpapierdepot zu bekommen. Hatte Ocean die wertvollen Daten seiner Mitglieder weiterverkauft und ihre vertraulichen und persönlichen Angaben gleich mit? Ein schwerer Verstoß gegen das Datenschutzgesetz, aber bei skrupellosen Unternehmen alles andere als ungewöhnlich. Oceans Geschäftsführerin Lucy Halliwell mochte seriös und respektabel wirken, doch sie wäre nicht die Erste, die zweifelhafte Methoden anwandte, um ihr Unternehmen über Wasser zu halten.

Flyte hustete in ihr Taschentuch – der rußige Dieselgeschmack reizte ihre Kehle – und stellte fest, dass das Taxi schon seit einer ganzen Weile stand. Durch die Windschutzscheibe sah man die Hecks von Autos und Lastwagen, die sich in langer Reihe vor ihnen erstreckten.

Sie klopfte an die Trennscheibe.

»Die wechseln da vorn 'ne Gasleitung aus«, ließ der Fahrer sie über die Schulter hinweg wissen.

»Können Sie nicht einen anderen Weg nehmen?«

Er schüttelte den Kopf. »Tut mir leid, Schätzchen. Dahin, wo Sie wollen, gibt's keine andere Route, da is' der Kanal im Weg.«

Sie sank in den Sitz zurück und rief die Nummer von Ocean auf ihrem Handy auf. Indem sie ihr Barry Renwicks Adresse gegeben hatte, hatte Beth Montagu bereits bewiesen, dass sie der Firma nicht blind ergeben war, und als Mitgliederbetreuerin könnte sie sogar davon wissen, wenn Lucy Halliwell tatsächlich Daten weiterverkaufte.

Flyte hörte Oceans Telefonansage und tippte 131 ein, die Anschlussnummer, die sie auf dem Hörer in Beths winzigem Büro hatte stehen sehen. Es klingelte ein paar Mal, dann wurde der Anruf weitergeschaltet, und jemand nahm ab.

»Lucy Halliwell.«

Interessant. Wieso nahm Halliwell die Anrufe auf den Apparaten ihrer Untergebenen entgegen?

»Hier ist DS Flyte. Ich wollte eigentlich Beth Montagu sprechen, um noch etwas wegen Maclarens Profil zu klären.«

Eine bedeutungsschwangere Pause. »Ihnen ist doch bestimmt klar, Officer, dass alle derartigen Anfragen an meine Mitarbeiter über mich erfolgen sollten.« Ihr Tonfall war so glatt und glänzend wie ihre Fingernägel.

»Ich fürchte, bei einem Mordfall haben wir nicht immer genug Zeit, um uns an interne Unternehmensabläufe zu halten. Aber da wir schon einmal miteinander plaudern, vielleicht können Sie mir ja bei etwas anderem helfen?«

»Das werde ich natürlich versuchen.«

»Würde es Sie überraschen zu erfahren, dass einige vertrauliche Angaben Ihrer Mitglieder in falsche Hände geraten sind?«

Diesmal war die Pause länger. »Ich habe … ich meine, Ocean hat *sehr* strenge Vorschriften, was persönliche Daten betrifft. Die Vertraulichkeit der persönlichen Informationen unserer Mitglieder ist absolut sakrosankt.«

Dieselbe heiße Marketingluft wie neulich, doch solange Flyte kein grünes Licht bekam, um Oceans System zu filzen, brachte es wenig, hier Druck zu machen.

Sie wollte schon auflegen, als die Neugier doch die Oberhand gewann. »Übrigens, darf ich fragen, warum Sie Anrufe für Beth entgegennehmen?«

»Beth ist heute nicht da.«

Irgendetwas in Halliwells Ton – eine etwas schrillere, beunruhigte Nuance – ließ Flyte aufhorchen.

»Ist sie krank?«

»Ehrlich gesagt, wissen wir das nicht. Sie ist nicht zur Arbeit erschienen, und wir haben sie nicht erreichen können. Ich habe sogar schon überlegt, ob ich im Krankenhaus anrufe.«

»Im Krankenhaus? Ist das nicht ein bisschen sehr dramatisch?«

»Nun ja …«, sie zögerte. »Beth hat … ein ernsthaftes Leiden.«

Flyte spürte, wie sich ihre Kopfhaut zusammenzog. Dann holte auch ihr Gehirn auf.

Eine Frau kam nah an eine andere Frau heran. Einer Frau würde man eher vertrauen.

Nachdem sie erst angefangen hatte, ihr Skript abzuarbeiten, gewann die Marktforscherin rasch die Fassung wieder. Aber Cassie wusste, wie Trauer einen in plötzlichen, brutalen Schüben überfallen und ebenso schnell wieder abflauen konnte.

»Auf einer Skala von eins bis zehn – wobei eins für ›stimme überhaupt nicht zu‹ und zehn für ›stimme absolut zu‹ steht, wie würden Sie folgende Aussage bewerten: ›*Regelmäßige Pediküre ist ein wesentlicher Teil der weiblichen Schönheitspflege*‹?«

Cassie machte Glupschaugen. »Kann man auch ›ist doch völlig Banane‹ antworten?« Das Display ihres Handys leuchtete auf und zeigte einen eingehenden Anruf, doch als sie dort *Phyllida Flyte* las, drückte sie ihn mit dem Daumen weg.

»Dann schreibe ich da mal eins hin, okay?« Die Frau lächelte, bevor sie das entsprechende Kästchen ankreuzte. Sie machte das tatsächlich auf die altmodische Tour, mit Papier und Stift. Vielleicht galt es als zu riskant, in den Sozialsiedlungen von Camden mit einem Tablet herumzulaufen.

Cassie unterdrückte einen Seufzer und griff nach einem neuen Schokokeks. »Sind Sie sicher, dass Sie hier nicht mithelfen können, bevor ich die alle aufesse?« Dr. Sanjay hatte gesagt, es sei sehr wichtig, dass sie regelmäßig aß, auch wenn sie keinen Hunger hatte.

Die Frau schnitt eine wehmütige Grimasse. »Würde ich ja gern. Aber ich mache gerade eine Diät, kein Zucker.« Mit beiden Händen strich sie sich das dunkle Haar hinter die Ohren. Das auf Cassies Seite war am Außenrand gepierct, doch in dem Loch steckte kein Ohrring.

»Dann lassen Sie mich Ihnen wenigstens nachschenken.«

Als Cassie den Tee einschenkte, fiel ihr Blick auf die Stiefel der Frau, Doc Martens in pflaumenfarbenem Lackleder. Beneidenswert stylish für eine Meinungsforscherin, die von Tür zu Tür ging. Irgendwo hatte sie die schon mal gesehen, da war sie sich sicher. Online? Oder hatte jemand in der Vibe Bar solche Dinger angehabt?

Stirnrunzelnd schaute die Frau auf ihren Fragebogen und zwirbelte ihren Stift um Zeige- und Mittelfinger der rechten Hand. »Das war's! Wir sind fertig.« Sie wühlte in ihrem schmalen ledernen Geldgürtel und reichte Cassie einen Zwanzig-Pfund-Schein. »Entschuldigen Sie noch mal wegen vorhin.« Sie biss sich auf die Lippe. »Ich weiß gar nicht, was da über mich gekommen ist.«

»Hey, kein Problem«, beteuerte Cassie. »Ich weiß, wie es ist, jemanden zu verlieren.« Plötzlich war sie selber den Tränen nahe.

Die Frau schien es nicht zu merken. »Darf ich mal Ihr Klo benutzen?«

Nachdem sie ihr das Badezimmer gezeigt hatte, trug Cassie die Becher zum Spülbecken. Beim Abwaschen versuchte sie, sich zu erinnern, wo sie diese auffälligen Stiefel gesehen hatte. Finster betrachtete sie ihr Spiegelbild im Küchenfenster und verfluchte die Insulinüberdosis dafür, dass sie ihr Gehirn so ausbremste.

Dann wusste sie es plötzlich wieder. In dem Club in Shoreditch, wo sie sich das letzte Mal mit »Christian« getroffen hatte. Die Frau, die ihr auf der Treppe entgegengekommen war, hatte genau dieselben Schuhe getragen. Und noch etwas wurde ihr klar. Diese Frau hatte eine Sonnenbrille getragen und ihr Haar unter eine Mütze gestopft, doch irgendetwas an ihrer Haltung ähnelte der Marktforscherin gewaltig. Noch ein Bild zuckte in Cassies Kopf auf. Das leere Glas, das damals vor Christian gestanden hatte. Eine geschäftliche Besprechung, hatte er gesagt.

Plötzlich wusste Cassie, dass die Frau, die die Besprechung mit »Christian« gehabt hatte, dieselbe war, die gerade ihr Bad benutzte.

Was immer sie hier zu suchen hat, es kann nichts Gutes sein.

Cassie bemerkte eine Veränderung in dem spiegelnden Fenster über dem Spülbecken. Eine Silhouette hinter ihr in der Küchentür. Irgendetwas an der Art und Weise, wie die Frau sich bewegte, ließ Cassies Magen wegsacken.

Verstohlen. Das war das richtige Wort dafür.

In einer einzigen Bewegung fuhr Cassie herum und warf den Becher nach der Frau. Er verfehlte ihren Kopf und zerschellte an der Wand, und die Frau ging auf sie los. Ihr rechter Arm fuhr herab, und es kreischte höllisch, als Stahl auf den Edelstahl des Spülbeckens traf, wo Cassie eben noch gestanden hatte. Als die Frau das Messer erneut hob, drehte Cassie sich weg und riss den rechten Arm hoch. Die Klinge streifte sie am Unterarm. *Klassische Abwehrverletzung,* stellte ein Teil ihres Gehirns fest, während ihre andere Hand vorschoss, um nach dem Messer zu greifen. Sie bekam den Griff halb zu fassen, und einen grauenvollen Moment lang rangen sie um die Waffe. Die Frau gab keinen Laut von sich, doch ihre Augen loderten vor Hass.

Wer zum Teufel ist das?

Cassie merkte, dass sie das Tauziehen verlieren würde, also hörte sie auf zu zerren und legte ihre ganze Kraft in einen gewaltigen Stoß. Die Frau verlor das Gleichgewicht und taumelte rückwärts, doch sie hielt noch immer das Messer in der Hand. Wut verzerrte ihr Gesicht.

Cassie stürzte zur Tür und knallte sie hinter sich zu. Dasselbe noch mal mit der Wohnungstür. Draußen nahm sie die Treppe, ein Stockwerk, noch eins, dann rannte sie den Flur entlang und hämmerte aufs Geratewohl an Türen. Hämmern … *nichts* … Klingeln … *nichts* … Wo zum Teufel waren die alle? Bei der Arbeit? Oder trauten sie sich nicht aufzumachen? Ihr Herz machte einen Satz, als sie sah, wie sich der Vorhang in einem Fenster gegenüber bewegte, doch dort blickte ein gebrechlicher alter Mann heraus, den Mund vor Furcht aufgerissen. Mit der Hand am Ohr mimte Cassie ein Telefon, schrie: »Rufen Sie die Polizei!« Dann rannte sie wieder zur Treppe und hörte die Schritte über sich.

Als sie unten ankam, hielt sie schwer atmend bei den Müllcontainern inne. *Was tun?* Doch das Klatschen dieser Stiefel, die hinter ihr die Treppe herunterkamen – und zwar schnell –, trieb sie zu einem Sprint über den Rasen an, um den größtmöglichen Abstand zwischen sich und ihre Verfolgerin zu bringen. Um diese Zeit war die Siedlung verlassen; sie musste irgendwohin, wo viele Menschen waren. *Der Markt.* Auf der Treppe, die zum Kanal hinunterführte, riskierte sie einen Blick über die Schulter. Die Frau war nur hundert Meter hinter ihr und rannte mit langen, effizient aussehenden Schritten. Sie wirkte mindestens zehn Jahre älter als Cassie, und an jedem anderen Tag wäre sie sich ziemlich sicher gewesen, ein Wettrennen gegen sie zu gewinnen, doch ihre Muskeln waren durch die Insulinüberdosis zittrig und schwach.

Sie erreichte den Kanal und spähte den Treidelpfad entlang, doch es war keine Menschenseele zu sehen. Hierhin verirrte sich nur selten jemand; es war das »falsche« Ende des Kanals, gute anderthalb Kilometer vom Markt entfernt. Wieder rannte sie los. Ihre Lunge protestierte bereits. Wenn ihr rechter Arm vorschwang, sah sie, wie er eine feine Spur aus Blut auf den Treidelpfad malte, das aus der Schnittwunde an ihrem Arm lief und von ihrem kleinen Finger tropfte.

Dann ein Anblick, der sie elektrisierte. Zwei Gestalten, fünfzig Meter vor ihr, unter einer der Brücken, die den Kanal überspannten. Sie standen im Schatten der Brücke. Als sie sich ihnen näherte, warf sie abermals einen Blick über die Schulter. Die Frau war jetzt auf dem Treidelpfad, selbst auf dieser kurzen Strecke hatte sie aufgeholt.

Jetzt war sie auf einer Höhe mit den Männern. »Hey …«, japste sie verzweifelt. »Die Frau da …« Doch sie machte sich nicht die Mühe, den Satz zu beenden. Die beiden bedachten die keuchende junge Frau mit einem einzigen, gleichgültigen Blick, ehe sie sich wieder ihren Geschäften zuwandten. Ein Päckchen wanderte von Hand zu Hand, ein paar Geldscheine ebenfalls.

Lauf. Lauf einfach … weiter. Schmerzende Lunge. Brennende Beinmuskeln … Aber noch schlimmer, sie fangen schon an zu zittern.

Noch ein Blick nach hinten. Die Frau war jetzt kaum noch vierzig Schritte entfernt, so nahe, dass Cassie ihr Gesicht sehen konnte. Sie sah beinahe entspannt aus, als sei es gar keine Frage, wie das hier ausgehen würde.

Nachdem Flyte Halliwell ausgefragt hatte, beendete sie das Gespräch und klopfte wieder an die Trennscheibe. Dann hielt sie dem Fahrer ihren Dienstausweis vor die Nase.

»Ich bin Detective Sergeant beim CID Camden, und das hier ist ein Notfall. Machen Sie den Warnblinker an und los.«

Er deutete auf den Stau vor ihnen. »Sie könnten die Queen persönlich sein, Schätzchen – da kommt man nicht durch. Wenn Sie aussteigen und am Kanal langgehen, sind Sie schneller.«

Um den Treidelpfad zu erreichen, musste Flyte sich über den Markt kämpfen, wo sich die Massen zum Lunch versammelt hatten. Der Geruch von Skunk – wie brennender Kompost – drang durch den Grillhähnchenduft an ihre Nase, doch sie kam gar nicht auf die Idee nachzuschauen, wer da kiffte. Stattdessen sah sie abermals auf ihr Handy. Noch immer nichts von Cassie. Unmöglich zu wissen, ob sie ihre SMS gesehen hatte, die sie vor der Gefahr warnte, in der sie schwebte.

Jetzt überquerte sie die erste Brücke, drängte sich durch die dahintreibenden Touristenschwärme, die fotografierten, was hier als sehenswert galt: ein düsterer, schlammiger Kanal, von Graffiti verunstaltete Mauern.

Noch ein paar Minuten, und die Menschenmassen lichteten sich allmählich, sodass sie loslaufen konnte. Wieder ging sie die Hinweise durch, die sie in Renwicks Wohnung übersehen hatte. Das säuberlich in Viertel zerteilte Naan-Brot, die Flasche Chablis – das Werk einer Frau. Der Müllsack unter Renwicks Leichnam, um es der zierlichen Beth leichter zu machen, ihn ins Schlafzimmer zu schleifen. Und der Zeitungsausschnitt mit dem Artikel über Romeo und Julia im Mülleimer – die halbwüchsige Julia musste eine jüngere Ausgabe von Beth Montagu sein. Sogar den Nachnamen hatte sie sich von Romeo geborgt, als sie sich um die Stelle bei Ocean beworben hatte.

Das alles war jetzt so eindeutig. Beth Montagu und Barry Renwick waren Komplizen gewesen, vermutlich ein Liebespaar, doch es war Beth gewesen, die Cassie das Insulin verabreicht hatte, mit dem sie ihren Diabetes kontrollierte.

Flyte musste die aufsteigende Panik niederkämpfen. Selbst in lebensbedrohlichen Situationen war sie stets in der Lage gewesen, auf ihre Ausbildung zu bauen und Ruhe zu bewahren. Warum also war die Angst um Cassie so überwältigend? Aus der Tiefe ihrer wirbelnden Gedanken durchbrach eine Stimme die Oberfläche.

Weil Cassie Raven dir unter die Haut geht.

Vor Cassie auf dem Treidelpfad war noch immer kein Lebenszeichen zu entdecken. Sie konzentrierte sich aufs Rennen; das einzige Geräusch, abgesehen von ihrem rauen Atem, war der gelegentliche Flügelschlag eines aufgeschreckten Blesshuhns, wenn sie vorbeirannte.

Ein Schmerzstich spießte durch ihren linken Oberschenkel, ein Krampf, der ihre Schritte zu einem hinkenden Trab verlangsamte. Dann ein Unheil verkündendes Geräusch – der gleichmäßige Takt der Schritte hinter ihr. Ein Metronom, das die Sekunden herunterzählte.

Ein Stück voraus machte der Kanal eine Linksbiegung, und sie sah im Geiste die Brücke gleich dahinter vor sich, die Stufen, die zur Straße hinaufführten. Als sie die Stelle erreichte, wo die Biegung sie für ihre Verfolgerin unsichtbar machen würde, setzte sie zu einem letzten, wackeligen Sprint an. Unter der Brücke hindurch, eine scharfe Kehrtwendung und die Stufen hinauf auf die Brücke. Oben angekommen, stemmte sie ein Knie auf die Brüstung und zog den Rest ihres Körpers nach. Nach Luft ringend und mit höllisch schmerzenden Muskeln kauerte sie dort und starrte blinzelnd auf den Treidelpfad ein paar Meter unter ihr, während sie versuchte, lautlos zu atmen.

Der dunkle Kopf der Frau kam unter der Brücke hervor; verwirrt wurde sie langsamer. Cassie wurde übel, als sie sah, dass sie das Messer bereits in der Hand hielt. *Warte, bis sie genau unter dir ist.* Als sie sah, wie die Frau sich anschickte, nach oben zu schauen, stürzte sie sich auf sie hinunter, oder ließ sich fallen, wie man es nehmen wollte.

Es dauerte erschreckend lange, bevor sie ineinander verschlungen am Rand des Kanals zu Boden gingen. Cassies Knöchel schickte einen Schmerzensschrei an ihr Gehirn, als sie aufschlug. Der Oberkörper der Frau bremste ihren Fall, aber trotzdem genügte der Aufprall, um ihr die letzte Luft aus der Lunge zu pressen. Keuchend, das ölige Wasser des Kanals grauenvoll dicht vor ihrem Gesicht, mühte Cassie sich ab, die halb unter ihr liegende, um sich schlagende Frau zu bändigen. Sie spürte, wie die Hand der Frau – die Hand mit dem Messer – herumfuchtelte. Verzweifelt versuchte sie, den Arm zu fassen zu bekommen, doch immer wieder rutschte er aus ihrem glitschigen Griff. Tropfen für Tropfen fühlte sie alle Kampfkraft aus sich herausströmen.

Als sie einen Blick auf ihre eigene Brust erhaschte, verspürte Cassie wie von Weitem dumpfes Entsetzen. Ihr T-Shirt, früher hellblau, war jetzt dunkelrot verfärbt.

Das Summen in ihren Ohren wurde von einem Schrei zerrissen. Eine Frauenstimme voller Autorität.

Und jetzt schwebt Phyllida Flytes Gesicht wieder über ihr, diese hübschen rosa Lippen bewegen sich, doch es dringt kein Laut daraus hervor, als wäre ihr der Ton abgedreht worden. Das Gesicht verschwindet: bloß wieder eine von ihren Visionen. Dann der Schock kalter Luft an Cassies Bauch und Rippen, als ihr T-Shirt hochgezogen wird. Sie möchte einen Witz machen – »Ich dachte, du würdest nie fragen« –, bekommt aber nicht genug Luft, um die Worte auszusprechen.

Dann war Phyllidas Gesicht wieder da, und diesmal auch mit Ton. »Cassie! Hören Sie, Sie sind okay. Das ist ihr Blut, nicht Ihres.«

Als Phyllida sie vom Rand des Kanals weglotste, erhaschte Cassie einen kurzen Blick auf ihre Angreiferin. Sie rührte sich nicht mehr. Ein scharlachroter Schal war um ihren Hals geschlungen, bildete Lachen in den Gruben über ihren Schlüsselbeinen und ergoss sich auf den Beton unter ihr.

Da tauchte ein Bild vor ihr auf: wie die Frau den Stift um ihre Finger drehte, genauso, wie sie es Christian mit dem Cocktail-Rührstäbchen hatte machen sehen. Ein Trick von der Sorte, wie Kinder sie einander beibringen. *Natürlich!*

Sie versuchte, Flytes Blick einzufangen, die gerade irgendetwas gegen den Hals der Frau drückte.

»Was ist, Cassie?«

»Seine … sie …« Sie schaffte es, die Hand zu heben und auf die Frau zu zeigen. »Sie … ist Barry Renwicks Schwester.«

FLYTE

Am nächsten Tag gingen Flyte und Josh auf die Privatstation des Krankenhauses, wo die Frau lag, die sich Beth Montagu nannte.

Ein Polizist stand vor ihrer Tür Wache. »Hi, Ben«, sagte Flyte. »Ist der Arzt noch bei ihr?«

»Ja. Ist schon 'ne ganze Weile da drin. Die Rettungshelfer haben gesagt, Sie hätten die Irre vorm Verbluten gerettet.« Er bedachte sie mit einem verschlagenen Blick. »Wie fühlt man sich da denn so?«

»Ich wünsche mir, ich wäre beim Erste-Hilfe-Kurs nicht so eine Streberin gewesen.«

Er schnaubte beifällig.

Vor einer Woche hätte Flyte ihn wahrscheinlich ermahnt, dass es doch ihr Job sei, Menschenleben zu schützen, sogar das Leben einer Mordverdächtigen, und hätte vielleicht sogar den Paragrafen über die Pflicht zur Hilfeleistung zitiert. Doch der Angriff gegen Cassie hatte ihre Sicht auf die Dinge grundlegend verändert. Zum ersten Mal seit vierzehn Jahren bei der Polizei hatte sie sich erlaubt, emotional Anteil zu nehmen. Und mehr noch, es machte ihr nichts aus.

Ein junger Arzt kam aus dem Zimmer.

Flyte zeigte ihren Dienstausweis vor, ehe sie sich erkundigte: »Wie geht es ihr?«

»Wir mussten ihr drei Blutkonserven geben, aber es besteht keine Lebensgefahr mehr.« Er senkte die Stimme. »Sie hatten recht, sie ist Diabetikerin: Ihr Blutzuckerspiegel war gefährlich hoch. Wenn Sie uns das nicht gesagt hätten, als sie eingeliefert worden ist, läge sie jetzt im Koma – oder schlimmer.«

Flyte hörte, wie Ben sich hinter ihr vielsagend räusperte.

»Können wir mit ihr sprechen?«

»Ja. Seit sie zu Bewusstsein gekommen ist, will sie unbedingt mit der Polizei reden.«

Beth Montagu hing an einem Beutel voll Blut, aus dem Leben in ihren Handrücken tropfte. Ihr Gesicht war wachsweiß über dem Verband um ihren Hals, der die beinahe tödliche Wunde bedeckte, die ihr eigenes Messer geschlagen hatte, als Cassie auf sie heruntergesprungen war. Doch sie danach zu fragen, würde warten müssen, bis sich Zeugen fanden, die Cassies Behauptung bestätigten, dass die Frau, die sich Beth Montagu nannte, sie verfolgt hatte.

Flyte hatte noch nicht einmal den Mund aufgemacht, als Beth sagte: »Ich wollte Sie sprechen, weil ich Ihnen alles sagen wollte, was ich weiß.« Es klang, als käme es aus tiefstem Herzen.

Sie hielt den Blick gesenkt, während Flyte ihr ihre Rechte vorlas, und wischte hin und wieder Tränen fort. Hätte es hier ein Rollenheft gegeben, so hätte die Regieanweisung »tapfer und gefasst« gelautet.

»Also, Beth – oder besser Elizabeth. Wann haben Sie und Ihr Bruder Barry beschlossen, reiche Frauen aus der Datenbank von Oceans auszunehmen?«

Cassie Ravens Geistesblitz zur familiären Beziehung des Paares hatte sich als richtig erwiesen. Josh hatte die Verbindung bestätigt, indem er dem Artikel über den Auftritt der Renwicks in Romeo und Julia nachgegangen war. Die Stockwell Players waren immer noch aktiv, und es war ihm gelungen, ein altes Programmheft auszugraben. Seine Recherche hatte außerdem ergeben, dass Elizabeth und Barry Renwick Kinder derselben chaotischen, alkoholabhängigen Mutter gewesen waren, von zwei unterschiedlichen, nicht namentlich benannten Vätern. Barry war als Kleinkind als »Risikofall« eingestuft worden, und nicht lange nach der Geburt seiner kleinen Schwester waren sie beide ihrer Mutter weggenommen worden und hatten den Rest ihrer Kindheit in staatlicher Obhut verbracht.

Obwohl ihre wahre Identität entdeckt war, fasste Elizabeth

sich rasch und richtete ihren tränenumflorten Blick auf Flyte. »Sie müssen mir glauben, wenn ich auch nur geahnt hätte, dass er vorhat, jemanden zu betrügen, hätte ich ihm niemals geholfen.«

»Ist das so. Was haben Sie denn gedacht, was er vorhatte, als er nach detaillierten Angaben über Frauen mit wertvollem Immobilienbesitz gefragt hat, wie Geraldine Edwards?«

»So war das doch gar nicht. Ich habe ihm geholfen, weil … Ich wollte nicht, dass er verletzt wird.« Sie schien Flytes Gesichtsausdruck gar nicht zu bemerken und furchte die Brauen. »Ich habe ihm einfach die Profile weitergeleitet, die … aufrichtig gewirkt haben. Frauen, die ich mir als künftige Schwägerin vorstellen konnte.«

Großer Gott, sie war gut. Die unsichere Beth Montagu aus dem Besenkammerbüro bei Ocean war verschwunden und durch Elizabeth Renwicks letzte und tragischste Rolle ersetzt worden – die loyale, liebende Schwester, die sich vor Reue verzehrte.

»Und Sie glauben wirklich, dass eine Jury Ihnen das abkauft, ja?«, fragte Flyte mit ausdruckslosem Blick, doch schon als sie die Worte aussprach, regte sich leichtes Unbehagen in ihr.

»Ich liebe meinen Bruder.« Kummervolles Zupfen an der Bettwäsche – eine Geste, die wohl direkt aus einem Film der Vierzigerjahre stammte. »Ich wollte nur … ich wollte doch nur, dass er glücklich ist.«

Flyte legte die Fotokopie eines Bewerbungsformulars vor sie auf die Bettdecke. »Wenn das alles so harmlos war, wieso haben Sie dann eine falsche Identität und eine falsche Sozialversicherungsnummer angegeben, als Sie sich bei Ocean beworben haben?«

Elizabeth zuckte nicht mit der Wimper. »Das kann ich erklären. Bei einem vorigen Job hat mein Boss rausgefunden, dass ich Typ-1-Diabetes habe, und das war das Ende meiner Beförderungsaussichten. Ich weiß, angeblich gibt es ein Gesetz gegen

Diskriminierung aufgrund von körperlichen Leiden, aber versuchen Sie mal, das zu beweisen.« Ein trauriges kleines Kopfschütteln. »Ich wusste, dass mein früherer Arbeitgeber das in seinen Akten hatte, also fand ich es sicherer, mich neu zu erfinden. Nachdem ich bei Ocean angefangen hatte, hatte ich einmal im Büro eine hypoglykämische Episode, und Lucy war sehr verständnisvoll. Aber da« – kurzes, bedauerndes Einatmen – »war's schon zu spät, um meinen richtigen Namen zu verraten.«

Flyte zog eine Beweismitteltüte hervor und zeigte ihr den Zeitungsausschnitt mit dem Foto der Renwick-Geschwister als Romeo und Julia. »Ich glaube, Sie und Barry sind schon lange Komplizen. Hat das alles mit dem Laientheater angefangen? Sie haben gemerkt, dass Sie beide gut darin sind, so zu tun, als wären Sie jemand anderes, nicht wahr? Und dann haben Sie begriffen, dass man damit Geld machen kann.«

Eine Falte bildete sich zwischen Elizabeths Brauen, und ihre Augen wurden schmal – zweifellos fragte sie sich, wo der Zeitungsausschnitt herkam, nachdem sie doch in Barrys Wohnung alle Spuren beseitigt hatte, die sie mit ihm in Verbindung bringen konnten. »Das war doch nur ein Hobby, nichts Böses. Wir haben beide unheimlich gern Theater gespielt. Das Kinderheim, in dem wir aufgewachsen sind, hatte einen Theaterclub, und wir sind beide richtig süchtig danach geworden. Das Leben im Heim konnte … ganz schön schwierig sein, die Gelegenheit, in eine andere Rolle zu entfliehen, war also etwas ganz Tolles.«

Flyte stellte sich Elizabeth Renwick auf der Anklagebank vor und malte sich aus, wie diese rührende Geschichte auf die gutgläubigeren Geschworenen wirken würde. »Welche Rolle haben Sie bei der Betrugsmasche Ihres Bruders gespielt, Leuten das Geld aus der Tasche zu ziehen, die ihre Hochzeit filmen lassen wollten?«

»Davon wusste ich nichts.«

Die Antwort kam zu schnell, um wahr zu sein. »Ich glaube doch, Elizabeth. Ich habe mir die Zeugenaussagen angesehen, und die Beschreibung der Komplizin passt ganz genau auf Sie. Aber Barry hat alle Schuld auf sich genommen, nicht wahr? Und seine kleine Schwester beschützt.«

»Das stimmt nicht!« Elizabeth riss die Augen weit auf. »Ich war immer diejenige, die versucht hat, ihn von krummen Dingern abzuhalten. Als sich sein Verhalten vor Kurzem total verändert hat, da war ich mir sicher, er nimmt wieder Kokain.«

Die Behauptung war abzusehen gewesen. Wahrscheinlich hatte Elizabeth die Linie Koks selbst in seiner Wohnung platziert, eine auffällige Requisite, um die Geschichte von einem aus dem Ruder gelaufenen Drogendeal zu untermauern.

»Und als Sie dann aufgetaucht sind und den Tod von dieser armen Frau untersucht haben!« Sie presste die Hand an die Brust. »Da habe ich richtig Angst gekriegt. Was glauben Sie denn, warum ich Sie angerufen habe? Ich wusste, jemand muss ihn stoppen.«

Und gestoppt hast du ihn ja auch, dachte Flyte im Stillen.

Die Staatsanwaltschaft wollte nicht, dass Elizabeth Renwick zu dem Mord an ihrem Bruder vernommen wurde, bevor nicht genügend Beweise für ihre Anwesenheit in der Wohnung an jenem Abend vorlagen. Aber Geraldine Edwards war ein anderer Fall.

»Bestreiten Sie, Ihrem Bruder Geraldine Edwards als mögliches Ziel vorgeschlagen zu haben? Eine Frau, die, wie Sie ja wissen, vor zwei Wochen überraschend verstorben ist.«

Elizabeth schlug die Augen nieder. »Ich … jetzt ist es ja wohl auch egal.« Ihre Stimme war heiser vor gespielten Emotionen.

Trotz allem fasziniert, starrte Flyte sie an.

»Barry hat vor ein paar Wochen bei mir übernachtet. Wir hatten uns verkracht, weil er wieder Drogen genommen hat, und deswegen hatte ich ein schlechtes Gewissen, weil ich ihm Geraldines Namen gegeben hatte. Er hat zugegeben, dass er nur auf dem Portal angemeldet war, um sich ›eine reiche Frau zu angeln‹.« Betrübtes Kopfschütteln. »Dann, ein paar Tage später, habe ich gemerkt, dass mir etwas fehlt.« Sie hielt kurz inne – eine gekonnte dramatische Pause –, ehe sie Flyte in die Augen sah. »Er hatte eine Schachtel mit meinen Insulinpens mitgehen lassen.«

Erst da dämmerte es Flyte. Im Grunde war es Elizabeth Renwick völlig egal, ob sie ihr ihre Geschichte abkaufte oder nicht. Dies hier war einfach nur die Generalprobe für ihre bisher größte Rolle: die liebende Schwester, die eine Jury von ihrer Unschuld überzeugen musste. Wenn sie sie sich auf der Anklagebank vorstellte, beschlich Flyte eine ungute Vorahnung, wie das Ganze enden würde: Im Zweifelsfall würde zugunsten von Elizabeth Renwick entschieden werden, während man ihrem toten Bruder den Mord an Geraldine Edwards anlastete.

Das war das Problem mit Toten: Sie konnten sich nicht mehr verteidigen.

50. Kapitel

»Wissen Sie noch, wie Sie das letzte Mal hier waren? Als Sie meinen Schädel beschlagnahmt haben?« Cassie hinkte durch ihre Küche, reichte Phyllida Flyte ihren Tee und bedachte sie mit einem vorsichtigen Grinsen.

Alles, was sie zurückbekam, war ein schmallippiges Lächeln, gefolgt von einer höflichen Anfrage: »Was macht das Bein?« Mit einer Kopfbewegung deutete Flyte auf die Schiene, in der Cassies rechter Unterschenkel steckte. Es war vier Tage her, dass Elizabeth Renwick sie den Treidelpfad entlanggehetzt hatte, was ihr fünf Stiche im Arm und einen Knöchelbruch eingetragen hatte.

»Tut weh. Juckt. Aber eine nicht dislozierte Fraktur ist mir allemal lieber als ein Messer im Bauch.« Sie trank einen Schluck Tee. Es brachte nichts zu erzählen, was der Angriff ihr sonst noch beschert hatte. Wie oft sie im Finstern plötzlich aus dem Schlaf hochgeschreckt war, zitternd und schweißgebadet, und sich bemüht hatte, diesen Ausdruck grauenvoller Erregung auf Elizabeth Renwicks Gesicht aus ihrem Gedächtnis zu löschen, als diese auf sie losgegangen war. »Aber meine Karriere als Tänzerin ist damit wohl im Eimer.« Flytes Reaktion auf ihren zugegebenermaßen dürftigen Scherz war gleich null.

Stattdessen wirkte sie, wenn möglich, noch steifer. Die verklemmte Polizistin hatte wieder das Ruder übernommen und wollte nicht einmal Blickkontakt aufnehmen.

Schweigend tranken sie ihren Tee, bis Cassie abermals das Wort ergriff: »Ich habe mich noch gar nicht richtig bei Ihnen bedankt, für das, was Sie getan haben.«

»Ich habe doch gar nichts getan.« Flyte hob eine Schulter. »Als ich dazugekommen bin, hatten Sie ja schon alles selbst erledigt.«

»Aber Sie hätten mir nicht so nachlaufen müssen …« Cassie verstummte und dachte an den Moment auf dem Treidelpfad, als Flytes Gesicht über ihr erschienen war, an die jähe Überzeugung, dass alles gut werden würde. »Also, ganz im Ernst, vielen Dank, dass Sie, Sie wissen schon, sich so reingehängt haben.«

»Gern geschehen.« Noch immer sah Flyte sie kaum an.

»Ist das mit dem toxikologischen Befund nicht klasse?«, versuchte Cassie es von Neuem. Heute Vormittag hatte die Toxikologie des Hammersmith Hospitals gemeldet, dass sie die chemische Signatur pharmazeutischen Insulins in Geraldine Edwards' Gewebeprobe identifiziert hatten.

Flytes Miene drückte Bedauern aus. »Schauen Sie, das hilft natürlich, aber …«

»Es hilft? Diese Renwick ist Diabetikerin und benutzt dieselbe Sorte Insulin, von der Mrs E – *und ich* – eine Überdosis intus hatten. Und sie ist mir anderthalb Kilometer hinterhergerannt, mit einem Messer in der Hand. Die ist doch so was von eindeutig schuldig!«

»Noch haben wir keine Zeugen dafür gefunden, dass sie Sie verfolgt hat. Sie behauptet, *Sie* hätten sie angegriffen, aus dem Hinterhalt. Und wie Sie wissen, haben Sie beide Fingerabdrücke auf dem Messer hinterlassen.«

»Sie wollen mich wohl auf den Arm nehmen! Sie hat *genau da* gesessen und mir Fragen über Scheiß*pediküren* gestellt, bevor sie versucht hat, mich aufzuschlitzen. Wie soll man da denn überhaupt jemals jemanden hinter Gitter bringen?« Cassie hielt inne. Sich auf der Seite der Bullen wiederzufinden, war eine verwirrendere Erfahrung, als durch die Brille ihrer Großmutter zu schauen.

Noch immer konnte sie es nicht fassen, was für eine totale Vollidiotin sie gewesen war, Elizabeth Renwick in ihre Wohnung zu lassen. Aber Elizabeth hatte ja auch genau gewusst, welche Knöpfe sie bei ihr drücken musste – Tränen fließen lassen, behaupten, sie hätte jemanden verloren –, offensichtlich hatte sie von ihrem Bruder, diesem Arschloch, erfahren, dass Cassie beruflich oft mit Trauernden zu tun hatte.

»Es könnte helfen zu wissen, woher sie gewusst hat, wo Sie wohnen«, sagte Flyte. »Haben Sie zum Beispiel ihrem Bruder Ihre Adresse gegeben?«

Cassie schüttelte den Kopf; »Christian« hatte nur ihre E-Mail-Adresse bekommen, als sie ihm Zeit und Ort von Mrs Es Beerdigung mitgeteilt hatte. Dann fiel es ihr wieder ein. Neulich, als sie auf dem Nachhauseweg von der Leichenhalle das Gefühl gehabt hatte, verfolgt zu werden. Die gut gekleidete Frau hinter ihr, die anscheinend ganz auf ihr Handy konzentriert war. Vielleicht hatte sie sie damals abgeschüttelt, doch Elizabeth hätte reichlich Gelegenheit gehabt, ihr ein andermal bis nach Hause zu folgen.

Flyte hörte ihr schweigend zu und machte sich eine Notiz, bevor sie vorsichtig einen kleinen Schluck Tee trank. Die Art und Weise, wie sie Cassies Blick mied, deutete darauf hin, dass es noch mehr schlechte Neuigkeiten gab.

»Hören Sie, ich muss Ihnen noch etwas sagen. Elizabeth Renwick behauptet, ihr Bruder hätte Geraldine umgebracht. Sie sagt, er hätte das Insulin von ihr gestohlen.«

»Was? Die lügt doch, oder?«

Flyte nickte. »Barry Renwick hat bis zum Hals in dieser ganzen Verschwörung dringesteckt, aber alles deutet darauf hin, dass Elizabeth die eigentliche Täterin ist. Unglücklicherweise sind wir noch weit davon entfernt, beweisen zu können, dass Elizabeth Geraldine umgebracht hat – und ihren Bruder.«

Cassie war immer noch damit beschäftigt, die Information zu verarbeiten, dass Christian Maclaren – alias Barry Renwick, mieser Betrüger – jetzt in der Leichenhalle in einer Kühlzellenluke lag, ermordet von seiner kleinen Schwester.

»Ist Ihnen noch irgendetwas eingefallen, das ›Christian‹ vielleicht gesagt hat und das uns helfen könnte, Anklage gegen sie zu erheben?«

Cassie hörte ihn sagen, *»Ich fand's toll, eine kleine Schwester zu haben«* – und sah die Traurigkeit in seinen Augen vor sich. »Wie gesagt, ich hatte bloß den Eindruck, dass sie sich sehr nahegestanden hatten, bevor sie sich irgendwie verkracht haben. Aber den eigenen Bruder zu ermorden …? Was glauben Sie, warum sie das getan hat?«

»Ich vermute, sie hat darauf gesetzt, dass alle weiteren Ermittlungen zu Geraldines Tod eingestellt werden würden, wenn sie ihn eliminiert und damit auch das Risiko, selbst mit hineingezogen zu werden. Und sie hat sehr darauf geachtet, ihre Spuren zu verwischen. Nichts weist darauf hin, dass sie an dem Abend in der Wohnung war, keine Zeugen, keine Überwachungsaufnahmen. Sogar das Essen wurde von einem nicht registrierten Prepaid-Handy bestellt.« Flyte holte ihr Notizbuch hervor. »Aber es gibt auch gute Nachrichten. Etwas, das sich aus der … zufälligen Entdeckung ergeben hat, dass Renwick mit Julia Torrance verheiratet war.«

Ihre Blicke trafen sich, und mit einem Mal begriff Cassie, mit welchem Dilemma Flyte sich herumgeschlagen hatte. Da sie nicht offenbaren konnte, dass es Cassie gewesen war, die den Heiratseintrag gefunden hatte, nachdem sie bei Mrs E eingebrochen war, hatte Flyte lügen müssen. Wahrscheinlich hatte sie gesagt, sie hätte den Ausdruck bei ihrem eigenen, legitimen Besuch in der Patna Road selbst entdeckt.

Cassie trank einen großen Schluck Tee, um ihr bewunderndes Lächeln zu verbergen. Für einen Vorschriftenjunkie wie Flyte musste es eine Riesensache sein, irgendwas zu tun, das nicht hundertprozentig koscher war, und sich darauf zu verlassen, dass Cassie diese Notlüge nicht auffliegen ließ.

Flyte berichtete ihr von Julia Torrance' kurzer Ehe mit Renwick, den sie auf einem in Manchester ansässigen Dating-Portal kennengelernt hatte. Julia hatte ihr Haus verkauft, damit das Paar sich an der Algarve niederlassen konnte, doch stattdessen hatte Renwick gleich nach dem Abschluss des Geschäfts die

Hälfte des Erlöses von ihrem gemeinsamen Bankkonto abgehoben und war verschwunden. Julia heuerte einen Spezialisten an, doch das Geld – 700.000 Pfund – hatte sich bereits über eine ganze Reihe Offshore-Konten geschlängelt, und schließlich musste sie einsehen, dass keine Hoffnung bestand, es wiederzubekommen.

»Und der Polizei hat sie das nicht gesagt?«, fragte Cassie.

»Damals war es ihr zu peinlich, Anzeige zu erstatten. Aber jetzt, wo sie weiß, dass Renwick noch andere Opfer ausgenommen hat, ist sie sehr erpicht darauf, zu helfen.«

Cassie brachte kein Wort heraus und biss sich so heftig auf die Lippe, dass sie Blut schmeckte – eine absichtliche Selbstzüchtigung für ihre Blödheit, auf Renwicks Show hereingefallen zu sein – und für alles andere, wo sie falschgelegen hatte. Wie ihre irre Theorie über Mrs Es uneheliches Kind, allein aufgrund eines rosafarbenen Babyhutes und der Tatsache, dass Julia Torrance mit zweitem Vornamen Geraldine hieß. Jetzt war offensichtlich, dass das Baby auf dem Schoß der jungen Mrs E in dem gerahmten Polaroid Owen war – eine kostbare Erinnerung, vielleicht an unkompliziertere Zeiten, bevor ihre Beziehung so schwierig geworden war.

»Sie hat ihn auf einer Dating-Plattform namens Rapport kennengelernt.« Flyte legte einen Ausdruck vor sie hin. »Erkennen Sie irgendjemanden wieder?«

Unter der Überschrift »Das Rapport-Team« waren etliche Fotos zu sehen. Cassie ließ den Blick über lächelnde Gesichter wandern, ehe er zu einer Frau mit kurzem, flammend rotem Haar zurückkehrte. Ganz sicher besaß sie geradezu unheimliches Geschick darin, ihr Äußeres zu verändern, aber diese Augen schickten einen eisigen Schauer über Cassies Nacken.

»Das ist sie.«

Flyte erzählte, dass Elizabeth Renwick eine weitere falsche Identität benutzt hatte, um sich die Stelle als Datenbank- und Security-Managerin bei Rapport zu sichern; ein Job, der es ihr ermöglicht hatte, die kürzlich verwitwete Julia Torrance als vielversprechendes Opfer auszuwählen.

»Das reicht nicht, um sie wegen des Mordes an Geraldine anzuklagen«, warnte Flyte. »Aber es beweist, dass sie aktiv an dem Komplott beteiligt war, die beiden Frauen zu übervorteilen. Und das bedeutet mit an Sicherheit grenzender Wahrscheinlichkeit eine Freiheitsstrafe.«

»Na super«, brummte Cassie. Dann griff sie nach der Stricknadel, die ihre Großmutter ihr geliehen hatte, beugte sich vor und kratzte ihr Bein unter der Schiene. »Ich verstehe ja, warum sie Mrs E umbringen musste – und ihren Bruder. Aber warum war sie so scharf darauf, mich um die Ecke zu bringen?«

»Barry hat ihr ganz eindeutig von Ihrem Verdacht wegen Geraldines Tod erzählt. Als Sie ihm gesagt haben, dass die Polizei deswegen ermittelt, muss sie in Panik geraten sein. Vielleicht hatte sie Angst, er könnte sie bei einem der Treffen mit Ihnen versehentlich belastet haben. Nachdem er tot war und Geraldine demnächst eingeäschert werden sollte, waren Sie das letzte ungelöste Problem.«

Cassie schweig. Das mochte die rationale Erklärung sein, aber was sie vor vier Tagen in Elizabeths Augen gesehen hatte, war nicht der Blick eines Menschen gewesen, der einfach nur letzte ungelöste Probleme ausräumt.

Sie hatte keine Ahnung, warum, aber Elizabeth Renwick hasste sie.

51. Kapitel

Nachdem Flyte gegangen war, ertappte Cassie sich dabei, wie sie über ihre Begegnung nachgrübelte. Abgesehen von dem Augenblick stillschweigender Übereinkunft, was den Einbruch in der Patna Road betraf, hatte Cassie eine ganz neue Verlegenheit bei Flyte gespürt, die sie sich nicht erklären konnte.

Während sie darüber nachsann, ging sie zum Spülbecken, um sich ein Glas Wasser zu holen. Dabei fiel ihr Blick auf die zackige Kerbe im Abtropfbrett, ein heller Zickzackkratzer, der sich von dem stumpferen Metall darum herum abhob. Ihr stockte der Atem, als sie das Aufblitzen der Klinge wieder vor Augen hatte, die auf sie zugezuckt kam, das gequälte Kreischen von Stahl auf Stahl hörte.

Jäh ging ihr auf, dass es nicht nur die Nachwirkungen des Angriffs waren, mit denen sie hier zu kämpfen hatte. Das Erlebnis hatte ihr auch eine brutale Tatsache vor Augen geführt: *Eines Tages würde sie sterben.* Es gab ein Datum im Kalender, an dem Cassie Raven aufhören würde zu existieren. Rationell war ihr das natürlich klar – in ihrem Beruf ließ sich die Unausweichlichkeit des Todes nur schwer ignorieren –, aber mit fünfundzwanzig mit der Tatsache der eigenen Sterblichkeit konfrontiert zu werden, das war etwas vollkommen anderes.

Diesem Gedanken folgten weitere dicht auf den Fersen. Würde jemand zu ihrer Beerdigung kommen? Würde sie jemals jemanden finden, mit dem sie ihr Leben teilen konnte? Von Kindern ganz zu schweigen?

Sie ertappte sich dabei, wie sie Rachels Nummer wählte.

»Hör mal, Rach, entschuldige, wenn ich dich nerve, aber ich wollte dir nur was sagen.«

»Ja?« Sie klang vorsichtig, aber nicht abwehrend.

»Weißt du noch, die Abende, wo ich gesagt habe, ich hätte bei Carl gepennt? Also, du hattest recht, da war ich nicht ehrlich.«

Sie hörte ein leises Atemholen.

»Aber hör zu, ich hab auch nicht mit irgendjemand anderem geschlafen. Die Sache ist die … da war ich in der Leichenhalle.«

»Du … hast in der Leichenhalle geschlafen? Warum denn das?«

Nachdem Cassie ihr von den Nachtwachen bei den toten Kindern erzählt hatte, gab Rachel ein Geräusch von sich, das nach einer Mischung aus Zuneigung und Verzweiflung klang. »Also, das ist ja echt lieb von dir. Aber warum hast du mir das nicht gesagt?«

Die aufrichtige Antwort: weil sie damit dem heiligen Band zwischen ihr und den Toten zu nahe gekommen wäre, von dem sie niemandem erzählen würde, weder damals noch jetzt.

Stattdessen antwortete sie: »Ich war mir wohl nicht sicher, wie du das aufnehmen würdest. Vielleicht hast du's ja gemerkt, als wir zusammen waren – mich mitteilen ist nicht gerade meine Stärke.«

Rachel ließ eine diplomatische Pause entstehen, bevor sie sagte: »Na ja, nett, dass du's mir jetzt erzählt hast.«

Nachdem sie aufgelegt hatte, stellte Cassie überrascht fest, dass es ihr, was die Geschichte mit Rachel betraf, jetzt besser ging. Als hätte die Wahrheit zu sagen, ihr irgendwie geholfen, dieses Kapitel abzuschließen.

Sie drehte sich einen Joint, loggte sich zum ersten Mal seit Tagen in ihren E-Mail-Account ein … und starrte verständnislos auf den Namen, der sie aus der Liste der ungeöffneten Mails heraus ansprang.

Noch nie hatte sie eine E-Mail aus dem Grab bekommen.

Die Mail war vor vier Tagen von Christian Maclarens Account abgeschickt worden, am Abend vor Mrs Es Beerdigung … und nur ein paar Stunden, bevor er ermordet worden war.

»Liebe Cassie«, begann die Nachricht. »Mein richtiger Name

ist Barry Renwick, und das hier ist der schwerste Brief, den ich je schreiben musste.«

Er begann mit dem Geständnis, dass er Geraldine zuerst nur hatte bestehlen wollen, als er sie kennengelernt hatte, und gestand auch ein, dass es nicht das erste Mal war. Dann jedoch gab er eine verblüffende Erklärung ab: dass er seinen Plan aufgegeben hätte, als er sich aufrichtig in »die liebe Geri« verliebt hatte.

Cassie schnaubte ungläubig, wütend und empört: Ein Mordkomplott war schon eine komische Art und Weise, seine Liebe zu beweisen.

Laut Renwick hatte er alles gebeichtet, als Geraldine ihm auf die Schliche gekommen war. Er hatte akzeptiert, dass es keine Zukunft für sie beide geben konnte, und gefragt, ob er irgendwie versuchen könne, es wiedergutzumachen. »Sie hat etwas gesagt, was ich nie vergessen werde: Sie hat mich aufgefordert, ›ein besserer Mensch zu werden‹.« Eine Herausforderung, die er angenommen hatte, schrieb er, indem er seine frühere Tätigkeit wieder aufnahm, Hochzeiten und andere Ereignisse zu filmen, um sich damit »auf ehrliche Weise« seinen Lebensunterhalt zu verdienen.

Den nächsten Absatz überflog Cassie, in dem Renwick seine anhaltende Scham und Schuldgefühle schilderte. Dann blieb sie an einem Satz hängen, der teilweise unterstrichen war.

»Ich war ein Betrüger, ja«, schrieb Renwick. »Aber Sie müssen mir glauben, <u>mit Geris Tod hatte ich nichts zu tun.«</u>

Cassie drückte ihren kaum gerauchten Joint aus, sie musste jetzt klar denken.

War das alles nur ein letzter Versuch von Renwick, sich reinzuwaschen, weil die Bullen ihm auf die Bude rückten? Wenn ja, was sollte diese Geschichte noch bewirken? Er musste doch gewusst haben, dass seine Unschuldsbeteuerungen und seine Bußfertigkeit auf die Polizei keinen Eindruck machen würden.

Doch wenn er *wirklich* die Wahrheit sagte, dann würde das eine Menge erklären: vor allem seine Erschütterung, als sie ihm gesagt hatte, dass Mrs E tot war. Sein Schock und seine Trauer waren ihr vollkommen echt erschienen. Sie war so beeindruckt gewesen, dass ihr normalerweise sehr feinfühliges Radar für Menschen und Situationen danach vollkommen versagt hatte.

Sie las weiter. »Bei unseren Treffen«, schrieb er, »habe ich immer wieder versucht, der Wahrheit auszuweichen. Aber schließlich konnte ich nicht mehr leugnen, dass sie mir direkt ins Gesicht starrte: dass meine Schwester Elizabeth Geri umgebracht hatte.« Er schrieb, er wolle sich gleich mit ihr treffen und sie überreden, sich zu stellen. »Wenn sie sich weigert, erzähle ich DS Flyte alles. Ich liebe meine Schwester, aber sie muss die Konsequenzen für das tragen, was sie getan hat.«

Cassie erinnerte sich an jenes kurze Flackern der Unruhe, als es um Mrs Es toxikologischen Befund gegangen war. Er hatte gewusst, dass seine Schwester Zugang zu Insulin hatte, und eindeutig angefangen, zwei und zwei zusammenzuzählen.

Renwicks Geständnis erfüllte sie mit niederschmetternder Hilflosigkeit. Was hatte es ihm gebracht, seine Schwester zur Rede zu stellen, außer dass er damit sein eigenes Todesurteil unterschrieben hatte?

Doch seinen größten Paukenschlag hatte Barry Renwick sich bis ganz zuletzt aufgehoben.

FLYTE

DS Flyte zog in Begleitung von Josh die Tür von Vernehmungsraum 1 auf, in dem Elizabeth Renwick bereits neben ihrem Anwalt saß, der ihr gerade etwas ins Ohr flüsterte.

Vor sechs Tagen hatte Elizabeth Cassie mit einem Messer angegriffen, und Flyte nahm amüsiert zur Kenntnis, dass sie ihr übliches Grunge-Outfit gegen Perlenohrringe und eine brave hochgeschlossene weiße Bluse eingetauscht hatte, ein Look, der eindeutig die Botschaft »unschuldiges Opfer« vermitteln sollte und den Flyte im Gerichtssaal noch sehr häufig zu sehen erwartete.

Nachdem Josh die Tonaufnahme gestartet hatte, las Flyte die Rechtsbelehrung vor, woraufhin der Anwalt, ein drahtiger Mann mit dunklem, wuscheligem Haar und intelligenten Augen, sie unterbrach. »Bevor wir anfangen, würde ich gern zu Protokoll geben, dass ich beantragt habe, diese ›neuen Beweise‹, die angeblich gegen meine Mandantin vorliegen, vorher einzusehen – und dass mein Antrag abgewiesen wurde.«

»Zur Kenntnis genommen«, sagte Flyte. Sie und DI Bellwether hatten bereits eine Telefonkonferenz mit dem Staatsanwalt gehabt, der es für vertretbar hielt, Elizabeth Renwick nicht im Voraus über das Beweismaterial zu informieren, das sie gleich vorgelegt bekommen würde.

Flyte klappte ihren Laptop auf und drehte ihn so, dass Renwick und ihr Anwalt den Bildschirm beide gut sehen konnten. Der Anwalt wirkte beklommen, in Elizabeths Miene jedoch zeigte sich nur Selbstgefälligkeit mit einem Hauch Neugier. Anscheinend war sie sicher, bei ihren Verbrechen keine Spuren hinterlassen zu haben.

»Ich spiele Elizabeth Renwick jetzt ein Video von sechzehn

Minuten Dauer vor«, sagte Flyte. »Was wir sehen werden, ist eine Kopie – das Original ist als Beweismittel versiegelt worden.«

Der Film begann um kurz vor 22:00 Uhr. Barry Renwicks Gesicht war verzerrt durch die extreme Nahaufnahme zu sehen, während er die Kamera einstellte und die Lautstärke überprüfte. Beim ersten Mal hatte Flyte es beklemmend gefunden, direkt in die Augen eines Menschen zu blicken, der nicht ahnte, dass er nur noch weniger als eine Stunde zu leben hatte.

Diesmal konzentrierte sie sich ganz auf Elizabeth Renwicks Reaktion auf das Video. Die saß sehr still, wahrte aber nach außen hin weiter die Ruhe.

Um 22:13 Uhr erwachte die Kamera zum Leben, ausgelöst durch Elizabeths Ankunft mit dem Takeaway-Essen. Das Weitwinkelobjektiv erfasste die gesamte Küche und zeigte sie dabei, wie sie die Schachteln mit dem Curry auspackte und auf die Arbeitsfläche stellte, während Barry am Küchentisch hinter ihr die Weinflasche entkorkte.

Elizabeth schien bester Stimmung zu sein und sang zur Musik im Hintergrund mit, es klang wie Oasis. Flyte hatte sich zunächst Sorgen gemacht, als sie anfing, Musik auf ihrem Handy abzuspielen, doch das Gespräch zwischen Bruder und Schwester war trotzdem klar und deutlich zu verstehen.

Als Barry seiner Schwester erzählte, dass er sich am nächsten Tag mit einer Polizistin treffen würde, die »Geris Tod« untersuchte, antwortete Elizabeth nicht, sah nicht einmal auf, allerdings hörten ihre Lippen auf, sich synchron zum Text des Songs zu bewegen.

Er trat zu ihr und legte ihr die Hände auf die Schultern. »Hör zu, Lizzie, ich weiß, du hast es immer abgestritten, aber wir wissen beide, dass du es warst, … die Geri umgebracht hat.«

»Halten Sie das Video an.« Der Anwalt, der immer erregter auf seinem Stuhl herumgerutscht war, starrte Flyte an. »Ich schlage vor, wir unterbrechen die Vernehmung, damit ich mich mit meiner Mandantin beraten kann«, sagte er und schaute Zustimmung heischend zu Elizabeth hinüber. Ihr Blick war fest auf den Bildschirm gerichtet, wo Barry reglos verharrte, die Hände auf den Schultern seiner Schwester und ein angedeutetes Lächeln auf dem Gesicht. Hätte man sie gefragt, so hätte Flyte ihren Gesichtsausdruck als wehmütig beschrieben.

»Elizabeth?«, fragte der Anwalt.

»Ich will das sehen.« Ihr Tonfall ließ keine Widerrede zu.

»Ich muss Ihnen raten …«

Mit einer heftigen Handbewegung brachte sie den Anwalt zum Schweigen, der mit einem resignierten Achselzucken verstummte.

Flyte nickte Josh zu, der den Film startete. Barry hatte seine Mail an Cassie mit einer Schilderung seines Plans beendet: Er würde seiner Schwester Elizabeth nicht nur den Mord an Geraldine Edwards vorwerfen, sondern das Gespräch auch heimlich filmen, in der Hoffnung auf ein Geständnis. Falls er sie nicht dazu überreden konnte, sich freiwillig zu stellen, würde er die Aufnahme Flyte aushändigen, wenn er sich am folgenden Tag mit ihr traf.

Die Polizisten, die in Renwicks Wohnung geschickt worden waren, hatten die Miniaturkamera rasch in einem Rauchmelder ausfindig gemacht. Flyte durchlebte danach eine angstvolle halbe Stunde, bis sie die Meldung bekam, dass der Empfänger in der Verkleidung des Durchlauferhitzers gefunden worden war.

Flyte ließ das Video weiterlaufen, das bei 22:16 Uhr angehalten worden war: Elizabeth reagierte nicht auf Barrys Anschuldigung. Stattdessen nahm sie ein Küchenmesser von der Arbeitsfläche und machte sich daran, das Naan-Brot mit energischen Schnitten zu zerteilen.

»Ich sehe doch, wie dich das fertigmacht«, fuhr Barry fort, die Hände noch immer auf ihren Schultern. Seine Stimme klang liebevoll. »Lizzie, Lizbeth, du wirst keinen Frieden finden, bis du gestehst, was du getan hast. Komm morgen mit zu der Polizistin, und wir erzählen ihr alles, zusammen.«

Elizabeth wirbelte herum. Unwillkürlich zuckte Flytes Blick zu dem Messer, das sie noch immer in der Hand hielt.

»Ich musste es tun!«, brach es aus ihr heraus. »Als du gesagt hast, sie weiß alles, da hab ich einfach ... die Nerven verloren.« Sie machte ein flehendes Gesicht. »Was, wenn sie damit zur Polizei gegangen wäre?«

Diesmal glaubte Flyte, Barrys Schultern ein klein wenig sacken zu sehen. Vielleicht hatte er immer noch gehofft, sich geirrt zu haben.

»Ich hab dir doch gesagt, dass ich alle Schuld auf mich nehme und dich da raushalte«, sagte er.

Elizabeth schüttelte heftig den Kopf. »Das konnte ich nicht zulassen. Ich musste sie aus dem Weg räumen, um uns beide zu schützen.«

Im Vernehmungszimmer bemühte sich Elizabeths Anwalt, Blickkontakt mit seiner Mandantin aufzunehmen, doch die ignorierte ihn.

In dem Video erklärte sie Barry: »Sie hätte alles kaputtmachen können – das siehst du doch auch, oder?«, und klang dabei wie eine Halbwüchsige, die versucht, sich herauszureden, nachdem sie ihre Handyzeit überzogen hat.

»Hör zu, Lizzie, ich habe versucht zu verstehen, was du dir gedacht haben könntest, als du ... das getan hast. Aber das ist einfach nicht ... normal.« Renwicks Stimme wurde brüchig. »Weißt du noch, damals im Heim? Als du mit der Schere auf dieses Mädchen losgegangen bist?«

»Penny Harrisson.« Sie spie den Namen förmlich aus.

Er blickte auf sie herab. »Sie hatte Glück, dass jemand da war, der sich mit Erster Hilfe ausgekannt hat. Und du hattest Glück, dass du nicht in eine geschlossene Anstalt geschickt worden bist.«

»Aber nur, weil du dich für mich starkgemacht hast! Weil du denen gesagt hast, was für ein Miststück die blöde Kuh sein konnte. Du hast doch immer auf mich aufgepasst – also, wie kannst du mich jetzt verpfeifen und zulassen, dass die mich in den Knast schicken?«

»Lizzie, die schicken dich in eine Klinik, nicht in den Knast. Du brauchst Hilfe.« Er strich ihr das Haar aus der Stirn, eine väterliche Geste. »Du weißt, dass ich zu dir halten werde. Mich werden sie auch einbuchten, vergiss das nicht.«

»Nein. Das wäre genauso, als würden sie uns wieder ins Heim stecken. Warum sollten wir das müssen?« Sie lächelte zu ihm empor. »Warum gehen wir nicht einfach weg, du und ich? Weißt du noch, unsere Rom-Pläne? Wie wir davon geredet haben, uns eine Wohnung in der Nähe vom Trevi-Brunnen zu nehmen und auf einer Vespa rumzudüsen?«

Im Vernehmungszimmer beugte Elizabeth sich ein wenig vor. Ihr Blick hing wie gebannt an der Szene, die auf dem Laptop ablief, als wäre sie der einzige Mensch im Raum. Als das Wort Rom fiel, sah Flyte verblüfft, wie ein hoffnungsvolles Lächeln um ihre Mundwinkel spielte. Dann ging ihr auf, dass die junge Frau in Gedanken wieder in der Küche ihres Bruders war, überzeugt, ihn diesmal vielleicht doch irgendwie überreden zu können.

Barry tätschelte seiner Schwester den Arm, den, in dessen Hand sie noch immer das Messer hielt. »Vielleicht wenn wir wieder draußen sind.«

Ihr Kopf sank gegen seine Schulter, und ein langes Schweigen entstand. Am Ende sagte sie: »Du machst es trotzdem, oder? Du wirst mich verraten.«

Barry nahm sie bei den Schultern und beugte sich vor, um ihr in die Augen zu sehen. »Das ist kein Verrat, Lizzie. Ich mach das nur, weil ich dich lieb habe.«

Sie nickte wie ein kleines Mädchen, schien sich geschlagen zu geben. »Ich hab dich auch lieb.«

»Komm, setzen wir uns, trinken wir was und besprechen das alles.« Er drückte ihr ein letztes Mal die Schultern, drehte sich um und setzte sich mit dem Rücken zu seiner Schwester an den Küchentisch.

Flyte wusste, was jetzt kommen würde, ihre Hände ballten sich unter dem Tisch reflexartig zu Fäusten.

Mit zwei, drei großen Schritten durchquerte Elizabeth Renwick die Küche. Ein verschwommener, emporzuckender Arm, aufblitzender Stahl beim Herabstoßen, und Barry kippte zur Seite, beide Hände am Hals, und gab würgende Laute von sich. Als er auf den Boden krachte, trat Elizabeth hastig einen Schritt zurück.

Flyte beobachtete die Reaktion der jungen Frau. Bis zu diesem Moment hatte sie fast unnatürlich still gesessen, unmittelbar vor dem Angriff jedoch hatte sie sich vorgebeugt, wie ein Kinozuschauer, der von der Handlung mitgerissen wird.

Flyte drückte auf die Pause-Taste. »Wie Sie wissen, Elizabeth, geht die Aufnahme noch weiter und zeigt, wie Sie zusehen, wie Ihr Bruder in seinem eigenen Blut ertrinkt. Zweieinhalb Minuten, in denen Sie ihm hätten helfen, ihm vielleicht sogar das Leben retten können.«

Elizabeth bedachte Flyte mit einem hasserfüllten Blick. Die Polizistin starrte unverwandt zurück.

»Eine merkwürdige Art und Weise zu zeigen, dass man jemanden liebt, nicht wahr, Elizabeth? Kaltblütiger Mord.«

Ohne Vorwarnung sackte Elizabeth auf ihrem Stuhl zur Seite, ihre Augen fielen halb zu, ihr Mund schnappte nach Luft.

Ihr Anwalt war sofort zur Stelle. »Da meine Mandantin erkrankt ist, beende ich diese Vernehmung hiermit. Bitte rufen Sie sofort einen Arzt.«

Innerhalb von etwa einer Minute hatte Elizabeth sich wieder halbwegs »erholt«, und ihr Anwalt half ihr auf. Bevor er den Raum verließ, drehte er sich um und sagte halblaut zu Flyte: »Ich gehe davon aus, dass meine Mandantin Ihr Gast bleibt, bis

Anklage erhoben wird?« Sein Blick gestand ein, was sie beide wussten: Diese Messe war endgültig gesungen.

Als sie weg waren, grinsten Flyte und Josh sich an.

»Ich will nur noch eine Sache überprüfen«, sagte Flyte und ließ das Video weiterlaufen.

Während Elizabeth über dem sterbenden Barry stand, sah es aus, als bewegten sich ihre Lippen, doch ihre Worte waren nicht mehr zu hören.

Als sie die Lautstärke bis zum Anschlag hochdrehte, war es klar zu hören. Elizabeth Renwick hatte nichts gesagt, während sie ihrem Bruder beim Sterben zusah. Sie hatte den Text von Wonderwall mitgesungen.

Josh zeigte auf die Zeitangabe und schüttelte ungläubig den Kopf. »Nicht mal siebzehn Minuten, um aus einem netten Abendessen einen Snuff-Movie zu machen.«

Flyte spulte zu dem Augenblick zurück, als Barry sich an den Tisch setzte, kurz nachdem er seiner Schwester gesagt hatte, dass er sie der Polizei ausliefern würde. »Schauen Sie sich mal Barrys Körpersprache an, als sie auf ihn losgeht.«

Bild um Bild klickte sie weiter. In den allerletzten Sekunden, bevor Elizabeth zustieß, lagen Barrys Hände flach auf dem Tisch, sein Kopf war leicht gesenkt und sein Körper merkwürdig reglos – als wappne er sich.

»Er *weiß*, was sie vorhat.« Langsam schüttelte Josh den Kopf. »Also warum in aller Welt sitzt er einfach nur so da?«

Flyte fragte sich dasselbe. Barry Renwick musste gewusst haben, wie seine sprunghafte Schwester reagieren könnte, und doch hatte er keinen Versuch unternommen, sich zu schützen. Ihr kam ein völlig abwegiger Gedanke: Hatte Renwick sich geopfert, um sicherzugehen, dass Geraldine Edwards Gerechtigkeit erfuhr, indem er seinen eigenen Tod aufzeichnete?

Flyte und Josh nahmen den Fahrstuhl nach unten ins Büro. Nach kurzem Schweigen sagte er: »Sarge, ich wollte Ihnen noch sagen, einer von den Jungs hat behauptet, Sie hätten Steve Sloman den Fall geklaut, während er in Elternzeit ist.«

Ungläubig sah sie ihn an.

»Ich weiß«, sagte er. »Also hab ich ihm gesagt, wenn Sie sich das alles nicht noch mal angesehen und immer weiter ermittelt hätten, na ja, dann wäre diese Irre mit einem Mord davongekommen. Jedenfalls, nur dass Sie's wissen, alle anderen haben das genauso gesehen wie ich.«

Sie lächelte und spürte, wie ihre Wangen warm wurden.

Als sie aus dem Fahrstuhl traten, machte er ein verlegenes Gesicht. »Ich hab heute Geburtstag«, verkündete er. »Kommen Sie noch mit, mit den anderen einen heben?«

Ihre Lippen formten bereits eine höfliche Ablehnung, da hörte sie sich sagen: »Gern. Ich schulde Ihnen ein paar Biere für Ihren Einsatz.«

Der Pub war ziemlich schmuddelig, wie die meisten Polizistenkneipen in Camden, doch nach ein paar Sauvignons wurde Flyte allmählich klar, dass sie sich blendend amüsierte. Jedes Mal, wenn sie versuchte, eine Runde auszugeben, wehrte einer ihrer Kollegen ab und bestand darauf zu bezahlen, als Gratulation für den Edwards-Fall. Nachdem das eine Stunde so gegangen war, merkte Flyte, dass sie etwas fühlte, was sie nicht mehr empfunden hatte, seit sie Winchester verlassen hatte: wieder Teil eines Teams zu sein.

Nichtsdestotrotz entschuldigte sie sich, bevor der Abend in die Griechische-Tavernen-Phase trat. Sie wollte unbedingt nach Hause und tun, woran sie schon den ganzen Tag gedacht hatte.

In ihrer Wohnung nahm sie die Tüte mit dem Fotorahmen, den sie gekauft hatte, mit ins Schlafzimmer. Als sie den blassblauen Perlmuttrahmen an einem Antiquitäten-Stand auf dem Markt gesehen hatte, hatte etwas Gestalt angenommen, das ihr schon seit Geraldine Edwards' Beerdigung im Kopf herumgegangen war. Etwas, wozu sie in der ganzen Zeit, seit es geschehen war, nicht in der Lage gewesen war.

Sie zog die unterste Schublade ihres Kleiderschranks auf und holte den mit Schnitzereien verzierten Kasten aus Walnussholz heraus, in dem sie früher ihre Kindheitsschätze aufbewahrt hatte. Behutsam wickelte sie das Foto aus dem weichen rosa Stoff und schob es in den Rahmen.

Dann legte sie sich aufs Bett, drückte den winzigen Strampler an die Brust und erlaubte sich zum ersten Mal seit sechsundzwanzig Monaten, das wunderschöne, friedliche Gesicht ihrer neugeborenen Tochter zu betrachten.

52. Kapitel

Phyllida Flyte hatte vorgeschlagen, dass sie sich am nächsten Morgen in ihrem üblichen Café treffen sollten, und Cassie war gerade auf dem Weg hinein, als sie Kieran erblickte – auch wenn sie einen Augenblick brauchte, um ihren alten Hausbesetzer-Kumpel wiederzuerkennen.

»Wow, Kieran, rattenscharfe Jacke!«

Auffallend war nicht so sehr das grelle Limettengrün der Skijacke und auch nicht die Tatsache, dass sie ihm zwei Nummern zu groß war, sondern das Leopardenmuster.

»Voll krass, oder?« Als er eine wacklige Pirouette drehte, bekam sie eine extrastarke Kostprobe seiner Bierfahne zu riechen. »Die nette Oma im Laden von der Stadtmission hat sie mir umsonst gegeben. Der vornehme Wichser, der das Ding gespendet hat, hat's nie getragen! Ist das zu glauben?«

Cassie fand das durchaus glaubwürdig, also erkundigte sie sich anstelle einer Antwort nach seinem Befinden. Dabei gab sie sich Mühe, den Blick nicht auf dem frischen Hämatom an seiner Schläfe verweilen zu lassen. Hoffentlich war das nichts Ernsteres gewesen als ein besoffener Sturz.

»Mir geht's gut, Cassie Raven, könnte nicht besser sein.« Sein lückenhaftes, aber freudiges Grinsen ließ sie abermals darüber staunen, wie Kieran es schaffte, immer so gut drauf zu sein, trotz eines Lebens, das allem Anschein nach unrettbar beschissen war. Wahrscheinlich half ihm das Starkbier dabei.

Als sie die hochgewachsene, schlanke Gestalt mit der bolzengeraden Haltung erblickte, die aus der anderen Richtung anmarschiert kam, hob sie die Hand und winkte. Kieran folgte ihrem Blick kurz mit den Augen, dann musterte er Cassie listig. »Wer ist denn der heiße Feger? Neue Freundin?«

Lachend schüttelte Cassie den Kopf. »Sie ist ein *Bulle,* Kieran.«

»Du verarschst mich!« Noch einmal warf er einen abschätzenden Blick zu Flyte. »Die Bullen werden aber auch von Tag zu Tag hübscher.« Cassie folgte seinem Blick und musste zugeben, dass er recht hatte: Trotz der immer etwas verkniffenen Ausstrahlung, die selbst auf Entfernung nicht zu übersehen war, verfügte Phyllida Flyte über die Art von Schönheit, nach der man sich umdrehte.

Als sie bei ihnen ankam, folgte eine verlegene Begrüßungsrunde, dann beugte Flyte sich vor und begutachtete Kierans blauen Fleck. »Sieht aus, als hätten Sie da ordentlich was abbekommen. Möchten Sie Anzeige wegen Körperverletzung erstatten?« Die Anteilnahme in ihrer Stimme erinnerte Cassie an die Nacht des Einbruchs in der Leichenhalle und die unerwartete Freundlichkeit, die sie da an den Tag gelegt hatte.

»Na, schon in Ordnung, danke. Bin gegen 'ne Tür gelaufen«, versicherte Kicran.

Cassie überredete ihn zu warten, während sie ihm ein Sandwich kaufte. Doch als sie im Coffeeshop Kierans Schinkenbaguette bezahlen wollte, schüttelte Flyte den Kopf. »Ich denke, nach allem, was Sie getan haben, kann die Londoner Polizei Ihrem Kumpel wohl ein Frühstück spendieren.«

»Du bist 'n echter Kumpel, Cassie Raven«, sagte Kieran draußen vor der Tür.

»Bedank dich nicht bei mir, bedank dich bei den Bullen.«

Seine Augenbrauen klommen empor. »Ja, leck mich doch!« Er löste den Deckel von dem Becher mit Milchkaffee und trank nachdenklich einen Schluck. »Für 'n Bullen scheint sie echt nett zu sein.« Augenzwinkernd setzte er hinzu: »Ihr beide gebt 'n hübsches Paar ab, weißt du?«

Cassie lachte. »Du spinnst ja …«

»Sag niemals nie, Cassie Raven. Du könntest es sehr viel schlechter treffen.« Mit der zielstrebigen Bewegung eines Mannes, der einem hektischen Tag im Büro entgegenblickt, zog er den Reißverschluss seiner Skijacke hoch. »Dann mach ich mich wohl besser mal vom Acker.«

Nachdem sie einen Tisch gefunden und Platz genommen hatten, nippten sie und Flyte eine Zeit lang schweigend an ihren Getränken, sodass Cassie sich schon fragte, ob die verkrampfte Atmosphäre ihres letzten Zusammentreffens jetzt die neue Normalität war. Vielleicht war Flytes Freundlichkeit von Anfang an nur gespielt gewesen, um sie während der Ermittlung bei der Stange zu halten. Ein Gedanke, der überraschenderweise schmerzte.

»Also … Sie wollten mich sehen?«, fragte Cassie.

»Rosie Harrisons Freund hat gestanden, ihr die Überdosis Heroin gespritzt zu haben, die sie getötet hat.«

Cassie erinnerte sich an den überraschten Ausdruck in Rosies Augen und an die Einstichstelle, die nicht dazu gepasst hatte, dass das junge Mädchen Rechtshänderin war. »Oh, das sind ja tolle Nachrichten.«

»Er ist sofort eingeknickt, als ich ihn mit den Fakten konfrontiert habe.« Flyte schenkte ihr eins ihrer angespannten, leisen Lächeln. »Er hat zugegeben, dass er in Panik geraten ist, als sie das Bewusstein verlor, und sie nach draußen gezerrt hat, ›um sie aufzuwecken‹.«

»Klar. Und dann hat er sie da liegen gelassen, ohne den Notarzt zu rufen, der kleine Scheißer.«

»Er sagte, er hätte das vorgehabt, sei dann aber weggetreten, als er wieder zurück in der Wohnung war.«

Flyte hob ihre Tasse, um Cassie zuzuprosten, und sah ihr zum ersten Mal richtig in die Augen. »Wir haben ein Verfahren wegen Totschlags gegen ihn erreicht.«

Cassie erwiderte die Geste. »Gibt's was Neues zu Renwicks Schwester? Wird das Video dafür sorgen, dass sie für den Mord an Mrs E in den Bau geht?«

Flyte nickte. »Wir denken, sie wird ebenfalls auf Totschlag

plädieren und sich auf verminderte Schuldfähigkeit aufgrund einer psychischen Störung berufen. Wahrscheinlich hofft sie, dass sie ihre Strafe in einer Klinik absitzen kann statt im Gefängnis.«

»Heißt das, sie könnte früher rauskommen?«

Flyte schüttelte den Kopf. »Unwahrscheinlich, angesichts der Schwere ihrer Verbrechen – und ihrer Vorgeschichte.« Sie warf einen Blick in ihr Notizbuch. »Vor einigen Jahren gab es einen Fall von Gewalt im Straßenverkehr. Sie hat eine Autofahrerin, die sie überholt hatte, verfolgt und dann versucht zu erwürgen. Das Opfer hat darauf verzichtet, Anzeige zu erstatten. Und im zarten Alter von dreizehn Jahren ist sie im Kinderheim mit einer Schere auf ein anderes Mädchen losgegangen, das danach mit fünf Stichen im Gesicht genäht werden musste.«

Cassie sah Elizabeth Renwick vor sich, das silbrig blitzende Messer in der erhobenen Hand. Sie musste ein Schaudern unterdrücken. »Wissen Sie, warum?«

»Im Bericht des Heims heißt es, das Mädchen sei in Barry verschossen gewesen. Die beiden Mädchen haben Kostüme für irgendeine Aufführung genäht, als sie Elizabeth erzählt hat, dass Barry gefragt hätte, ob sie mit ihm ausgehen will. Ihre Reaktion bestand darin, nach der nächstbesten Waffe zu greifen.«

»Sie war eifersüchtig?«

»Anscheinend hat Elizabeth ihn vergöttert. Es hört sich an, als wären die beiden im Heim unzertrennlich gewesen. Elizabeth war bekannt dafür, unberechenbar und sprunghaft zu sein, während Barry den Beschützer gespielt und dafür gesorgt hat, dass sie keinen Ärger bekam.«

»Also waren sie in ihren Augen *tatsächlich* Romeo und Julia«, meinte Cassie. »Noch ein guter Grund, Mrs E zu hassen, nachdem Barry aus der Rolle gefallen war und sich in sie verliebt hatte.«

Flyte nickte. »Ich glaube, das ist der eigentliche Grund, warum sie Geraldine ermordet hat – weil sie es gewagt hatte, zwischen sie und ihren geliebten Bruder zu treten. Vielleicht erklärt das auch, warum sie versucht hat, Sie umzubringen.«

»Mich?«

»Wahrscheinlich war sie eifersüchtig auf seine Freundschaft mit einer attraktiven Frau.«

Ihre Blicke trafen sich. Cassie spürte, wie sie rot wurde, und war verdutzt zu sehen, dass auch Flyte die Röte in die Wangen stieg. Rasch beschäftigten sie sich beide eingehend mit ihren Getränken.

»Glauben Sie, Barry war wirklich entschlossen, sich zu ändern?«, fragte Cassie. »So, wie er es in der E-Mail behauptet hat?«

Flyte machte eine Bewegung, die halb Achselzucken und halb Nicken war. »Er hatte vor Kurzem seine Wohnung verkauft und seine Anwälte angewiesen, den Erlös auf das Konto von Julia Torrance zu überweisen, um ›eine alte Schuld zu begleichen‹, wie er ihnen gesagt hat.«

Also hatte Renwick Mrs Es Herausforderung tatsächlich angenommen. Erschrocken merkte Cassie, dass sie den Tränen nahe war.

Vielleicht bemerkte Flyte es, denn sie fragte: »Und wie kommen Sie so zurecht? Sie haben die letzten Wochen ja auch eine Menge durchgemacht.« Ihre Verlegenheit von eben war echter Besorgnis gewichen.

»Ich komme mir so unglaublich dumm vor, Christian – ich meine Barry – *vertraut* zu haben. Wieso war ich nicht skeptischer?«

»*Wenn* Sie skeptischer gewesen wären, hätten Sie ihm nie von Ihren Zweifeln wegen Geraldines Tod erzählt«, entgegnete Flyte, »und er hätte seine Schwester vielleicht nie des Mordes verdächtigt.« Als Cassie lediglich die Schultern zuckte, beugte sie sich über den Tisch. »Hören Sie, Cassie. Sie haben Renwick geholfen, sein Gewissen wiederzuentdecken. Wenn das nicht passiert wäre, wären wir nicht dort, wo wir jetzt sind – nämlich im

Begriff, Gerechtigkeit für Geraldine zu bekommen.« Cassie sah Phyllida Flyte in die Augen – gletscherblau mit einem dunkleren Ring um die Iris –, die sie einst an einen Polarwolf erinnert hatten.

»Das hatte doch nichts mit mir zu tun, das war alles Mrs E.«

Flyte runzelte fragend die Stirn.

»Was Sie da über sein Gewissen gesagt haben, dass er seine Schwester dazu gebracht hat, den Mord zu gestehen, und dabei draufgegangen ist – das hat er aus Liebe zu Mrs E getan. Sie hat ihn dazu gebracht, ein besserer Mensch werden zu wollen.«

Cassie war sich plötzlich überdeutlich bewusst, dass ihre Hände nur eine Fingerlänge voneinander entfernt auf dem Tisch lagen. »Warum wollten Sie sich eigentlich mit mir treffen?« Die Frage war nicht geplant gewesen und erschreckte sie.

»Wie meinen Sie das?«

»Es ist nur …« Wieder begegnete sie Flytes klarem, ernstem Blick. »Das hätten Sie mir doch alles auch am Telefon sagen können, oder?«

Flytes rosafarbene Lippen öffneten sich und schlossen sich dann wieder. Sie ließ ihren Blick im Raum umherwandern, als suchte sie nach der Antwort. Als ihr Blick zu Cassie zurückkehrte, war es der eines Menschen, der sich zu einem schmerzhaften Geständnis gezwungen sah.

»Ganz ehrlich? Ich glaube, ich wollte Sie einfach wiedersehen.«

53. Kapitel

Als sie mit dem Fahrstuhl zur Wohnung ihrer Großmutter hinauffuhr, fiel Cassie auf, dass es zwanzig Tage her war, seit sie Mrs E zum ersten Mal hatte »sprechen« hören. Sie fragte sich nicht mehr, ob diese Worte oder die Erscheinungen, die darauf gefolgt waren, real waren oder nur Projektionen, die aus ihrem Unterbewusstsein emporbrodelten.

Was zählte, war, dass sie eine Kette von Ereignissen ausgelöst hatten, die damit enden würde, dass Elizabeth Renwick für ihre Verbrechen bestraft wurde. Und Cassie gefiel der Gedanke, dass Mrs E, nachdem sie ihr Leben lang nach objektiven Fakten gestrebt hatte, zufrieden darüber sein würde, dass die Wahrheit ans Licht gekommen war.

Ihre Beziehung zu Phyllida Flyte dagegen war ein Puzzle ohne einfache Lösung. Wollte sie Freundschaft oder mehr? So oder so hatte es Cassie in tiefe Verwirrung gestürzt. Fühlte sie sich zu ihr hingezogen? *Ja.* Aber die Vorstellung, eine Freundschaft mit einer Polizistin einzugehen, geschweige denn eine Liebesbeziehung, lag weit außerhalb ihrer Komfortzone.

In Babcias Wohnung fand Cassie ihre Großmutter vor dem Fernseher vor. Cassies Schiene hatte ihr keine andere Wahl gelassen, als Babcia eine geschönte Version der Ereignisse zu schildern, doch die alte Dame hatte es recht ruhig aufgenommen. Nachdem sie sich bekreuzigt hatte, hatte sie Cassies Gesicht zwischen ihre Hände genommen und sie mit diesen scharfen Augen angesehen. »Gott sei Dank bist du ein Überlebenskünstler, *tygrysek*, genau wie ich.«

Cassie hatte einen bedeutenden Entschluss gefasst. Es war höchste Zeit, dass sie und ihre Großmutter einmal richtig über das Mysterium redeten, das den Tod ihrer Eltern umwehte, darüber, was genau in der Unfallnacht geschehen war, warum Cassie nicht zur Beerdigung gedurft hatte und vor allem, warum Babcia ihren Vater so unnachgiebig ablehnte.

Jetzt sagte ihre Großmutter: »Cassandra, erinnerst du dich noch an diesen Vergewaltiger, der diese ganzen Frauen auf dem Weg vom Bahnhof nach Hause überfallen hat? Den haben sie nach *vier* Jahren aus dem Gefängnis entlassen, und jetzt hat er wieder jemanden vergewaltigt.«

Irgendetwas in ihrer Stimme ließ Cassie aufhorchen und zu ihrer Großmutter hinüberschauen. Sie hockte angespannt ganz vorn auf der Sofakante. Nach den Nachrichten lief jetzt ein Bericht über ein Fußballspiel, doch sie saß noch immer wie festgefroren da und starrte auf den Bildschirm.

»Babcia? Alles okay?«

Sie schien wieder aufzutauchen und sah sie an. Alle Farbe war aus ihrem Gesicht gewichen.

»Dobrze«, sagte sie halblaut auf Polnisch.

Cassie sah, dass sie Anstalten machte aufzustehen, und wehrte ab. »Bleib sitzen und trink deinen Tee. Ich kümmere mich um die Suppe.«

Ein paar Minuten später rührte Cassie am Herd in dem Topf mit Borschtsch, als sie plötzlich das Klirren von zerschellendem Porzellan hörte. Sie fand Babcia mit geschlossenen Augen zur Seite gesackt auf dem Sofa, die Tasse lag zerbrochen in ein halbes Dutzend Scherben auf der Glasplatte des Couchtisches vor ihr.

Ungefähr vierzig höllische Minuten später tigerte Cassie im Wartebereich des Krankenhauses auf und ab. Die Frage, die ihr unablässig im Kopf herumging, lautete: Würde das besinnungslose Gesicht ihrer Großmutter, das im Schockraum hinter einem Vorhang verschwand, das Letzte sein, was sie von ihr gesehen hatte, solange sie noch am Leben war?

Als sie die Ärztin durch den Korridor auf sich zukommen

sah, hüllte die Angst sie ein wie kalter Nebel. Sie musste dem Drang widerstehen, die Frau am Arm zu packen.

»Wie geht es ihr?«

»Sie ist bei Bewusstsein und ansprechbar.«

Gott sei Dank. Cassie merkte, dass sie sich gerade bekreuzigt hatte. »Was sagt denn der Bluttest?«

»Wie wir vermutet haben, war es eine TIA, eine …«

»Eine transistorische ischämische Attacke.« *Ein Mini-Schlaganfall.* »Kann sie sprechen?«

»Das Sprachvermögen ist anscheinend nicht eingeschränkt. Die linke Seite ist noch etwas schwach, aber wir sind ganz zuversichtlich, dass sich das noch zurückbildet.«

Cassie folgte der Ärztin zu dem mit einem Vorhang abgetrennten Abteil. Im Bett lag, mit geschlossenen Augen an einen Kissenstapel gelehnt, eine verhutzelte, puppengleiche Gestalt, in der sie ihre unverwüstliche Großmutter kaum wiedererkannte.

»Babcia! Wie geht's dir?« Cassie nahm eine runzlige Hand in die ihre und rieb sie. »Du bist ja ganz kalt!«

»Es geht schon.« Ihre Stimme klang schwach, als käme sie durch eine Telefonleitung aus Sibirien.

»Hör zu, die Ärzte sagen, du wirst wieder.« Cassie zog die Decke über den mageren Brustkorb hoch. »Wahrscheinlich musst du Blutverdünner nehmen, und du wirst dir eine Zeit lang Ruhe gönnen müssen.«

Eins von Babcias Augen öffnete sich einen Spalt weit. »Kein Fallschirmspringen mehr?«

Erleichterung flutete über Cassie hinweg. »Brauchst du irgendwas? Hast du Durst?«

Sie schüttelte den Kopf, dann öffnete sie beide Augen. »Ich muss dir etwas sagen, Cassandra.«

»Kann das nicht warten, bis du dich besser fühlst?« Cassie hatte schon genug damit zu tun, den Gedanken zu verarbeiten, dass ihre Großmutter hätte sterben oder, schlimmer noch, auf Dauer geistig behindert sein können.

»Nein.« Mit einer Andeutung ihrer üblichen Entschlossenheit schob sie sich auf dem Kissenhaufen ein wenig höher und suchte Cassies Blick. »Es geht um deine Mutter und deinen Vater.«

»Nicht jetzt, Babcia …«

Die alte Dame zog die andere Hand unter der Bettdecke hervor und legte sie auf Cassies. »Es muss aber jetzt sein, *tygrysek*. Ich hätte es dir schon längst sagen sollen. Ich kann's nicht riskieren, dass ich mich ins Grab lege, ohne dir die Wahrheit gesagt zu haben.« Ihre Stimme wurde etwas kräftiger. »Cassandra, deine Eltern sind nicht bei einem Verkehrsunfall ums Leben gekommen.« Suchend blickte sie in Cassies Gesicht. »Ich muss dir sagen, dass dein Vater … er … er hat deine Mutter umgebracht.«

Es fühlte sich an, als wäre Cassies ganzes Sein aus ihrem Körper herausgerissen und in die Höhe geschleudert worden, wo es jetzt in der Luft hing.

»Es tut mir so leid, dass ich dir etwas so Furchtbares sagen muss.« Sie schaffte es, Cassies Hand zu drücken, woraufhin diese mit einem Ruck wieder zu sich kam. »Ich hatte mehr als zwanzig Jahre Zeit, mich daran zu gewöhnen – falls das überhaupt möglich wäre.«

Die alte Frau schloss die Augen und schwieg so lange, dass Cassie allmählich in Panik geriet. »Babcia?«

Sie schlug die Augen wieder auf.

»Kannst du mir sagen … wie es passiert ist?«

»Nicht lange, nachdem du geboren worden warst, ging es mit der Ehe bergab, und dein Vater begann zu trinken. Einmal ist deine Mama mit einem blauen Auge bei mir aufgetaucht. Sie hat sich irgendeine Geschichte ausgedacht, aber ich wusste, sie wollte ihn bloß schützen. Dann hat er sich in den Kopf gesetzt, dass meine Katherine eine Affäre hätte. Dieses liebe, treue Kind! Eines Abends ist er ihr nach der Arbeit gefolgt und hat sie in einem betrunkenen Wutanfall zu Tode geprügelt.«

Cassie starrte auf die Hand ihrer Großmutter hinab, fleckig und von einem Netz aus dicken Adern überzogen, die in ihrer eigenen blassen, glatten Hand ruhte. »Was ist aus ihm geworden?«

»Er ist ins Gefängnis gekommen.«

»Du meinst, er lebt noch?« Alles drehte sich und schwankte: All die Jahre, die sie gedacht hatte, ihre Eltern seien zusammen bei dem Unfall umgekommen … und das sogar als eine Art romantisches Ende betrachtet hatte. Jetzt begriff sie, warum ihre Mutter allein auf dem Friedhof von Camden beerdigt worden war. Nicht etwa, weil die Familie ihres Vaters darauf bestanden hatte, ihn in Irland zu begraben, wie Babcia immer behauptet hatte.

»Ja. Und vor fünf Jahren haben sie ihn entlassen!« Kalte Wut machte ihre Stimme fester. »Jahrelang hatte ich Angst, dass er plötzlich vor der Tür steht, aber dem Herrn sei's gedankt, er hat es nie getan.« Sie schlug das Kreuz über ihrer Brust. »Die Leute von der Bewährungskommission haben gesagt, er wäre nach Nordirland zurückgegangen, wo seine Familie herstammt.«

Cassie starrte aus dem Fenster in den erbarmungslos blauen Himmel und wusste, dass nichts je wieder so sein würde wie vorher. Der Dad ihrer Fantasie war zertrümmert worden, war nicht mehr der gut aussehende Frechdachs, der stets bereit war zu lächeln – ein bisschen ein Rebell wie sie –, sondern ein eifersüchtiger, gewalttätiger Mann. Ein Mann, der ihre Mum brutal ermordet hatte.

Cassies Kindheitserinnerungen an ihn kamen im Schwall zu ihr zurück, erfüllt von neuem Leben: Dads dunkler Lockenkopf, gebeugt über eine Schale mit Essen vor ihr, sein Gesicht konzentriert, als suchte er nach irgendetwas. Ein süßlicher Tomatengeruch in der Luft. Plötzlich wusste sie es wieder: In der Schale waren Buchstabennudeln gewesen, eins ihrer Lieblingsgerichte, doch aus irgendeinem längst vergessenen Grund wollte sie die

Xe nicht essen. Also hatte Dad sie eins nach dem anderen herausgefischt.

Wie bringt man einen Vater, der bereit ist, so etwas für sein Kind zu tun, mit einem Mann unter einen Hut, der später seine Frau totprügelt?

»Als ich in den Nachrichten das von dem Kerl gesehen habe, den sie aus dem Gefängnis entlassen haben, damit er noch eine Frau vergewaltigt, da hat mich die Angst wieder gepackt, Cassandra.« Babcia klang jetzt sehr erregt. »Mir ist klar geworden, wenn ich sterbe und er versucht, dich zu finden, du wissen musst, was er deiner Mama angetan hat, was für ein Mensch er in Wirklichkeit ist.«

»Aber Gran, warum sollte er denn nach all den Jahren nach mir suchen, nach dem, was er getan hat?«

»Er hat natürlich immer alles abgestritten, deshalb hätte er vielleicht versucht, dir das weiszumachen. Aber die Polizei hat gesagt, es wäre ein ganz klarer Fall« – ein Nicken grimmiger Befriedigung –, »und bei dem Prozess waren die Geschworenen alle derselben Meinung.«

Cassie wusste nicht, was sie sagen sollte. Es fiel ihr noch immer schwer, mit dieser monumentalen Verschiebung ihres Weltbildes zurande zu kommen.

»Meine Katherine zu verlieren, hat mir das Herz gebrochen. Aber ich weiß, dass auch du davon eine Narbe zurückbehalten hast, *tygrysek.*« Sie drückte Cassies Hand. »Vielleicht fällt es dir deshalb so schwer, eine längere Beziehung mit einem Jungen einzugehen. Oder einem Mädchen.«

Schockiert sah Cassie ihre Großmutter an. *Sie hat's also die ganze Zeit gewusst, die alte Füchsin.*

»Vielleicht ist es das, was dich dazu bringt, andere Menschen zu verlassen, bevor sie dich verlassen.«

Komplizierte Gefühle rumorten tief in Cassies Bauch. Sie sah, dass ihre Großmutter noch mehr sagen wollte, und erwiderte: »Babcia, du warst meine Mutter *und* mein Vater. Ich habe niemand anderen gebraucht. Und jetzt musst du ein bisschen schlafen. Ich fahr kurz nach Hause und hole dir ein paar Sachen für dich.«

Cassie drückte noch einmal die warme, knochige Hand, dann zog sie die Bettdecke bis zum Hals ihrer Großmutter hoch und sah zu, wie sie einnickte.

Das Verbrechen ihres Vaters erklärte auf einen Schlag so viel: das mysteriöse Fehlen jeglicher Fotos von ihm, die bissigen Kommentare und das häufige Schweigen, das sie diese einundzwanzig Jahre lang so verwirrend gefunden hatte. Die Enthüllung ließ bereits hundert Fragen in Cassies Kopf umherwirbeln, doch die Antworten würden warten müssen, bis Babcia wieder zu ihrer alten Form zurückgefunden hatte.

Nachdem sie mit dem Bus zur High Street zurückgefahren war, ging Cassie den Treidelpfad entlang zurück zur Wohnung ihrer Großmutter. Die Sonne stand bereits tief am Himmel und versank hinter der Brücke fünfzig Meter vor ihr, wo sie um ihr Leben gekämpft hatte.

Als sie eine Frau in einem roten Mantel über die Brücke gehen sah, ging sie unwillkürlich langsamer. Die Frau blieb stehen und drehte sich zu ihr um. Obgleich ihr Gesicht durch das Gegenlicht der sinkenden Sonne nicht zu erkennen war, klang die Stimme in Cassies Ohr so deutlich, als käme sie aus nächster Nähe.

Das Leben ist zu kurz, Cassandra, um es mit den Toten zu verbringen.

Sie schirmte die Augen mit der Hand gegen das grelle Licht ab und beobachtete, wie Mrs E die Brücke verließ. Ihr Kopf mit dem dunklen Haar verschwand die Stufen hinunter.

Mit einem heftigen Stich des Bedauerns, so schmerzlich, dass sie scharf nach Luft schnappte, wurde Cassie klar, dass sie sie nie wiedersehen würde.

DANKSAGUNG

Cassie Raven und ihre Welt zu erschaffen, wäre ohne den Rat und die Beiträge einer ganzen Reihe kluger und großzügiger Menschen nicht möglich gewesen.

Am meisten Dank schulde ich Barbara Peters, einer ausgezeichneten Sektionsassistentin, mit der ich mich viele glückliche Stunden lang über das Leben, den Tod und Eviszerationen unterhalten habe. Ihr Wissen, nicht nur über die Arbeit mit den Toten, sondern auch über die emotionale Belastung des Umgangs mit denen, die sie zurücklassen, war von unschätzbarem Wert.

Zu all den anderen, die geduldig eine Menge dummer Fragen über sich ergehen ließen, gehören die Pathologen Neil Shepherd, Dominic Chambers und Mike Heath. Außerdem stehe ich tief in der Schuld der Toxikologin Joanna Hockenhull sowie des weltbekannten Toxikologie-Teams des Charing Cross Hospitals unter der Leitung von Sue Paterson. Wie immer war DI Paula James eine nüchterne Quelle des Wissens über Polizeiarbeit. Und an der Justizfront danke ich den Anwälten, die mir ihr juristisches Fachwissen zur Verfügung gestellt haben – Maggie Morrissey, Neil White und Phil Hill –, sowie der ehemaligen Rechtsmedizinerin und heutigen Schafzüchterin Alison Thompson. Sämtliche Fehler gehen allein auf mein Konto.

Dafür, dass sie mir geholfen haben, aus einer Idee einen Roman zu machen und ihn in die Welt hinauszuschicken, meinen herzlichen Dank an meine legendäre Agentin Jane Gregory und an das Team von David Higham Associates, einschließlich Sara Langham und ganz besonders Stephanie Glencross.

Ich hatte das Glück, dass mir von der brillanten Isabelle Grey unschlagbares Feedback und von meinen Freunden im »Fight

Club« der Krimiautoren – sie wissen, wer gemeint ist – Unterstützung und grenzwertiger Humor zuteilwurde.

Und endlich ein riesiges Dankeschön an das Team von Zaffre, darunter auch Ciara Corrigan, und vor allem an meine talentierte Lektorin und Freundin Katherine Armstrong für ihren Enthusiasmus und ihre sichere Anleitung – eine bessere Hebamme für die Serie hätte ich mir nicht wünschen können.